本书获得
陕西师范大学人文社会科学高等研究院
资助出版

The Land of Cosmopolitan Tang
the Legacy for 1400 Years

大唐之国

1400年的记忆遗产

葛承雍 著

生活·讀書·新知 三联书店

Copyright © 2018 by SDX Joint Publishing Company.
All Rights Reserved.

本作品版权由生活・读书・新知三联书店所有。
未经许可，不得翻印。

图书在版编目 (CIP) 数据

大唐之国：1400 年的记忆遗产 / 葛承雍著. – 北京：生活・读书・新知三联书店，2018.9

ISBN 978-7-108-06407-3

Ⅰ.①大… Ⅱ.①葛… Ⅲ.①中国历史—研究—唐代 Ⅳ.① K242.07

中国版本图书馆 CIP 数据核字 (2018) 第 223264 号

封面集字	唐玄宗李隆基
责任编辑	张　龙
装帧设计	雅昌设计中心・田之友
英文翻译	何佳韦
责任印制	徐　方
出版发行	生活・讀書・新知 三联书店
	(北京市东城区美术馆东街 22 号 100010)
网　　址	www.sdxjpc.com
经　　销	新华书店
印　　刷	北京雅昌艺术印刷有限公司
版　　次	2018 年 10 月北京第 1 版
	2018 年 12 月北京第 2 次印刷
开　　本	787 毫米 × 1092 毫米　1/16　印张 26
字　　数	509 千字　图 280 幅
印　　数	5,001 — 10,000 册
定　　价	180.00 元

(印装查询 :01064002715; 邮购查询 :01084010542)

本书作者

葛承雍，陕西师范大学人文社会科学高等研究院学术委员会主任、特聘教授。

中国文化遗产研究院退休教授，首都师范大学、北京师范大学特聘教授，西北大学博士生导师。中央美术学院、中国人民大学、复旦大学、敦煌研究院等院校兼职教授。

1993年起为国务院特殊津贴专家，1998年入选国家"百千万人才工程"，现任中华炎黄文化研究会副会长。

研究领域：汉唐文明、丝绸之路、宗教文物、艺术考古、古代建筑等。

序言　　　　　　013

第一编
梳理唐代背影下的大脉络

021　唐代综合国力散论
038　"天下国家"与盛唐气象
046　唐代多元思想文化的精神地图
074　汉唐长安与外来文明

第二编
刻入历史年轮的人物影像

089　千年之后重评高力士
099　大周红颜女皇武则天
106　从归国到圆寂：唐玄奘晚年活动散论
115　唐代知识分子观念的变革之光
124　失去本真的唐遂安王李世寿墓志
130　裴仙先：新出土的唐传奇墓志
141　墓志发现的唐秦王李世民女侍卫形象

第三编
皇家经济相连的仓与库

149　唐代京都太仓试探
158　唐代皇家的左藏、右藏与内藏
171　唐代国库制度对日本的影响
184　法门寺地宫珍宝与唐代内库
192　天下之财赋　邦国之宝货

第四编
纷繁万象中的文化面影

205　袒露隋代地方风俗中的社会心理
217　云缕心衣：唐代服装与长安气象
230　消泯的风俗：唐代金鸡考
237　幻想斑斓：唐人梦境文化

目 录

第五编 透视从国家到基层的社会现象

- 253　飘零四方：唐代移民与社会变迁特征
- 266　唐代民谣俗语与唐人社会心理
- 280　狂欢漩涡：唐代社会中的赌博浊流
- 290　慈善救济：唐代乞丐与病坊探讨
- 299　唐京的恶少流氓与豪侠武雄
- 311　官府档案贮存地：唐代甲库考察
- 320　零乱的酒魂：唐代黄酒考释

第六编 寻找灵魂安顿的归宿地

- 329　千年宝藏：法门寺出土的珍宝
- 343　寻访被岁月暗淡的大秦宝塔
- 347　走近女皇母亲的陵墓

第七编 在想象之外的文物遗迹

- 355　唐代皇帝离宫——玉华宫建筑素描
- 370　芳馨之谜：唐代香料建筑考
- 377　隐匿秘密：唐代"复壁"建筑考

第八编 佛教圣心意境下的艺术样式

- 383　法门寺唐"捧真身菩萨"艺术原型再探
- 391　唐密造像艺术中的"长安样式"
- 403　大足千手观音佛教样式化艺术遗产再认识

- 410　本书文章出处

- 413　后记

Preface
013

Volume One:
A General Survey of Tang Dynasty Background

021　A Loose Discussion of the Comprehensive National Strength of Tang Nation
038　The Scenes of Prosperous Tang Dynasty as a Nation for All Countries
046　The Ideological Map of Cultural Diversity in Tang Dynasty
074　Chang'an of Han and Tang Dynasties and Foreign Civilizations

Volume Two:
Famous Historical Figures Imbedded into Historical Records

089　A Renewed Comment on Gao Lishi after Thousand Years
099　Wu Zetian the Empresses of Zhou Dynasty
106　A Loose Discussion of the Later Years of Xuanzang the Buddhist Monk: From His Return to Parinirvana
115　The Reform Spirit of Tang Dynasty Intellectuals
124　The Distorted Account on the Epitaph of Li Shi'shou, The Sui'an Prince
130　The Newly Unearthed Inscribed Tombstone of Pei Zhouxian: Telling a Story of Tang Style Legend
141　The Female Guard Image Discovered on the Epitaph of Prince of Qin, Li Shimin of Tang Dynasty

Volume Three:
The Storage House and Reserve ("cang" and "ku") Associated with Royal Economy

149　The Grand Storage House ("tai cang") in the Capital City of Tang Dynasty
158　Storage House of the Left("zuozang"), Storage House of the Right("you zang"), and Storage House of the Interior("nei zang") of the Royal Family of Tang Dynasty
171　The Impact of the National Treasury System of Tang Dynasty on Japan
184　The Treasures in the Basement of the Famensi Temple and the Reserve of the Interior of Tang Dynasty ("nei ku")
192　The Fiscal Tax of the People and the Treasures and Goods of the Nation

Volume Four :
The Cultural Facets of the Miscellaneity

205　The Social Psychology behind the Local Customs of Sui Dynasty
217　The Tang Dynasty Costumes and the Scenes of Chang'An: Fantastic Patterns
230　The Lost Customs: A Study of the History of "Golden Cock" Image
237　Fantastic Dreams: Dream Culture of Tang Dynasty

Contents

Volume Five:
A Perspective on the Social Realities from National to Fundamental Level

- 253   Tang Dynasty Immigration and Social Change: Wandering All Around
- 266   Tang Dynasty Folklores and Idioms and the Psychology Behind
- 280   Gambling as A Negative Trend in Tang Dynasty: Exuberance and Traps
- 290   Benevolence and Charity: A Discussion on Beggars and the House for the Sick ("bing fang")
- 299   Hooligan Gangs in the Capital and the Gallant Men and Swords Men
- 311   Reserve Place for the Official Documents: An Observation on "Jia Ku"
- 320   A History of the Yellow Rice Wine in Tang Dynasty: The Drunken Spirit

Volume Six:
A Search for the Final Resting Place

- 329   Thousand Years' Treasure: Special Relics Excavated from Famensi Basement
- 343   Daqin Pagoda after Long Time's Erosion
- 347   A Closer Look on the Tomb of the Mother of Wu Zetian the Empress

Volume Seven:
Cultural Relics Beyond Imagination

- 355   A Sketch of Yuhuagong, the Summer Palace for the Tang Emperors
- 370   A Mystery of Fragrance: Study and Review of the Incense Materials during Tang Dynasty
- 377   Hidden Mystery: the "Double Walled" Architectures of Tang Dynasty

Volume Eight:
Artistic Patterns of Buddhist Ideals

- 383   A Restudy of the Artistic Archetypes of "Bodhisattva Sculpture Holding the Relic of Buddha"
- 391   "Chang'an" Styles among the Esoteric Buddhist Sculptures of Tang Dynasty
- 403   A Reconsideration of the Artistic Relics of the Patterns of The Thousand-hand Bodhisattva in Dazu

The Original Source of the Articles Received in This Book
410

Afterword
413

序 言

历史，总是在一些特殊年份给人们以汲取精神力量的启迪。2018年是中国唐朝建立1400周年，作为一个曾经鼎盛的大国，唐朝构筑了东亚秩序体系，影响了周边世界，留下的记忆遗产值得我们好好回味。

"大唐"两字在无数出土的墓碑石刻上赫然标识，这表达的是当时人作古后仍对自己国家的自傲，甚至在金银器皿、砖瓦陶瓷底部都要刻上"大唐"字样，表明自己的身份签注。为什么称为"大唐"，为什么"唐代印记"作为大国盛世一直被人们津津乐道引为自豪？其中既有文献上的记载，又有思想上的烙印；既有唐诗的雄浑气象，又有艺术上的登峰造极。历史上的许多事情，也许千年后回头看，才能在历史长河中领悟其深远意义——唐代文明尽管外壳不存在了，但它已经转入人类的记忆之中，岁月的磨砺扩展了唐代以来的生命维度，周期性的繁荣和衰退，循环式的文明与野蛮，千年来的血泪教训和喜乐追思，在历史进程中深深烙下唐代的印记。人类进步不可能脱离历史，不可能存在与历史决裂的进步，历史遗产的借鉴作用和意义，就隐匿其中。

大唐的概念，建立在从东亚到中亚的亘古未有的庞大地域上，留下的遗产让记忆之门再次启开，部族式的羁縻统治，虽然反复无常控制并不牢固，但宗主权"统而不治"的政治影响跨界久远，中国境内出土周边部族和远及安国、康国、米国、曹国、何国等诸国质子墓志让我们看到了疆域辽阔的奇迹。当我们看到陕西历史博物馆展出的波斯银币、拜占庭金币和撒马尔罕考古博物馆展室里的唐代"开元通宝"货币时，不由意识到大国经济的博弈，不管是农业圈还是牧业圈，经济的交往绝非随意隔绝。

严格地说，"大"与"小"不在于疆土界限而在于国家强盛，一个朝代强大也在于有生命力持久的文明。奠定国之强大的人心气度、自由意志和兼容并蓄，是大唐之曾经繁荣强盛的根本。"天子呼来不上船，自谓臣是酒中仙"，竟敢口违皇命独显自我；一句"安能摧眉折腰事权贵"，让多少后世文人在心中横生人格的最高境界。魏征敢顶撞李世民，骆宾王敢叱骂武则天，白居易敢嘲讽李隆基……在高度集权的王朝国家里，从胸襟大度、宏阔大气的意义而言，中国历史上没有一个朝代大过盛唐。

唐朝的大国意识并不是天朝意识，是开明拓宽的华夷一统，而不是闭关锁国的

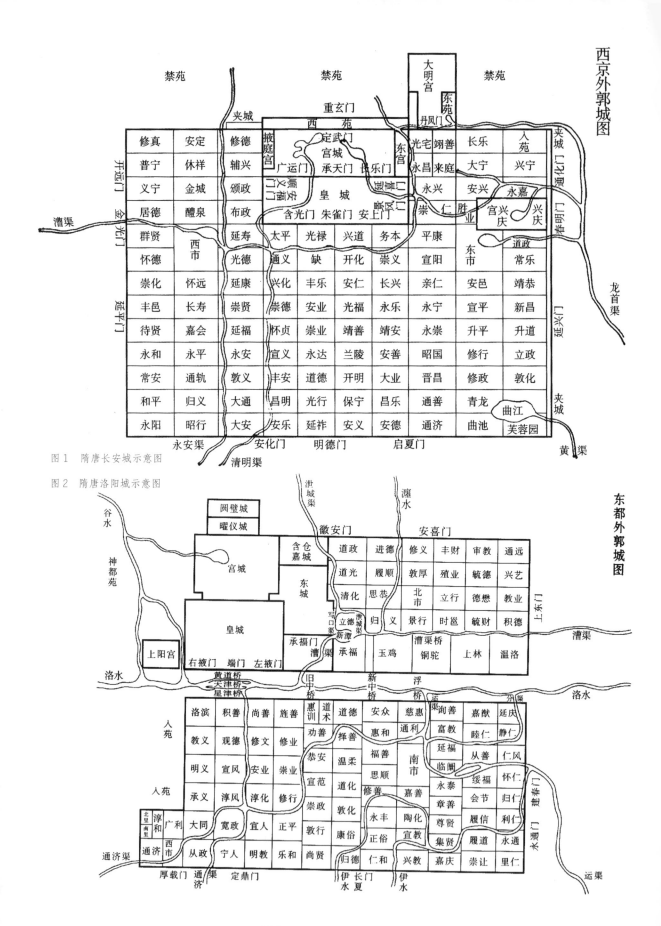

图 1 隋唐长安城示意图

图 2 隋唐洛阳城示意图

与世隔绝。在中国古代历史进程中,只有隋唐帝王冒出了"天可汗"的称号,百年内出现了"万国来朝"的局面,阎立本的职贡图可谓神来之笔,不是充满敌意的边远蛮夷而是大国之外的使臣。大唐建国之初,唐人就知道自己无法与外邦割裂,朝贡贸易也不可能长久持续,即使安史之乱造成了大国的拐点,唐朝从攻势转为守势,还得硬撑着炫耀自己的大国自尊。

大国崛起必有大战,随着整体国力的上升,不打几仗显示国家的强大,"大唐"就当得名不正言不顺。北朝以来突厥及周边诸族带来的自卑和雪耻之心,使得隋唐对外有种强烈的奋起反击和崛起之感,最后落到领土的争夺和国家版图的扩张。自然这不是用战争换来一场荣耀,而是一个大国追求的切实利益。公元670年,大唐之国的版图达到了中国历史上的高峰。

按照传统观点解释,唐朝政治变革带来的社会稳定,经济政策带来的农业发展,丝绸之路带来的贸易繁荣,科举制度带来的公平的选拔人才,军队优势带来的国家的崛起,朝贡体系带来的周边羁縻臣服。这几大战略支柱是国家最直接、最关键的支撑因素。然而,大国非同小国,整个国家的运转需要方方面面的料理,唐朝凭借实力、国力、军力盛极一时,"天下一家"的背后需要研究的内容很多,即使我们耗尽精力也只能研究其中的一部分。纵观中国历史上几个大的王朝,强盛标志无非国富兵强和民丰物阜,但在文官体制、法制规范、科举选人和民族文化等深层文明上作出突出建树的首推大唐。唐朝的文明魅力和文化理想,具有在王朝本身消亡之后的永恒价值。

一个大国不是凭空建起来的,大国不能光看财富增加,还要看各种制度的"骨架"和文化价值观等"骨髓"里的提升,要看其长治久安的制度与对外文明的吸纳,唐代的三省制、科举制、府兵制、赋税制、朝贡制等等都曾支撑了其强国的地位。一千年前的司马光曾在《稽古录》卷一五中评论唐朝"三代以还,中国之盛,未之有也"。唐朝作为一个强盛大国为后世企羡,其流光所及足以供人们细细研讨。

隋唐史研究一直是中古史领域中的显学,众多底蕴深厚的学术大家都在唐史中颇有建树,许多皇皇巨著影响着一代代后来学子,王国维、陈寅恪、陈垣、向达、岑仲勉等史学大家为什么要选择唐代历史作为中古开垦的土壤?恐怕他们就是想仰观历史的巅峰,寻找盛世的渊源和变迁的脉络,以至于后人面临的深耕课题很难继续推陈出新。

即使新史料、新物证不断涌现的现在,也存在着"重新发现"还是"重新发明"的区别,这是想象与真实的界限。我一直不同意研究者预设项目申请经费,也不同意写作者凭主观想象编造出许多历史产物,还原历史无疑是我们的责任,但观点结合史料是一个复杂的命题,我们无法完成对千年前历史的完整追忆,面对被遗忘的巨大空白,只能拾起历史的碎片、断裂的痕迹、稍纵即逝的生命记载,做一点再忆再现。这就是历史、考古、宗教、艺术诸多领域学者的使命。

唤醒沉睡在枯燥古籍中的历史，呼唤重拾隋唐史中的细节，似乎是我们的一种学术缘分。一个世纪以来，中国境内不断发现的文物古迹，呼吁我们要抢救鲜活的历史，考古文物可以使我们回忆大唐时代没有记录的历史，增添补充以前不知的种种资料，目的就是不忽视文明的遗痕，不掉进历史掩盖的怪圈。

我曾经认为，大唐的强大很可能只是一个神话，我们不必沉浸在大国的梦幻中。天宝时期追求"虚妄"胜利的战争捷报弥漫朝廷，杨国忠、安禄山等掀起一波波的"虚假"捷报，使皇帝陶醉在天下大国的美梦中，朝廷上下沉迷于功勋荣誉之中。然而，开元天宝盛世也是唐人梦与周边诸国梦相互交缠的时代，从青藏雪原到西域草原，从白山黑水到云贵高原，从盛唐到中唐，激烈的争夺一直伴随着国家的兴衰。安史之乱把唐朝置于最危险的境地，唤起了从文人书生到平民百姓的危机意

图3　唐天坛遗址

识和使命意识，不少朝廷官僚也由原来追求功名利禄、建功立业，空前地转向族群观念、尊严意识，在唐朝生死存亡的关头，人们知道牺牲自己是为了换取整个大国的生存。

历史上几乎没有一个大国能事无巨细地有效掌控领土内所有民众的活动，不仅

因为缺乏直接管理的手段，而且设置机构和填充官吏的成本太高。大国会满足于治下民众象征性的臣服和完成交粮纳税等一定任务，唐代的羁縻州郡和遥远的中亚都用这样间接的管理模式，使大片疆土上虽生活着当地异族的官吏，却沐浴着大唐的辉煌。

但是，一个民族理应以严肃的态度用最庄严的方式向自己的盛世致敬，苦难会给一个民族坚韧的品格，胜利则会给一个国家信心与力量。这是一个不能忘却的大国纪念，也是需要传达的铭记历史的强音。因为唐朝的中国不是一个"屈辱时代"，不是一个"失败国家"，即使安史之乱后的唐朝进入一个不稳定的时代，异族外侵和藩镇内乱加剧了大唐帝国一步步走向崩溃，中唐之后虚假的繁荣已经无法阻挡这个曾经的强盛大国滑向衰落，可是唐朝仍在东亚扮演着重要的大国角色。

每当看完学术界研究唐人的成果，就像呼吸到长安城里的风，呼吸到一种阔大不羁的胡风蕃俗混合的气息。写唐史不是跪着写，而是站着写，有种俯瞰强势民族的英雄主义崇拜；读唐诗也不是坐着吟，而是站着诵，有股被金戈铁马冲击的历史大气。我要感恩唐人给我们留下如此壮阔的历史、文学、艺术、宗教等等文化遗产，让我们能自豪地站立在世界民族之林。

大唐的荣耀已经成为一千多年前的遥远历史，经过289年内忧外患的交织，极盛一时的超级大国最终崩溃了，对其内部的治理和国家管理的具体探究，是我们需要长期进行的，为的是不再重犯大国衰落的错误。本书就是从个人角度看待从政治到经济的若干遗产的历史记忆。放眼历史进程，我考虑更多的是：大唐之国开启了真正的"大中国"概念，然而为了维持一个东亚大国地位唐朝付出的代价是什么？面临周边挑战的重大抉择是什么？留给后代的历史包袱是什么？在大唐之国建立1400周年之际，辑录以前论述的观点就是为了说明大国需要支撑的方方面面，我们不妨走进唐朝平心静气地看看一个大国的得失，这是出版本书的最终目的。

大唐之国的历史，题目宏大，内容繁杂，史料传统，眼界当代，我赞成对过去历史进行宏大的叙事，但同时也执着于对个体命运的体察，对历史细节的追问，对幽微人心的洞悉。后世学者可以变换视角，见仁见智，文化差异使得距离事实偏差不小，以个人学识难以综括复述，过去的一些思考也受时代局限与资料短缺，其中孤陋寡闻浅薄之处，敬请学界前贤和师友垂谅。

第一编

梳理唐代背影下的大脉络

唐代综合国力散论

唐代是中国历史上最鼎盛的一个朝代，而一个国家的强大，主要取决于以军事、经济等为基础的综合国力的发展。唐代历时较久，因而国力兴衰交替，国情复杂多变。但从当时世界范围和亚洲格局来看，欧洲法兰克王国和拜占庭帝国的发展还远远落后于唐朝，东罗马帝国除查士丁尼时期短暂强盛外，很快被阿拉伯帝国入侵所打断。横跨亚非欧的阿拉伯帝国，迟至8世纪才逐渐形成封建制。印度大戒日王之后次大陆陷入分裂局面，日本的"大化改新"亦在模仿隋唐制度。所以，唐朝前期国力强大，疆域辽阔，较强的军事实力、经济实力和高水平制度文化使周边各

图1 唐大明宫微缩景观

族与亚洲各国争相与其交往。作为当时的一个"超级大国"，对其综合国力的研究也就成为一个重要的问题。

一 唐代国力与周边各方的较量

自国家在人类历史上出现之后，存亡与安危，就成为统治集团密切关注的首要问题，在长期的阶级社会中，国家的强盛往往与城市和军事紧密联系在一起。一个强盛

图 2　唐大明宫遗址雪景

图 3　唐大明宫太液池遗址

的国家必须拥有一支强大的军队，或以战争抵御外来侵略和颠覆，或以武力镇压国内敌对集团的反抗与叛乱。军力强则国家兴，成为当时各国国力维持的基本原则。

　　唐朝也是如此。李唐军事贵族集团夺取杨隋政权之后，经过长达 10 年之久的激烈战争，才使全国恢复了统一。对于一个以关陇军事贵族集团为核心的新王朝来说，夺取政权固然十分重要，但更重要的是巩固政权。然而，李唐王朝在国力尚不强大的情况下，即用全国大量的财力、物力接连数十年发动了对突厥、吐谷浑、高昌、薛延陀、高句丽、焉耆、吐蕃等边疆诸国的远征。贞观四年（630），被各族君长推为"天可汗"的唐太宗，取得了西北各部族最高宗主权和仲裁权，他一方面"以夷制夷"控制周边各部族，另一方面仍继续直接出兵攻城略地，将唐帝国的疆域向四方扩展。

唐高宗李治继位后,继续进攻突厥,远征高句丽,重设安西四镇,击败铁勒,征服百济,设置瀚海都护府(今蒙古哈尔和林)、云中都护府(今内蒙古自治区和林格尔西北)、安东都护府(今朝鲜平壤),并屡次与吐蕃大战于青海。直到武则天时期,唐与周边诸族仍征战不断,军事调动频繁,局部战争连续不停。

唐初对外战争的动因是什么?动用国力要达到的目的又是什么?其一可能是唐朝迫切想在外部世界面前树立起自己强有力的形象、威慑周围部族与国家;其二可能是唐朝希望确立其"天可汗"霸主的中心地位,并借此来稳固提高关陇军事集团的统治地位和正统皇权的威望;其三唐朝是通过战争拓疆争地,获得贸易重利和农牧实惠。

然而,战争需要征集大批的军需物资,需要财政上经费的支撑,需要动员一切经济力量来承担军事耗费。唐朝政府为了解决财政上的困难,补充国库的支出,只能增加对广大人民的榨取,史载:"关东饥馑,蜀汉逃亡,江淮以南,征求不息。"[1]"剥夺既深,人不堪命,百姓失业。"[2]在初唐"自伊、洛以东至于海、岱,烟火尚希,灌莽极目","户口未复,仓廪尚虚"[3]的情况下,唐王朝连续对外用兵,说明当时来自外部的威胁太大,不得不倾国力来应付周边诸族和诸国的挑战,以上所说的几点仅是战争胜利后的结果,而不是战争发起的原因。

一些史学家评论唐初统治者不惜诉诸武力发动战争,是帝王好大喜功,这些战争是侵略性的战争,是没有国内广大人民群众支持的巨大灾难,等等。这无疑都是一厢情愿和不切历史实际的看法。唐太宗、唐高宗、武则天哪一个不清楚战争会给人民带来万分困苦?规模浩大的战争动辄军队几万、几十万,战舰几百艘或上千艘,加上募征运丁、水手、粮食、武器,对于建立不久的唐帝国来说,经济上确是难以承担的。唐王朝之所以动用国力进行战争,就是要彻底清除其周围诸敌的威胁和潜在较量,保卫唐帝国的安全与发展,维护一条和平宁谧的边界。

我们不妨先看看初唐时期唐与周边各国大较量的格局。

北方的突厥汗国虽在隋朝时已臣服中国,但隋朝内乱灭亡,为其重新崛起并成为亚洲大陆北方的霸主提供了机会,不仅各种反隋政治力量向突厥称臣,而且唐高祖、唐太宗也与突厥联盟,并不断献礼纳贡笼络突厥可汗。面对突厥百万大军的袭扰和不断索取财物,唐王朝甚至想从长安迁都躲避。仅武德七年(624)到九年(626)两年间,突厥就入侵35次,突厥骑兵曾几次攻掠至渭河。贞观三年(629),

---

[1]《旧唐书》卷八九《狄仁杰传》,北京:中华书局,1975年,第2890页。
[2]《全唐文》卷二一一,陈子昂《上蜀川安危事》,北京:中华书局,1983年,第2133页。
[3]《资治通鉴》卷一九四,太宗贞观二年正月条,北京:中华书局,1956年,第6094页。

突厥内部分裂后，唐朝才兵分六路开始反击突厥，终于将北突厥汗国灭亡，以此改变了北亚达半个世纪之久的均势格局。

中亚西突厥汗国统辖着南至克什米尔，北至阿尔泰山的广大地区，它西接波斯萨珊王朝，东到甘肃玉门关，西域各国和中亚各绿洲小国都在它的势力范围之内，西突厥汗国是控制丝绸之路中段的霸主。多次阻止西域诸国与唐往来的高昌，贞观十四年（640）被唐讨平。接着唐又攻占了焉耆、龟兹等国，迫使西突厥乙毗射匮可汗遣使向唐请婚，唐太宗提出"割龟兹、于阗、疏勒、朱俱波、葱岭等五国为聘礼"[1]，其意图就是要夺取对西域诸国的控制权。经过三十多年的征战，唐朝终于将西突厥灭亡。

与唐朝几乎同时兴起的吐蕃，从贞观年间就开始以强悍姿态出现在亚洲竞争舞台上，连年进攻唐朝西部、吐谷浑和西域，竭力扩大西羌诸部统一和青藏高原以外的势力。唐王朝这时在集中兵力对付西突厥和高句丽，所以使吐蕃乘机开疆拓土。唐高宗时，唐朝军队两次在青海被吐蕃打败，安西四镇也因吐蕃进攻被迫放弃，从而形成了唐、蕃长期抗衡的定局，吐蕃直到晚唐才衰落下去。

东北亚的高句丽，除在朝鲜半岛上控制百济、攻击新罗外，在隋代就试图与突厥联盟，以形成遏制中国和摆脱汉人影响的战线。唐初高句丽军事统帅泉盖苏文更以对唐强硬闻名，并执行与唐对抗的挑战政策，试图确立在东北亚的霸主地位。唐王朝在对高句丽采取高压外交无效后，动用国力分陆海两路出兵讨伐高句丽，但没有达到最终征服的目的，反而刺激了高句丽的扩张。高句丽连续向契丹、新罗进攻，直到唐朝与新罗联盟后，乾封三年（668）唐朝才征服了高句丽，在此前唐朝灭亡了百济，在白江口打败了日本。但不到10年，新罗又统一了朝鲜半岛，迫使唐军退出。东北亚对抗格局虽逐渐消失，可唐朝试图彻底同化朝鲜的目的被一直搁浅。

从东亚、中亚较量的格局来看，唐王朝为了生存和发展，必然要和其他民族、国家进行实力竞争，甚至发生冲突。战争是国际冲突的一种最高形式，是国际关系发生不可协调矛盾时寻求解决的一种手段。在当时错综复杂的分化组合中，斗争非常激烈，突厥汗国的实力衰落了，但吐蕃却成了唐朝的"心腹之患"；高句丽、百济瓦解了，新罗却兴起了；吐谷浑灭亡了，回纥等却开始活跃。总之，旧的战略格局被打破后，新的过渡的国际格局又开始调整。

从7世纪后半叶起，唐朝面临的最强大对手是吐蕃，吐蕃人对从河西走廊到四川的唐朝边境形成了一条弧形的压力线，同时在西域积极与西突厥余部联兵攻唐，此后又与突骑施联盟同唐朝多次较量。唐军虽在天宝年间反击吐蕃取得全面胜利，但由于安史之乱爆发导致唐军的撤离，吐蕃又向唐境进攻，不仅广德元年（763）

---

[1]《旧唐书》卷一九四《突厥传下》，第5158页。

一度攻陷长安，而且贞元八年（792）彻底占领了西域。唐朝从此一蹶不振，再也没有国力收复失土。

7—8世纪之交重新崛起的东突厥（682—745）也极力向西伸展势力，西突厥残余各部也在突骑施重新组合下乘势而兴，大食呼罗珊将军（今伊朗、阿富汗地区）屈底波在中亚的军事扩张亦达到顶峰。唐朝在西域的压力空前巨大，不得不再次调整战略。从715年的拔汗那之战到天宝十二载（753）的大勃律之战，以及天宝十载（751）的怛逻斯之战等著名战役来看，局部战争一直未断，多方争夺中亚、西域的控制权，以保护自身安全与既得利益。

东北方向的奚、契丹也在8世纪初崛起，多次侵袭河北等地，对唐构成强有力的威胁。唐朝为了对抗契丹，调驻大量兵力加强东北方向的防守反击。

西南方向的南诏在唐扶持下统一后，积极向外扩张，反而与唐发生冲突，受到唐的抑制后，即和吐蕃联盟威胁唐朝西南边境达四十多年。安史之乱后南诏更是借助自己的国力日强，乘机扩展疆土，曾以20万兵力攻袭剑南西川，829年又攻陷成都，掠人口工匠数万而去，9世纪中叶后对唐境侵扰更为频繁，成为晚唐最严重的边患。

唐王朝广阔的疆土，使它在与邻邦的冲突中，被迫逐步建立起长久的大规模外围防御体系，设立羁縻州府857个大大超过内地的328个州府，尽管出于民族利益加强军事力量是为遏制游牧邻族侵入内地，但从战略考虑上肯定要超出唐朝边疆，以军事实力参与境外角逐，甚至争夺霸主地位。在当时亚洲大陆国际较量中，实力第一是保持大国地位的基本原则。但我们不同意一方面要国力强盛而另一方面又声称不要"穷兵黩武"的矛盾说法，也不同意加强边防是为了维护对外贸易交通的片面说法，因为对外贸易远远不能弥补军费的开支。

从古到今，一个简单又普遍的基本生存法则是，谁国力强大谁就会占据优势，一厢情愿的平等相处是没有的，各国地位平等的前提是实力。唐代历史已说明人口多寡和国土广博不再成为衡量"大国"与"小国"的实质标准，带有奴隶制部落组织性质的突厥、吐蕃等靠暴力夺取实惠的民族[1]，照样不是使泱泱大国的唐朝被动挨打吗？仅李唐建国后的12年内，就几乎每年都遭受突厥骚扰，"突厥自恃强盛，抄掠中国，百姓被杀者不可胜计"[2]。只有唐王朝的军事实力才决定了其在东亚国际舞台上的地位和发言权，所谓"民族融合""邻邦友好"同样需要实力作为国家后盾。在当时的国际社会中，只有"唯利是视"而绝无空洞的徒有虚名的公道可言。

---

[1] 吴景山《突厥社会性质研究》，北京：中央民族大学出版社，1994年。
[2]《旧唐书》卷一九四《突厥传下》，第5164页。

图 4　仪仗图壁画，唐懿德太子墓出土　　　　图 5　仪仗图壁画，唐懿德太子墓出土

二　唐代综合国力的要素

综合国力是与时代的脉搏紧密相联的，每个朝代的特征及其变化，反映到社会各个领域，必然会引起综合国力内涵的变化。在古代东亚各民族冲突和各国争夺霸权中，军事对抗导致军事力量成为综合国力表现形式的代名词，唐王朝正是凭借军事实力这个首选手段左右着周边的国际局势与民族关系，在当时强权政治所依靠的军事力和经济力才被赋予国力的真正含义。

笔者不否认，经济力是发展综合国力中最基本、最重要的因素，但综合国力中最直接起作用的力量则是军事力，并成为综合国力发展中的先导。在古代，一个国家片面发展军事力会使其经济结构失衡，造成国力发展的各要素比例失调、错位。但在科学技术还不发达的冷兵器时代，国与国之间的冲突是否引起战争以及决定战争的胜负，还主要取决于军事实力的对比，因而经济比较落后的国家，例如突厥汗国、吐蕃等全民皆兵，可以不顾经济发展速度而单纯发展军事力也能称雄一时，它们也正是凭借军事实力成为唐朝的对手，以武力追求本国、本民族的利益，并导致东亚、中亚出现多极政治格局。

唐王朝从建立到衰亡，与周边国家和民族的局部战争、武力冲突一直没有间断，尽管有时联合有时利用，但盘马弯弓、枕戈待旦始终是国家头等大事，所以，军事实力在综合国力中是最直接起作用的主导因素，而经济实力则是国防和军队的根基。

目前，学术界关于综合国力要素的分析和测定有不同评估，但军事实力、经济实力、科技实力、政治实力、生存实力（指地理、人口、资源）等均被列为基础实力，并成为诸多综合国力论中较为主流的看法。这里只谈两点。

第一，唐代的军事实力。

唐代的军事实力首先表现在军队人数庞大。贞观十年时边兵总数约68万人，天宝元年十节度边兵合计49万，马8万匹，其中北部边兵21万多，马3.4万多匹；西部边兵11.7万多，马2.7万多匹；西南边兵10.5万多；东北边兵3.7万多。[1] 除府兵作为初唐军队骨干外，还有兵募、团结兵、土镇兵等。开元十年以后的长从宿卫、彍骑、长征健儿以及中唐后的神策军、防秋兵等，都维持着一个庞大的军队兵员数量，尽管募兵制代替征兵制是中古兵制的重大演变，但唐朝军队无疑是当时亚洲大陆上最精良的劲旅。从作战能力上看，唐朝军队除有像李靖、李勣、侯君集、苏定方、裴行俭等战略指挥家外，还有一批像阿史那社尔、契苾何力、高仙芝、哥舒翰等名帅蕃将。由于与游牧民族作战，唐朝的骑兵更是"甲兵之本，国之大用"；从贞观初到麟德中，养马"四十年至七十万六千匹"[2]；开元元年养马24万匹，开元十三年为43万匹[3]，如朔方军兵额10万，战马最多时达6万匹；天宝十三载，陇右牧马32.57万匹[4]，史称"秦汉以来，唐马最盛，天子又锐志武事，遂弱西北蕃"。正是唐军有着精锐的骑兵，才能长途奔袭、主动出击外线，从而使军力强盛。但安史之乱后"国马尽没，监牧使与七马坊名额皆废"[5]，吐蕃士兵每人4匹马换骑，唐兵10人1马，直接导致了军事实力的下降。此外，正规边军中的监牧马料、军器仗、军食、军衣赐及杂费等，都得到国家优待供给，甚至连战赏费、设宴费、医药费都保证配给，以提高官兵士气和军队战斗力。

值得注意的是，尽管李筌《太白阴经》卷四《器械篇》和《通典》卷一四八记载的兵器军械有所出入，但从士兵所配的武器来看，有甲、头牟、弓、弩、箭、佩

---

[1] 岑仲勉《隋唐史》上册第二十一节、二十二节，北京：中华书局，1980年，第212—238页。
[2] 《唐会要》卷七二《马》，北京：中华书局，1955年。第1302页。
[3] [唐] 张说编著《张说之文集》卷一二，《大唐开元十三年陇右监牧颂德碑》，北京：文物出版社，1982年。
[4] 《新唐书》卷五〇《兵志》，北京：中华书局，1975年，第1338页。
[5] 《唐会要》卷六六《群牧使》，第1145页。

图6 贴金甲骑具装俑，唐懿德太子墓出土

图7 黄釉武士俑，陕西长安贾里村唐墓出土

图8 彩绘戴帽骑马女俑，陕西礼泉县烟霞镇张士贵墓出土

刀、陌刀、戟、枪、棒、斧等冷兵器，其中唐四号、七弩、伏远弩等连射杀伤威力极大。[1]除府兵自备少量武器外，大部分武器需向官司领取，由军器监制造以保证质量。狻猊车、趾石车、霹雳车、冲车等重兵器更是由官府重点监造。制造甲胄享有盛名的粟特人将锁子甲、刀、剑、匕首传给唐朝军械工匠后，使唐军的武器装备品质又得到提高。武器的精良与先进是军事实力的先导，这在贞观年间唐军进攻高昌、龟兹及西域诸国时已显出威力。如果说武器装备是制敌的有效手段，那么运用冷兵器在战场格斗竞技也成为当时军事训练的一个重要内容。从唐朝军队的素质来看，例如排阵形势、戎人相搏、马冲枪突、马步配合等也是有较高水平的。此外，唐朝水军的楼舰、浮海战舰等也很先进，在东征高句丽和唐日白村江大战中也显出较强的攻击力，不仅舰船多，而且性能好。

总之，唐朝的军事实力是由多方面组成的，能够与当时各国对抗相持，并在唐前期保持领先优势，从而达到守边拓疆称雄于世的目的。

第二，唐代的经济实力。

经济实力是综合国力中最重要、最基本的要素。如果说军事冲突根源于经济利益的争夺，那么战争就是为了用暴力夺取另一方的经济果实。《旧唐书·突厥传》记载西突厥统叶护可汗时（约619—628年在位），"其西域诸国王悉授颉利发，并遣吐屯一人监统之，督其征赋。西戎之盛，未之有也"。可见西突厥汗国对被征服的西域各国进行控制，目的在于攫取经济利益。同样，吐蕃人进攻吐谷浑、党项以及泥婆罗等国，也是为了夺取食盐、牲畜、皮毛、粮食等经济产品，包括作为经济劳动力的人口。至于唐与其他民族和国家在中亚、西域的反复争夺，更是为了丝绸商路贸易控制权以及瓜分其他经济利益。

传统观点认为，只要"国富"，就能"兵强"，事实却恰恰证明富国未必能强兵，萨珊波斯是当时亚洲大陆上的一个富国，但在6—7世纪一直受西突厥的侵扰，637—642年，竟被崛起于阿拉伯的大食人灭亡。新兴的大食经济并不富裕，好战的游牧部落贵族为了夺取新的财源而不惜一切诉诸武力，侵吞了欧亚二十余国。亡国的波斯王子卑路斯求援于唐，被封为空头的波斯都督府都督，直至客死长安。所以，国富只是一种国家力量，是一种国防潜力，如不转化为军事实力，仍不可能自卫反击。经济实力和军事实力缺一不可，这也是综合国力的基本要求。

然而，经济毕竟是边防和军队的根基，因为战争要耗费大量财力，甚至涉及交战国的整个经济体系，没有雄厚的经济基础，就不可能进行持久的边防战争。

唐代经济有着自己的特色，均田制的完善与消亡，租庸调转变为两税法，绢帛实折为货币流通和估法支出，财政机构建立了国家预算，国家确定了量入为出的原

---

[1]［宋］王应麟纂《玉海》卷一五〇《兵制》，江苏古籍出版社、上海书店，1987年。

图9 唐"开元通宝"金钱，
西安通讯电缆厂出土

图10 唐"岭南道"进贡银铤，
西安市文物管理委员会征集

则……这一系列的经济制度变化与发展，为唐朝综合国力奠定了物质基础。尽管唐朝每一个时期的经济数据史无具体记载，难以钩沉，但其赋税、专卖、官府以及特种收入有着常制体系可寻，其支出据《唐六典》卷三"度支郎中员外郎"条记载，也分为供国、供军两大部分。

《通典》卷六《食货六·赋税下》记载：

> 按天宝中天下计帐，户约有八百九十余万，其税钱约得二百余万贯，其地税约得千二百四十余万石。……大凡都计租税庸调，每岁钱粟绢绵布约得五千二百三十余万端匹屯贯石，诸色资课及勾剥所获不在其中。

这是天宝中天下租庸调及地税、户税收入总数，还有许多收入数额无法准确统计，但可以看出国家正税占绝对优势，依丁口定量收纳，收入有常，变量补充，构成了维系唐朝固定、临时和特殊开支的来源，"是时州县殷富，仓库积粟帛，动以万计"，"帑藏充牣，古今罕俦"[1]，保证着国力的强大。

据《通典》卷六还可知：

[1]《资治通鉴》卷二一六，玄宗天宝八载二月戊申条，第6893页。

> 其度支岁计粟则二千五百余万石……布绢绵则二千七百余万端
> 屯匹……钱则二百余万贯……

这又是天宝中国家支出及财政重点，其中军费所占比例很大，分陇右监牧费、京师禁军宿卫兵费和边军费用，而且国家首先保证军费，用正赋支给，不许挪用，特别是边费要重点保障，确保军事实力不受影响。

中唐后，虽然经济实力衰退，但王朝还维持了100多年，只是经济布局发生了变化，中央和地方分配赋税的方法和比例不同罢了。从综合国力对比角度来看，周边诸族的生产明显落后，很难达到唐朝经济发展水平，如吐蕃等虽按中原内地方式在河西征课，但不完善的经济制度使其实力难以提高，相反却日益下降，并在张议潮的打击下步步后退，结束了在河西的统治。亚洲大陆几方争霸的势力都陆续分散割据，表现出力不从心，再也无力独霸一方了。

限于篇幅和学术界众多专家已对唐代政治结构、科技发展、文化教育等领域有过大量论述，所以笔者对唐代综合国力中的其他要素就不再一一罗列，何况每一种要素都不是孤立的，表现形态也不可能始终如一。初唐、盛唐、中唐、晚唐差别很大，唐王朝面临边邻战争和内部反叛时，自然把军事实力置于首位；而安稳相处时，则将经济发展放在突出位置，两者缺一不可。

三　唐代综合国力的评估

综观唐代近300年的历史，无论是战场较量还是实力竞争，也无论是为了对付外来威胁还是维护国内安定，提高综合国力都是决定性的。综合国力不仅从根本上影响到唐王朝的安全与利益，而且决定着和改变着当时的周边关系以及中央与地方战略格局。特别是要用动态的眼光来看待综合国力，它是国家利益的体现，国家利益最主要是生存和发展，要据此有一个全局的评估。

笔者认为：

综合国力是赢得战争胜利的物质基础。

唐王朝在局部战争和邻邦军事冲突连续不断的形势下，虽然不能依靠战争赢得胜利来作为维护国家安全的唯一方式，但也不能否认战争是解决当时国际争端和各种民族矛盾的一种重要手段。在当时冷兵器争霸的情况下，不仅军事力量依赖于综合国力的提高，而且在决定国家命运的决战中，交战双方必然会最大限度地将综合国力投入战场，充分运用一切可以运用的手段和资源，进行全面的较量。例如唐朝与周边诸族互市贸易时，不是无限制的自由经商，不但绝对禁止兵器贸易，而且

图11 《职贡图》，唐阎立本绘

依《关市令》不许将丝织品与矿产两大类物资越度缘边关塞[1]，互市贸易的重点是牲口，这些都利于中原内地，确保国家的利益和安全。因而东突厥与唐较量时，曾乞求武则天给予谷种、丝帛、农器和铁，没有这些保持国力的物资，东突厥衰落是必然趋势。特别是唐朝很注重增强自己的军事实力，"每至互市时，即高估马价以诱之，诸蕃闻之，竞来求市，来辄卖之，故蕃马益少，而汉军益壮"[2]。这种买戎马助军旅的措施，使"天宝后，诸军战马动以万计"[3]，边邻诸族反而马少，军事实力发生了很大变化。突厥、吐蕃、回纥、党项、奚、契丹、靺鞨等都与唐做过马绢交易，因为马匹是当时国防力量的物质基础。所以，唐对马在整个国力中的地位非常重视。又例如唐朝在征服高昌、焉耆之后，继续向龟兹、于阗、疏勒以及葱岭以西诸国进攻，唐军要到达这些战略要地，无疑要有军备补给、运输后勤等能力，而这些能力就是以综合国力做保障，其意图就是要把对绿洲诸国的控制权牢牢掌握在自己手里，只有双方军事实力较量后，才能在胜利基础上追求强国的地位，也是综合力量对比的表现。

综合国力是确定国际地位的重要依据。

在亚洲大陆几支争夺霸主的力量中，唐王朝明显有着较高的国际地位，为了维护国家利益和边境安全，必然着眼于竞争中的战略主动权，以国家实力作为外交后盾，才能赢得主动和优势。如果说弱国无外交，那么唐朝统治者深知这一点。例如贞观十七年至龙朔元年（643—661）4次出使印度的王玄策，就是以唐朝强盛的实力树立起自己的形象，来往于唐与印度摩揭陀国之间进行外交活动，并借得吐蕃、泥婆罗、章求拔诸国兵骑，将不顺服的新立国王阿罗那顺俘获而归，从而威震北印度诸国，使东南亚附庸小国纷纷入唐献贡，表示向往大唐帝国之意。在唐朝统治者

---

[1] [唐]长孙无忌等撰《唐律疏议》卷八《卫禁》，北京：中华书局，1983年，第183页。
[2]《旧唐书》卷一〇三《王忠嗣传》，第3201页。
[3]《新唐书》卷五〇《兵志》，第1338页。

李世民的眼里，四方各国都是大唐帝国的藩属，都是一家，一家岂有不互相通好之理哉。又例如663年，唐、日海军在朝鲜白村江决战，日军大败后撤出，唐朝完全控制了百济地区。为了集中力量攻打高句丽，唐朝积极开展外交活动，百济占领军使者郭务悰到日本进行了战争善后与国交问题的谈判，此后唐使刘德高等相继赴日，唐日两国恢复了国交。日本在白村江战败后痛定思痛，认识到唐综合国力的强大，在此基础上才确定了学习模仿唐朝律令以及其他制度的总原则，并不断派遣唐使赴中国交往[1]，所以唐日友好外交在很大程度上决定于唐的综合国力，也决定于唐朝对东亚国际关系秩序的建立与调整。"远交近攻，离强合弱"，唐朝强盛的军事力量是其外交活动的坚强保障。

综合国力是国内社会安定的关键因素。

综合国力是以经济为基础、以政治为集中体现的国家总体实力，社会生产能力的高低和国家管理能力的强弱，本身就是综合国力的核心内容。从唐朝的"贞观之治""开元盛世"以及"元和中兴"等时代看，"海内富实""耕者益力""衣食有余""兵强马壮"等，导致了政治安定、经济繁荣、军威振边的局面。虽然国内统治集团有时矛盾重重，却少有全社会的激烈动乱，其中一个重要原因就是以经济实力为基础、以政权结构为联系的综合国力作用的结果。当周边东突厥、西突厥、吐蕃、高句丽诸国政变迭起、内部分裂时，唐朝却巍然屹立。唐朝物质生活和社会文明普遍高于周边国家，民富国强使人民安居乐业，百姓自发流落逃亡境外的很少；相反周边诸国大量人口迁徙进入内地，如太宗时的东突厥10余万，武周圣历时的西突厥6万—7万，武宗时的回纥人数万，分别降附。生产力发展水平不仅是唐朝社会安定的关键因素和重要标志，也是综合国力雄厚的物质保障。中唐以后，经济

---

[1] 日本初期派出遣唐使的目的，主要是收集有关唐出兵百济的情报，以介入朝鲜半岛的自身利益，所以653年、654年、659年连续派出使节，以在外交上牵制唐朝。但659年第四次遣唐使因刺探情报几乎被唐朝处以流刑，一直被软禁在长安城中。

图12 狩猎出行图壁画,唐章怀太子墓出土

重心南移,关陇与北方地区混战割据,国力急剧衰落,自然造成社会动荡,再无实力来维持社会安定,这是不争的事实。

综合国力是增强民族向心力的重要因素。

历史上相互关联的各民族、各部落,其盛衰兴亡总是表现出一种连环性、依赖性,民族之间的和睦也取决于双方实力的对比,最明显的就是唐朝"和亲"。每一次民族间的和亲,其背后都有政治目的,当唐王朝依靠富强国力达到军事极盛时,往往很少同意和亲;当唐朝顾不上或无力解决一个地区民族矛盾时,才会同意用和亲手段促进邻族和睦。实际上,突厥、吐蕃、吐谷浑、突骑施等向唐请和时,多半就是它们之间开战或国力衰弱时,这就是唐朝羁縻、分化或结盟其他民族的基本原则。而许多民族部落争先与唐和亲,也是想借唐强大国力的威名制约自己的对手。贞观十年(636),吐蕃得知突厥、吐谷浑先后请婚于唐,也遣使向唐"奉表求婚",但遭到唐朝拒绝,于是吐蕃发兵20余万进攻松州,声称"若大国不嫁公主与我,即当入寇",唐太宗为尽快平息西南侵扰事态,兵戎相见后才同意出嫁宗室公主。贞观十七年(643),薛延陀来唐请婚又被拒绝,唐太宗明确指出各民族部落向唐联姻,是"将倚大国,用服其众",借"大国子婿,增崇其礼,深结党援,杂姓部落,更尊服之"[1]。即借助唐朝的国力和威望,缓和各部落的矛盾,壮大本民族的声势,达到巩固自己小霸权地位的目的。开元年间开始强盛的回纥,与唐保持了比较友好的睦邻关系,曾出兵助唐平定安史之乱等,但回纥有自己本民族的利益,不仅每年坐享唐所给的绢帛等经济财物,而且依赖于唐的时间较长,索取稍不满足,照样纵兵抢掠唐境内地。唐朝和亲公主只有与回纥的是皇帝亲生女儿,也是出于不敢得罪的无奈,唐付出了不等价的绢马贸易和额外勒索等重大代价后才实现了"友好相安"的局面,唐朝君臣为此叫苦不迭,这一削弱唐朝国力的后遗症一直持续到回纥自身分崩离析和被黠戛斯攻灭之时。吐蕃、回纥等还通过与唐和亲,得到了唐朝先进的物质、技术和文化,增强了自身的实力,使"甥舅关系"变为"兄弟关系",达到平起平坐的地位,这当然是唐朝意想不到的结果。活跃在丝绸之路上的粟特人,也寻求唐朝庇护自己的商业利益,不仅经营着唐与突厥、吐蕃、回纥等民族的转销贸易,而且大量入居内地将整个唐朝境内作为他们的广阔市场[2],正是靠着唐朝综合国力的吸引,各民族之间的向心力得以加深。

从唐朝综合国力评估中也可得出两点经验。

首先,周边安全是增强综合国力的客观条件。周秦汉魏以来的历史表明,许多民族靠战争掠夺财富和资源使本国强盛一时,靠军事实力捞取实惠是周边一些游牧民族赖以生存的手段,也给中原王朝造成很大的压力与威胁。隋唐国力振兴与发展,主要是靠劳动生产增强了综合国力,但也不能忽视周边安全与边贸互市的关系[3],不能忽视经济资源格局调整和国家发展农牧政策的改革,协调发展的关键是如何处理好经济与军事的关系。综合国力的发展离不开人力、物力、财力和其他经济要素的投入,但周边战争威胁严重,安全需要得不到保障,或不能占领战略要地维持平稳格局,势必要在军事力量上花费较大的经费,其结果肯定会延缓经济和社会发展的步伐。唐初贞观时期到开元、天宝盛唐时期,都遇到过军费开支过大的问题。例如开元以前"每岁边夷戎所用不过二百万贯","自开元中及于天宝,开拓边境,多立功勋,每岁军用日增"[4]。军费支出占国库总收入29%左右,比开元前增长68%[5],造成社会矛盾尖锐。中唐以后军费支出已占国库开支的85%左右,更使"府藏空竭,势不能支"。同样,突厥、高句丽、吐蕃、西域诸国等也都因军费耗费太大,导致国力衰落,只能靠掠夺周邻来补充。在当时战事频繁的形势下,军费开支过大,

---

[1] [唐]杜佑撰、王文锦等点校《通典》卷一九九《边防典十五》"薛延陀"条,北京:中华书局,1988年,第5466页。
[2] 程越《入华粟特人在唐代的商业与政治活动》,《西北民族研究》1994年第1期。
[3] 张泽咸《唐朝与边境诸族的互市贸易》,《隋唐史论集》,香港:香港大学亚洲研究中心,1993年。
[4] 《通典》卷六《食货典六》"赋税下",第111页。
[5] 葛承雍《唐代国库制度》,西安:三秦出版社,1990年,第48页。

图 13　高士宴乐嵌螺钿铜镜，洛阳出土　　　　图 14　唐金背瑞兽花枝镜，西安灞桥区马家沟村出土

不仅导致弱国的国力难以增强，大国的国力也元气大伤，难免被削弱。因此，周边安全稳定的环境，对唐王朝和亚洲大陆各国的综合国力增强，都有重要意义。

其次，国内安定是增强综合国力的基本保障。没有稳定的政治和社会局面，内忧外患，动乱不止，不仅会影响经济的发展，而且直接影响到政权的管理能力和民心士气。安史之乱后，唐朝边疆危急，外族入侵是一方面的威胁，最重要的是官僚体系紊乱、藩镇割据混战、赋税财力减少等内部不稳定因素，从根本上削弱了唐朝的军事实力和经济实力的总体水平。尽管外来威胁和内部混乱随着形势的发展变化着主次和急缓，但内部因素发挥的作用才是关键所在。例如建中四年（783），朱泚之乱发生后，唐王朝为尽快平定朱泚，求助于吐蕃军队，两次答应割让伊西、北庭四镇和泾、灵二州。后因唐没有履约，导致吐蕃大举攻掠西北州县，给唐沿边地区造成重大损失。又如牛李党争近 40 年，涉及国家大事争执不定，延误了国家形势的好转与重振。地方藩镇切割瓜分了中央政府的财政收入，使唐王朝不能再集中财力扭转颓势，只能苟延残喘。国库管理制度涣散，竟将多年积压库物交付度支估价调给边防守军，"罗縠缯彩，触风断裂，随手散坏，军士怨怒，皆聚而焚之"[1]，造成军心涣散，无人卖力保卫关辅。唐僖宗"荒酗无检，发左藏、齐天诸库金币，赐

[1]《旧唐书》卷一三五《皇甫镈传》，第 3741 页。

图 15 北朝东罗马帝国列奥一世半身像金币，西安何家村出土

伎子歌儿者日巨万，国用耗尽"[1]。所以，内部的重重痼疾是综合国力走向衰落的重要原因，而国内社会的不稳定更是唐王朝国力衰亡的基本因素。

总之，要正确科学地认识唐代综合国力，不仅要研究其构成的主要要素和历史背景，而且要研究唐代综合国力的发展演变以及唐代的国际地位，从军事、经济、科技等硬国力到政治、文化、外交等软国力，全面衡量，分类对比，使此领域得到更广泛深入的探讨。

---

[1]《新唐书》卷二〇八《田令孜传》，第 5884 页。

"天下国家"与盛唐气象

唐人的视野比其他任何一个朝代的中国人都更为广阔，外来文明的火炬比中国任何一个朝代都传播得更远。

胡汉风俗融会的结果竟使司法参军无法捕捉"胡贼"。

值得深思的是，盛唐之所以成为外国人云集聚居的有魅力的地方，不单是它具有开放性，更重要的是它具有文明世界的优越性。

我们不是简单地在述说过去，而是在启迪未来，激发中国人的奋斗精神和迈向新世纪的信心。

历史是社会发展和文明进化的记录。在人类进入新的千年之际，回眸历史将给

图1　大明宫含元殿复原图

图2　《职贡图》，唐阎立本绘

新世纪提供丰富的借鉴和启迪。在我们中华民族历史上,最值得骄傲的就是"盛唐气象",特别是"唐人"作为民族自豪的称呼,至今仍频频使用于全世界华人的生活之中,始终承载着不朽的光荣与无比的辉煌。

站在人类千年历史的高度上来观察,就会发现唐朝是一个建立在南北朝各种民族融合要素和隋帝国南北统一基础上的新时代。唐人血管中流淌着其他民族的血液,因为其与周边的民族混杂融合后产生了大幅度的民族更新;唐朝不断受到突厥等边族的侵扰,但周边邻族纷纷内附迁徙中原聚居,甚至阿拉伯人、波斯人、中亚粟特人以及印度、朝鲜、日本、越南等国的人都到长安定居;唐朝以强盛的综合国力不仅建立了皇帝与"天可汗"的双重宗主仲裁地位,而且有强大的威慑力和足够的文明魅力吸引各国首领友好往来,具有史书记载"天下国家"的世界性。唐代统治的范围向西越过葱岭到达吐火罗和波斯以东,北界包括贝加尔湖和叶尼塞河上游,东北领有黑龙江流域至日本海,西南达到今越南北部,整个东亚地区都接受了中华文明的洗礼。

在唐朝,民族团结观念取代了皇帝至上的国家观念。"天可汗"唐太宗曾宣称:"自古皆贵中华,贱夷狄,朕独爱之如一,故其种落皆依朕如父母。"他还在不同场合宣扬"四海一家""混一戎夏"的思想,打破了传统的"华夷分界"的民族偏见。这也正是唐朝开始变为一个大国巨强的再生动力,在新的纪元里需要新的民族共同体意识。从世界大陆文明格局来说,各民族的互相影响和各国间的交流,既可以使一些文明核心国家自身综合实力得到增长,也可以推动邻近国家经济、文化及各方面的发展。唐帝国在亚洲正是起了这样的巨大推动作用。

千年以前,亚欧大陆内形成的拜占庭帝国、阿拉伯帝国和唐帝国,是当时人类社会成就最高级别的文明板块。但拜占庭短暂的强盛很快被阿拉伯人入侵所打断,而阿拉伯帝国迟至8世纪后才逐渐形成封建制,印度大戒日王之后次大陆陷入分裂局面,只有中国的唐朝在与周边邻国竞争中呈现出相互推波助澜的崛起趋势。唐帝国辽阔的疆域,使它在战略上必须重视民族关系和国际格局变化,不仅建立防守反击的边界体系,而且以综合国力参与境外角逐,甚至争夺亚洲霸主的地位。作为当时的一个"超级大国",唐朝非常注意中外交流。除中亚的康国、石国、安国、曹国、米国等与唐保持着独特的国际封贡体制外,多国还遣使到唐长安来。其中,新罗89次,阿拉伯大食41次,林邑24次,日本14次,真腊11次,师子国(今斯里兰卡)3次。至于史书记载次数不详的朝鲜(高句丽、百济)、婆罗门五天竺(今印度)、泥婆罗(今尼泊尔)、吐火罗(今阿富汗)、骠国(今缅甸)、波斯以及北非、中东诸国等等,都非常普遍地与唐交往。

作为亚欧文明演进的核心国家,唐政府也频繁派出使臣出访,并划拨政府专项费用给予支持。公元643年后4次出使印度的王玄策,公元663年出使东罗马的阿

图3　唐三彩女立俑，西安鲜于庭诲墓出土，中国国家博物馆藏

图4　唐三彩女立俑，西安鲜于庭诲墓出土

图5　唐三彩乌蛮髻女立俑，西安中堡村出土

图6　唐加彩持物女立俑，西安博物院藏

罗憾、公元664年出使日本的郭务悰等，都是著名的唐朝外交家。唐长安还设有外交机构鸿胪寺、四方馆、礼宾院专门接待外国宾客，不仅负责会见礼仪，而且供给入唐后一切资粮费用。如果说中外彼此之间的交流愈多样化，相互学习的机会也就愈多，那么亚欧大陆分布的几大古老文明之间的文化交流，使唐朝成为东亚受益最大的文明枢纽。

世界文明进化不是孤立的。文明是一种有机体，它的构成要素经过相互作用生长出新的动力。唐代之所以出现了许多不同于前朝后代的新气象，关键是它与同时代的邻近民族和国家存在着有力的交融。让我们从一系列构成新文明生长动力的要素来看盛唐文明。

允许入境居住

唐代是南北朝和隋朝之后又一次大规模的民族迁徙时期，各民族进入唐境分为被迫内迁和寻求保护两种，因仰慕唐帝国经济文化生活先进而零散入境的人也很

图7 唐武官俑，
西安灞桥唐独孤思贞墓出土

图8 唐贴金仪卫俑，
陕西礼泉郑仁泰墓出土

多。贞观四年（630）唐打败东突厥，15万突厥人南下归附，入居长安的近万家。天授元年（690）西突厥可汗斛瑟罗率残部六七万人徙居内地，斛瑟罗后死于长安。此后，西域胡人等异族入境安置的人连续不断。

唐政府对外国人移居中国，曾在开元二十五年（737）作出专门的政策规定："化外人归朝者，所在州镇给衣食，具状送省奏闻，外人于宽乡附贯安置。"另外，唐朝还免去他们十年的赋税。这对外国移民具有巨大吸引力，是粟特、新罗、大食、波斯等移民社区形成的重要因素。如登州的"新罗坊"、青州的"新罗馆"，敦煌、凉州的"昭武九姓"等。晚唐黄巢之乱时，广州有一两万外国人被杀，说明入境居住的外国人数量之多。

允许参政做官

唐王朝从中央政府到地方州县，都有外国人或异族人担任官职，如京畿道委任的715人次刺史中，异族为76人次，占十分之一强，尚不包括早已同化者。安国人安附国一家三代在唐朝做官。康国商人康谦，高句丽人高仙芝、王毛仲，日本人阿倍仲麻吕（留居中国 50 年，改汉名晁衡），龟兹人白孝德，波斯人李元谅、李素，越南人姜公辅，新罗人金允夫、金立之等都在唐朝任高官。唐朝大胆起用外族和外国人入仕任官，采取"兼容并包"的用人政策，无疑是其国际性交流眼光的表现，也可以说是中外双向互补的表现。

图 9　唐彩绘陶羯鼓，陕西蒲城惠陵李宪墓出土
图 10　唐剪鬃马，陕西长安郭杜唐墓出土

法律地位平等

按《唐六典》记载，盛唐时有 70 多个国家与唐王朝经常往来，外国人在唐朝居住者众多，难免有违法犯罪现象。唐朝对外国侨民在中国领土上所发生的法律纠纷，有专门法律规定。凡是外国人，同一国家侨民之间的案件，唐朝政府尊重当事人所在国家的法律制度和风俗习惯，根据他们的俗法断案，享有一定的自治权；而对于来自不同国家的侨民在唐境内发生的纠纷案件，则按唐朝法律断案，在法律地位上与汉人完全平等，没有特别的治外法权。这种涉外立法，分别体现了当代立法的属人主义和属地主义原则，具有深远意义。

保护通商贸易

贞观元年（627）唐朝开放关禁："使公私往来，道路无雍，彩宝交易，中外匪殊。"贞观四年，西域各国派遣商使入唐，太宗下诏"听其商贾往来，与边民交市"。此后，丝绸之路和"香料之路"使西域、波斯、大食等国的商旅源源不断地进入河西与长安，海上商船也长久不息地到达中国南部沿海城市，唐王朝对通商贸易非常重视并保护利用，不仅在中亚驻扎军队保护商旅安全，而且收取较低的商税。大批外国商人经由陆路和海道来到长安、洛阳、广州、泉州、扬州等地，运来香料、药材和珠宝，带走丝绸、陶瓷等物品。在长安的许多胡商以经商致富而闻名。正因为唐王朝对外商持优惠政策加以保护，有时甚至给予特殊照顾，鼓励交易，每年冬季都要给"蕃客"供应三个月柴取暖，所以胡商乐不思蜀，"安居不欲归"。

图11 唐三彩女立俑，
陕西西安鲜于庭诲墓出土，中国国家博物馆藏

图12 唐三彩女俑，
陕西历史博物馆藏

允许通婚联姻

异国或异族通婚是打破"华夷之辨"的一个重要内容。唐太宗贞观二年（628）六月敕令称："诸蕃使人娶得汉妇为妾者，并不得将还蕃。"唐律令格式中也有类似规定。唐律允许外国人入唐常住者，可以娶妻妾共为婚姻。从出土的唐代墓志中可以看出，异族联姻非常普遍，特别是散居内地者更容易胡汉联姻。据史书统计，唐高祖19女中有7位嫁给胡族，太宗21女中有8位异族驸马，玄宗30女中有5位嫁给胡族大臣。大臣中如裴行俭、张说、唐俭、于休烈、史孝章等人皆是胡汉联姻。还有许多"杂胡"通婚于汉人的事例，如武周时游击将军孙阿贵夫人竹须摩提，乃印度女子。

文化开放互融

西域与外国文化在唐长安长期流行，并成为时尚。舞乐最为突出，宫廷十部乐中，除燕乐、清乐之外，龟兹、西凉、天竺、安国、疏勒、高昌、康国、高丽均为外来乐曲，竖箜篌、琵琶、都昙鼓、毛员鼓、羯鼓等乐器也皆为波斯、印度等国传入。唐长安盛行来自外国的娱乐，如由"婆罗门胡"表演的幻戏，宫廷和民间都喜欢打的波罗球，以及每年正月十五夜"西域灯轮千影合"的游乐活动。

衣食住行混杂

唐人大规模地穿戴外国异族服饰，成为当时社会的流行风尚，这是其他朝代比较少见的现象。京城长安里"胡着汉帽，汉着胡帽"非常普遍，胡汉风俗融会的结果竟使司法参军无法捕捉"胡贼"。所以史书称开元以来"太常乐尚胡曲，贵人御馔尽供胡食，士女皆竞衣胡服"。可以说，唐长安是一个兼容外来服饰文化的中心。至于"胡食"在长安也比比皆是，东市和长兴坊有专门的胡食店，白居易的《寄胡饼与杨万州》更是众口传知："胡麻饼样学京师，面脆油香新出炉。"近年来，西安地区考古出土的文物中，胡人女子骑马陶俑和胡人三彩俑不胜枚举，甚至还有一些"昆仑"黑人俑，正反映了当时社会生活的"胡化"状况。

留学人员云集

唐朝经济的强大，文化的繁荣，对周边诸国有着极大的吸引力，于是一批批外国学子泛海越岭到中国留学。《资治通鉴》卷一九五记载唐太宗贞观十四年（640）长安国子监增筑学舍和增加学员，"于是四方学者云集京师，乃至高丽、百济、新罗、高昌、吐蕃诸酋长亦遣子弟请入国学，升讲筵者至八千余人"。此后来自周围国家的留学生络绎不绝。唐政府对留学生给予优待，补助日常生活费用，四季发放被服，允许他们在国子监太学、四门学等一流学校读书。特别是科举考试入仕方面，为了照顾外国和其他民族的学生，特设"宾贡进士"，以区别考取难度较大的中国学生。由于大量留学生的主要生活费用由唐政府负担，所以不允许他们无限期留居中国，超过9年时间的就要另谋出路了。各国入唐学生对国际性的交往起了巨大的推动作用。他们在长安招聘人才，交结其他国家使节，搜集或出资购买书籍，特别是他们将学习、了解的唐文化与典章制度传播于各国，从而增加了盛唐气象中的国际色彩。

没有文明创新的社会无进步可言，而没有制度支持的社会文明则不可能长久。以上所举仅仅是盛唐世界性最显著表现的几个方面，但足以说明盛唐时期的中国是当时当之无愧的世界中心国家，唐长安不只是单纯的中国首都，也是东亚文明中心和国际化都市，从而成为外国人云集聚居的有魅力的地方。值得深思的是，盛唐之所以能吸引邻近民族和各国人士蜂拥而至，不单是它具有开放性，更重要的是它具有文明世界的优越性，即物质生活的富裕、典章制度的完善、中央朝廷的权威、军事实力的威慑、宗教理性的宽容、文学艺术的繁荣、科学技术的领先，甚至包括服饰发型的新潮。没有政治、经济、文化等各方面走在世界前列的优越性，没有巨大活力的"盛唐气象"，单凭所谓的"开放性"并不能形成国际化的特性，也不可能吸引和影响周边邻族和东亚诸国。

诚然，主流之外有支流，清流之外有浊流，大唐帝国对外的政策并非没有局限性。在当时辽阔版图的封建大国中，民族不可能完全平等，尤其是在漠北各族的侵扰、吐蕃贵族的扩张、中亚绿洲诸国的争夺以及内徙胡人的反叛情况下，唐王朝要维持国家的安全稳定也确有不少强硬措施；再加上唐王朝"以夷制夷"的手段和军将官吏对异族的防范苛求，都使唐帝国的世界性形象打了折扣。安史之乱以后唐人对外国异族有一种厌恶和防范情绪，胡人被视为动乱的重要因素，排斥外来文化的倾向随之产生，甚至传统的"华夷之分"思想又有强烈回潮。但这只是文人们的警觉，大唐帝国已没有强盛时的世界性形象，而民间社会仍是"胡音胡骑与胡妆，五十年来竞纷泊"。我们也没必要将唐王朝近三百年的历史都理想化了，只是在世界文明历史上，和中国其他朝代相比起来，唐帝国的世界性显得非常宽容和突出，正是在这种意义上说"条条道路通长安"反映了人类文明交会的特征。

纵观一千多年前盛唐所展现的一幅幅世界文明交融图，我们不是简单地在述说过去，而是在启迪未来，激发中国人的奋斗精神和迈向新世纪的信心。对我们今天与世界各种文明建立联系，共同为人类发展进步作出贡献更具有深远的意义。

图 13　步行仪仗图壁画，唐李寿墓出土
图 14　骑马出行图壁画，唐李寿墓出土

唐代多元思想文化的精神地图

在人们的印象中，隋唐时期在中国思想史上好像没什么重要地位，而且也没有多少著述成就。在一个社会经济、文化发展都达到盛世的时代，而且是儒、佛、道多次争论与激烈冲突的时代，却很少有什么大思想家，这是一个令人奇怪的现象。

于是，有人认为隋唐在思想史上也就算个过渡期，顶多在佛教、道家的传播上有所贡献。也有人认为儒学在唐代已失去了原有的活力，在儒、佛、道三教并存的时代没有了自己的见解也就失去了应有的价值。还有人认为孔颖达、颜师古、陆德明等人乃是"述而不作"，谈不上是思想家，唐朝前期主要是注疏，到了唐中后期才有了形成一家之言的想法，至韩愈、李翱时才有改观。韩愈的《原道》、李翱的《复性书》等探求道的本原，提出了"道统说"，所以有人说这是三百年唐代思想史中的一个闪光之处。

更有人提出唐代伟大是因为唐朝人反儒，宋代低劣是因为宋朝人崇儒。直到宋代，宋儒思想家才继承光大了韩愈的思想。因此有学者的文章直接用的标题就是《盛世的平庸——8世纪上半叶中国的知识与思想状况》(《唐研究》第五卷)，其原因值得探讨。

我对于论断唐朝思想史为"盛世的平庸"，觉得理解可能有些局限，唐朝没有被后人追捧的著名思想家，没有被后世奉为经典的思想著作，但这并不可以作为"盛世的平庸"的论据。我觉得，唐代的思想不仅不平庸，反而如这个朝代许多方面的成就一样，是多元的、百花齐放的，姑且就命名为"盛世的多元"吧。

每一个历史阶段都不可能没有思想家，或许在隋唐历史阶段里可以号称"杰出""伟大"的思想家不突出，或是在漫漫的历史长河中被前有古人后有来者所淹没，造成一个"平庸"的假象，问题是思想史，还是思想家史，或者是思想著作史？没有流传后世的思想流派，并不代表一个时代的思想是沉寂平庸的。

我们所说的"盛世"，由于它在政治、经济、文化等方面均处于相对稳固的状态，势必形成一种"大一统"的主流思想，除了凤毛麟角式的人物，人们对时代所出现的新情况、新问题仍用旧的思维方法、思想观念来认识和解决，导致不可能有真正意义上的思想家出现。思想文化的产物，恐怕不能以量取胜、以数论盛。将思想的作用归结于"认识和解决问题"，且不论对与错，如果仅仅这样来定义思想的话，那多少个思想家也不如一个自然科学家。

但要是说整体思想的活跃，唐代当之无愧。在一个多元文化的时代，并不需要人人皆奉为至高无上的思想家。在当时的中国，皇权垄断了所有宗教思想的合理性和合法性，凡是符合皇帝判断与需要的主宗教信仰，就是正宗思想，否则不管是道

图1 唐宫乐图（摹绘）

教还是佛教都要蒙上"妖""淫""乱"的名称，退出上层的、精英的思想世界。唐太宗早期崇奉道教而晚年又眷恋佛教，武则天早期是推崇佛教而晚年又喜欢道教，唐玄宗更是儒、佛、道三者实用主义轮番使用，还将一直存在于边缘的景教纳入自己的视野，因此各家宗教在文化与思想上纷纷向皇家靠拢，争讨皇帝的喜爱。统治者也赋予儒家治国、道教养生、佛教治心等不同功能，正是宗教史上的这种"归顺"与"屈服"，中国历史上从来不曾有过与世俗政权相对抗的宗教权力，而中国集神灵、宇宙、伦理道德象征以及政治、经济、军事权力于一身的"皇权"比任何一种宗教都更为强势。

隋唐时代酝酿着新旧交替的冲动和社会的变化，从敬崇佛教的隋炀帝到极力抬高道教的唐太宗，尽管在关陇贵族利益集团内部矛盾中有不同的选择，但是他们都流淌着鲜卑的血液，继承着在正统汉人看来不可思议的外来文化。尤其是外来民族众多，他们造就了丰富多变的时代风貌和独特的历史地位。思想史往往喜欢注意叙述不断出现的新知识、新思想和新信仰，那么我们就透过被遮蔽的历史，看看世俗

图2 隋白石手拿花篮菩萨残躯，陕西西安出土

皇权和主流意识形态之外的外来宗教思想。

思想的解放，是历史前进的先导。唐代作为儒、佛、道最繁荣的时期，也是思想碰撞的黄金时期，它没有罢黜百家、独尊一家，没有思想禁锢，兼容并蓄是其特点。唐代没有大师频现，是战乱使史料毁灭，人员逃散，我们不了解罢了。

笔者始终认为，经过魏晋南北朝"五胡"动乱与民族磨合，隋唐成为中国文化再聚集、再发展的关头，这种文化力量虽然没有像宋代理学、明代心学那样梳理成册，但隋唐多元文化有活力，汲取了不同精华，文化背后有中西文明交会的推力，它因此具有饱满的生命力。当今学术研究不能完全钻进故纸堆中，要超越文献史书缺憾的局限性，利用考古文物新资料，采用世界的眼光、世界的思维和多民族的观察，解读唐代盛大的主流，颠覆传统的观念，提出大国际的历史理念。

笔者今天就谈谈一般不被中国思想史关注的唐代"三夷教"的发展状况。

唐代宗教史的研究，历来以当时的主流宗教，即佛教、道教为主要对象，但从世界视野的高度看，唐代中国乃当时世界文明的一个重要汇聚中心，其时所流行的三个波斯西来宗教，即所谓"三夷教"——祆教、景教、摩尼教，正是这种汇聚的产物。这三种外来宗教得到唐朝廷的正式认可，在长安建有寺院。朝廷的宽容最初是为了安定西域移民的人心，鼓励胡人为唐朝效忠服务；但在长安占优势地位的佛道两教却不容"杂夷"宗教扩大地盘，并影响到朝野士民也对"三夷教"持贬斥态度，不时发起对祆教、景教、摩尼教僧侣的谩骂、诽谤和攻击，迫使朝廷颁布对他们传教范围的限令，只允许在外来移民的生活圈子中活动。那么，唐代"三夷教"如何通过汉化而融入中国社会，这是我们以往很少思考的问题。

一 景教文明的传播与影响

西域传来的宗教中，祆教、景教、摩尼教号称"三夷教"，景教作为基督教在东方传播的一支教派，最初入唐以"波斯经教"为名，贞观十二年（638）唐太宗诏令在长安义宁坊建立"波斯寺"，景教在朝廷的认可和支持下开始传教，高宗时得到进一步发展。从武则天到玄宗即位，景教一度受挫，受到佛教徒和儒士们的攻击，许多士民嘲笑讪谤，不仅景教徒处境困难，整个景教都面临危机，迫使景教士改变生存方式，为皇室修功德，进献奇器异巧，提供外来天文术等，才挽救了被压迫的局面。中唐后景教士在民间的慈善活动使他们遭受非难减少，但会昌毁佛仍没逃出景教衰微的厄运。

就三夷教的研究而言，景教由于明代后期西安《大秦景教碑流行中国碑》（以下简称《景教碑》）的出土而引起海内外注目。教会学者借此碑的发现而大谈基督教在中国之源远流长，而世俗学者亦把唐代汉译景教经典，目为"中国与欧洲思想交会融流的第一章"，"使中国固有的儒道两家，与西方的佛景两教的思想合流"。从学术的角度，他们都力图对景教在中国的影响作出相当的评价，给其在中国文化史上以一定的地位。

大秦景教的故乡，是一个与"中亚文化交会区"齐名的"叙利亚交通环岛区"，在世界文明史中占有十分重要的地位。源出叙利亚的景教自5世纪被赶出拜占庭之后，在波斯连遭厄运，无力回应外界的强力挑战，致使基督教文明在当地传播变成泡影。737—741年，由于伊朗萨珊王国遭到阿拉伯帝国的打击，景教被剥夺了进一步传教的机会。

景教传入唐长安，几乎与东来的火祆教、摩尼教同时代。此三教均来自波斯，唐人因不清楚其教义区别而统称为"波斯胡教"或"波斯教"，甚至认为它们是源于波斯的佛教宗派。唐太宗曾称景教士阿罗本为"波斯僧"，所建的景教寺亦名曰"波斯寺"。此外，唐人也称景教为"大秦教""弥尸诃教"或"迷诗诃教"（"弥赛亚"之译音）。

据冯承钧早年考证，景教士阿罗本在到达长安之前，曾"入侍于阗王子"，在西域展开过传教活动，后"阿罗本随于阗王子到长安"。于阗王子来长安是进贡礼品还是作为"质子"长期居住，则不清楚。同样，阿罗本是7世纪时的叙利亚人还是波斯人，也无法判断。他的原名或许是Abraham，汉名系Yabh-allaha、Alopeno或Rabban的音译。但阿罗本肯定是东方基督独立教会的传教士，《景教碑》上的叙利亚文字便是明证，因为叙利亚文字作为宗教文字，只有基督教的东方教会才流行。有学者认为阿罗本是由波斯景教教长伊舒叶赫卜派遣入长安传教的第一人。也有学者认为基督教"最早传入中国内地是在6世纪初，北魏孝明帝年间混迹于洛阳

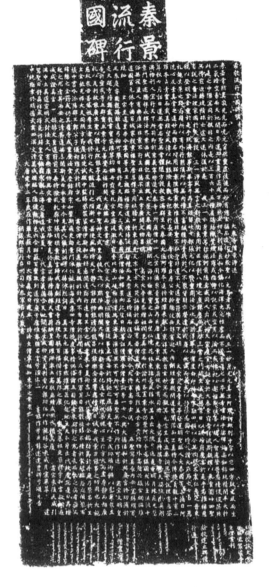

图3 大秦景教流行中国碑（拓片），西安碑林博物馆藏

佛寺的三千余大秦'沙门'实为来自叙利亚的基督教东方教派的景教徒。唐贞观至开元年间，罗马教皇梯窝独罗斯一世曾三次派人来华"。还有学者认为景教进入长安必是有备而来，阿罗本一入长安即能以中文译述自己携带的基督教经典，不论其文字表达能力及文章畅顺程度，单以一个波斯教士能把深奥的神学义理，在毫无前例可援的境况下译为中文，并能说服唐太宗，证明阿罗本"宗教内涵之丰富、学术修养之深厚，绝非泛泛"。这些看法有的属于推测，需要新资料来证明；有的入情入理，很有启发与见地。我们查遍史料，则会注意到景教士们进入长安，一是没有外来的政治势力在他们背后撑腰，二是没有波斯与中亚军事力量给他们保护支持，三是没有大量的外来移民给他们拥戴呼应，四是没有丝路贸易商队作为他们传教的经济基础，五是没有语言文化交流的优势。景教士要在长安这样一个佛教、道教占据绝对优势地位的东亚大都市里发展，只能依靠自己的努力，既需要争取唐朝统治集团的允许和资助，又必须得到京畿地区百姓的认同和拥护，其传教与生存的难度可想而知。

因此，以阿罗本为代表的景教士们非常重视基督"本土化"的传布策略，即在不损害景教教义思想的前提下，适当调整或改动其解说与论证，以适应中国本土的环境。这在《景教碑》中有着典型的反映，在敦煌发现的六种唐景教文献中也有明显的记载。

第一，确定景教教名。

《景教碑》直接提到"景教"的命名缘起："真常之道，妙而难名，功用昭彰，强称景教",显示景教士入长安后为自己教派命名问题有过一番推敲,因为很难恰当转译命名,既要符合中国人的宗教汉化风格习惯,又要昭示景教传教功能的重义,最后勉强称为"景教"。"景"字由"日""京"合并而成,本有"日大""光明"之意。日本佐伯好郎认为自命景教有如下理由:一为当时弥施诃教徒说弥施诃是世界之光,景字即光明之义。二为景字通京,日与京二字合成,而京有"大"之义。三为当时长安有属于佛教密宗特征的"大日教"势力,利用"大日教"易于被民众接受。四为道教经典中有《黄帝内外景经》,双方相似可以暗示。由此可见,景教以"景"字来表述其信仰原意时,也集中体现了使中国人易于接受的"本土化"特色,不仅有和长安其他宗教调和、看齐的倾向,而且在长安创始、立足、发展各个阶段一直向"本土化"努力。为此,景教传教士在宣传"光明灿烂的宗教"时,称其教祖为"景尊"、救主为"景日"、教会为"景门"、教堂为"景寺"、教士为"景士"、教徒为"景众"、教规为"景法",并称其宗教感化力及其影响为"景力""景福"和"景命"等,将其信仰传播称为"景风",连僧侣名字也带有"景"字,如景净、景福、景通等。

第二,借用佛、道用语。

唐代是儒、佛、道三教鼎立的时代,而长安又是佛寺、道观林立的地方,盛唐以前全国约有40%以上的著名高僧、道士云集京城。初唐时朝廷宣布道先、儒次、佛末的次序,并声称道教教祖李耳是李唐皇室的远祖。景教进入长安后极力顺应唐朝廷颁布的宗教次序,不但袭用道、佛二教经典的词语、模式,而且为布教传道的方便,将景教教义解说与论证和道、佛、儒思想混合。在道教方面,景教大量袭用道教思想及术语,使景教碑文和文典中的一些语句颇具道家风格,如"道无常名,圣无常体""惟道非圣不弘,圣非道不大""浑元之性,虚而不盈""鼓玄风而生二气"等等,均类似老子《道德经》的文风。《景教碑》中"宗周德丧,青驾西升;巨唐道光,景风东扇",分明比喻老子乘牛车西入流沙的故事,而景教东传则乃老子之教复归。至于一般道家词语借用就更多了,如"玄妙"(奇妙)、"元风"(圣灵)、"造化"(创造)、"帝山"(天国)、"天尊"(天父)、"修功德"(祈祷)等等,可见道教词语被借用之滥。在佛教方面,景教也屡屡使用佛典名词,《景教碑》中景教的上帝"阿罗诃",即是从佛教《妙法莲华经》中借用之语。此外,景教文献中的"世尊"(耶稣)、"僧"(教士)、"大德"(主教)、"三一妙身"(三位一体)、"弥施诃"(弥赛亚)、"净风"(圣灵)、"娑殚"(撒旦)、"寺"(教堂)、"佛事"(礼拜弥撒),以及"慈航""慈恩""法主""法王""功德""大施主""普救度""救度无边"等亦取自佛教用语。这种借用、附会佛典词语来阐述景教教义的方式,也是唐代景教传播的特色之一。

第三,与儒家伦理结合。

儒学在唐代虽没有被推到至高无上的极端地位，但其礼制与伦理思想仍是当时社会遵循的法则。景教为了传教顺利，道德规范必须本土化，不得不吸收儒家忠孝思想来为自己张目。如《景教碑》中充满了对唐朝皇帝效忠的溢美之词，赞颂唐太宗是"赫赫文皇，道冠前王"；高宗是"人有康乐，物无灾苦"；玄宗是"皇图璀璨，率土高敬"；肃宗是"止沸定尘，造我区夏"；代宗是"德合天地，开贷生成"；德宗是"武肃四溟，文清万域"；又说"道非圣不弘，圣非道不大，道圣符契，天下文明"。景教文献《序听迷诗所经》也糅合忠君思想说："众生若怕天尊，亦合怕惧圣上，圣上前身福私（利）天尊补任，亦无自乃天尊耶。属自作圣上，一切众生，皆取圣上进止，如有不敢圣上（进止），驱使不伏，其人在于众生即是返逆（叛逆）。"景教教义中并无尊帝事君之诫，这无疑是景教入华后为迎合儒家"事天、事君、事父"的伦理纲常而添加的。景教士对中国人自古就重视的"孝道"亦颇关注，《序听迷诗所经》说："先事天尊，第二事圣上，第三事父母。"基督教并不反对孝养父母，然而将孝养父母与祖先崇拜合一，则是景教受儒教思想的影响。景教传播时以尊君事父相号召，与儒家思想妥协结合的特点，正是景教能成功传布的原因之一。

第四，推行慈善救济事业。

佛教在唐代兴盛的原因之一就是设立慈善"病坊"，普救贫困残弱者，以此赢得信徒好感。景教进入长安后也采纳了这种方法，广行慈善救济事业，承担特定的社会角色，并借此吸收了许多信徒。据《景教碑》所记："广慈救众苦，善贷被群生者，我修行之大猷，汲引之阶渐也。""大施主金紫光禄大夫、同朔方节度副使、试殿中监、赐紫袈裟僧伊斯，和而好惠……能散禄赐，不积于家。献临恩之颇黎，布辞憩之金罽……饥者来而饭之，寒者来而衣之，病者疗而起之，死者葬而安之……"从这些"慈救""善贷"的记载来看，景教的慈善事业吸引了不少的贫苦平民和市井信徒，可与"救度无边"的佛教"功德"大施主相提并论。《景教碑》文中还说："七时礼赞，大庇存亡"，说明景教士既为生存者祈求息灾延命，又为死亡者祈求冥福，所以唐太宗下诏以为："详其教旨，玄妙无为，观其元宗，生成立要，词无繁说，理有忘筌，济物利人，宜行天下。"他认为景教能救世益人，可传行于天下。如果说景教东来传教者多习于经商图利，散财济贫只是大施主自我吹嘘的假面具，恐不是历史的真相，起码景教为了达到向平民信徒传教的目的，也会在慈善事业上采用争取黎民百姓的手段。

第五，译出大量景教经典。

佛教传入中国时因困难重重，不得不附庸道术以求发展，但由于佛教徒坚持不懈地翻译佛经，使佛教传述渐明，最终得到中国人的承认和赏识。景教也同样，阿罗本进入长安后，不失时机地译出大量玄理深奥的景教经典，《景教碑》曰："宾迎

图 4　法门寺地宫后室莲台形天井盖

入内，翻经书殿。"虽然翻译何经迄今不甚清楚，但经过三年的译经工作，不仅使唐太宗"问道禁闱，深知正真，特令传授"，而且"详其教旨，玄妙无为"，能大略领会景教汉文的要旨，这不能不说是译经的功劳。景教士们要用唐人明白的文辞用语讲经论道，克服造句古怪、文字晦涩、词不达意等困难，确不容易。景教汉文文献中最古老的一种《序听迷诗所经》是汉译的《耶稣基督经》，其中将"耶稣"译为"序听"或"移鼠"，称"圣灵"为"凉风"，把玛利亚译为"末艳"，目的都是能使中国人理解，也是促使景教在本土化上词汇通用、合情合理。阿罗本之后，景教徒们致力于经卷翻译的情况并不清楚，但据敦煌景教文献中的《尊经》所载，唐代所进呈的汉文景教经典曾达 35 种，如《常明皇乐经》《宣元至本经》《志玄安乐经》《多惠圣王经》《阿思瞿利容经》《浑元经》等。《尊经》经文末尾的一段附笔曰：

> 谨察诸经目录，大秦本教经都五百卅部，并是贝叶梵音。唐太宗皇帝贞观九年，西域大德僧阿罗本届于中夏，并奏上本旨。房玄龄、魏征宣译奏言。后召本教大德僧景净译得已上卅部，卷余大数具在贝叶皮夹，犹未翻译。

此处所载大秦本教经530部，是指景教经典的总数。至于"贝叶梵音"，这是笼统指所有未经译出的西方文字包括叙利亚文字的代名词而已。景教经典的汉译，证明景教士用最大的精力来传播宣讲本教教义，尽管他们只选择了小部分主要经典，但从传下来的经卷来看，无疑是效法佛教"本土化"的趋势，并付出了艰苦的努力。

从以上五个方面，我们知道景教从传入长安起，就开始中国本土化，适应当地人的生活方式，在唐长安佛、道、儒占据主流宗教的优势和压力下，景教如果一味坚持原教旨，则势必要遇到更多的困难，甚至无法生存。而景教士适应中国人需要的巧妙改装，依托佛、道将景教教义、戒律、礼俗等进行文化传播，这是其本身的成功之处。

就整个基督教史而论，该教的传教具有全方位的特点，即无论行业，无论上层下层，无论统治者与被统治者，都是其传教对象。当然，由于传教士本身的个性素养，更由于具体时空的不同，其传教对象会有所侧重；但就整个教会而言，其是放眼全社会的。古代东方基督教会也具有这样的特点。景教在中国传教，不仅面向上层，对下层也很重视，西安《景教碑》和洛阳景教经幢的发现，使学者注意到文献中有关大秦寺记载的真实，我们也看到了唐代景教在中国留下的影响。就唐代"三夷教"在华留下的影响，可数景教为最小。元代的也里可温教虽然很难证明其承续了唐代景教，但是的确证明景教这一教派的存在。而祆教被取缔后，其汇入了中土的民俗，摩尼教则异端化，成了宋元农民运动中的一股力量。

据《景教碑》的记述，安史之乱期间，景教徒曾活跃在助唐平叛的前线，"效节于丹廷，策名于王帐"，本来是有"机遇"可以乘隙勃起的。"赐紫袈裟僧伊斯"，他在汾阳郡王郭子仪的朔方行营里，掏出赤心"为公爪牙，作军耳目"，可惜在兵荒马乱中，景教又遭逢一场来自佛门的严重挑战。在敛钱供军需这个关键问题上，以神会为首的佛徒，比以伊斯为首的景教士作出更大的贡献，他们大置戒坛度僧，交纳谓之"香水钱"，汇聚资助军队平叛，这又使景教徒失色，"十字架"的光辉被佛教完全压倒。景教在中国的命运，就是不断遭遇佛门、道门的严重挑战。

本来，就宗教体系的完整性来说，"三夷教"中乃以景教为最。其为基督教中的聂斯脱利派，被教廷打为异端，不过是教会权力之争的牺牲品，其间更有历史的阴差阳错。对于教外人来说，诚难辨别其与所谓正统基督教派的实质性不同。在古代世界，基督教统治了欧亚、北非的广阔领域，不可一世，称雄称霸。以叙利亚一带为根据地的景教，亦即基督教的东方教会，虽被教廷目为异端，但其同样抱有征服世界、拯救全人类的野心。其不唯在波斯帝国传教，而且派出诸多传教团到中亚地区建立教区、到中原在汉人中传教。根据西安《景教碑》之记述，从太宗以后直到立碑时的德宗，除了武则天外，最高统治者几乎都对景教表示了好感。特别是在国家危难之际，即安史之乱时，景教徒伊斯报效于郭子仪的朔方军中，为平乱作出了贡献，由此也得到肃宗"于灵武等五郡重建景寺"的回报。然而，就与朝廷打交道的经验而言，来华的景僧比中国佛僧显然要逊色。佛教深谙利用皇帝的绝对权威来提高本教派的地位，神会通过郭子仪为其禅宗初祖菩提达摩向代宗皇帝请谥，并且取得了成功。假如伊斯亦有这一手，为其来华景教的初祖阿罗本请谥，景教的地位必将大为提高。可惜伊斯不懂这样做或是效法不成功，他还是败于佛僧。随着会昌灭佛一令下达，景教没有保住自己的教堂，最终被取缔。

基督教入华史，陈垣先生把其分为四期："第一期是唐朝的景教。第二期是元朝的也里可温教。第三期是明朝的天主教。第四期是清朝以后的耶稣教。"尽管有这四期的输入，但作为一种文明，在前三期的输入中，全部以失败告终；即便是第四期借助列强武装强行输入，也很难说其已在中国扎根。唐代景教与中国儒、佛、道思想的合流，若以景教为本位，则在某种程度上尚可成立，因为景教在其传教活动中，确实借助某些儒、道思想的表述方式；但如果是以儒、道为本位则很难成立，尽管其思想有些内容是共通的，有可能为中国人所接受。只不过是埋没在中国人自己的传统源头里，无法甄别哪些是受景教影响、吸收了其思想的结果。

唐代景教对中国的思想未见得有大的影响，但其作为传教工具的某些实用技术，即所谓方技，倒是为人们所瞩目，《册府元龟》卷五四六所载波斯僧及烈等，广造奇器异巧以进。又比如景教以医传道由来甚久，唐书诸王传有僧崇一医愈唐玄宗兄之事。世界上诸多宗教都离不开医道，甚至把自己的教主或崇拜的神冠以医王的称号。敦煌发现的汉文景教经典《志玄安乐经》，用治病作比喻来说明教理，其间用于比喻的一些治病方法，乃源自古希腊、古罗马。有人甚至考证了中医用杉木皮作夹板治疗骨折的方法，乃为景教徒所传入。

西安《景教碑》文的"饥者来而饭之，寒者来而衣之，病者疗而起之，死者葬而安之"，则是将治病与其他慈善事业作为该教的业绩而勒石传世的。在唐代"三夷教"的僧侣中，有行医业绩者，只有景教确有案记录。医术之类的方技是社会所普遍需要的，也是配合景教全方位传教的需要。但这提示我们可以从古代中西医学交流的角度去发掘景教的思想。

唐代之后中国的景教徒还力图保存自己的命脉，还在整理传抄本教的经典。伯希和所获敦煌汉文景教写经 P.3847 可以为证。近年在敦煌莫高窟北区石窟亦发现了元代的十字架。其与唐代景教徒的关系，当然有待考证；但在景教遭受取缔之后，其教徒曾有相当一段时期顽强地坚持自己的信仰和宗教活动，看来应是可信的。

二　祆教的内涵及其在华的传播影响

祆教起源于波斯琐罗亚斯德教，俗称拜火教，在唐朝以前就已传入中国，据《通典》记载："武德四年，置祆祠及官，常有商胡奉事，取火祝诅。"长安布政坊等胡人聚居地有五所"胡祆祠"，祆教祭祀活动时带有强烈的娱乐成分，"每岁商胡祈福，烹猪羊，琵琶鼓笛，酣歌醉舞"。唐朝禁止汉人信仰祆教，但祆教风习却随着胡商活动在民间渗透，有可能私下传布。会昌五年（845）外来诸教遭受毁灭时，管理火祆教徒的萨宝府也随之罢废。1955年发现的波斯后裔祆教徒苏谅妻马氏墓志，表明祆教在晚唐禁而不止，仍然存在，民间同情者或信奉者大有人在。

古代波斯如同其他民族一样崇奉自然现象，认为日月星辰、狂风暴雨、水火土木都有天神在操纵，特别对火焰、光明具有狂热的尊崇，并逐渐形成了以光明为善神、以黑暗为恶神的宇宙观。大约在公元前6世纪，波斯人琐罗亚斯德（Zoroastre）根据民间拜火习俗创立了琐罗亚斯德教（Zoroastrianism）。

根据琐罗亚斯德教经典《阿维斯陀经》（Avesta），它宣扬善恶二元论，认为火、光明创造生命是善，黑暗、恶浊制造灾祸死亡是恶，二者作为善与恶之源，是宇宙世界两种力量的斗争，人们应该弃恶从善。主宰善的最高神是阿胡拉·马兹达（Ahura Mazdā）。故该教名之为二元神教（Dualism），也称其为马兹达教（Mazdeism）。

琐罗亚斯德教教导信徒要爱护水、火、土和空气的洁净，要膜拜火光，以火为光明的表征，以火象征神。帕拉维文（Pahlavi）译注的《小阿维斯陀经》中就表现了教徒对火神的祈愿以及火神的职能："愿火使正义的、光明的、荣耀的至善世界持久存在，我将是至善世界的分享者。""愿阿胡拉·马兹达之火在此宅内点燃，光焰普照，日趋明亮。""愿火给予我们充分的安慰，充分的生计，充分的生命，这样我们的工作就会加快，知识更会扩大，智慧至善至巨。"火的种类虽然很多，但最重要的是胜利之火（Atash Vahram），它给人们以正义的力量和勇气来战胜邪恶。此外还有三大圣火，一是祭祀之火（Atro Froba），给大祭司以智慧和力量，使之能战胜魔鬼；二是战士之火（Atro Gusasp），给战士以坚强的毅力；三是农业之火（Atro Burzin），使农民更具活力，收获丰富。正因为琐罗亚斯德教以拜火为最突出的特征，所以又被教外人称为拜火教或火教（Fireworship），这也是最通俗的叫法。

琐罗亚斯德教徒崇拜火的仪式，在公元前5世纪时还是较为简朴的，不设立祭坛与神殿。波斯阿契美尼德（Achaemenian）王朝（约前550—前330）居鲁士（Cyrus）大王统治时期，将琐罗亚斯德教定为国教，从此在波斯帝国境内开始流行。而大流士（Darius）一世统治时（前522—前485）更把该教作为治国的重要

图 5　北齐胡人驯狮扁壶，山西太原出土

工具，将火神信仰提高到新的高度。在马其顿的亚历山大征服波斯并实行希腊化时期（前 330—前 141），其教受到打击湮灭。帕提亚（Parthian）王朝（前 47—224）末叶，它又死灰复燃，重新振兴，不仅有祭坛和火庙崇拜，而且有僧侣专门看管火坛，保持圣火永燃不灭，象征着王朝和民族的生命。

波斯萨珊王朝（224—651）时期，琐罗亚斯德教发展到鼎盛阶段，重新被奉为国教，各地圣火林立，各代君主也纷纷建立自己的圣火，以期得到世间更多的荣华富贵。琐罗亚斯德教被通过行政力量向境内外推行，从而在中亚地区广为传播。

古代中亚是个多种宗教信仰并存的地区，当地居民随着时代的不同信奉过多种宗教，但年代最久远的可能还是琐罗亚斯德教。众所周知，属于伊朗人种的中亚古族粟特人，他们原本生活在中亚阿姆河和锡尔河之间的泽拉夫珊河流域（其主要范围在今乌兹别克斯坦），长期受到周边强大外族势力的控制，公元前 6 世纪至前 4 世纪就臣属于波斯的阿契美尼德王朝，很多粟特人成为波斯的官员或士兵，与波斯人一道信奉琐罗亚斯德教。尽管以后粟特人成为一个无所不到的以商业为特色的民

图6 米继芬墓志，陕西西安土门出土

族，但他们信奉琐罗亚斯德教的人不少。

由于粟特人的传播，琐罗亚斯德教很早就扩张成为中亚地区的主流宗教，佛教、摩尼教、景教等以后也流入中亚，但并不能取代其传统的地位。尽管留存至今有关摩尼教的资料远较祆教为多，但从文献记载来看，伊斯兰化以前的中亚各国，仍以信仰祆教为主，如慧超《往五天竺国传》说安、曹、史、石、米、康"此六国总事火祆"。《酉阳杂俎》卷一〇："俱德建国乌浒河中，滩派（流）中有火祆祠。"

苏联考古学家在中亚进行过几十年的考古，先后发现过许多琐罗亚斯德教徒的文物，他们认为："当时粟特人的宗教主要是琐罗亚斯德教"，并根据琐罗亚斯德教葬俗在中亚的遗痕，详细论证了中亚流行的此教为主流宗教。琐罗亚斯德教东传到与中亚毗邻的高昌、焉耆、疏勒、于阗等西域诸绿洲国家后，当地拜火祭祀活动蔚然成风。《旧唐书》卷一九八云波斯国："俗事天地日月水火诸神，西域诸胡事火祆者，皆诣波斯受法焉。"当然，西域胡人所流行的火祆教不会保持波斯琐罗亚斯德教完整的宗教体系，而是在东传过程中染上中亚色彩进行了改造，虽然祆教信仰因时间和环境的不同而有诸多变异，但祆神毕竟沿袭了拜火的崇拜。遗憾的是，琐罗亚斯德教不像景教、摩尼教那样不遗余力地把本教经典翻译成多种文字向各民族推介，其教徒往往局限在胡人移民中，而且一般只注重拜火的外在形式，对该教的宗教思想完整体系不甚了解。

如果说拜火教在西域流行了有近千年的历史，那么究竟什么时间初传中国就成了学术界讨论的一件大事。20世纪初已有一些学者留意到拜火教的传播，但系统研究的第一篇论文是陈垣先生于1923年发表的《火祆教入中国考》。他根据《魏书》所记"高昌国俗事天神"和焉耆国"俗事天神"等，认为"火祆之名闻中国，自北魏南梁始，其始谓之天神，晋宋以前无闻也"。陈垣关于火祆教传入中国自北魏始的推论，长期得到许多学者的公认。唐长孺先生据《晋书·石季龙载记》认为石赵"伏于胡天"就是西域的祆神,把祆教入华年代从公元6世纪初提前到4世纪末叶。近年来对祆教传入中国问题的讨论愈发热烈,其中有的学者从敦煌、吐鲁番等地发现的粟特文古信札解读入手,确定公元4世纪初源于波斯的琐罗亚斯德教就是由粟特人带到中国,即祆教的入华年代最晚是在西晋末叶,并从粟特商团成员的活动范畴推知此时祆教已传入晋朝的中心地区——长安和洛阳一带。假如上述事实不误的话,我们可以看到西域流行的火祆教很早就传入中国,只不过是仅在胡人移民的聚居地内部崇奉,汉人对他们的宗教活动知之甚少或未曾察觉,加之语言的隔阂、信仰的差别以及祆教徒在中国的目的是经商而不是传教等等原因,汉文有关祆教的史料记载较晚。

随着南北朝(420—581)时期中亚商人和西域移民络绎东来,拜火教信徒在中国内地聚居区也不断扩大,聚居的胡人数量增多和逐渐汉化,专职的僧侣和一些宗教仪式也为内地汉人所了解。东魏、北齐和西魏、北周的君主都亲自出马,信奉胡天,参与国家祀典。《隋书》卷七《礼仪志二》记载:"(齐)后主末年(576),祭非其鬼,至于躬自鼓舞,以事胡天。邺中遂多淫祀,兹风至今不绝。后周(557—581)欲招来西域,又有拜胡天制,皇帝亲焉。其仪并从夷俗,淫僻不可纪也。"北齐后主高纬(565—576年在位)亲自击鼓跳舞奉祀胡天,以至邺城盛行火祆教;而北周亦有拜胡天制,皇帝亲自按"夷俗"仪式祀拜,以争取西域胡人的支持,无疑都是受到当时大量西域崇拜祆神移民的影响。近年西安北周安伽墓志和石床浮雕画的发现,第一次用确凿文字和生动图画填补了北周官方信奉祆教史实的空白,也清晰直观地说明了祆教东传长安的情况。

7—8世纪的唐长安是一个多种宗教汇聚的国际都市,此时也是琐罗亚斯德教在中国传播的黄金时代。长安流行的火祆教主要是受到当时波斯人和西域移民的影响,因为长安胡人聚居区不断扩大,崇拜祆神和皈依祆教的人必然也比以前要多。

特别是唐前期,正是伊斯兰教勃兴、阿拉伯人兴起并向东大举征服的时期。自汉朝以来与中国关系密切的波斯萨珊王朝(Sassanian,224—651),此时屡次被强悍的阿拉伯人打败。公元633年,穆斯林夺取了波斯军事重镇希拉城(al-Hira)。637年,波斯军队在卡底希亚(al-Qadisiyah)全军覆没,随后首都克泰锡封(Ctesiphon)被攻陷。642年,波斯军队在尼哈温(Nihavend)又被阿拉伯人打败,萨珊波斯末代君主伊嗣俟(Yazdagird)东逃吐火罗途中被杀,其子卑路斯(Pērōz)求援于唐逃亡中国,分别于咸亨年间(670—674)和景龙二年(708)两次入京师,后客死长安。卑路斯在长安曾向唐朝廷奏请建立琐罗亚斯德教的"波斯寺",得到准许。卑路斯儿子泥涅师(Narses)也病死长安,当时流寓长安的王室成员、贵族子弟、专职僧侣以及随从部下有数千人。尤其是不愿改宗伊斯兰教的波斯琐罗亚斯德教高级僧侣"穆护"(magu),他们直接来自波斯本土,与有些

图7　石椁后壁祆教绘画，山西太原虞弘墓出土

变化的中亚化祆教僧侣有所不同，多具原教旨的正宗色彩，从而使长安开始存在正宗的琐罗亚斯德教。

现代研究者常常将波斯和中亚化的琐罗亚斯德教混淆，中亚化的琐罗亚斯德教产生了对神像祈祷等现象，"祆"即指来自中亚地区的传入中国的拜火教。"祆"字的创造，陈垣先生指出："曰天神，曰火神，曰胡天神，皆唐以前之称。祆字起于隋末唐初，北魏南梁时无有。"《魏书·康国传》虽有祆字，然而是采自唐初编修的《隋书》补充的。"祆盖唐初之新造字也。"这说明源于波斯经中亚传播的琐罗亚斯德教进入中国三四百年后，在唐初时已经有了相当的影响，以至唐人专门为其造"祆"字，取火祆名，以区别中国人所祭祀的原有天神，而胡天、火神、天神等均是祆教所崇拜的阿胡拉·马兹达大神，由此也可见火祆教在当时唐人心目中的重要地位。

唐长安城中最早在布政坊西南隅建置祆祠，据《通典·职官典》注云："武德四年（621），置祆祠及官。常有群胡奉事，取火祝诅。"此祆祠中设有萨宝府。以后礼泉坊、普宁坊、靖恭坊、崇化坊等五处均设有祆寺，宋姚宽《西溪丛语》卷上记载："贞观五年（631），有传法穆护何禄，将祆教诣阙闻奏，敕令长安崇化坊立祆寺，号大秦寺，又名波斯寺。"这不仅证明波斯人和西域移民崇拜火祆者很多，而且也说明波斯琐罗亚斯德教和中亚化的琐罗亚斯德教可能不相同，分别祭祀自己的圣火。卑路斯等王族成员的火祠与一般移民社区的火祠也可能有所区别。

从长安六座祆祠的分布，可以看出祆祠多集中在西市这个国际贸易区周围，如布政坊、礼泉坊、崇化坊等以及丝绸之路起点开远门的普宁坊，而位于东市靖恭坊的祆祠旁，可见波斯移民在长安活动的踪迹。长安建立的火祆寺祠，不会是在同一个时期骤立起来的，必定是有先有后，而且规模大小不一，其祆祠的增多反映着进入长安的火祆教僧侣也相应增加，火祆教的信徒也增多，祆教是他们团聚的一个重要纽带，他们需要供奉圣火的宗教活动场所来尊崇和表现自己的信仰。

长安是目前所知唐代祆祠和祆教信徒最多的城市，唐朝官方对火祆教传播的宽容不仅是因为长安"胡"人众多，而且是为了"招徕西域"实施"以夷制夷"的羁縻策略，所以唐政府沿袭北朝制度设有专门管理祆教徒各类事务的"萨宝"官职。关于"萨宝"的语源和职能问题，近年来国内外学者的讨论大大深化，也使我们知道萨宝不仅负责祆教等宗教事务，还兼管理西域胡人和民事司法，具有政教双重职能。这说明当时确有大量西域移民的事务继续需要萨宝府职官去处理，同时也是唐王朝采取怀柔政策的体现。由于萨宝是政教兼理的身份，实际上是留居长安粟特人或波斯人的"大首领"，所以在胡人中有很高的威望，属于外来侨民的上层人物。

在长安居留生活的外来火祆教徒，有商人、僧侣、使团成员、避难者、军人等等，由于入华的背景不同，其身份必然差别很大，但信仰火祆教的传统往往经历几代人不变，西安相继出土的胡人墓志铭充分说明了这一特点。

长期以居留形式住在长安的西域胡人，以火祆教信仰维系着自己家族、民族的命运纽带，确实是一种宗教文化奇迹。尽管现存碑文史料不足以做出西域火祆教徒数量的分析，但唐代移居长安的祆教徒肯定要大大超过历代王朝移入的人数。域外来华定居的祆教徒除波斯人和粟特人外，可能还有突厥人等，由于火祆教有不传教、不翻经的特点，所以许多论者认为汉人不信奉火祆教。但从官方记载和敦煌发现的汉文祆咒文来看，汉人中曾有过祆教传播，《新唐书》卷四六《百官志·祠部》云："两京及碛西诸州火祆，岁再祀，而禁民祈祭。"如果长安、洛阳祆教僧侣不向汉人传教，不让唐人参加他们的宗教活动，政府亦就不必"禁民祈祭"了。这也反证了当时唐人极可能有崇奉祆神者。

在唐代的"三夷教"中，祆教传入中国的时间最早，与景教、摩尼教相比，只有祆教僧侣被列入政府职官编制，但这并非表明朝廷对其青睐，而是由于西域移民中火祆教徒数量要比其他二教多。祆教因其自身传统制约，没有汉译经典，又不奉承统治者，当唐朝对"三夷教"宽容甚至利用其为控制西域胡人服务时，祆教僧侣还能建寺发展，成为联络团结移民的中心，但安史之乱后官方对外来民族的恐惧、仇视，终于使其在劫难逃。会昌五年（845）唐武宗大举灭佛，包括祆教僧侣在内亦遭遇厄运："勒大秦穆护祆三千余人还俗，不杂中华之风。"在唐朝流行了二百多年的火祆教，在官方严厉取缔下走向衰亡。

有关唐代祆教的研究，迄今模糊领域尚多。就祆教的定义及其内涵，尽管现代学者已不会像近代以来学者那样把其混同于摩尼教、景教和伊斯兰教,而一般把其比定为源于波斯的琐罗亚斯德教;但随着研究的深入,我们越来越发现汉籍记载的祆教,与其他语种资料所述的波斯琐罗亚斯德教之间,实际有相当的距离。有关该教的义理、戒律等等,还未见有其时汉译内典面世。这就使我们对该教的认识,难免存在局限性。近年来,多有学者把一些重大考古发现的遗物或图像,作为该教的资料加以补充,并力图构建中国祆教文明的体系,但毕竟尚缺乏可靠的文献互证,难免有缺环断节之憾,遂使问题愈发扑朔迷离。特别是有关文化传播经常会发生变异,人们怀疑唐宋火祆教已不是波斯本土之正宗,而为中亚昭武九姓之变种。

新罗高僧慧超的《往五天竺国传》可佐证这一点。慧超 7 世纪初叶到过西域,其记载波斯国时已"被大食所吞",即被阿拉伯所征服,宗教信仰的状况则是"国人爱煞事天,不识佛法";由此我们可揣摩在慧超心目中,被征服的波斯国及其征服者"大食"两者所事的天,内涵是相同的。《旧唐书》的记载,正是客观地反映了作为阿拉伯帝国一个行省的波斯,其宗教信仰已与前朝有重大的不同,出现了以伊斯兰教为主,其他宗教并存的局面。

汉籍正史亦告诉我们,唐初正是萨珊波斯备受阿拉伯侵略之时,萨珊王室面临灭顶之灾,到中土寻求避难。那么,波斯虔诚的琐罗亚斯德教僧侣,为避免改宗伊斯兰教,移民中国,甚或在中土建寺,即便没有什么个案记录可资为证,亦均属情理中事。

萨珊波斯的琐罗亚斯德教,并不刻意向外族人传教,其用帕拉维文(Palavi,古汉籍译作婆罗钵语)撰写和释读的经典,迄今未能确认中古时代曾有其他文字译本。尽管唐宋时期,有关祆教的记载频繁,但对该教所祀之神,泛称祆神或天神,没有其他具体的音译或意译称谓,更遑论其教义了。1955 年西安发现的晚唐苏谅妻马氏墓志,主人为正宗的波斯琐罗亚斯德教徒。但在其墓志的汉文部分,完全没有出现其宗教字眼;而其帕拉维文部分,经现代学者解读,却是该教最常用的祝愿词。这类最常用的宗教套语尚且不为族外人所知,就更不用说其经文了。就现代学者调查研究的结果看,波斯琐罗亚斯德教徒显然不像摩尼教、景教那样,热衷于翻译自家的经典;在他们看来,其教传播的主要表现乃在于薪传圣火,在新的地区建立新的拜火庙,让更多的人同他们一样来崇拜圣火。即便是中亚的粟特九姓胡,尽管他们像波斯的琐罗亚斯德教徒那样,崇拜圣火,但人们并未发现有粟特文字的琐罗亚斯德教经典。尽管从 19 世纪末以来,中亚地区的考古为我们展现了大量粟特文书,其中有佛教、基督教、摩尼教等的经典,唯未见可确认译自波斯琐罗亚斯德教的文书。这似乎也默证了九姓胡的祆教并无什么经典,或者唐宋人并不知道其有何经典。

总之，唐代九姓胡所奉的火祆教，与波斯琐罗亚斯德教应不存在组织上的从属关系。既无组织上的从属关系，其发生变异才更有可能。但在历史上，九姓胡与波斯琐罗亚斯德教会是有过密切联系的。早在波斯的阿契美尼德王朝时期，琐罗亚斯德教便在波斯全境流行。而当时九姓胡所居住的中亚粟特地区乃属波斯的一部分，其奉该教也就理所当然。但古伊朗在马其顿征服并希腊化时期，琐罗亚斯德教几乎湮灭，直到帕提亚王朝的晚期才复苏，到萨珊王朝臻于鼎盛。这期间，伊朗的政治版图已发生了很大的变化。粟特地区已不属于萨珊王朝的统治了。也就是说，当萨珊王朝用政权的力量来完善和推行琐罗亚斯德教的时候，粟特胡人已是波斯帝国"化外"之人了。他们在阿契美尼德时期所接受的琐罗亚斯德教，历经几百年外族的征服、外来宗教的融合，究竟保存了多少都是有待深入研究的问题。无疑，在唐代的九姓胡中广泛流行着火崇拜和天崇拜，但这在古代欧亚大陆诸民族中非常普遍，即便萨珊王朝奉为国教的正宗琐罗亚斯德教对中亚胡人有所影响，他们也不可能用政权力量来强迫粟特人的宗教信仰，所以我们很难评估有多少胡人皈依其正宗。我们把萨珊波斯复兴起来的正宗琐罗亚斯德教，与九姓胡历经几百年独立形成起来的祆教混为一谈，往往会使很多问题无从解释，也无法正本清源。

祆教本身可能混杂有早就流行于中亚的萨满教的成分。"穆护"这个名称原来是阿卡德人称呼懂得占星学和巫术的巫师的通称。可能是萨满教发展为祆教以后，波斯人信祆教，用闪语的穆护来代替原来的萨满。上古许多民族都流行过萨满教，生活在伊朗高原上的民族自不例外，学者们从希罗多德《历史》中找到不少萨满教成分的例证。

唐张鷟《朝野佥载》卷三有两段文字：

> 河南府立德坊及南市西坊，皆有胡祆神庙。每岁商胡祈福，烹猪羊，琵琶鼓笛，酣歌醉舞。酹神之后，募一胡为祆主，看者施钱并与之。其祆主取一横刀，利同霜雪，吹毛不过，以刀刺腹，刃出于背，仍乱扰肠肚流血。食顷，喷水咒之，平复如故。此盖西域之幻法也。

> 凉州祆神祠，至祈祷日，祆主以铁钉从额上钉之，直洞腋下，即出门，身轻若飞，须臾数百里。至西祆神前舞一曲即却，至旧祆所乃拔钉，无所损。卧十余日，平复如故。莫知其所以然也。

可与上述记载相印证的是敦煌文书 S. 367，即《伊州地志》残卷，写于光启元年（885），其中述及敦煌北面伊州伊吾县祆庙的宗教仪式活动：

有祆主翟槃陀者，高昌未破之前，槃陀因入朝至京，即下祆神。因以利刃刺腹，左右通过，出腹外截弃其余，以发系其本，手执刃两头，高下绞转，说国家所举百事，皆顺天心神灵助，无不征验。神没之后，僵仆而倒，气息奄七日，即平复如旧。

不过，在琐罗亚斯德教成为萨珊波斯帝国的国教后，经过统治者的规范，其萨满教成分看来已经大为减少了。没有文献能够证明萨珊王朝时期的圣火庙里，举行过类似上述的这些萨满活动。当然，萨满教成分被排除出官方宗教，不等于其在民间并无遗存，当今的许多文明民族，尚且可以发现这类痕迹。特别是九姓胡崇拜火的图像，考古的发现亦越来越多。不过，就这些图像的外表和内涵，与萨珊波斯的圣火崇拜之间仍有着差异。

尤其是萨满教的成分，其在中国社会的影响亦表现得最明显，浓重的巫气，聚火祝诅，以咒代经，妄行幻法。作为宗教符号的胡人崇"七"之俗，也在民间蜕变成"七圣祆队"的神秘形态，都使其面目全非。历史上曾流经中亚地区的众多宗教信仰，难免会为粟特民族所吸收糅合，成为其祆教的组成部分。其多神崇拜，便是一个明证。

粟特系的祆教，即便有某些零碎经文，亦不可能有完整的经典体系。在粟特地区的考古发现中，虽可见诸多祆教神像，但祆教经典收集整理很难恢复重修。因

图8　唐胡俑，陕西历史博物馆藏　　　　　　　　图9　唐武士俑，渭南博物馆藏

此，粟特文琐罗亚斯德教经典残简，极为鲜见。

传入唐代中国的粟特系祆教，其间虽包含了早期琐罗亚斯德教的成分，但自己并没有完整的宗教体系。其性质可界定为粟特人的民间宗教，或民间信仰。民间宗教信仰，乃为民俗的一部分，因此，祆教信仰实际是粟特民俗，即九姓胡习俗的组成部分。也正因为如此，粟特人才可能既是这一传统信仰的载体，同时又是其他体系化宗教，包括佛教、景教，特别是摩尼教的载体。中亚的出土文物中，才会出现这些宗教的大量粟特文写本。因为民间信仰并不像很多体系化的宗教那样，具有明显强烈的宗教排他性，其兼容性使其信徒较为容易地同时接受其他的宗教。具有传统祆教信仰的粟特人，许多成为摩尼教信徒，19世纪末以来大量粟特文摩尼教残卷的出土，已证明了这一点。粟特人不仅大量成为摩尼教的平民信徒，即"听者"，而且也有不少成为摩尼教僧侣，甚至高僧。

既然粟特系的祆教并非一个完整的宗教体系，不过是胡俗的一个组成部分，就不可能像佛教、景教、摩尼教那样，企图以其义理，刻意向中国社会的上层推广，希望统治阶级接受。其只能作为一种习俗，以感性的模式为汉人不同程度所接受，从而影响汉人社会。一言以蔽之，祆教在唐代中国的社会走向，是以胡俗的方式影响汉人，走向汉人的民间，汇入中土的民俗。根据宋代的资料，祆庙、祆祠已被纳入官方轨道，祆神已进入了中国的万神殿，成为民间诸神之一。

三　摩尼教的传播及其在华的影响

公元3世纪以后，摩尼教便开始在中亚地区陆续传播，萨珊波斯帝国统治者对境内摩尼教徒的迫害，更加促使摩尼教徒采取快速行动深入中亚地区各个民族中间。20世纪，在新疆吐鲁番考古发现许多用古突厥文、中古波斯文、帕提亚文、粟特文和吐罗火文等写成的摩尼教残经，表明摩尼教的异常活跃和成功传播。中亚地区众多小国的各种宗教信仰并存，松散宽容的社会环境使得摩尼教没有遇到强有力的排斥与威胁，特别是粟特民族信奉者的增多，有益于更广泛的传播，而粟特人作为丝绸之路上东西方通商活动的主要承担者，他们源源不断地把摩尼教信息带入中国内地。

摩尼教高级僧侣慕阇密乌没斯拂多诞在武则天时到中国，其教义得到朝廷赞许，但遭到"群僧妒谮，互相击难"，所以没有被允许在内地传教。25年以后，玄宗开元七年（719），吐火罗再次以慕阇精通天文为由，请求唐玄宗垂询摩尼教法，才在长安设置法堂。可是开元二十年（732）摩尼教又被禁止在民间传播，敕令称"末摩尼法，本是邪见，妄称佛教，诳惑黎元，宜严加禁断。以其西胡等既是乡法，当身自行，不须科罪者"。故外来移民"西胡"可以信奉摩尼教，向汉族民间传播的势头却受到了遏制。直到安史之乱后,摩尼教借助回纥力量才逐渐在长安再度流传,代宗大历三年(768),摩尼教徒建立了京师大云光明寺,有了一席之地。随着回纥势力的衰亡,摩尼教徒更是处处受难,会昌三年(843)摩尼教被朝廷彻底禁止,京城女摩尼72人死,其余流放,下落不明,踪迹难寻。

明代何乔远的《闽书》卷七《华表山》记载:"(摩尼教僧侣上首)慕阇当唐高宗朝,行教中国。至武则天时,慕阇高弟密乌没斯拂多诞复入见,群僧妒谮,互相击难。则天悦其说,留使课经。"尽管这条史料记载较晚,但是其必有所本,不会胡编乱造。与此相印证的是,宋代释志磐撰《佛祖统纪》卷五四记载:武后延载元年(694),"波斯国人拂多诞(原注西海大秦国人)持《二宗经》伪教来朝"。拂多诞是摩尼教信徒五个品级中的第二品级僧侣,而《二宗经》是摩尼教论述光明与黑暗两大要素的经典,说明至迟在武则天延载元年摩尼教已得到唐朝廷的承认和允许,可以在中原内地公开合法传播了。

依据学者们公认的史料和广为人们接受的传统说法,若在唐高宗时期摩尼教入华,则较延载元年提前了几十年,虽然摩尼教已在民间传播,但慕阇没有受到皇帝接见,也就是说没得到官方批准公开传教,但并不否定慕阇以佛化的面貌首先在长安建立摩尼教寺院。而唐高宗在位三十四年中,尽管大多时期在长安,晚年却死在洛阳,慕阇入华传教可能是先长安后洛阳。若以武则天延载元年拂多诞公开传教为开始标志,那么武则天掌权称帝也已四年了,她在洛阳"神都"执政,是年登洛阳则天门楼受尊号"越古金轮圣神皇帝"。拂多诞受武则天接见谈论摩尼教学说,只能在东京洛阳,被允许传教建立"法堂"也只可能是洛阳了,即第一个朝廷同意建立的摩尼教寺院极有可能是在洛阳。

值得注意的是,延载元年正是西域胡人云集洛阳之时,"武三思帅四夷酋工请铸铜铁为天枢,立于端门之外,铭记功德"。"诸胡聚钱百万亿,买铜铁不能足,赋民间农器以足之。"洛阳出土《阿罗憾丘铭》明确记录波斯国大酋长阿罗憾"为则天大圣皇后,召诸蕃王建造天枢"。这就是著名的"大周万国颂德天枢",由阿罗憾游说协商"诸蕃王"出资捐助而建,"诸蕃王""万国"之类的词语均说明洛阳有不少外国人,武则天对一个自号"净光如来"的老尼宠信不疑,甚至相信一个自称五百岁的"老胡"招摇撞骗,天枢不仅由外国工匠毛婆罗造模,还在八棱铜柱上镌刻"四夷酋长名"。不少证据表明,洛阳当时外籍人很多,这对波斯人拂多诞宣传摩尼教教义非常有利,起码可以从外来民族人员中选择突破口,使摩尼教迅速传播。

洛阳摩尼教寺院虽无遗痕可探察,但由于武则天布政维新、紧追新潮,对外来的摩尼教"悦其说",各种宗教中有意无意地接受了一些披着"佛教"外衣的摩尼教信仰,从而在当时洛阳建造的纪念性建筑上也融入了某些摩尼教因素。例如借建明堂宣扬教化却不循古制，在明堂顶上装饰铸铜大火珠，犹如摩尼宝珠象征永放光明。乾陵石雕功德柱（俗称华表）顶上也有类似的大火珠。又例如在明堂北建造崇佛形式的"功德堂"，实际上类似摩尼教的"天堂"，并夹杂着与摩尼教有密切关系的弥勒佛信仰色彩。再例如明堂内部"雕饰谲怪，侈而不法"，既不合"木不镂、土不文"古制，又不合正宗佛教的特点。很有可能武则天容纳的外来"僧""尼"中，有摩尼教传教师向她兜售过摩尼教的光明日月等思想，而她也恰好利用了摩尼教徒为自己的政治活动服务，故在纪念性礼制建筑上吸纳了摩尼教的一些特色。

不过，洛阳的摩尼教"法堂"也应该存在于西域胡人生活聚落区内或外来移民居住圈子里。《唐两京城坊考》卷五记载从善坊建有"来庭县廨"：武则天"长寿中（692—694），以蕃胡慕义，请立天枢，武太后析洛阳、永昌二县，置来庭县廨于此坊，以领四方蕃客。后蕃客隶鸿胪寺，神龙元年（705）省"。由此可知，来庭县虽然仅存在 13 年，但是专为外来蕃客所设，而拂多诞正是这时开始建法堂传教摩尼的，因此摩尼教法堂建立在从善坊是极有可能的。洛阳的摩尼寺院可能一直存在到中唐，回纥屯军洛阳携带四名摩尼僧侣返国以及会昌时两京皆取缔摩尼教寺院即是证据。

摩尼教进入中亚地区后，为了便于传播，大量借用佛教的形式，采取"入乡随俗"的灵活性，不仅处理好与当地佛教徒的关系，而且常常打着佛陀的旗号，把摩尼当为弥勒佛，宣扬摩尼与佛教的深化融合。所以，入华的摩尼教使唐人往往难以辨别，以为摩尼教是佛教的一支宗派，双方雷同颇多，互相掺杂，现存的汉文摩尼教残经就使用佛教术语和概念来宣传摩尼教义，摩尼的渗透和佛教的变味让一般的信徒不易分清。

史书明确记载中亚摩尼教传教师到长安，是在开元七年（719）。《册府元龟》卷九七一记载："六月，大食国、吐火罗国、康国、南天竺国，遣使朝贡，其吐火罗国支汗那王帝赊，上表献解天文人大慕阇，其人智慧幽深，问无不知。伏乞天恩唤取慕阇，亲问臣等事意及诸教法，知其人有如此之艺能，望请令其供奉，并置一法堂，依本教供养。"根据该史料，我们可知慕阇是由吐火罗支汗那王推荐来的摩尼传教师，天文知识渊博，有一技之长，慕阇仅为摩尼教五个品级中最高级僧侣称呼，并不清楚真名。修养至深、地位很高的慕阇在长安建立依本教供养的"法堂"，意味着京师从此有了官方允准的摩尼教寺院。

20 世纪初在敦煌发现的《摩尼光佛教法仪略》，是开元十九年（731）驻长安摩尼传教师拂多诞奉皇帝诏令而作的一部解释性文件，但还是引起了佛道人士的异议与不满，唐玄宗为了辨别摩尼教的真实面目，令在京城长安的拂多诞到集贤院去介绍摩尼教具体情况。拂多诞于是书面奏闻朝廷，并称教主摩尼为摩尼光佛，巧妙地依托佛教替自己辩护。如果这位拂多诞是延载元年（694）入洛阳再到长安的那位摩尼传教师,这时已37年了,他本人也大约六七十岁了,但摩尼教仍处在"边缘化"地位,扎根甚浅,无法与中国主流宗教佛、道抗衡,摩尼教寺院在长安佛寺林立中规模很小就是佐证。

更严峻的是,拂多诞的解释并未赢得唐玄宗的理解和庇护,第二年即开元二十年(732)七月敕:"末摩尼法,本是邪见,妄称佛教,诳惑黎元,宜严加禁断。以其西胡等既是乡法,当身自行,不须科罪者。"朝廷经过一年的调查辨别,最后还是禁止摩尼教在汉人中传播信奉;只能在外来的"西胡"(西域胡人)圈子内保留。这就决定了摩尼教第一次在京师长安的活动被限制,中亚摩尼教团企图进一步在中国内地发展的梦想以失败而告终。

公元755年安史之乱爆发后,唐朝廷迫于生死存亡的危急求援于回纥汗国,回纥助唐平乱立功取得马绢贸易等经济特权,但回纥为游牧民族不善于经商,只能依靠擅长通商贸易的粟特"九姓胡"来操持大规模的官方贸易。信奉摩尼教的粟特人不仅在经济、政治等方面对回纥上层起着重大作用,而且在宗教信仰上也对回纥产生很大影响。尽管回纥以前就接触过摩尼教的宣传,但真正愿意皈依摩尼教却是在唐两京地区。

唐长安从安史叛军手中收复后,许多粟特商胡随着回纥军队入居京师,他们与回纥贵族分享商业贸易利润,这就是《资治通鉴》所载:"代宗之世,九姓胡常冒回纥之名,杂居京师,殖货纵暴,与回纥共为公私之患。""先是回纥留京师者常千人,商胡伪服而杂居者又倍之,县官日给饔饩,殖货产,开第舍,市肆美利皆归之。"拥有经济实力的粟特胡人不仅参与回纥汗廷政治活动,而且大力推动摩尼教在回纥人中的传播。宝应元年(762),牟羽可汗(又称登里可汗)将洛阳摩尼传教师睿息等四人带回汗国,他们到处阐扬摩尼教,意在使回纥放弃传统的多神教,经过几番较量,摩尼教终于站稳了脚跟,并被尊奉为国教。

从大历三年(768)开始,摩尼教凭借回纥的力量再次进入中原内地,《佛祖统纪》卷四一说这年"敕回纥奉末尼者建大云光明寺"。李肇《国史补》卷下载:"回鹘常与摩尼议政,故京师为之立寺。"唐朝廷为了避免摩尼教与佛寺道观相冲突,或避开回纥人的滋事生端,可能将摩尼寺建在城南疏远坊里,因为回纥人自大历年间以来经常"擅出鸿胪寺,白昼杀人";"有司执之,系万年狱,其酋长赤心驰入县狱,斫伤狱吏,劫囚而去"。长安地方官员竟躲避不敢冒犯或惩戒施暴的回纥人。所以,新建摩尼寺都建得较远。

随着粟特商胡贸易路线的不断延长,大历六年(771),他们又以回纥名义要求唐朝廷允许在荆州、越州、扬州、洪州等地各置一座大云光明寺。元和二年(807),回纥使者获朝廷批准继续在河南府、太原府建立了三座摩尼寺。尽管这些处于交通要道的城市未必有回纥人居住生活,但以回纥名义而活跃的粟特商胡却非常之多，商人中既有信仰摩尼教的教徒，也有兼职摩尼传教师。

唐德宗建中元年（780），回纥内部冲突导致流血政变，夺得汗位的顿莫贺取代了登里可汗，并杀掉辅佐登里的二千多粟特胡人，闻讯的粟特人既不敢再依附回纥贵族，又不得逃归"诸胡"小国，只好纷纷投奔中原内地谋求生存，故摩尼教徒又增多起来。回纥的摩尼教经过顿莫贺排挤打击也一度中衰，但回纥排斥粟特人造成商业贸易收入减少，财源短缺，不得不继续尊奉摩尼教以恢复粟特人的地位。唐宪宗元和年间，摩尼教在回纥占有了绝对崇高的国教位置，回纥无论来长安朝献或离朝去国，都有摩尼传教师作为官方代表陪伴相随，两《唐书》记载：

> 元和初（806），再朝献，始以摩尼至。其法日晏食，饮水茹荤，屏湩酪，可汗常与共国者也。摩尼至京师，岁往来西市，商贾颇与囊橐为奸。
>
> （元和八年，813）十二月二日，宴归国回鹘摩尼八人，令至中书见宰臣。先是，回鹘请和亲，宪宗使有司计之。礼费约五百万贯，方内有诛讨，未任其亲。以摩尼为回鹘信奉，故使宰臣言其不可。
>
> （长庆元年，821）五月，回鹘宰相、都督、公主、摩尼等五百七十三人入朝迎公主，于鸿胪寺安置。

这些记载表明摩尼传教师有着外交使节的官方性质，被赋予了回纥国教统治权位。在这种情况下，唐廷为加强与回纥的结盟关系，对摩尼教自然也格外重视，摩尼教光明寺必然要修葺扩建。正如李德裕记载回纥贵族"其在京师也，瑶祠云构，甲第棋布，栋宇轮奂，衣冠缟素"，"蝎蠹上国，百有余年"。"瑶祠云构"即指长安摩尼寺建筑壮丽巍峨，宛似瑶池仙府；"衣冠缟素"则指摩尼教僧侣白帽白袍。

唐武宗会昌三年（843），位于"三夷教"之首的摩尼教在被礼遇七十多年（768—842）后因回纥西迁败退而面临死局。据《僧史略》卷下"大秦摩尼"条载："敕天下摩尼寺并废入官。京城女摩尼七十二人死。及在此国回纥诸摩尼等，配流诸道，死者大半。"日本和尚圆仁在长安亲睹"会昌三年四月，敕下令煞天下摩尼师，剃发，令着袈裟，作沙门形而煞之。摩尼师即回鹘所崇重也"。72名女摩尼究竟是自杀还是被杀虽然不明，但此残酷镇压被陈垣先生叹曰："此为摩尼入中国152年来第一次大难。"会昌三年朝廷还敕令："摩尼寺庄宅钱物，并委功德使及御史台、京兆府差官检点。在京外宅修功德回纥，并勒冠带，摩尼寺委中书门下条疏奏闻。""诏回鹘营功德使在二京者，悉冠带之。有司收摩尼书若象烧于道，产赀入之官。"摩尼寺院自然也是拆毁无存。

摩尼教是一个具有完整体系的宗教。其教义本质是否定现实世界，认为现实世界是黑暗物质所造成，人类的躯体不过是用来禁锢光明灵魂的黑暗物质。该教对现实世界的否定，与世俗统治者的利益显然冲突，故被视为不可容忍的异端。正如当年波斯国王瓦赫兰一世（Vahram，274—277年在位）在处死该教创始人摩尼时所说："此人出而提倡世界的毁灭，我们应当乘他图谋未逞之时，将他毁灭。"尽管该教为波斯统治者所迫害，但由于其自始就怀有征服世界的图谋，在教主死后，其忠实的信徒迅速将该教向东西方扩张。其经典被翻译成古代欧亚大陆和北非各种文字。该教所到之处，赢得了社会贫困阶层的大量信徒，但是由于摩尼教戴着一副"明、暗"两色眼镜观察世界，对现存社会采取否定态度，成了世俗性王统和宗教性正统的反对派，因此所到之处不为当地统治者所容。只有在回鹘汗廷，摩尼教才扮演过昙花一现的国教角色。中国的儒佛道都几乎异口同声地谴责摩尼教输入了"诳惑黎元"的邪说。

由于摩尼教否定现实，故其进入中国后，首先为不满现状的农民所接受。学者之所以认为摩尼教传入中国应早于唐代，其间一个重要依据就是：在唐之前，一些农民反抗组织及其行动，有近乎摩尼教的色彩和成分。该教在唐代中国的传教活动，显得颇有计划性和组织性。从现存文献看，学者们推断当时该教的主要经典都翻译成了汉文。唐代中国人对"三夷教"的了解，应该以摩尼教为最多。在"三夷教"中，根据现有的资料，唯摩尼教受武后青睐。即便佛僧嫉妒诬陷摩尼教，武后仍不为所动，"悦其说，留使课经"。这或许暗示了武后以一介女身而要当女皇帝，在反叛"正统"上，与摩尼教心有灵犀一点通。其对摩尼教之感兴趣，可能与其企图篡夺李家政权，否定男尊女卑的现实世界有关。此外，摩尼教在原产地波斯被取缔后，中亚地区成为其在东方传教的中心，其与当地流行的佛教混杂，吸收了大量的佛教成分，日益佛化。进入唐代中国的摩尼教，正是属于带有浓厚佛教色彩的中亚摩尼教团。从武则天与佛教的特别关系看，其把摩尼教作为佛教的一宗来接受，似亦可以理解。

尽管唐朝在安史之乱前，对外来文化一直采取兼收并蓄的态度，于外来宗教亦显得颇为宽容，但除武则天外，其余唐朝皇帝均未对摩尼教表示过好感，只是考虑到民族怀柔政策，对胡人之信奉不加干预罢了。

从大历三年（768）至会昌二年（842）这七十多年间，李唐王朝允许摩尼教在江淮等地区建寺传教。但这并非出于皇室对该教的好感，乃迫于回纥的请求。因为回纥助唐平安史之乱有功，在华势力大涨。而在平乱过程中，回纥牟羽可汗接受摩尼教，并把其奉为国教。回纥可汗恃功为摩尼教乞请建寺，唐朝遂不得不同意。而当回纥衰败时，唐朝便迫不及待地抄点这些寺院。至于回纥之所以会把摩尼教奉为国教，其间有比较复杂和偶然的因素。较为明显的一个原因，是回纥受粟特摩尼教徒的左右。粟特人借助他们传统的商业特长，影响了回纥人的物质生活，亦影响了回纥人的精神生活。把回纥人一度改造为摩尼教民族,首先应归功于粟特人,而不是回纥统治者对该教情有独钟。

摩尼教在唐代中国公开活动,如从武后算起直到会昌初元,长达一个半世纪。尽管摩尼教一度被禁止在汉人中传播,但敕令并无明言对违者作何处置,而在当时外来移民和外来文化大量涌入,京城长安率先刮起胡风的大气候下,敕令说不定只是官样文章。总之,在会昌之前,该教在唐代中国的活动,实际似未遭到多大的压力。当一个宗教的传播并没有受到来自世俗政权或传统宗教势力的严重迫害时,其也就不必以异端面貌出现。在唐代文献上之所以未见有什么"贼党逆子"与摩尼教有关联,其原因也许在此。

摩尼教在唐代中国社会中并未呈现异端化的倾向,教外文献的记录也鲜见其与民间的关系。但敦煌发现的唐代摩尼教写本《下部赞》,显然是专为一般平信徒("听者")编译的,也即面向一般百姓。从晚唐被取缔后一直到宋元时代有关摩尼教运动的一系列记载,我们可以推断在唐代摩尼教实际已深入民间社会,只因为属民间活动,未与"乱党"结合,遂不为官方注意。而到了宋代,摩尼教以明教的面目出现,其唐代的经典被改造成明教的经文,作为农民反抗运动的思想武器再次死灰复燃。《宋会要辑稿·刑法二》宣和二年(1120)十一月四日"臣僚言":"明教之人所念经文,及绘画佛像,号曰《讫思经》《证明经》《太子下生经》《父母经》《图经》《文缘经》《七时偈》《日光偈》《月光偈》《平文》《策汉赞》《策证明赞》《广大忏》《妙水佛帧》《先意佛帧》《夷数佛帧》《善恶帧》《太子帧》《四天王帧》。"国内外学者的研究已确认了这些经典应源自摩尼教。其间一些题目在现存唐代摩尼教写经上有迹可寻,并非到宋代才突然冒出来。尽管王国维早就提出宋代东南沿海摩尼教系由海路重新入传,而非源自唐代西域陆路入华的摩尼教,但迄今未发现任何海路传入的确凿证据。宋代的摩尼教乃源自唐代的摩尼教,不可能是宋代的舶来品。

如果我们承认宋代如火如荼的明教运动源自唐代的摩尼教,那就说明了唐代的摩尼教虽有意走向社会的上层,无奈得不到接受,但其走向社会下层,显然受到欢迎。其潜藏于唐代之民间,尤其是乡村农民之间,只是官方尚未注意而失载,或资料文献佚失。官方记录朝廷接待诸多摩尼教高僧,包括来自高昌回鹘的大小摩尼,实际并非出自宗教的目的,而是出自与回鹘政治外交的需要。唐代摩尼教与朝廷打交道,不能代表其社会走向的主流,主流应是走向民间,逐步与农民运动相结合。摩尼教流入中国被取缔后,其以民间秘密结社的模式出现,成为诸多农民运动的一股力量,这已是学界公认的历史事实。

总结

唐后期,朝臣普遍认为唐朝境内所有的外国宗教都属于"邪法",建议一并予以打击。会昌五年(845)唐武宗毁佛时,为"显明外国之教,勒大秦、穆护、祆三千余人还俗,不杂中国之风",景教、祆教、摩尼教等全部属于被禁之列,共有三千余僧侣被迫还俗,维系外来移民内部聚落凝聚力的精神纽带从此被割断。从思想史上看,韩愈的道统复古说,实际上就是提倡恢复原来的正统思想,反对隋唐以来的多元"胡化"。

"三夷教"曾对唐代及其之后的中国社会产生过不同程度的影响。尽管它们在中国只是历史上的宗教,是早已死亡的宗教,均没有作为成熟的文明流传下来,但是在当时其追随者试图扮演一种特殊的角色,其在中国造成的影响虽有大小之分,可是面对儒、佛、道为代表的中国传统文明的挑战,却敢于与佛、道两家主流思想展开竞争。无论是异端化的摩尼教和民俗化的祆教,抑或方技化的景教,都是思想文化上"多元化"文明的表现,这也是其他时代所没有的思想史奇观。

"盛世的平庸"是站在儒家正统立场上的视角,而不是世界范围多元文化的角度,倘若我们不是局限于正统立场上去看待思想文化发展,不是站在思想文化被禁锢窒息的角度去观察,我们就不能不承认唐代文化兼容并蓄的特点,唐代绝不是中华民族思想发展史的"平庸时代"。

一个多元文化的国家,必须让每种信仰都有显现,必须让每个人都有机会出头,必须让不同宗教都有活动的舞台,这样才能使不同的文化、思想、宗教、族群、个性以及价值观相互融合,彼此尊重,激发出更多的火花。只有这样的文化,才能充满活力,不会变成一家之言最后走入衰落颓废的死路。

图10 胡人银饰,陕西陇县城关镇唐墓出土

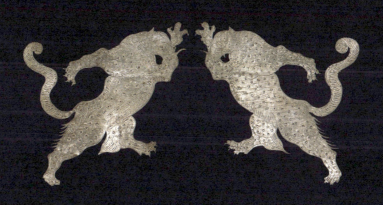

图11 龙饰银器,陕西陇县城关镇唐墓出土
图12 唐代银饰狮虎,陕西陇县城关镇出土

汉唐长安与外来文明

在汉唐之间东西方文化交流的地图上,长安无疑是两千多年前丝绸之路的起点和东西方文化交流荟萃的盛地。当时欧亚大陆上外国人都将长安称为"胡姆丹"(Khumdan),在敦煌发现的写于西晋末年(312年前后)的粟特文信件真实地记载了西域各国经商贸易者称呼的"胡姆丹"就是中国长安,证明长安外来译名"胡姆丹"作为一个国际性词语走进了千年历史的民族记忆,这一名字更是在古罗马、叙利亚、波斯等异邦远域传扬流播,在世界文明史上产生过重大影响。因此,"长安"成为现代西安历史文化的象征符号,在这块土地上留下了举世瞩目的外来文明遗产,值得人们仔细回味与衡量。

一 丝绸之路和中外交流

考古学家根据已发现的文物判断,大规模的欧亚游牧民族迁徙运动从公元前7世纪就揭开了历史的序幕。公元前5世纪巴泽雷克(今俄罗斯戈尔诺阿尔泰省乌拉干河畔)古墓群和公元前4世纪前后在中亚、印度等国家和地区的古墓中,都发

现有精美的中国丝绸残片,甚至出土了刺绣着凤凰图案的中国丝绸,这证明当时已经有了丝绸之路的联系,所以公元4世纪前的古希腊著作中称中国为"赛里丝"(Seres,丝国)。

丝绸古道的存在,必然使地处关中地区的周人、秦人们与西域、中亚地区有着物质和文化的交流。1980年秋,陕西扶风西周宫殿遗址中发掘出两件西周蚌雕人

头像，高鼻深目，头戴坚硬高帽，与居住在中亚地区的"塞种"人像完全一致。不管这种蚌雕头像是周人制作，还是中亚游牧部落献给周王朝的贡品，都说明双方已有着交通往来。公元前623年，秦穆公"开地千里，称霸西戎"，迫使居住在河西地区的塞人向西迁至伊犁河地区，现在新疆伊犁地区、中亚北部地区和阿尔泰地区都发现过许多塞人活动的遗址文物，在天山东部阿拉沟墓葬中还发现了中原丝绸（菱纹链式罗），在楚河发现关中西周式的曲柄刀、铜鼎、铜釜等，说明早在汉代张骞通西域之前很久就存在着丝绸之路的古道。

公元前330年，马其顿国王亚历山大穿过里海战胜波斯阿契美尼德王朝，同时征服了中亚，直到公元前1世纪将版图扩展到印度西部。而这时期匈奴人兴起，控制了天山南北绿洲上许多城邦国家。中国的秦汉王朝为了抗击匈奴的侵扰，不得不修筑长城进行防御。汉武帝即位后，一方面联络西域各国夹击匈奴，另一方面急需发展与中亚各国的商业贸易，所以于公元前138年派遣城固人张骞出使西域。张骞历时13年才返归长安，并将西域各国和中亚的地理、物产、风俗上报给朝廷，这些材料均载入《汉书·西域传》，成为中国最早记载丝绸之路的历史文献。公元前119年，张骞再次率领300余人的使团出使西域，到达大宛（今乌兹别克斯坦费尔干纳）、康居（今撒马尔罕）、大月氏（今阿姆河北）、安息（今伊朗）诸国，这些国家都派遣使节和商人纷纷来到长安，《汉书·西域传》记载长安上林苑里"明珠、文甲、通犀、翠羽之珍盈于后宫，蒲梢、龙文、鱼目、汗血之马充于黄门，巨象、

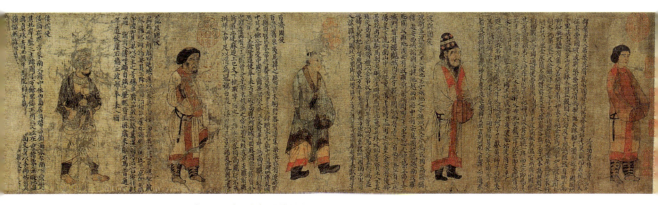

图1 《职贡图》，南朝梁萧绎绘

狮子、猛犬、大雀之群食于外囿。殊方异物，四面而至"，从此开启了中外交流的新纪元。

西汉长安是中外交流的首先得益者，又是经济贸易与文化交流的集中地。首先，西方物产源源不断地输入。天马（大宛马）、西极马（乌孙马）被成批运入关中，促进了汉代养马业的发展，仅中央掌管的军马就有40万匹之多，此后西方优

良品种的骏马成为汉人追求的目标。到3世纪时，盛传"天下有三众：中国为人众，大秦为宝众，月氏为马众"。从西域传入的葡萄、苜蓿、石榴、胡麻、胡桃（核桃）、胡豆（蚕豆）、胡瓜、胡蒜、胡荽（香菜）等被大量栽种于关中。印度的胡椒、生姜，阿拉伯的香料，埃及的琉璃，罗马的火浣布、夜光璧、明月珠等，也在长安皇宫内不时出现，充作贵族的生活奢侈品。外国商人通过丝绸之路进入陕西，大大推动了贸易的往来。

其次，西方文化艺术传入内地。由于月氏贵霜王朝向东扩张和印度人的商业活动，犍陀罗艺术中的古希腊罗马式装饰手法被传入，汉代圆雕动物中新出现的狮子、有翼兽来自于波斯，以后演变为石狮、石马和天禄、辟邪。汉代画像砖上有许多狮、象、鹰头兽、长颈鹿、裸体人像、神仙羽人等艺术造型，其表现手法有和古希腊、古罗马雕刻一致的地方。铜镜中还有周穆王和西王母肩生双翼的形象，与希腊有翼天使及爱神的人像相同。海兽、葡萄、孔雀、忍冬草、宝相花等图案的铜镜在陕西屡有发现。用胡角演奏的波斯音乐《摩诃兜勒》（月神、雨神）被改编后在宫廷演出，罗马的艺人也在宫廷表演"百戏"，甚至还有成批的中亚人在长安表演人兽搏斗。

再次，外交管理机构开始设置。汉朝在长安设立了专管外交事务的大鸿胪，并有"译官令丞"，翻译人员中还有女译人。每当外宾来到长安时，朝廷都要盛情接待，遍览各府，表演百戏。长安城内藁街聚居有西域商人的"蛮夷邸"，皇帝去世，西域商人也供帷帐设祭。公元100年时罗马帝国马其顿行省和东方行省的商人组成商队曾经过长安到达洛阳。1965年和1973年在汉长安城遗址与扶风县姜嫄村出土希腊铭文铅饼共15枚，据考释是安息"法拉克麦"钱币，为中外交流提供了实物证据。

公元前2世纪到公元2世纪的两汉时代，中国丝绸的质量和品种均独步世界，因此它才能作为商品向西方传播。公元前64年，罗马人征服叙利亚后，对中国丝织品需求急剧增加，罗马贵族都争穿绸衣，连教堂也用绸幕丝帘，以致罗马人惊呼丝绸这种奢侈品花费了他们大量的金币。"赛里斯（丝）国"由此闻名于欧洲。除丝绸外，中国的漆器、铁器、铜镜、软玉、釉陶、麻织品等也输往西方，关中长安使用的穿井开渠技术也在此时传入中亚和印度，梵文中一些名词都加"秦地"字样，说明中外文化经济交流是双向的。

丝绸之路贸易兴盛缘于其巨大的利润，《洛阳伽蓝记》记载："自葱岭以西，至于大秦，百国千城，莫不欢附，商胡贩客，日奔塞下。"长安成为各国商人汇集之地，"天下难得之货，咸悉在焉"，而且"西域胡往来相继，所经郡县，疲于送迎"。甘肃敦煌悬泉出土的汉简保留了大量西域各国使者进入中国内地的珍贵记录，五百多条记录涉及二十四个国家，证明史书记载不误。

图2　东罗马查士丁尼二世金币，陕西咸阳底张湾隋墓出土

匈奴人从中国北方西迁后，6世纪中叶崛起于阿尔泰山地区并雄霸中亚的突厥人，向东扩张造成又一次民族迁徙浪潮，但丝绸之路仍连绵不断。西安草场坡和咸阳底张湾都出土有波斯军队装备甲骑具装陶俑，表明中西交流的继续。随着印度佛教的传播，古希腊罗马和犍陀罗壁画、雕塑艺术也进入西安周边地区，并逐渐和中国式衣冠相融合。

公元7—10世纪的隋唐帝国先后定都于长安，更使丝绸之路走向极盛繁荣。隋代大业年间（605—617）朝廷曾大力招徕胡商，并吸引大批西域商队前往长安，以首都贸易取代边境贸易。当时为了睦邻安边和"扬威异域"，隋朝通过"互市""赏赐"等渠道大量输出丝绸，这种特殊的背景导致更大规模的东西交通，隋炀帝派出大臣出使波斯、罽宾（今阿富汗）、摩揭陀国（今印度比哈尔西南）、史国（今乌兹别克斯坦）等地，沟通了数千公里的丝绸之路。唐代由于西部疆域超过了汉代，在碎叶、龟兹、疏勒、于阗设立了安西四镇，为丝绸之路畅通提供了保证。强大的唐王朝十分注意国际间的密切联系，据历史文献记载，在各国进入长安的使节中，新罗有89次，阿拉伯有39次，日本遣唐使14次，林邑（今越南南部）24次，东罗马7次，波斯、婆罗门（印度）、朝鲜、泥婆罗等不计其数，丝绸之路的联系比任何一个时期都更为密切。考古文物证实，仅中国境内就发现波斯萨珊银币近2000枚，在长安还发现了希腊文铅饼、拜占庭式金币和阿拉伯文金币。这些都是丝绸之路交流的珍贵证明。

8世纪50年代以后，回纥继突厥之后与唐朝进行"绢马交易"，中原丝绸随之源源不断地流入回纥，然后又经中亚粟特人之手流往西亚、拜占庭。而东罗马、大食、印度、波斯等地的玻璃、香料、药材、狮子、骏马、驯象等大量传入中国内地，陕西扶风法门寺地宫出土的琉璃盘、琉璃瓶等均是阿拉伯伊斯兰风格的精品，

图3 安伽墓石棺床

是唐代中外文化交流的珍贵实物。

10世纪之后,由于中亚分裂战争不断,中国境内也相继动乱,丝绸之路渐渐失去其风貌,特别是宋元以后,海上交通日趋重要和繁荣,陆地丝绸之路逐步陷入凋敝和停滞,长安所起的中外交流纽带作用也渐渐丧失了。

二 长安外来的侨民与移民

秦汉以后,西域各国因战争避难、贸易经商、互通使节、质子侍卫、传播宗教、入仕任官、各行技艺、求知留学等原因来华的人很多,从张掖、敦煌、武威到长安形成一个个迁移的侨民区。如北魏以后进入长安的印度僧侣就达70余人,《梁高僧传》记他们有人"生于长安,貌虽梵人,语实中国"。西安碑林博物馆里保留的一些碑刻也记录了月氏、粟特、龟兹、匈奴等移民的定居,如临潼新丰有支胡数千人,蓝田有数千粟特人在康横率领下按部落"归化",韩城有粟特人康维摩率部众据地占关,蒲城有龟兹白氏后裔居住。因而《晋书·江统传》说:"关中之人百余万口,率其少多,戎狄居半。"其人数之多,不难想象。近年西安北郊连续考古发现北周安伽墓、史君墓、康业墓等都是中亚粟特人移民的典型实例。

长安是一个移民城市，故乡与异乡的交融，乡音与胡音的交错，移民是其城市的特质。不同地域、不同国家的移民来到长安不仅带来聚会与包容，更带来激情与活力。

唐代长安是当时东亚最大的政治、经济、文化中心，朝廷奉行兼收并蓄、开放包容的政策。据《唐六典》记载，曾有70多个国家与唐王朝往来，每年都有大批外国人到达京城，因而长安成为民族成分和各国人种最复杂的地区，具有国际化都市的性质与色彩。《资治通鉴》记载，贞观四年（630），突厥汗国颉利可汗至长安，仅突厥受降五品以上官员就达百余人，入居长安者近万家，占当时长安城人口的三十分之一。《资治通鉴》还记载唐代宗大历十四年（779）"先是回纥留京师者常千人，商胡伪服而杂居者又倍之"。由于安史之乱后河西地区逐步沦陷于吐蕃人之手，侨居在长安的外国人无法返回自己的国家，成为长久居住的移民，唐人习称他们为"杂种胡"，仅城内西市就常有数千人。半个世纪以来出土的大量唐人墓志与中外交流文物，说明了外国人在长安的活动。下面我们仅举几例。

中亚昭武九姓中的康国（今乌兹别克斯坦撒马尔罕）人，其中最著名的是佛教华严宗的实际创始人康法藏，他自号"康藏国师"，曾与玄奘一起译经著述，地位很高。康志达，墓志记载他系康日知第四子，官至幽州衙前兵马使，不仅在长安永乐里有官舍，而且康氏家族在长安龙首乡兴台里有祖坟，是由灵武迁来的侨民。康国人入居长安或归降的康姓人特别多，康苏密、康武通、康续等人墓志说明他们有的入朝为高官，有的以军功授将军，有的入唐为质子，留居长安为寓公。有些康姓侨民还冒充汉人后裔，或与突厥人混杂在一起，唐代诗人李端云："黄须康兄酒泉客，平生出入王侯宅。今朝醉卧又明朝，忽忆故乡头已白。"

安国（今乌兹别克斯坦布哈拉）人是昭武九姓中的显族，他们东迁凉州后世代侨居。隋唐时期安姓人大量入居长安，如安兴贵以军功拜右武卫大将军；武德元年（618），"舞胡"安叱奴被拜为散骑侍郎；贞观四年（630），安附国一家率所部5000余人入朝安置维州（今四川理县），受到唐太宗召见，封爵拜将，子孙侨居京师直到武则天时期。1956年西安枣园出土的《安万通墓志铭》载"先祖本生西域安息国"，其高祖安但入朝位至摩诃萨宝，安菩墓志称"其先安国大首领"，封为唐朝定远将军，夫妻均死于长安私邸。昭陵陪葬墓中安元寿墓志，亦证明其为凉州安国后裔，曾赴西域屡立军功。又有《安令节墓志铭》说明其"先武威姑臧人，出自安息国王子"，后流寓长安。

米国（今塔吉克斯坦片治肯特）人在玄奘《大唐西域记》中称"弭秣贺"。唐宪宗、穆宗两朝著名国乐师有米嘉荣与米和郎父子。太和初年，皇家教坊有米禾稼、米万槌，善于演奏婆罗门乐。西安出土的《唐故米国大首领公墓志铭》云："公讳萨宝，米国人也。"萨宝为祆教职，天宝元年（742）卒于长安崇化里，时年65岁。1956年西安土门出土的《米继芬墓志铭》记："其先西域米国人也，代为君长,家不乏贤。"永贞元年(805),92岁的米继芬死于长安礼泉里,埋葬龙首原。其夫人也为米氏,其长子米国进任宁远将军、守京兆崇仁府折冲都尉同正;其幼子号僧惠圆,为大秦寺僧。米家居住的礼泉坊是西域侨民汇聚的里坊,建有波斯胡寺、祆祠等。

其他如何国(今撒马尔罕西北)人何稠,以擅长工艺技巧著称,入仕长安后为工部尚书。佛教大师僧伽生长在何国30年,侨居长安则长达半个世纪以上。何国国王第五代孙何文哲,太和四年(830)死于长安,其祖是高宗永徽年间作为朝廷质子来长安侨住的,是中国内地唯一有何国质子后裔的明确记载。其两位夫人均是康国人康普金之女,其子6人皆在唐朝供职,是深度"汉化"的侨民世家。

源出曹国入居长安的曹氏更多,西魏以后出现名乐工、名画家如曹婆罗门、曹僧奴、曹妙达等。唐代琵琶名手曹保、曹善才、曹刚一家三代在长安教坊中大显身手,演奏琵琶著称当世。白居易《听曹刚琵琶兼示重莲》诗云:"拨拨弦弦意不同,胡啼番语两玲珑。谁能截得曹刚手,插向重莲衣袖中。"西安出土的《谯郡夫人曹明照墓志》称其"曾祖继代,金河贵族,父兄归化,恭□玉阶",开元十一年(723)终于居德里私第。曹明照也是从曹国移居武威一带后入居长安的侨民。

比中亚人更远的波斯(今伊朗)人,从3世纪萨珊王朝兴起到5世纪,波斯与

图4 唐胡人俑,陕西西安鲜于庭诲墓出土　　图5 唐骑马俑,陕西西安莲湖制药厂唐墓出土

中国北朝、隋唐一直有使臣往来。642年，波斯被阿拉伯大食人占领，波斯王子卑路斯从栖身的吐火罗向唐求援，高宗龙朔元年（661）封其为波斯都督府都督，不久卑路斯亲自入朝，被授以右武卫将军，遂客死长安。长安礼泉坊波斯胡寺，即卑路斯请立，为流亡的波斯贵族集会之会馆。卑路斯儿子泥涅师召集数千波斯人，志图复国，请唐朝护送出兵至碎叶城，因道远离散，景龙元年（707）再来长安，不久病卒，与其父同埋于长安。《册府元龟》卷九七五记载，开元十三年（725）和十八年（730）波斯首领穆沙诺两次到长安，"授折冲，留宿卫"，侨居不返。1980年西安东郊出土的李素墓志，记其"西国波斯人也"，他是波斯国王的外甥，天宝时期"来通国好，纳充质子"，后拜朝官，赐姓李，封陇西郡。另一个在唐朝做官有名的波斯人是李元谅，官至尚书左仆射、镇国军节度使，今陕西华县有德宗贞元五年（789）的李元谅碑。中唐后，有些萨珊波斯灭亡后侨寓长安的王室成员和贵族子孙曾被编入神策禁军中。1955年西安发现的祆教徒苏谅妻马氏墓，墓志为汉文、帕拉维文双体合璧，苏谅就是神策军中的波斯人后裔，时任左神策军散兵使。

波斯人来到中国最多的还是商人。唐代诗文和《太平广记》等文献中对波斯商人有很多生动的记述。长安西市有"波斯邸"。穆宗长庆四年（824），波斯大商贾李苏沙向皇家进贡沉香亭子材，被皇帝重赏钱绢。在长安布政坊、礼泉坊、普宁

图6 胡人献马图，陕西礼泉韦贵妃墓出土

坊、恭靖坊、崇化坊均建有祆祠，祆教是波斯国教，这么多祆祠充分反映出波斯文化对长安地区的广泛影响。

唐高宗永徽二年（651），唐朝与阿拉伯大食国开始建立联系，此后一个半世纪中，大批阿拉伯商人来到中国"住唐"贸易，他们在唐长安以经营珠宝和鉴别珠宝而闻名。中唐以后，侨居的大食人还参加科举，钱易《南部新书》说："大中（847—859）以来，礼部放榜，岁取三二人姓氏稀僻者，谓之'色目人'，亦谓之'榜花'。"其中以进士登科的大食国人李彦昇最为著名，他是侨居中国完全汉化的阿拉伯人。据考证，还有一些援助唐朝镇压安史之乱的大食军队，和回纥人同时留居在长安周围没有回国。

除上述国家有大批侨民居住在长安及周围地区外，还有一些国家的贵族、商人等也侨居在此。天宝七载（748），勃律（今克什米尔北境印度河流域）国王苏失利芝及三藏大德僧伽罗密多来长安，被赐金袍金带，留宿卫给官宅侨居。第二年，护密（今巴基斯坦白沙瓦）国王罗真檀来朝，授左武卫将军，侨居长安。据说当时长安人口中侨民人数就达5万之多。西安地区北朝隋唐墓葬中出土的深目高鼻、满脸胡须或穿胡服、戴胡帽的胡人陶俑比比皆是，甚至还有一些"卷发黑身"来自东南亚的"昆仑奴"陶俑，这都为长安外国侨民居住和中外文化交流提供了珍贵的实物例证，也是其他区域比较罕见的文化特色。所以对长安的研究与回顾，需要进一步探讨这个城市的支撑能力、人居环境、生活保障、公共服务、移民聚落等等，才能真正理解长安对文明的辐射力。

图7　唐胡人牵驼俑，陕西礼泉出土

三　东西方交流与风俗文化

在东西方文化交流下的长安，从风俗影响上看，也风行着异域胡人和其他国家的服饰饮食、歌舞杂技、宗教信仰等，甚至连胡床、胡帐、胡坐等都对长安人产生很大影响。从西汉到隋唐，各国的特产源源不断输进长安地区。大宛国献汗血马，大秦国贡花蹄牛，月氏国进返魂香，身毒国（古印度）献连环羁，黄支国进犀牛，弱水国献香料，波斯国送玻璃，大食国输沉香，西海国献胶裘，条支国运鸵鸟，黎轩国进眩人（称幻人的魔术师），都卢人表演缘竿杂技。长安的西域风尚遍及许多领域。

在建筑上，宫室第宅采用西亚风格和建筑材料，有唐玄宗模仿拜占庭引水上屋、悬飞流如瀑的凉殿，"座后水激扇车，风猎衣襟"，"四隅积水成帘飞洒"。太平坊王鉷私宅中建自雨亭，夏天檐上飞流四注，凉爽得凛若高秋。杨国忠用沉香、檀香、麝香和乳香"筛土和为泥饰壁"，建造类似西亚的"四香阁"。唐中宗时宰相宗楚客造新宅，以文柏为梁，沉香和红粉以泥壁。唐代宗时宰相元载造芸辉堂，用于阗芸辉香草捣碎泥墙。这些私宅建筑无疑吸取了西方外域宫殿以黄金为地、象牙为门扇、香木为栋梁的建造方法。

在服饰上，长安受西域风气感染极深，远自波斯、吐火罗，近至突厥、吐谷浑和吐蕃都为唐人模仿的对象。贞观初年的胡帽、羃纱仿自波斯人的缯帛大帔，永徽年间的帷帽来自吐谷浑的长裙缯帽和吐火罗的长裙帽，开元天宝时期露髻浅帽和女着男装更是尊卑难分、胡汉难辨。仿自印度的女子披肩巾，沿袭中亚各国的翻领折襟衫，回鹘装的小腰身和出自吐蕃的面赭、髻堆，都在长安不同时期风行流传。现在西安出土的陶俑、壁画都清楚显示了唐代士庶好衣胡服胡帽的风貌。

在饮食上，开元以后"贵人御馔，尽供胡食"。平康坊的姜果店、长兴坊的饆饠店、升平坊的胡饼铺等都非常著名。"饆饠"是中亚、印度等地区盛行的抓饭。"胡饼"外沾芝麻内包馅。"烧饼"则用羊肉、葱白、豉汁和盐熬炙而成。"搭纳"，即油酥饼。《唐语林》卷六载："时豪家食次，起羊肉一斤，层布于巨胡饼，隔中以椒豉，润以酥，入炉迫之，候肉半熟食之，呼为古楼子。"此外，于阗烤全羊，回纥"腩"（烤肉片）等西域风俗饮食都传入长安；高昌的葡萄酒、波斯的三勒浆、西域龙膏酒等均受到长安百姓的欢迎。

在绘画上，侨居长安的于阗画家尉迟跋质那、尉迟乙僧父子，是隋代作为"质子"到内地的，他们和康国画家康萨陀一起将印度的凹凸画法传入中原，用铁线细描和重视设色的表现技法，发挥了西域画风的特色。唐代大画家吴道子、卢棱伽等都受此画法影响，对中国画风的变革产生深刻的影响。从现在西安出土的艺术品来看，如忍冬纹镜、海马葡萄镜、石榴荷叶纹琉璃盘、镶金玛瑙牛首杯、舞马衔杯仿

图 8 胡人献宝白玉带，故宫博物院藏

图 9 唐代拜占庭风格鸽子纹锦，甘肃省博物馆藏

皮囊式银壶等，都具有鲜明的西域风格装饰图案，说明外来艺术的渗入非常普遍。

在乐舞上，隋唐广泛吸收西域各国和西北少数民族的音乐，"十部乐"中西凉、天竺、龟兹、安国、疏勒、高昌、康国等音乐占了大多数。许多乐器系从波斯、印度和埃及等传来，筚篥、五弦琵琶、箜篌、横笛、金钲、胡笳、羯鼓等都起源于西域。在长安的胡乐名家更都是西域人，来自西方的拂菻、柘枝、胡旋、胡腾、阿辽等舞蹈，分为健舞、软舞等多种，连演出都是"肌肤如玉鼻如锥"的石国、康国、米国、安国等国的舞蹈家。各国多次进献胡旋舞女，每每在长安引起轰动。

在体育娱乐上，源出波斯的泼寒胡戏经常出现在长安街头，跳舞乞寒者裸体跣足，挥水投泥，互相嬉戏，连唐中宗也率百官到街坊观看。波斯传来的波罗球

图10　唐开元二十二年井真成墓志，陕西西安东郊出土，西北大学文博学院藏

图11　唐开元二十二年井真成墓志盖，陕西西安东郊出土，西北大学文博学院藏

戏（又名击鞠）是一种马上击球运动，连许多皇帝都是酷嗜名手，长安城四处争筑球场，左右神策军、文人学士也均以鞠杖击球为能。源于大食的双陆棋弈，流行于长安皇宫、民间，甚至在长安西市遗址还出土了大量赌博竞技的骰子。每年正月十五，长安居民在灯轮下踏歌三夜，男女尽情欢庆，竖立的彩灯达五万盏，火树银花也是按西域格调布置和制造的。

在宗教上，自魏晋南北朝以来，西域各国的僧侣源源不断进入秦陇地区，长安集中了大量的印度高僧大师，译经、传教、研究经典的外国僧侣极多，仅印度僧侣名字见于记载者就达100多人；入唐求法的新罗、日本、扶南（今柬埔寨）、林邑（今越南）、骠国（今缅甸）僧侣也很多。由于唐政府兼容并蓄的政策，使得祆教、景教、摩尼教等也传入秦陇及长安。唐朝著名书法家颜真卿在京城任官时，常与康国胡人交往，受祆教信仰影响，他的儿子起名叫"穆护"。

在科技上，长安也输入了大量的印度、阿拉伯和拜占庭科学知识。隋代已传进大量的印度天文历算书，据《隋书·经籍志》载共有七种六十卷，如《婆罗门舍仙人所说天经》《婆罗门阴阳算历》等。唐朝前期天文学各派争鸣，其中就有印度天文学家参加，侨居长安的迦叶、瞿昙、俱摩罗三个家族，世代服务于司天台，长期任司天监，当时用天竺历改进的朔法，运用极广，一直到唐晚期仍是中国天文学家参考的蓝本。来华的高僧又大都兼通医术，印度术士那罗延娑婆寐还在玉华宫为唐太宗造药。克什米尔、吐火罗等均多次进献本国药物，波斯和阿拉伯人还将本国的贵重药物贩运到长安市场上寻找买主。1970年，西安南郊何家村唐邠王府出土的药物、药具中，就有上乳、明砂、珊瑚、琥珀等外来药品。

最近西安唐代西市遗址中又发掘出大块玻璃母料，证明西市有制造玻璃器皿的作坊，究竟是外国技师还是中国工匠在此制作，我们无法确切知晓，但是说明玻璃器并不全是从西方进口来的，长安也在吸收外来工艺的基础上有着自己的生产。特别是新展出的唐开元年间武惠妃石椁上的"勇士与神兽"主题线刻画，充分说明古希腊文明的"拂菻风"曾在长安流行一时。

历史文献和出土文物都证明，10世纪以前的汉唐长安是东西方古代文明交流的桥梁和荟萃点，长安更是当时一个国际性的大城市。特别是7—10世纪的唐朝曾吸引了邻近民族和各国人士蜂拥而至，不单是它具有国际交流的开放性，更重要的是它具有文明世界的优越性，即物质生活的富裕，典章制度的完善，中央朝廷的权威，军事实力的威慑，宗教理性的宽容，文学艺术的繁荣，科学技术的领先，甚至包括服式发型的新潮，所以它能形成国际化的特性，积淀下蔚为壮观的文明，影响和推动着周边各国和各民族的社会文化发展。

反思一千多年前外来文明的传播，从中亚、新疆、河西走廊到长安，几大文明密布这条线路，对我们今天联系世界的不同文明，共同为人类发展进步作出贡献具有深远的意义。

第二编

刻入历史年轮的人物影像

千年之后重评高力士

在唐开元、天宝时期,高力士蜚声宫闱长达半个世纪之久,学术界历来把他定为劣迹昭彰的反面阉贵。我认为这个结论似欠公允,有必要再进行具体探讨,给予其恰如其分的评价。

一 高力士何以涉足政坛

高力士(684—762),原名冯元一,广东潘州人。其父冯君衡为潘州刺史,是唐初上柱国、高州总管冯盎的孙子,"家雄万石之荣,囊有千金之值"[1]。武则天长寿二年,监察御史万国俊到广州诬告岭南流人谋反,残杀几千人,冯君衡也"因以矫诬罪成,裂冠毁冕,籍没其家"[2]。时年十岁的高力士被强制与母分别,锁拿为奴以受阉割之刑。

武则天圣历元年,高力士作为阉儿被岭南讨击使李千里进上,改冯元一称"力士",与金刚相对,以讨崇信佛教的武则天喜欢。高力士进宫后,武则天"嘉其黠惠,总角修整","以其强悟,敕给事左右"[3]。后因小过,被鞭笞出宫,宦官高延福收其为子,故冒高姓。高延福出自武三思家,因而高力士不久被"则天复召入禁中,隶司宫台,廪食之"。从此他传送诏敕,非常谨密,大小事务触机应旋,颇得武则天器重,故授宫闱丞。

高力士能扶摇直上,跻足政坛,并不是靠拍马溜须、阿谀奉承,关键是他参与了唐玄宗发动的两次政变。

武则天下台后,操纵实权的韦后等把朝政搞得混乱不堪,先后除掉太子李重俊和唐中宗李显,准备临朝称帝。时任潞州别驾的临淄王李隆基在藩邸常阴聚才勇之士,高力士"倾心奉之,接以恩顾",李隆基正渴望这样的角色作为内助,因此把他引为知己,"谋匡复社稷"。景龙四年,李隆基利用禁军发动政变,杀掉韦后及大批武氏党羽,恢复睿宗帝位,自己也被立为皇太子。在这次政变中,"公(高力士)实勇进,飞龙上天,扶皇运之中兴,佐大人之利见"[4],故"奏力士属内坊,日侍左

---

[1] 见1981年陕西蒲城出土《大唐故开府仪同三司赠扬州大都督高公神道碑》,此碑于高力士安葬十四年后所立,《考古与文物》1983年第2期发表此碑文,本文所引系笔者在蒲城校录之碑文。
[2] 见《大唐故开府仪同三司赠扬州大都督高公神道碑》。
[3] 见两《唐书》之《高力士传》。
[4] 见《大唐故开府仪同三司赠扬州大都督高公神道碑》。

图1 高力士墓志铭，陕西蒲城博物馆收藏

右，擢授朝散大夫，内验事"。

昏懦的睿宗在位两年间，其妹太平公主恃拥立有功，扩张势力，"宰相七人，五出其门；文武之臣，太半附之"[1]。玄宗即位后，太平公主与一些朝臣联合禁军首领准备举兵将其推翻。面对"宫闱左右，亦潜执两端，以附太平之势"的急情，玄宗与高力士等十几个亲信定计，取闲厩马及三百多名士兵以铁骑至承天门，高力士率兵充当前锋，诛除太平公主的死党。玄宗论功行赏，以高力士为右监门将军，知内侍省事。

高力士之所以能够在这两次斗争中显其身手，除了特殊职务外，主要是他入宫不久就被"教之以美艺""镌其绝伦之技"，所以骁勇而善骑射。开元二年，唐玄宗到新丰骊山下讲武呈才，高力士护驾幸三山宫。有一次两雕啄鹿，玄宗命令

图2 高力士神道碑头

---

[1]《资治通鉴》卷二一〇，玄宗开元元年六月条，北京：中华书局，1956年，第6681-6682页。

图3 内侍图壁画，唐懿德太子墓出土

图4 内侍图壁画，唐章怀太子墓出土

射取，军中射手相顾不进，高力士"一发而中，三军心伏"[1]。天宝十一载，已是老翁的高力士还骠悍不减当年，率领飞龙禁军在皇城西南斩杀王銲、邢縡的几十名叛兵。

由此可见，高力士是在帮助玄宗夺取帝位的角逐中效忠卖命，因而备受信任，以功臣身份登上政治舞台的。在当时，李隆基代表着地主阶级中的改革派，结束了武氏以后的腐败弊政，从而使八年七变的动荡朝政趋于稳定，使唐代的进入"全盛"时期。高力士作为玄宗的得力助手之一，其积极作用是应该予以肯定的。

二 高力士的主要政治表现

史籍中常引高力士专权的口实是："每四方进奏文表，必先呈力士，然后进御，小事便决之。玄宗常曰：'力士当上，我寝则稳。'故常止于宫中，稀出外宅。若附会者，想望风彩，以冀吹嘘，竭肝胆者多矣。"[2] 这段话很容易令人产生高力士恃宠得势、独揽朝政的错觉。其实，对高力士的政治表现不能仅凭几句话作为结论，何况这条史料也不过是说明高力士所起的秘书作用而已。我们应将史籍中的有关记载错综条贯，纬以精思，对高力士谨言慎行和曲意逢迎、躬亲职事和恃骄专权

---

[1] 见《大唐故开府仪同三司赠扬州大都督高公神道碑》。
[2] 《旧唐书》卷一八四《高力士传》，北京：中华书局，1975年，第4757页。

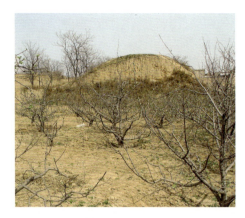

图 5　高力士墓现状

细加区别。

首先，开元前动荡的统治危机，迫使玄宗采取了一系列补偏救弊的政治措施，他采纳姚崇"劝不用功臣""宦官不参预政治"等主张，严禁朝臣交结宫禁。在这样"留心理道，去革弊讹"[1]的大治中，高力士根本不可能擅权弄政。何况玄宗即位后，认为协助自己夺取皇位的功臣是"谲诡纵横之士，可与履危，不可得志"[2]，所以，利用种种借口把他们相继剪除，和高力士一起参与政变的许多功臣都先后被杀或贬，少数留在中央做官的功臣莫不如"芒刺在背"[3]，高力士不能不时刻担心自己遭到同样的下场。这大概就是他"生平无显显大过"[4]的主要原因。

其次，高力士并不是唯一受到玄宗垂青的宦官。当时宦官稍称旨即授高职，三千多宦官中穿紫衣绯衣者就有千余人。开元时，地位高于高力士的大宦官杨思勖多次持节讨伐，被玄宗视为心腹。天宝时，大宦官袁思艺"特承恩顾"，秩品与高力士相等。其余宦官皆委以重任，他们经济上"袤获动巨万计，京师甲第池园，良田美产，占者什六"；政治上"监军则权过节度，出使则列郡辟易"；虽然职责不同，但"宠与力士略等"，并非高力士一人独受骄宠。

再次，玄宗后期虽纵欲享乐，倦于政事，但他还是不许有任何人凌驾于王权之上。而高力士出身籍没家庭，尽管因功擢用，但唯知以家奴身份效忠皇帝来报答自己的宠遇。他曾向玄宗表明心迹说："臣生于夷狄之国，长自升平之代，一承恩渥三十余年，尝愿粉骨碎身以神玄化，竭诚尽节，上答皇慈。"[5]李亨曾称比自己父亲还大一岁的高力士为"二兄"，诸王公主叫他"阿翁"，驸马辈呼他为"爷"，这都不过是唐代"老头"或"父老"的俗呼，至多是对这位效忠唐王朝并立有汗马功劳的老奴的尊称，并不能证明他的奴仆身份有了实质的改变。

上述客观环境的限制说明，高力士当时虽然"恩遇特崇"，"公卿宰臣，因以决

---

[1] [宋] 王谠撰，周勋初校证《唐语林校正》卷三《凤慧》，北京：中华书局，1987年，第309页。
[2] 《旧唐书》卷一〇六《王琚传》，第3251页。
[3] 《新唐书》卷一二一《崔日用传》，北京：中华书局，1975年，第4331页。
[4] 《新唐书》卷二〇七《高力士传》，第5860页。
[5] [唐] 郭湜《高力士外传》，据《开元天宝遗事十种》，上海：上海古籍出版社，1985年，第116页。

事",但这仅仅是奉旨行事,所以他"性和谨少过,善观时俯仰,不敢骄横,故天子终亲任之,士大夫亦不疾恶也"。这里需要指出的是,高力士固然"小心恭恪",可却非"唯诺"之徒,在任贤纳谏、崇尚俭朴、调节君臣关系等方面敢于进谏,曾起过一些积极作用。

开元初,"救时之相"姚崇曾面奏评定郎吏事宜,玄宗未予理会。事后高力士进谏:"陛下新即位,宜与大臣裁可否。今崇亟言,陛下不应,非虚怀纳诲者。"玄宗解释说自己正在考虑其他大事,并非不同意姚崇奏议,高力士马上告诉"悸不自安"的姚崇,使其放心地改进吏治,"由是进贤退不肖而天下治"[1]。

开元十四年,"发明典章,助成文治"的张说被李林甫等人诬陷,高力士奉诏巡视后汇报:"说蓬首垢面,席藁,食以瓦器,惶惧待罪。"他又进言,张说以往纳忠于国,立有功勋,深深打动了玄宗,故只罢其中书令而保留其余职务,这种公正的做法,有利于君臣和衷共济。

开元十七年,高力士跟随玄宗谒拜昭陵,他在寝宫看到唐太宗遗留下的小梳箱中仅有柞木梳、黑白篦、草根刷子,感慨地告诉玄宗:"先帝首建义旗,新正皇极十有余载,方致升平,随身服用,惟留此物,将欲传示孝孙,永存节俭。"[2]这无疑对玄宗当时焚珠玩、倡俭约有一定的影响。

开元二十四年,李林甫为了排挤张九龄,推荐"与时沉浮、唯唯恭愿"的牛仙客为工部尚书。张九龄强谏引起玄宗不悦,他借高力士领旨给宰相们送扇之机,献赋自况。玄宗询问高力士的意见,高力士站在张九龄一边,回答说:"仙客本胥史,非宰相器。"玄宗大怒,忌讳说他用人不当,后来虽坚持罢了张九龄的职,但高力士在皇帝面前敢于仗义执言,则是应当肯定的。天宝十五载,玄宗逃往四川途中,曾后悔地对高力士说:"吾取张九龄之言,不至于此。"[3]

进入天宝年间后,玄宗自恃升平,沉湎酒色,亲手培养的几个酿乱掘墓人,加速了各种矛盾的激化。位于"肘腋"的高力士这时对玄宗所作所为也非"有言必从,有可必纳",相反还向玄宗申述过自己在一些问题上的不同见解。

天宝三载,玄宗对高力士说:"朕不出长安近十年,天下无事,朕欲高居无为,悉以政事委林甫,何如?"高力士回答说:

> 林甫用变造之谋,仙客建和籴之策,足堪救弊,未可长行。恐变正仓尽即义仓尽,正义俱尽。国无旬月之蓄,人怀饥馑之忧。和

---

[1]《新唐书》卷一二四《姚崇传》,第4384页。
[2]《高力士外传》,第115页。
[3]《唐语林校证》卷四《伤逝》,第386页。

余不停,即四方之利不出公门,天下之人尽无私蓄。弃本逐末,具远乎哉?但顺动以时,不逾古制;征税有典,自合恒规。则人不告劳,物无虚费。军国之柄,未可假人,威权之声,振于中外,得失之议,谁敢兴言?伏惟陛下图之。[1]

这两段谏言应当说是切中时弊的。在经济上,李林甫之流以定额外的进奉讨取玄宗欢心,不顾社会生产总量无增长,集聚物资供皇室挥霍;在政治上,他们排斥异己,陷害贤能,加剧了朝政的腐败。可是玄宗对高力士的进谏根本听不进去,申斥说:"卿十年已来不多言事,今所敷奏,未合朕心!"吓得高力士赶快叩头:"臣狂疾,发妄言,罪当死!"此后高力士虽害怕逆旨获罪而"住内宅不接人事",但在关系到唐朝社稷安危的重大问题上,还是冒死作了进谏。

天宝十三载,杨国忠两次发兵征讨南诏而全军覆没,死者近二十万,群臣慑于他的淫威,无人敢言败状。玄宗还以为天下宇清物阜,昏昏然对高力士说:"朕今老矣,朝事付之宰相,边事付之诸将,夫复何忧。"高力士尖锐地指出杨国忠弄权、安禄山将反的实情:"臣闻云南数丧师,又边将拥兵太盛,陛下将何以制之!臣恐一旦祸发,不可复救,何得谓无忧也!"可惜玄宗却无动于衷。同年秋,关中淫雨六十日,庄稼歉收,百姓大饥,杨国忠竟骗玄宗说无灾,玄宗将信将疑,让高力士"尽言"。高力士沉痛地回答:"自陛下以权假宰相,法令不行,阴阳失度,天下事庸可复安?臣之钳口,其时也。"[2]高力士不仅告诉玄宗不要轻信杨国忠的谎言,而且还指摘了玄宗用人不当。

简言之,高力士在当权集团没人敢议政事时,能审时度势,提出自己独到的看法,确是难能可贵的。安史之乱时,玄宗仓皇逃离长安,于延秋门曾悔恨交集地肯定高力士的政治预见:"卿往日之言是。"[3]足证把高力士作为动乱祸根看待是不公平的。

历史地看,唐玄宗统治由治到乱固然有其深刻的社会背景,但"天下治乱,系于用人",[4]不能不说是一个重要原因。两《唐书》皆认为李林甫、安禄山、杨国忠等人"虽以才宠进,然皆厚结力士",似乎把用人失当完全归咎于高力士。实际上,因高力士受玄宗近幸,这些人私攀他以探听皇帝意向,是完全可能的,但他们的"宠进"却有着复杂的原因,不一定都是"厚结力士"的结果。

如李林甫本身就是唐宗室,他勾结大宦官袁思艺探察玄宗意向,然后先意奏请,"玄宗警喜若神,以此权柄恩宠日甚"。同时,李林甫又向武惠妃表示愿尽力助

---

[1]《高力士外传》,第116页。
[2]《新唐书》卷二〇七《高力士传》,第5860页。
[3]《高力士外传》,第117页。
[4] [宋]范祖禹撰《唐鉴》,上海:上海古籍出版社,1984年。

其子立储，因此"惠妃德之，阴为内助"。而武三思的女儿多次哀求本出自家的高力士，向玄宗推荐李林甫为侍中，高力士都未敢言；而后他虽给武氏透露过消息，但李林甫入相终究不是借他之力。恰恰相反，高力士同李林甫在处理重大问题上意见完全相左。李林甫等陷害太子李瑛后，屡劝玄宗立武妃子李瑁，高力士在玄宗举棋不定时进言："推长而立，孰敢争！"得到玄宗连声赞同。以后李亨屡遭大狱牵连，也因高力士"常保护于上前，故林甫终不能间也"[1]。

又如安禄山跃登要职，除因其善于谄媚邀宠外，主要是玄宗认为蕃人掌兵无二心而加以信任。高力士虽给安禄山推荐过落第士人高尚，此人后来成为安禄山叛乱的谋臣，但那是安禄山的野心及高尚的劣迹还未暴露时的事，与高力士并无多大的牵连。天宝后期安禄山反迹日彰时，玄宗派高力士调解哥舒翰与安禄山之间的宿怨，高力士就明显站在哥舒翰一边。安禄山回范阳，高力士奉命为他饯行后，向玄宗报告"观其意怏怏"；而另一宦官辅璆琳按察安禄山后竟妄报"竭尽奉国，无有二心"。安史叛军攻占长安后，把高力士派系的人皆杀之，足见对其仇恨之深。

再如杨国忠由无赖变为作威作福的权贵，不仅有赖于杨贵妃的裙带关系，还因为李林甫以他无才好利用，故进擢。高力士为杨贵妃二次入宫搭桥牵线以及平时为她执辔授鞭，那都是按玄宗脸色行事，无非是尽到宦官职责，与杨国忠并不相干。

总之，借"宇文融以下，用权相噬以紊朝纲"[2]的罪过指控高力士，看来不是完全可靠的。只要把高力士对一些贤相和一些奸臣的态度两相对照，便不难看出他基本上是亲贤臣而恶奸佞的。或许有人嗤高力士与后者的斗争是狗咬狗，这显然是带着偏见以职论人。即使是高力士做过某些错事，只要综合他一生谨慎奉旨行事的主线作客观的分析，也不应过分苛责于他。

关于高力士为李白脱靴，进而挑拨杨玉环进谗言是文史诸家大肆渲染的轶事，两《唐书》也采稗史撮要加以记载。但这段史事一直令人疑窦丛生，因为在李白的作品中从未提过这件事。如果说当时畏惧高力士的势焰，那么安史乱后李白当已无所顾忌，他也甘于缄默吗？熟悉李白的杜甫、魏颢、李阳冰等都没讲过此事，而且李阳冰在高力士死后还为其篆刻过墓碑。从李白当时的作品来看，他在宫中供奉是相当拘谨的，并不是那样傲岸放恣。所谓"脱靴"很可能是后人为渲染李白的人品才思而杜撰的故事，以致人们误以为是史实。

还有论者断言高力士是马嵬事变的后台，是逼杀杨贵妃的直接凶手，这也有值得商榷之处。尽人皆知，玄宗曾欲亲讨安史叛军，杨国忠害怕李亨监国，让杨贵妃"衔土请命"，不仅阻止玄宗退位，而且要玄宗到自己控制的蜀地去，这意味着李亨

---

[1] [宋]袁枢《通鉴纪事本末》卷三一，北京：中华书局，1964年。
[2]《旧唐书》卷一八四《高力士传》，第4758页。

图6 三彩驯狮扁壶，唐高力士墓出土　　　　图7 男立俑，唐高力士墓出土

继承皇位无望，所以双方矛盾迅速激化。许多史料证明，马嵬事变是李亨和李辅国共同策划的[1]。他们在事变爆发后，即与玄宗分道扬镳，到灵武才两天就自立为帝，表明势非如此不可。玄宗迫于李辅国掌握着飞龙军，只好"令高力士与寿王瑁送太子内人及服御等物，留后军厩马从上"[2]。至于杨贵妃之死，没有玄宗的同意，高力士也绝不敢迫使她自缢。退一步说，即使是高力士策划了马嵬事变，杀掉荒淫乱国、民愤很大的杨氏兄妹，从历史角度看，对平定安史之乱，减少人民痛苦倒是有利的，并不是什么罪过。

当然，毋庸讳言，高力士同封建时代的历史人物一样，也有其消极一面。他的特殊家奴地位，使他同皇权贵族集团紧紧联结在一起，分享着贵族华腴的生活和特权的待遇。他充任开漕使，"于京城西北截沣水作碾，并转五轮，日碾麦三百斛"，"资产殷厚，非王侯能拟"。他在兴宁坊建造华封道士观，在来庭坊修建宝寿佛寺，"宝殿珍台，侔于国力"。他在值班的侧帘，又建有"雕莹璀璨、穷极精妙"的修功德处。他娶瀛州吕玄晤女儿为妻后，吕氏一家借联姻数代荣耀，吕玄晤被擢为少卿、刺史，子弟皆为王傅。其岳母"葬礼甚盛"，"中外争致祭赠，充溢衢路，自第至墓，车马不绝"。他的母亲麦氏死后，朝官为巴结力士都去凭吊。他的养子也都

---

[1] 见《旧唐书》之《杨贵妃传》《韦见素传》《李辅国传》，以及《新唐书·李辅国传》和《资治通鉴》卷二一八。
[2] 《旧唐书》卷一〇《肃宗纪》，第240页。

图8　骑马俑，唐高力士墓出土

封官袭爵。像这类劣行，在封建社会被皇帝宠幸的宦官中是司空见惯的，我们既不能隐而不彰，也不能因此全盘否定高力士在政治活动中积极的一面。

三　怎样恰当评价高力士

马嵬事变后，玄宗逃到成都，听到肃宗即位，他得意地对高力士说："吾儿应天顺人，改元至德，不忘孝乎，尚何忧？"高力士恳切淋漓地批评道："两京失守，生人流亡，河南汉北为战区，天下痛心，而陛下以为何忧，臣不敢闻。"[1]当时洛阳、长安都未收复，黄河流域人民横遭大劫，人口减少十分之七，高力士乱中思治的思想确比主子高出一筹。在成都，他还以73岁的高龄，参加了平定南营健儿郭千仞的叛乱，再次"临大事而有大功"，被进封为齐国公。至德二年，他随玄宗回到长安，加开府仪同三司，以表彰他在离乱中的效忠。

上元元年（760），李辅国借肃宗与玄宗之间的矛盾，诬告高力士同玄宗在兴庆宫"日与外人交通"，"潜通逆党，曲附凶徒"，将其贬流巫州。宝应元年，79岁的高力士遇赦还，闻知玄宗、肃宗先后死去，憾伤号恸，卒于朗州龙兴寺。"上士闻之，皆为流涕"，代宗"以其耆宿，保护先朝"，追赠扬州大都督，陪葬泰陵。

纵观高力士的一生，经历了中唐五朝四代的治乱转折。对他的消极面固无须掩饰，但同时也应当根据当时的历史条件对他的作为做出比较公允的评价。笔者认为：

第一，在开元、天宝社会由盛转衰时期，前期能否锐意图治和后期如何对待统治集团的腐败及内部矛盾，应是正确评价这个时期历史人物的主要标准。而高力士正是在前期，辅佐唐玄宗整肃纪纲，振兴庶政；在后期，敢于提出针癍除弊的直谏，其积极作用是应肯定的，不能简单地与其他宦官相提并论。明代进步思想家李贽曾指出："内侍如高力士者甚少"，"真忠臣也，谁谓阉官无人"[2]，这是比较允当的。

---

[1]《新唐书》卷二〇七《高力士传》，第5859页。

[2]〔明〕李贽评纂《史纲评要》卷二〇《玄宗》，北京：中华书局，1974年；《藏书》卷六五《近臣传》，北京：中华书局，1974年。

图9　左门扉文官图（线描）　　图10　右门扉武将图（线描）

第二，高力士只是近臣，不是左右朝政的权臣，虽居勋位起过辅佐作用，但毕竟不是决策人物。《高力士墓碑》记他"中立而不倚，得君而不骄；顺而不谀，谏而不犯；传王言而有度，持国柄而无权；近无闲言，远无横议"。[1]这虽然未免溢美过誉，但也不能说它不反映一点真实。两《唐书》或褒他"巧密人悦之"，或贬他"险巧得人誉"，但都反映了他为人处世的谨慎和节制。诚然，他作为封建专制时代的宦官，是善于察言观色的，有时沉默，有时软语箴规，惧祸的心理很严重，但绝不像某些论者描绘的那样炙手可热、倚势凌人。《旧唐书》评论他"又与时消息，观其势候，虽至亲爱，临覆败皆不之救"，清楚说明了他"事君之忠"和明哲保身的双重特点。

总之，对高力士的评价，在唐人史著中还未有任意丑化贬辱的现象，后世某些史家可能出于对宦官上层集团专权胡作非为的憎恶，因而把高力士所有活动都斥为"小人之情，猥险无顾藉"，再加上一些文学作品和戏剧的丑化，就使后人心目中的高力士与历史上真实的高力士大不一样了。因此有必要把高力士放到当时的历史发展过程中，进行具体分析和缜密考察，这样的评价才更具有实事求是的科学性。

---

[1]　见《大唐故开府仪同三司赠扬州大都督高公神道碑》。

大周红颜女皇武则天

——纪念武周政权建立一千三百周年

公元690年（载初元年或天授元年）是中国历史上石破天惊、独标胜格的一年。这年九月九日（阳历10月25日）天高气爽，秋色霁晴，正是唐人登高望远、饮酒赏菊的重阳佳节。无独有偶，六十七岁的武则天也在这一天以从容娴静的风韵，登上神都洛阳的巍峨门楼，宣布改唐为周，改元天授，称"圣神皇帝"。因此，历史上把这天的壮举称为"革命"。

可以说武则天为这一天的到来，孜孜不倦地奋斗了三十多年，她出身于一个寒门新贵的家庭，不仅饱受异母兄长的冷眼相待，而且被选入深宫后长期过着并不如意的生活。然而，身处坎坷沉浮、流俗鄙视的逆境里，她却不甘沉沦，努力奋争，从媚娘、才人、昭仪直到皇后、天后、太后、圣母神皇，虽然有几次几乎功败垂成，前途未卜，但她化险为夷，渡过难关，终于一步步当之无愧地走上了权力的峰巅。

作为中国历史上唯一的真正的女皇帝，武则天的登基典礼也是大周朝的开国大典，十分隆重，盛大的排场足以震慑朝廷内外的人们。她不仅确定以洛阳为神都，长安为西京副都，而且除唐宗室属籍，降皇帝为皇嗣！皇太子李成器为皇孙，赐姓武氏。她又改置社稷，换旗尚赤。唐太庙和宗庙全部变为享德庙，另立武氏七庙为太庙，并攀附周文王姬昌为四十代远祖，以追尊武周的门第显贵。

武则天在称帝的前夜，还颇有声色地导演了一场勉为所请的劝进程式。九月三日，侍御史傅游艺率领九百多名关中百姓叩伏宫门上表，谎称符瑞喜降，请改唐为周。武则天心中暗喜，表面上却没答应，但由于这次请愿活动影响颇大，故擢升傅游艺为给事中以示褒荣。百官、宗戚、百姓、各族君长、僧道等纷纷仿效，有六万余人上书"劝进"。睿宗李旦迫于形势也上表自请改从母姓，李氏国祚转移已成定局。九月五日，傅游艺又胁迫朝中群臣再次请愿，无中生有地奏说有凤凰飞集上阳宫和赤雀见于朝堂等各种祥瑞，显示着江山变色的天意。九月七日，武则天在皇帝和群臣第三次辞语恳切的请愿下，才犹抱琵琶半遮面地表示接受劝进，选择两天后的重阳节为武周的开国纪念日，大赦天下，大酺七日，使天地同庆，九州同乐。

武则天梦想以最庄重的"帝威"俯瞰华夏大地与接受百官庆贺，显然已不是几天的事。这年二月，她亲自"策问贡人于洛城殿，数日方了"[1]。这是中国历史上殿

---

[1] ［唐］杜佑撰，王文锦等点校《通典》卷一五《选举典三》"历代制下"，北京：中华书局，1988年，第354页。

图1　乾陵述圣纪碑　　　　　　　　　　　图2　乾陵无字碑

试的开始，虽然这种殿试没有形成固定制度，但它的出现对大批庶族寒门出身的知识分子来说，不啻是一声春雷，促使众多的儒生士人涌入朝廷，进入各级政府机构，"大者登台阁，小者任郡县"，许多有才能的人得以崭露头角，为武周政权的建立奠定了成功的基础。

其实，武则天为了实现自己雄心勃勃的政治抱负，毕生都在坚持不懈地用各种手段扩大自己对知识阶层的影响，不断培植和更新拥戴自己的官僚队伍。唐高宗李治在世时，官员选拔升迁制度的种种发展变化，都明显有她插手的迹象。例如乾封元年（666），武则天认为祀泰山行禅礼排除妇女是"礼有未安"，主动提出自己要"帅内外命妇奠献"，于是以皇后身份获得了继皇帝之后升禅坛主持亚献的特别荣誉，而这次封禅从驾的文武官员、护从仪仗和诸国朝会者数百里不绝，礼成后，文武官员三品以上赐爵一等，四品以下加一阶，整个官僚队伍人人进阶加勋，当然会以感恩戴德的心情来崇拜这位唐朝建立以来第一次封禅大典中最出风头的武则天，足见她着意笼络人心的谋略，故史称"乾封以前选人，每年不越数千；垂拱以后，每岁常至五万"。[1] 到她临朝时科举选士人数更为膨胀，平均每年举进士二十多人，

---

[1]［唐］张鷟《朝野佥载》卷一，北京：中华书局，1979年，第5页。

图3 洛阳龙门奉先寺卢舍那佛　　　　　　　　图4 武则天除罪金简，登封嵩山发现

比贞观年间增加一倍，直到唐末，进士科的录取人数都保持在这个水平上。可见，武则天选拔了一批有相当实力的士人入仕占据官职要津，不仅为她造舆论、定主意，合人心，而且使她逐步形成改唐为周的想法。

就在武则天称帝的同一个月里，她又派出十道巡抚使分赴各地选拔人才，两年后她亲自召见了这批被选举人，"无问贤愚，悉加擢用，高者试凤阁舍人、给事中，次试员外郎、侍御史、补阙、拾遗、校书郎。试官自此始"[1]。这种大规模地引进人才，难免鱼龙混杂、参差不一，但由此得到人们的支持、拥护，打破了论资排辈的士族门阀垄断，武则天能稳做独一无二的女皇帝，成功的奥秘也许正是在这些地方吧。

这一年，为了给新王朝的建立增加五彩斑斓的神圣灵光，武则天还求助于宗教的符谶，以辩护女主临天下的合法性。而佛教的经典正好为她提供了对抗男尊女卑的思想武器。七月初，僧怀义和东魏国寺僧法明等给她送来四卷《大云经》，"言则天是弥勒下生，作阎浮提（人世）主，唐氏合微"[2]。武则天喜形于色，如获至宝。因为这部佛典中有菩萨转身为天女当国王的经文，说释迦牟尼为大众说法时，告诉

---

[1]《资治通鉴》卷二〇五，则天皇后长寿元年一月丁卯条，北京：中华书局，1956年，第6477页。
[2]《旧唐书》卷一八三《薛怀义传》，北京：中华书局，1975年，第4742页。

图 5　宫女图壁画，唐章怀太子墓出土　　　　图 6　持荷侍女图壁画，陕西钢铁研究所唐墓出土

图 7　高髻侍女图壁画，唐韦洞墓出土　　　　图 8　宫女图壁画，唐永泰公主墓出土

浮光天女"即以女身，当王国土，得转轮王"。"汝于尔时，实为菩萨，为化众生，现受女身"。[1]此外还有黑河女主和谷熟城王之女等继承王嗣，威伏天下悉来承奉的事。既然经典上都表明佛祖认可女性能主天下，那么武则天当女皇便天经地义了。

弥勒佛住西方净土极乐世界，属于国土丰乐的未来佛。而武则天是弥勒佛下生，不但使人间进入理想境界，还包囊了社会上崇佛的神秘心魂，更增加了一缕闪烁的灵光。因此，武则天在七月内就将《大云经》颁示天下，十月又敕两京、诸州各置大云寺一区，以藏经书，并度僧千人，使高僧升座讲解做广泛宣传。一时大云寺遍布全国，甚至远及于阗、碎叶、疏勒等西域地区。太原崇福寺僧慧警三岁就能诵读《大云经》，武则天闻而召见，果然名不虚传，大喜之中抚其顶，敕授紫袈裟以资鼓励。御用僧人云宣等还撰成经疏来普及宗旨，宣扬"以女身当王国土者，所谓圣母神皇是也"。他们预言"陇头一丛李，枝叶欲雕疏，风吹几欲倒，赖逢鹦鹉扶"，意思是指起源陇西的李唐天祚欲坠，全靠武氏（"鹉"字谐音）扶持。这些僧人自然博得了武则天的青睐，将撰疏的九名僧人皆赐爵县公与银龟袋。

由于佛教僧徒为武则天出了一般世俗人不可能出的大力，特别是《大云经》对她称帝即位、摘取皇冠立了大功，因而武则天明文规定"释教在道教之上，僧尼处道士女冠之前"[2]，这使佛教跃居至高无上的地位。之后，武则天又采取了建寺、造像、度僧、译经等一系列措施，扶植并利用佛教，从而使武周时期成为中国佛教史上的黄金时代，堪称神权与政权配合默契的典型。

这一年，武则天继续任用酷吏，大开诏狱，施用滥刑来镇压一切反对派，给新王朝的诞生铺平了道路，即"以刑法理天下""肆斩杀怖天下"[3]。

一月，地官尚书、同凤阁鸾台三品韦方质因不屈服武氏近戚，被酷吏周兴等陷害，籍没其家，长流儋州后被杀。同时周兴还以与徐敬业同谋罪，杀左史江融。二月，另一地官尚书王本立被诛。四月，以北门学士进用的春官尚书、同平章事范履冰，坐尝举犯逆者下狱死，他在禁中二十余年最蒙亲遇，曾为朝廷出过大力。这种预防祸起肘腋的打击是很沉重的，大臣们稍被怀疑即遭毒手。

七月，酷吏的诬陷打击达到高潮。首先，善搞阴谋诡计的侯思止诬告恒州刺史裴贞与舒王李元名谋反，李元名是唐高祖第十八子，他与其子豫章王李亶历任外州刺吏，以忠孝持身，俱有善政。后来他们隐逸林泉，超脱尘外，但也未能逃过酷吏罗告之难，父子俩先后被废，迁徙和州途中被杀。裴贞也被灭族而死。其次，出身无赖的酷吏王弘义被升为殿中侍御史，他奉敕按问胜州都督王安仁谋反一事，王安

---

[1]见敦煌写本《大云经疏》残卷。
[2]《旧唐书》卷六《则天皇后纪》，第121页。
[3]《旧唐书》卷一八三《薛怀义传》，第4742页。

仁喊冤不服，王弘义竟在枷上刎其首级，又捕杀其子，函首以归。路过汾州时，州司马毛公宴请他，不料吃了一半他便叱斥毛公下阶，将其处斩，枪挑首级进入洛阳，见者无不震栗。再次，武承嗣又指使周兴诬告泽王李上金、许王李素节谋反。他俩是唐高宗第三、第四子，皆为武则天所恶，因为许王母亲是萧淑妃，故他尤被谗嫉，京外安置不准觐见。当他被召往东都离开舒州时，已预感到自己将遭不测，果然行至龙门便被缢杀，其子李瑛等九人同时被害。泽王被系于御史台，闻讯恐惧而自缢，其子李义珍等七人则流配显州而死。

八月，宰相裴居道因是太子李弘的岳父，被酷吏陷狱而死。接着尚书左丞张行廉被杀。不几天，唐高祖第二十一子密王李元晓的长子、南安王李颖等宗室十二人被杀，除幼弱者流放岭南外，又诛其亲党数百家。连故太子李贤的二子也不放过。《资治通鉴》记载"唐之宗室于是殆尽矣"。当时洛阳朝士人人自危，相见莫敢交谈，以防告密。许多臣僚出门前都与家人诀别，不知上朝是否被捕，皇城丽景门内置制狱，入此门者非死不出，被称为"例竟门"，即例尽其命也。

这一系列的冤假错案与政治恐怖，不仅打击面大而且刑滥法重，杀戮的锋芒既指向百官大臣，也对准宗室王公，尤其是李唐子孙们被一批批除掉，除了武则天亲生的李显、李旦外，其余的基本上被斩尽杀绝。实际上，残留下来的李显被流放在外，李旦只是名义皇帝，也被软禁在洛阳别殿。这样，武则天位至九五之尊时，不但李唐宗室全然无力构成威胁，朝臣州官也无法联合反抗，一条通往大周皇帝宝座的坦途就是靠着血淋淋的屠刀打开的。

然而，武则天毕竟不是一个单凭蛮干、暴戾无常的变态疯子，她任用酷吏只让他们执法而不让其参与政权。在大屠杀的高潮中，刚直平恕、抗争不挠的徐有功被周兴等酷吏恨之入骨，多次以他"出反囚，罪当斩"，武则天却认为他高风峻节，反而起用他为侍御史，以示"雅重"，宽猛相济，对稳定政局起了缓冲作用。李唐宗室后裔只要俯首帖耳，她也给予宽容。八月里，唐高祖女儿千金长公主，以姑姑之尊请求做武则天之女，并改姓武氏，讨得武则天喜爱，"以巧媚得全"。不难窥见，武则天在酷吏幽灵徘徊的一片黑暗颤抖中，有意荡漾着几缕波光，给人闪现生机的希望，这也许正是她手腕高明的地方。

这一年，文化上也是波澜迭起。武则天为使登基名正言顺，改掉夏历而使用以建子月（十一月）为岁首的周历，因为"周"字音义符合武周王朝的建立。同样，北周的后嗣也被承继列国，还是为合"周"义。特别是她继续发动"文字革命"。载初元年正月，凤阁侍郎宗秦客改造"天""地"等十二字以献而行之，武则天九月登基时，增改年号"天授"的"授"字为"穛"，以表上天神授之意，并改自己名字为"曌"（照），寓意日月当空、普照大地。

其他所改的字也都是与这一年大事相关的重要字，绝不是随意变化的。正如她在《改元载初敕》中说："魏晋以降，代乏名儒；穿凿多门，形声转谬；结造新字，附会其情；古今讹舛，稍益繁布……遂使后生学徒罔知所据，先王载籍从此湮沉。特创制一十二字，率先百辟。上有依于古体，下有改于新文；庶道可久之基，方表还淳之意。"这番造字"宣言"似乎要恢复古代文字原貌，事实上用会意、象形别构新字，包含一套褒扬武周的颂辞，这大概才是造字的真谛。从"改新"的文字通行于全国来看，近在京畿，远至边陆，都有实行，长安、洛阳、敦煌、吐鲁番、广东、云南等地出土的武则天天授元年以后的碑石、墓志、造像记、刻经、写经、文书等，皆用新制字，点画丝毫不差，可以想见当时"新字"的使用虽然造成一些麻烦，但一曲由新字符号谱写的颂乐，随着武则天登基的旋律，轰轰烈烈地传遍寰宇。

图9　洛阳武则天礼佛天堂复原建筑

这一年，北部边疆的劲敌突厥，由于分裂散亡略尽，西突厥濛池都护、继往绝可汗斛瑟罗，收其余众六七万人入居内地，被武则天拜为右卫大将军，这是继续实行唐初以来怀柔抚慰的羁縻法，从而使边疆地区的外患进一步减少下来，并促进了民族的融合。据说这一年武则天还拿出金宝，命选南北牙善射者进行比赛，由于有少数民族武将参加，引起臣僚们的劝谏，认为会造成"四夷轻汉"，机警的武则天马上下令停止比赛，以维护中央王朝的威信。从这些事来看，武则天确是一个智谋多端、明彻安危的女皇。

纵观这一年，充满了错综复杂又耐人寻味的传奇色彩。对武则天来说却是一次千载难逢的良机，她以一个女人的双脚迈进了只有男人才能进的金銮宝殿门槛，实现了自己的凤愿，这是何等地不容易啊！谁也无法推测一千三百年前她在那个庄严时刻的踌躇满志，但她却从此名垂青简、蜚声史册，一直回响到今天。每当秋风萧飒的重阳节来临时，就会使人不由得回忆起这位公元690年的大周女皇。

从归国到圆寂：唐玄奘晚年活动散论

唐玄奘是世界佛教史上最杰出的人物之一，有关他的生平故事和文化功绩，已出版了很多著述，或强调他西行求法，或着眼他翻译佛经，或研讨他创立教派。相比之下，对玄奘晚年的活动和思想，学术界的研究却不多。本文对此集中试论，以更加全面、更为深刻地了解这位历史人物。

一　正视现实

唐太宗贞观十九年（645）正月二十四日，在印度留学取经达19年之久的玄奘，载誉回到京城长安。在政府官员的迎接和西京留守、宰相房玄龄的接待下，玄奘从都亭驿进入下榻的弘福寺，沿路排成了长达十里的欢迎队伍，人们都想争睹这位历经千难万险的传奇人物的容貌。

唐政府还不失时机地在长安朱雀大街南端，把玄奘从印度带回来的520夹共657部佛经和150粒如来肉身舍利以及七躯金、银或刻檀佛像陈列出来，让官吏士人瞻仰。右武候大将军、雍州司马、长安县令等官员亲自主持大会，京师治安衙司维持秩序，不许随便烧香、散花和移动，因而这次展览大会搞得盛况空前。

深知皇权大于神权的玄奘，时年46岁[1]。他虽然西行19年，行程15万里，但非常清楚中国的国情，没有"统御万邦"的皇帝肯定、支持和恩惠，传播、弘扬佛学的前途仍然是不确定的。"天降大任于斯人"，首先要有皇帝的嘉许。早在一年前他到达于阗进入大唐帝国边境后，就派人跟随商队前往长安向朝廷呈上表章，解释自己违禁偷渡出国的原因和留学求法的经过。八个月后他才接到允许回国的敕令，到达沙州（今甘肃敦煌西）时，为了证实朝廷敕令的确切，他再次呈上表章报告自己的行踪，听候朝廷发落，他很担心政府会惩罚治罪于自己。这时唐太宗正在洛阳准备出师远征高句丽，接表后敕令他速归相见。玄奘得到消息后星夜兼程，以期在出征高句丽前见到皇帝。

长安官员的隆重接待，并没有使玄奘放下心来，他"虽逢荣问，独守馆宇，坐镇清闲，恐陷物议，故不临对"[2]。安置完毕携带的经像佛典，玄奘匆忙赶往洛阳。

---

[1] 关于玄奘生年，学术界有三种说法，本文采用杨廷福先生的考证，见《玄奘年谱》，北京：中华书局，1988年。

[2] [唐]释道宣《续高僧传》卷四《玄奘传》，北京：文物出版社，1989年。

图1 玄奘取经路线图

二月一日,他在洛阳皇宫仪鸾殿拜谒了唐太宗。此后20天中,玄奘被连续召入内殿密谈,从早到晚直至擂鼓关闭宫门,可惜的是这些会晤内容都没有留下官方记载。从日后玄奘弟子记录的传记中,我们知道唐太宗主要了解的是西域中亚诸国和印度五部的情况,因为唐朝正在打击突厥在西域的霸权。贞观六年(632),唐朝打垮北突厥,建置西伊州(今新疆哈密);贞观十四年(640),平定高昌,建置西州(今新疆吐鲁番)、庭州(今新疆吉木萨尔);贞观十八年(644),占领焉耆,这时正准备征服龟兹(今新疆库车)。所以,唐太宗对佛教经学并不关心,而是让玄奘尽快记录整理出西域各国地理交通、气候物产、民族风俗、政治文化等真实资料,以为"天可汗"的西域经营服务。

一心想扩展版图征服周边的唐太宗,竭力劝玄奘还俗任官辅政,作为自己对付西域诸国的首席外交顾问。但玄奘一再婉言推拒。二月廿二日,唐太宗亲率大军东征高句丽,又"邀请"玄奘同行赴辽。玄奘巧妙地以佛法戒律不得观看兵戎厮杀为借口,"固辞不去"。他请求唐太宗允许自己去嵩岳少室山里的少林寺翻译佛经,但也遭到了唐太宗的拒绝,不许他躲避入山,需要他随时为国家出力。

三月一日,在"频又固请,乃蒙降许"的情况下,决心献身于佛教翻译事业的玄奘才从洛阳返回长安,唐太宗恩准他入居当时长安寺院中条件最好的弘福寺译

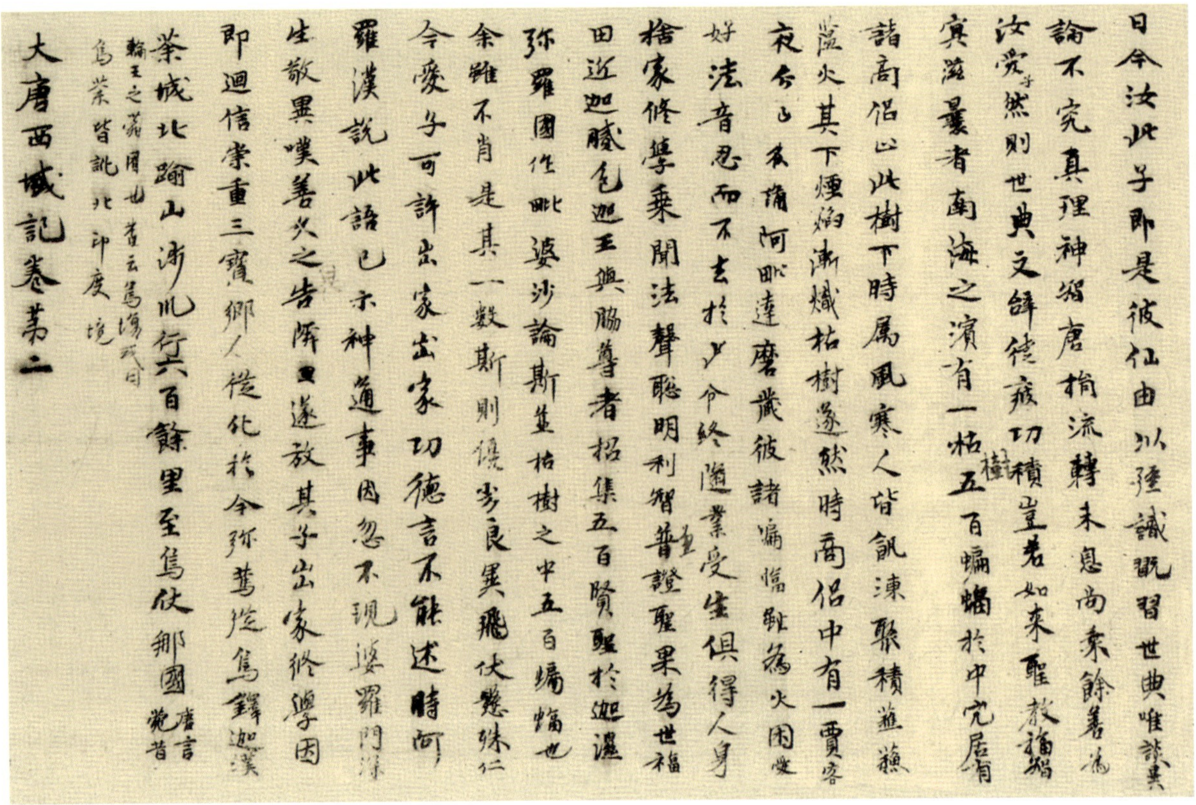

图 2　敦煌莫高窟发现的《大唐西域记》写本

经，并给予官方经济资助和其他便利条件。五月初，译场组织准备工作一切就绪，在政府的命令与协助下，调集了一批全国富有学识的僧人进行分工合作，玄奘担任"译主"总负责，其他高僧学者像灵润、法祥、辩机、道宣等都是当时首屈一指的佛学才子，但只能做辅助工作。一些外地高僧甚至在宰相房玄龄的多次命令下，仍"谢病不赴"。

　　玄奘自然清楚能在短短两个月里组织起这样规模空前的第一流"译场"，没有皇帝的特殊恩惠和政府的财力资助，凭他本人的力量绝不可能办到。玄奘更清楚他自己要正视现实，皇帝重视他是因为急需开边拓疆的外交人才，并不是靠他的才华见识去弘扬佛教，只有依附皇帝的保护，才能集中各方力量翻译"真经"。

　　因此，在开始翻译佛经工作的同时，他日以继夜地撰写亲身经历和传闻得知的中亚、南亚诸国真实情况，在最有才华的辩机协助下，用了一年零二个月的时间，完成了 12 卷、10 万多字的《大唐西域记》。这部后来驰名中外的著作，书名突出的是"大唐"，而不是什么"玄奘西行求法记"，并写上了"奉诏撰述"几个字。

　　贞观二十年（646）七月十三日，玄奘将《大唐西域记》和新译成的五部佛经一起呈献唐太宗，还上了一份表文，请求唐太宗为所译的经论作序，但唐太宗开始没有答应，玄奘"再求，始蒙允许"。唐太宗为什么不答应作序呢？原因是六月西突厥乙毗射匮可汗刚刚派使者来长安向唐请婚，唐太宗提出要他们割出龟兹、于阗、疏勒、朱俱波、葱岭等五国为聘礼。[1] 唐太宗不作序的意图很明显，还是期望玄奘还俗从政，担负起经营西域的重任。

这时唐朝正处在解决西北、东北以及北部边疆威胁的时期，争夺东亚地区的霸主地位。李世勣打垮了薛延陀，铁勒各部遣使入贡；郭孝恪等率军进攻龟兹，与西突厥发生大战；王玄策等出使中印度摩揭陀国结成联盟，李义表等到达东印度迦摩缕波国，该国要求交流道教文化；其他中亚小国不断派遣使者到长安朝贡联络。唐太宗觉得像玄奘这样精通外语又熟悉各国情况的人才，不担任官职为朝廷效劳，实在是太可惜了。

贞观二十一年（647），唐太宗紧急命令玄奘会同道士蔡晃、成英等组成一个30多人的译经班子，将老子《道德经》翻译成梵文，玄奘反对以佛教理论比附道教本义，与译经道士发生争论，但唐太宗的敕令迫使玄奘不得不"奉诏"译完，并很快由王玄策第二次出使中印度带走。玄奘还被迫将一本来路不明又与自己的法相宗对立的《大乘起信论》由汉语翻译为梵语，也带到印度。

由此可见，玄奘回国后三年尽管受到皇帝的恩惠，但他还是违心或是积极地完成了朝廷交给的一些任务，如果他不正视这种现实，他就无法在唐朝立足。

二　应付现实

出身官宦世家、从小受过儒家入世思想训练的玄奘，很了解官场、佛事、人世之间的关系，他呈上《大唐西域记》的同时，也呈上新译五部佛经请皇帝作序题跋，就是要借唐太宗的威名为自己开辟新的"东天乐土"世界。在不愿放弃前半生历经艰险留学取经求法的前提下，他只能从正视现实进一步转向应付现实。

唐太宗50岁以前从未诚心奖掖过佛教，虽然他早年东征洛阳时用过少林寺僧人，招募过长安寺院一千多名壮僧，也不时利用佛教或法师为圣朝开明做些点缀，但他所修功德都是为政治目的服务的。比如他在太极宫设斋道场是忧虑五谷不能丰收[2]；为父亲建造龙田寺和为母亲修造宏福寺是追念父母养育之恩，为死亡将士在战场上修寺设斋是安慰人心[3]。

唐太宗多次对大臣们说，自己崇尚儒教文治，认为佛僧和塔庙过多会浪费国库

---

[1]《资治通鉴》卷一九八，太宗贞观二十年六月条，北京：中华书局，1956年，第6236页。
[2][唐]释道世《法苑珠林》卷一〇〇，上海：上海古籍出版社，1991年。
[3]《唐会要》卷四八《寺》，北京：中华书局，1955年，第845页。

钱财，况且佛法要验福于未来，并不能为眼前治平天下带来功益。他经常从政治出发举例说明梁朝武帝父子热衷佛教导致国破身亡的鉴戒，贞观二十年，他还手诏训斥要出家为僧的宰相萧瑀过于迷信"弊俗虚术"的佛教[1]。相反，唐太宗经常以老子李耳为祖先，多次排列先道后佛的次序，他虽不喜欢虚无缥缈的神仙空名，但很欣赏道家长生的方术炼丹，是一个典型的现实功利主义者。同样，唐太宗开始礼重玄奘，也不是慕其高僧名声，而是考虑他精通西域诸国地理等学问，有益于远交近攻抗击其他民族，急需玄奘提供相关的真实情报。

贞观二十一年七月，宜君凤凰谷的玉华宫建成，病魔缠身的唐太宗到此休养。恰逢王玄策出使印度归来，还带了帝那伏国（今印度比哈尔邦北部）一万多俘虏，其中一个自称医术高明的术士那罗迩娑婆寐被送进玉华宫，让他为唐太宗造延年之药。或许是语言不通需要翻译，或许是要了解印度的具体情况，六月十一日，玄奘在唐太宗紧急敕令下赶到玉华宫。双方见面气氛紧张，唐太宗再次"劝逼"玄奘还俗从政，让玄奘辅佐自己"理朝政书""翊赞功业"，但遭到玄奘"掬诚坚辞"，死不答应。幸亏宰相褚遂良在旁打圆场，唐太宗才息怒转缓，表示愿意继续资助他翻译佛经，并询问了玄奘正翻译的《瑜伽师地论》。这大概是太宗先威吓后收买的手段，玄奘也以柔克刚地讲述了此经大意，并派人取来请皇帝亲自详览。

不知是瑜伽宗讲究的调息静坐还是其禅心定身的修行功夫与方士清虚无为的道术相通，唐太宗看完经卷竟连声称赞"佛教广大"，并认为以前对佛教的批评全是诬说妄谈，下令秘书省把玄奘新译的经论复抄九本流通全国，让国人百姓知道。长孙无忌等重臣也乘机替玄奘说好话，使唐太宗愈发重视玄奘，赐给他一领价值百金的珍贵袈裟。

至此，玄奘心里松了口气，他再次恳请唐太宗写作经序。唐太宗于是撰写了781字的《大唐三藏圣教序》，下敕令列为所有经卷之首。皇太子又写了《述圣记》。宰相褚遂良用楷书写了这两篇序文，分别刻在同州官厅和长安大寺，弘福寺怀仁和尚汇集了唐太宗喜爱的王羲之字，镌刻在寺院门口石碑上，既可以传世万代，又可以讨太宗高兴。九月一日，朝廷诏令京城和全国各州度僧，每寺5人，弘福寺受到特别优待允许度僧50人。全国总计有寺院3716所，度僧尼18500人；唐初以来受压抑的佛教，竟因玄奘的努力周旋，有了柳暗花明的转机。

此后，玄奘连续上表启谢皇帝与太子的恩惠，据《广弘明集》载，他曾给太宗上《请经出流行启》，又上太子李治所写《六门陀罗尼经》及题《菩萨藏经》等。他在玉华宫弘法台一边翻译《能断金刚般若波罗蜜多经》，一边向唐太宗评论旧译

---

[1]《旧唐书》卷六三《萧瑀传》，第2403页。

佛经的失误。回到长安后，玄奘居住在皇宫紫微殿弘法院，白天与皇帝交谈，夜晚回寺院翻经，两无猜忌，亲密无间。长安晋昌坊大慈恩寺修成后，玄奘担任"上座"，皇帝、太子妃等在安福门楼亲自执香炉临送。为了表示对佛教的宠信，唐太宗还下诏焚毁了道教《三皇经》。[1]

图3　玄奘题名石佛座，陕西铜川玉华宫遗址出土

贞观二十三年（649）四月，唐太宗的身体每况愈下。玄奘扔下手头翻译的经卷，陪同唐太宗到终南山上的翠微宫休养，他既说印度五部的见闻，也讲佛法的神通，给病重的皇帝以很大宽慰。五月初，唐太宗病危，玄奘一边陪伴，一边在喜安殿翻译经卷。直到皇帝逝于含风殿，玄奘才随着送葬灵柩回到长安寺院。

珍惜寸阴时间的玄奘放下翻译工作去陪伴皇帝，还有一个直接原因是他最得意的弟子之一辩机，因与唐太宗女儿高阳公主（后改合浦公主）通奸淫乱被杀，朝廷派御史拿着高阳公主送给辩机的金宝神枕到寺院追查[2]，又杀了另外两名和尚和两名道士。这使玄奘非常害怕，担心牵连整个"译场"，损坏佛门声誉，不得已重新选择了一批译经助手和门徒弟子，以此好向皇帝交代，避祸求全。

玄奘要应付现实，就不得不扮演着双重角色，一方面是翻译佛经的大师，一方面则是依附皇权的效身者。处在这样自相矛盾、左右为难的境地，玄奘的身心憔悴可想而知。

三　超脱现实

唐高宗李治继承帝位后，对玄奘恩宠不减，批准他在慈恩寺西院营建佛塔，安置佛经、佛像及舍利，以防火灾。高宗原拟建高30丈的石塔，后因费用太多而改

---

[1]〔元〕释志常集《佛祖历代通载》卷七，北京：文物出版社，1989年。
[2]〔唐〕慧立、彦悰著《大慈恩寺三藏法师传》卷八，北京：中华书局，1983年。

用砖造，仿照印度窣堵波式设计塔形，每层中心藏存舍利。塔建成后，在南面刊刻褚遂良书写的《大唐三藏圣教序》《述圣记》两碑，作为皇家支持佛教的护身符。

玄奘担任慈恩寺"上座"，这座由高宗李治为纪念其母长孙皇后建造的大寺有几十个院落，1899间房屋。寺院内僧人各种事务都要请玄奘来往咨禀，平常各寺院印经、造像等事也都要请他最后定夺，皇宫内还不停有宦官来请他做功德，每天忙忙碌碌应付杂事，使他无法专心致力于翻译事业，开始有了超脱现实的打算。但他的一切开销包括造塔、译经、塑像，都少不了皇帝和王公大臣的资助，这就使他又不能脱离现实。

永徽二年（651）正月，瀛州刺史贾敦颐、蒲州刺史李道裕、谷州刺史杜正伦、恒州刺史萧锐等官员进京朝集。公事之暇他们专门请玄奘为其授菩萨戒，玄奘还为他们广说菩萨行法，他的译经助手高僧道信病死，也请这些官员为其撰写碑文，往来应酬不断。

当时来长安的印度僧人也很多，携带礼品、书信问候频繁，再加上日本、新罗等国的僧人也来向玄奘问学取法，他独树一帜的法相宗成为长安各寺院中最荣耀的一支。

永徽六年（655）五月，玄奘翻译的印度逻辑学专著《因明入正理论》和《因明正理门论》，由于门徒弟子竞造文疏，各申己见，当时的学者吕才抓住神泰、靖迈、明觉法师三家义疏的矛盾，提出40余条疑问，双方展开了大辩论。这场学术官司打到皇帝跟前，唐高宗敕令群臣学士等人去慈恩寺，由玄奘与吕才当面定对，结果据佛教徒的记载说，吕才"词屈谢而退焉"[1]，但可能实际上是不了了之，因为吕才的原作已经遗佚。

玄奘依附皇帝得到的恩荣越多，声名与地位自然也就越高，这势必引起其他教派僧人的嫉妒与不满。玄奘积极赞扬自己对经论的新译，不许别人讲旧译经典，新旧两派之外加上大乘的"空""有"两宗的相互排斥，门户宗派之间的斗争益烈不休，都想在皇帝面前争宠受恩。

据《续高僧传》卷四《那提传》记载，永徽六年，印度高僧布如乌伐邪曾携带经典500余夹，共1500余部抵达长安，但由于受玄奘排挤压抑，他灰溜溜地离开了长安。现代崇拜玄奘的学者一般不承认这件事，认为此事有损于玄奘的形象，是当时佛教旧派反对玄奘的中伤。

不管是否事实，玄奘早已认识到要在中国"弘扬佛法"，必须得到帝王和朝廷的支持，尤其是翻译因明论与吕才的是非纷争，使他切身体会到不依靠朝廷便不能震慑其他宗派。刚好唐高宗立李弘为皇太子，要在慈恩寺设五千僧斋，

---

[1]《大慈恩寺三藏法师传》卷八。

图 4　长安慈恩寺大雁塔

图 5　长安荐福寺小雁塔

派遣朝臣们去行香。黄门侍郎薛元超、中书侍郎李义府来到慈恩寺拜访了玄奘，询问弘法与译经事，玄奘乘机请他们转奏高宗，按以往成例由朝廷派官员监阅、管理翻译事务。有了官方的钦定和皇帝的御批，其他宗派就无法攻击。玄奘又请高宗撰写慈恩寺碑文，以示恩宠。

朝廷同意了玄奘的奏请，组织以左仆射于志宁、中书令来济、礼部尚书许敬宗、黄门侍郎薛元超、中书侍郎李义府与杜正伦等宰相高官为核心的班子，看阅经论，润色译文；又准许御制慈恩寺碑文，玄奘高兴地率领门徒弟子诣朝堂奉表陈谢。

玄奘这时积极活跃于皇宫内外，他赴鹤林寺为唐高祖李渊的婕妤薛夫人落发授戒，同时出家的宫女有 50 多人，随即又为德业寺尼姑数百人授菩萨戒。他又上表二次请高宗亲笔御书碑石，当唐高宗所作慈恩寺碑文送到寺院后，他不仅带令僧到朝廷进表陈谢，还设二千僧斋和九部乐于佛殿表示谢恩，并举行了盛大的迎送会，影响之大足以使其他宗派与其无法分庭抗礼。武则天生男孩满月，敕令玄奘进宫为皇子剃度，赐名佛光王。武则天为此赏施给玄奘衲袈裟。

唐高宗对玄奘的效力也倍加恩惠，派太医为他治病，请他入皇宫凝阴殿西阁休养，去洛阳要他陪从，到明德宫避暑邀请他同住，至于平常赏赐的金银财物更是不计其数。长安西明寺竣工后，玄奘又被优礼迎入新居。光宗耀祖的玄奘在洛阳时还就近回乡，为父母扫墓，看望了姐姐，迎送威仪全由公家资给，观看的人有一万多。

但帝王从根本上说是把佛教作为一种统治工具，唐高宗在笼络之下把玄奘也是作为文学侍从之臣或开明治国的点缀。当玄奘进一步争取佛教社会地位与特权，请求"先佛后道"和废止"僧尼犯法依俗科罪"的诏令时，唐高宗就不同意了，仅允许"其同俗敕即遣停废"而已。玄奘陪从皇帝出入京洛，更是浪费了他翻译经卷的时间，但当他提出要去少林寺"静修禅观，并专译功"时，引起唐高宗的反感，断然拒绝，吓得玄奘从此"不敢更言"[1]。

有趣的是，玄奘刚回乡省亲完，朝廷就下诏："自今以后，僧尼不得受父母及尊者礼拜，所司明为法制。"[2]这种依附寄生于皇权不得不放弃自尊自负的生活，使玄奘渐渐"积气成疾"。显庆三年（658），他随高宗返回长安后，又与朝廷史官们一起编撰了《西域图志》，朝廷还经常派人向他咨询西域、印度的问题，把他作为政府的专家对待，这都打断或影响了他的译经工作。特别是要新译、重译的经卷还很浩繁，住在京城无法专心译经，他身体也衰老病侵，因而再次上表，措辞坚决，终于获得唐高宗许可，率领弟子于显庆四年（659）十月到曾经的玉华宫此时已名为玉华寺翻译经卷，这年他已经整整60岁了。

玄奘在玉华寺生活了四年零二个月，虽然他不分昼夜地辛勤译经，但也只译了从印度带回经卷的11%，即75部1335卷。龙朔三年（663），玄奘疾病缠绵。麟德元年（664）二月五日，65岁的玄奘圆寂于玉华寺肃成院，他不但超脱了现实，也超脱了世界。

从玄奘回国后19年中的种种活动，我们看到他正视现实、应付现实、超脱现实的全部历程。他虽然坚持不入仕做官，但也得依附皇权、效身朝廷；他想远避政治专心译经，但又不得不丧失自我交结王公大臣，依靠皇帝的权威来显赫于佛门；他想看破红尘把自己禁锢在佛教学术中，但又无法离开委身的帝王朝廷，还得委婉圆润，隐忍求全，否则就会财断人散。即使最后到玉华寺一心译经，还得靠皇帝恩准与朝廷接济。直至临终前，玄奘还惦念着让唐高宗再写篇序言。一个人要完全脱离红尘、断绝六根杂念，似乎永远不太可能。依照这个角度说，玄奘不是不食人间烟火的天神般的人物，而是一个地地道道东方专制社会里栖身处世的佛学知识分子。

---

[1]《大慈恩寺三藏法师传》卷九《上表文》。
[2]《全唐文》卷一二，《僧尼不得受父母及尊者礼拜诏》，北京：中华书局，1983年，第147页；《唐会要》卷四七《议释教上》，第836页。

唐代知识分子观念的变革之光

唐代所谓的"文人""学士""儒者",大都指的是知识分子。他们大体上包括统治阶级内部不同门第的上层士大夫和来自社会各个阶层的中下层文人寒士。由于其来源的宽泛和流动,从达官贵人到胥吏贫民,他们没有形成一个固定的、独立的社会阶层,但流动变化既造成了他们自身行为的开放性质,又保证了他们在整个社会中的充沛活力。特别是伴随着唐代社会环境的转变,一个不同于前代后朝的新型知识分子群体崛起,他们的整体价值观念发生了重大的变化。

参政观的改变

两晋南北朝实行的"九品中正制",使门阀巨族一直扮演着参政的重要角色,不仅使寒族无法凭资取官,而且从政治上堵塞了当时广大知识分子从政做官的道路。加之频繁的王朝更迭,造成令人毛骨悚然的政治斗争局面,文人士大夫中的头面人物往往处在身不由己的政治漩涡之中,使大多数文人士子不敢贸然从政,即便是参政的寒门士人也常常成了泯灭个性的奴才,所以他们的参政观既不是视政治为不屑一顾的脏物,也不是怀有一定的政治抱负要大干一番事业,而是超乎政见炎凉和游离政界纷扰的消极思想。唐代知识分子由于置身于前代门阀统治衰落终结和后朝高度集权专制统治即将开始的过渡时期,能在封建社会发展局部更新的上升时期里获得得天独厚的精

图1 屏风图,唐苏思勖墓出土　　　　　　　图2 屏风图,唐苏思勖墓出土

神条件，能够在有为的时代里将政治理想和行为活动统一起来，所以，他们对参政不持犹豫观望态度，而认为直接参政是义不容辞的责任。因此，唐人的参政观是一种胸怀大志、积极有为的进取思想。如高适"喜言王霸大略，务功名，尚节义。逢时多难，以安危为己任"[1]。陈子昂更不愿以文人自限，常常倾吐"感时思报国，拔剑起蒿莱"的远大抱负，屡次上书论政，希望在参政行动上有所建树。李白一生以济苍生安社稷为己任，以宰辅和帝王师自期，希望登上政治舞台，做一番惊天动地的事业，即使处处碰壁，也没有挫伤他从政的锐气。出身"奉儒守官"家庭的杜甫更是有着求仕从政的抱负，就是在官途坎坷和颠沛流离的生活中，仍不忘记要参政显达，始终以儒家"入世"思想作为安身立命的根本。即使一些以留恋山水见称于世的文人如王维、孟浩然等，也在时代精神感召下，有过强烈的参政向往，希冀图画凌烟阁。孟浩然年四十还入京应考进士，王维更是开元进士，官任吏部郎中、尚书右丞等职。这样一种普遍要求参政的高涨热情，不单是基于对自己政治才能的高度估计，也是对国家前途命运充满了信心的表现，是当时国力强盛所唤起的知识分子思欲为国效力的新精神。这与宋代大部分文人从政是为了当官索取厚禄，由兼济转入独善的入仕参政观大相径庭。

仕途观的改变

高门士族作为两晋南北朝各个政权中的统治核心，使得他们的子弟凭借祖宗资荫可以"平流进取，坐至公卿"。这种享有世官世禄的特权做法，不仅使寒族士子望尘莫及，而且也使士族文人不需任何努力便充任职闲禀重的高官，所以他们的仕途观就是根据家世相传的等级特权来坐享其成。唐代知识分子入仕不限一途，主要是通过科举、征辟或参加幕府等途径步入官场，但最正规的途径要算科举。科举制是唐代替代九品中正世袭制的新事物，它有一套定时和限额的标准程式，意味着人与人之间的平等权利，在当时代表了一种公正和合理的选拔人才道路，因而它吸引了不同阶层的知识分子。从唐初明经科的兴盛到开元、天宝以后进士科的尊贵，使得大量的高才博学、卓识多能之士由"白衣"而"登龙门"，以至于出现了"士无贤不肖，耻不以文章达"的情况，"五尺童子，耻不言文墨焉"[2]。这些人经过层层选拔进身授官后，当然是栋梁之材，至于中唐以下的宰相多由进士出身的士人担任，更引起社会上普遍推重进士的风气。唐代知识分子中，固然有些人企图通过征召、荐举、门荫等途径成为卿相，但大多数士子不愿放弃以科举从政的道路。高宗时的薛元超以父荫袭爵后擢任宰相，竟因"不以进士擢第"而抱恨终生。唐宗室子弟李洞，因屡困于场屋，曾赋

---

[1]《旧唐书》卷一一一《高适传》，北京：中华书局，1975年，第3331页。
[2][唐]杜佑撰，王文锦等点校《通典》卷一五《选举典三》"历代制下"，北京：中华书局，1988年，第357—358页。

诗说:"公道此时如不得,昭陵恸哭一生休。"[1]就连唐宣宗也以自题"乡贡进士李道龙"为标榜。由此可见,唐人的仕途观已与魏晋六朝截然不同,它是要经过强学待问、博识高才的拼搏才能被铨选放官的,这也决定了他们跃入政海后必须敏锐思考、不断进取才会有所开拓,与宋代文人士大夫那种不负责任、只为功名不读书的科举弊端相去甚远。

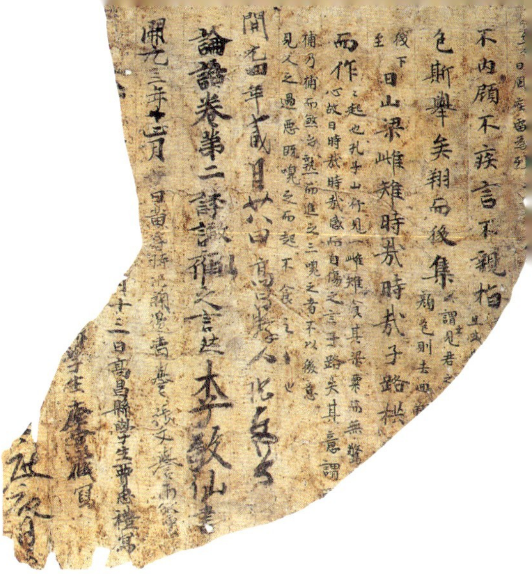

学问观的改变

六朝士族文人的生活圈子相当狭窄,无论是宴饮声色的仕宦生涯,还是山水景物的淡漠感情,他们的生活世界缺乏激荡人心的深刻体会,更多的是留恋宫闱邸宅的"台阁式"学问观,因而作文写赋讲究涂饰藻丽,有意显示文人尚虚轻实的"高雅"趣味,并且取消了汉儒诗教说中的"怨刺"一端,将颂美王政作为主要内容,导致他们心理上虚荣观的增强和附庸经学观念的扩大。唐代知识分子则不管是入京应试还是入府仕宦,都经过漫游四方的生活,广交天下豪俊,拜请社会名流,为自己扬声显名,制造社会舆论。于是出门周游以至于长年累月地过州历府,是当时知识分子的必由之路。这种做法固然有时会助长官场上请托、虚夸风气,但它推动了一般文人士子走出个人狭小的天地,学问视野广阔,创作表现深沉,一些知识分子由于长年孤身漂泊,对社会人生的种种观感、政治经济的变化莫测,以及自身经历中的悲欢离合有着比前朝后代文人更深刻的理解,这就促使他们的学问观接近现实、趋近生活。有人认为科举制度实行后,使知识分子思想僵化、脱离实际,成为封建专制的工具,影响着中国传统知识分子的创造心理。这其实是把唐以后不究新意、不许创造的科举制扩展到了唐代。唐朝科举固然有"牢宠英彦"的要求,但考试本身所直接或间接涉及的知识,推动着文人去广涉典籍、无所不晓,尤其是科场考试并不仅取决于试卷文字,相当程度上要靠平生各类文章汇编成卷的"行卷",得到社会达官名流的普遍承认,加之科举及第又须经过吏部博学宏词和书判拔萃的选拔,才能铨选授官。这一系列经术、时务、文章以及书判的全面

图3 《论语郑氏注》,新疆吐鲁番阿斯塔那出土

---

[1] [五代]王定保《唐摭言》卷一〇,北京:中华书局,1959年,第109页。

知识，刺激着知识分子必须了解现实，在学识渊博的同时又能解决实际问题，摒弃虚浮恶习，致力实干，极大地提高了士子们的政治、文化素质。中唐以后，士子应举准备从诗歌转向文章，更普遍注意经世致用。元结、独孤及、梁肃、柳冕到韩愈、白居易等都企图通过自己的政治活动来中兴社会，正是这种学问观的转变，促使一大批有学识、有见识的人才涌现出来，这跟南北朝不学无术的贵族子弟形成鲜明对照，也跟宋代只要通过省试便立即授官，不重全面素养考察的情况不可相比。

忧患观的改变

南北朝时期的反复杀戮和战祸动乱，毫无什么"礼贤下士"可遵循，使文人士大夫经常面临的是野蛮毁灭或沦为奴隶。严酷的现实使他们忧心忡忡的是个人的悲怆惧吓，是对自身家族牺牲的叹息，因而他们的忧患观常常反映的是个人前途黯淡的悲观主义。与此相反，唐代知识分子的心中虽也经常隐隐地产生着压抑感，但这种忧患更多的是针对国家的兴衰、人民的危亡。从吏治、刑法、赋役到工商、礼教、婚姻等各类社会现象，都使他们常常无情地自我审视，内心总是充溢着强烈的社会责任感和道德义务感。陈子昂仕宦坎坷多舛，隐身山林仍蕴含着倾心报国的忧伤。元结、顾况等人早在开元时期就对危机四伏的社会作了痛苦的观察与思考；安史之乱后，一系列矛盾的并发症造成恶性反应，更使文人们对社会的动荡充满着忧患。当时远离政治斗争中心的杜甫，常有饱受压抑又无所作为的强烈忧世之心，他并不为自己历尽艰辛而忧怨，却忧患的是时局纷乱，谴责的是割据祸国。像杜甫这样放弃个人哀愁而将忧患意识升华到国家百姓的士人，在当时确实还有很多，从韩愈、柳宗元、刘禹锡、王建到白居易、杜牧、皮日休，这些均为进士出身的知识分子都充满了对时事的忧伤和险恶处境的嗟叹。也正因如此，他们的忧患观引起了无数正直之士的共鸣、理解和同情。而宋代文人在内忧外患的煎迫下，却因思想禁锢的繁密，只能做一些心志已灰的悲哀咏叹。

本末观的改变

南朝的商品生产在当时经济交换活动中并没有重大的意义，市肆贩卖的商人受到王公大族的操纵，往往只是负责销售庄园制度下的剩余产品。而北朝更是"工商杂伎，尽听赴农"[1]。商人的身份地位非常低下，是和"皂隶""驺卒"并列的贱民。所以在南北朝文人的观念里，仍是汉儒崇本抑末、重农轻商的观点。唐初贞观

---

[1]《魏书》卷七上《高祖纪》上，北京：中华书局，1974年，第137页。

后的社会经济发展促进了一批商业都市的兴起，商品经济带来的特异生活方式，吸引了大量知识分子，并经过他们的观察而形诸笔端，从富商斗豪欢纵到小贩商市喧嚣，从商女抛泪不幸到胡贾繁华风物，那种讳言工商、斥责赚利的传统本末观有所转变。尤其是穆宗长庆年间，朝廷非正式取消工商杂类不得入仕的禁例，商贾因此更多涉足朝籍，不仅大大扩充了知识分子生活的视野，也有意或无意地肯定了工商业者的社会价值。中唐后，许多仕宦的进士就出身于工商阶层。如元和元年考上进士的陈会，原是成都酒商之子；咸通六年进士登第的常修，为江陵盐商之子；咸通十五年进士登科的顾云也为池州鹾贾之子。世为盐商估客的毕诚于文宗大和中登进士第后官至宰相。至于商贾利用资财寻觅仕宦途径更是不胜枚举。这些都说明唐代工商业者的地位比前代有了显著的提高，他们的子弟作为知识分子可以登科进士，在仕宦政坛上相应有所发展。不少官僚士流还为出身寒微的商人及其子弟获得清资要官制造舆论，如白居易在州府所贡举子中有工商户子弟的判词里，明确提出"唯贤是求，何贱之有"的主张，表明当时知识分子为工商利益的呼吁，这对于研究他们本末观的改变，无疑是一个典型材料。白居易《盐商妇》、元稹《估客乐》、张籍《贾客乐》等诗歌对"千灯碧连"夜市倡楼的反映，都说明工商繁盛给知识分子的观念变化提供了新的前提条件。这与宋代城市商业经济比较发达，文人学士却不敢为工商阶层地位大声疾呼是不可同日而语的。

从军观的改变

两晋之后高门士族子弟由于随手可得的厚财高禄，使他们愈发腐化，既不懂"战阵之急"，又不知"耕稼之苦"，特殊的奢靡生活造成许多士族文人经不起任何风吹雨打，还故意装身份，摆架子，一遇战乱就坐以待毙。他们不但耻涉军事，而且羞务戍边，完全丧失了赴边卫土的从军观。而唐代由于尚武军功是关陇集团仕进的主要途径，所以知识分子在突破门阀世胄的垄断后，更希望通过边塞军功来建功立业。像崔行功、元万顷、陈子昂、孙成、岑参、高适等都亲身从戎，远历边陲，报效于边镇幕府。从初唐到盛唐，知识分子出入边塞、习武知兵的责任感和荣誉感弥漫在社会氛围中，即使没有亲历过大漠苦寒的军旅生涯，也纷纷以战争、将士与边地异俗作为创作内容，刘希夷、王昌龄、李颀、王之涣、李益等都是"善为从军之诗"的代表，反映出唐代知识分子征战戍边的从军观已成为这一时代精神的最充分、最饱满的象征。这种从军观固然有企求由军功以博取仕宦的因素，却并不都是为了追求个人名利，像进士及第的张昌龄仍出塞昆仑，"破卢明月，平龟兹，军书露布,皆昌龄之文也"[1]。因而,马上取名的风尚不是微不足道的个人行为,而是群体意识的内驱力,从而达到了中国古代知识分子开拓边疆不惧险阻的高峰。宋代也有边塞关防,却没有产生文人投笔从戎的风尚,即使模仿从军出塞的文学题材,也仅是反映文弱书生或谦谦君子的特定心理。

秩序观的改变

南北朝的文人士大夫因为处在残酷政治清洗和身毁家灭背景下,他们只能顺应环境,根本不敢大胆而尖锐地指责社会秩序的混乱和黑暗,如果说超生越死的随和思想成为他们安身立命的处世秘方,不如说他们已经丧失了自我意识的反抗精神,求全妥协的立场不可能造成他们对现实秩序强烈不满的转变,不仅士族文人耻谈国事,就连寒门士子也缄口不语。与之相应的,唐代知识分子比较敢于正视现实,致力于揭露和抨击社会的弊病,甚至敢于针砭封建黑暗秩序对人的压抑。像元结《乱风诗序》矛头指向唐玄宗,李白《古风》痛骂李林甫之流,杜甫《兵车行》《丽人行》对黑暗现实的控诉,白居易《秦中吟》暴露政治腐败、经济残破的状况,杜牧《阿房宫赋》讽喻宫廷生活的荒淫奢靡,等等。特别是进入中唐后,从"大历十才子"到元和、大中时期一大批知识分子,更是有意识地将笔触伸向病态社会的不同角落,对朝政、边患、强藩、内乱、宦官、朋党以及文人寒士本身,都作了剖析和褒贬,"言论激切,士林感动",有些批评的尖锐程度在前朝后代亦属罕见。像会昌进士薛逢"论议激切,自负经画之略,久之不达"[2]。大中进士刘蜕上疏斥责权贵,充满愤激之词;和他同时进士出身的孙樵、曹邺,以及咸通进士于濆、皮日休、陆龟蒙等,都以愤慨的笔锋,揭露了当时社会秩序的腐败昏聩,从而对晚唐社会影响颇大。这跟宋以后文人只需埋头读书,不敢怀疑社会秩序黑暗,亦有很大差别。

华夷观的改变

西晋崩溃后北方的"五胡乱华",造成胡汉矛盾十分尖锐,特别是他们对汉族知识分子的猜忌诛灭、暴虐无道,更加剧了文人儒士在心理上对落后"蛮夷"的反感,即使是汉化运动也没有消除鲜卑贵族与汉族世家之间或隐或显的矛盾。作为民族敏感性极强的知识分子当然不会从思想上迅速转变"华夷观"。与此相比,本属

---

[1]《旧唐书》卷一九〇上《文苑上》,第4995页。
[2]《旧唐书》卷一九〇下《文苑下》,第5079页。

"胡化"很深的隋唐关陇集团，以"重官爵"的实力压倒了"重婚娅"的旧观念；以"重人品"的选择压倒了"重血缘"的垄断，对促进华夷同化持有积极态度。这不仅体现在唐蕃和亲作为一种政治手段甚于前代，而且体现在唐代统治者大力提倡内地胡汉通婚，像唐太宗的祖母独孤氏、母亲窦氏和他的皇后长孙氏都是鲜卑人，当时统治集团中这类胡汉结合家族很多，民族偏见自然淡薄。到唐中期，胡汉联姻已普遍到社会底层，据《资治通鉴》贞元三年云："胡客留长安久者，或四十余年，皆有妻子。"这无疑是人们华夷观淡化的表现，甚至连日本留学生辨正、羽栗吉麻吕、高内弓、大春日净足等人都在唐娶妻生子，促使唐代知识分子在思想观念上更为开放。在长安城里，许多文人以穿戴胡服胡帽为风尚，连素以清操自守的寒士也不免追赶外来服饰的时髦，加之外来服饰没有严密的尊卑等级制度，更能符合知识分子背离纲常名教、追求自由个性的思想，这也说明社会生活强有力地扭转着知识分子的华夷观，与宋代"禁止蕃装胡服"，文人"服色不敢越外"有着天壤之别。值得指出的是，唐代还允许外国人应举做官，如日本人阿倍仲麻吕在玄宗时进士及第后担任过要职，大食国（阿拉伯）人李彦于大中二年以进士及第，朝鲜人崔致远于乾符元年进士及第后在唐朝做官，新罗人崔彦抂于僖宗光启二年进士及第，这些外国人应进士举而成为唐朝汉化知识分子，从一个侧面反映了当时华夷观的变化。

门第观的改变

由门阀世族选荐出来的"弱冠"士人，无论是公府辟召，还是朝廷佐臣，都凭门第不经察举而优先获取高品，虽有侥幸寒士掌机要试图裁抑族望，但收效甚微。特别是门阀大族不与寒人素门联姻以保持高贵血统，迫使文人为了自身前途也只能在名门圈子里联姻，形成一种以门第观严格区分人身等级的腐朽价值观。唐初固然

图4　唐三彩单梁冠文官俑，
　　　陕西西安郭杜出土

图5　开元十二年文官俑，
　　　陕西西安灞桥新筑乡唐墓出土

还有门第贵贱不婚的影响，但整个统治集团毕竟发生了历史性移位，旧士族"卖婚求财，泪丧廉耻"，以致太宗、高宗都曾严禁与其联婚。高宗立"地实寒微"的武则天为皇后就是打破门第的一个典型，苏州刺史袁谊甚至讽刺"山东人尚婚媾，求禄利耳，至见危受命，则无人焉"[1]。张说"好求山东婚姻，当时皆恶之"[2]。可见，与旧士族攀高亲、图联姻遭到人们普遍的鄙视。加之唐代经过对门阀世族的几次打击，促使唐人门第观有了很大变化，许多出身孤寒的人不仅成为知识分子，而且经过科举进入政坛，连很多宰相都不是出自高门，"荒侥微贱"的张九龄，"家本寒素"的元载，还包括杨炎、牛僧孺、白敏中、令狐楚、王播等。元和十一年，进士考试"李凉公下三十三人，皆取寒素"。即使高门出身的李德裕也"颇为寒畯开路"[3]。最典型的如韩愈，他的全部文章集中表述了一个主导思想，就是强调国家用人标准应是道德才学而不是门第出身，主张提拔寒士，消除进贤之路的贵贱之别，甚至给跻身卿相之列而出身贫贱的学士罩上"道"的圣光，从而使寒门入仕变得理直气壮、天经地义。正是唐代扭转了以出身血统为准则的门第观，打破了士庶不婚的陈规陋俗，才为广大知识分子观念转变开辟了现实道路。宋代社会呈现的"婚姻不问阀阅"等新特点，其源头大都来自唐代。

宗教观的改变

魏晋以来的佛教到南北朝时达到兴盛，佛学自我解脱的方式渗入士大夫阶层，许多文人在对佛旨玄理的探究中忘却现实悲伤，从而变得更加逆来顺受、卑屈顺从，以"自我牺牲"获取统治者的恩典，因而其宗教观反映着对苦难现实无可奈何的强烈情绪。唐代知识分子尽管也向佛像祈祷，但上层士大夫把它当作点缀风雅的玩物和功成志满的消遣，或者当作炫耀功德财富以及大兴土木"舍宅为寺"的借口。中下层文人寒士也不把它当作憧憬来世幸福的门票，即使从政坛斗争中跌入荒僻州县，也并没有真正坐禅苦行去当僧徒，像王维、储光羲等人常在佛教"静""空"思想里体悟现实的田园山水。安史之乱虽然惊破了知识分子的梦幻，促使他们纷纷向释道两门靠拢，然而他们更注重的是人生修养、风度高雅和生活情趣的把握，尤其是禅宗无拘自得、自我心理平衡的思想境界，既适应兰若谈禅，又可坐朝论事，还可留恋声色，从而使他们的宗教观改变成探索本性的人生观。唐代一些踏入寺院、道观的僧人和道士，还竭力还俗应举，跻身于知识

---

[1]《新唐书》卷二〇一《文艺传》上，第5728页。
[2][唐]李肇《唐国史补》卷上，上海：古典文学出版社，1957年，第21页。
[3][五代]王定保《唐摭言》卷七，第74页。

分子阶层,如著名的诗人贾岛、刘轲、蔡京、吉中孚等,都是还俗后登第进士而后得名的。这与宋代明文规定僧道归俗一概不许应进士举是不同的。可见唐代知识分子所代表的阶层范围要比宋代广泛得多。

由上面论述,可以看出唐代知识分子的观念,既不同于魏晋六朝,也不同于五代两宋。这当然不能概括其全部内容,也没有详细划分不同时期思想观念的差异,但从总体上说,这些方面乃是唐代知识分子观念变革的突出标志,并造成巨大的时风扭转。尽管唐代科举制度并不成熟,门阀残余影响还四处纠缠,但知识分子群体思想观念毕竟发生了嬗变,并反映出如下特点:

第一,隋唐之际门阀统治的解体和地主阶级的局部自我更新,使旧矛盾趋于缓解,新矛盾尚未激化,整个国家从而呈现出一种强盛宏大的气势,在知识分子心理上打下深深印记。贞观至开元年间,政治开明所营造的重才求贤的浓厚气氛,在知识分子群体中普遍激发起一种以天下为己任的自豪感,也就是说,那个时代和现实生活,为他们的观念变革提供了必要的前提。虽然他们中间有不少人科场困顿、沉沦黜落,甚至辗转潦倒,但通过科举入仕参政所带来的社会地位提高,对整个群体观念变革无疑是一个推动。而且一批知识分子荣登庙堂后,提出或在某种程度上施行了自己的政治主张,从而使他们虽不时遭受某些压抑,却不再是毫无自我价值实现的抉择,他们构成了社会生活中一支具有主动性的活跃力量。

第二,唐代知识分子在渴望政治上有所作为的同时,又要求保持精神的自由,这也使他们的观念不同于其他朝代。除著名的魏征外,以明经或进士及第的娄师德、狄仁杰、张柬之、宋璟、张九龄等一些敢于直谏的儒家理想主义者,体现出某种个体的自主性和进取性。尽管天宝以后屡有嫉贤妒能的权贵把持朝政,但许多狷介之士独善其身而不同流合污,像开元进士颜真卿、张巡,大历进士陆贽,贞元进士裴度、刘禹锡、柳宗元,宝历进士杜黄裳,等等。特别是早期儒家思想中的积极因素在知识分子思想里又重占上风。如"仁政""君明""吏廉"等准则,成为他们的理想精神,既促使着文人们积极地入世,又倡导着"抨时""补时"的改革观念。

第三,唐代知识分子的观念变革,也与唐朝文禁颇为松弛有关。大凡专制统治者都对知识分子怀有本能的恐惧和猜忌,但又懂得他们对国家和社会发展具有推动作用,也明白其才华可以利用,使其成为皇权的附庸,所以唐王朝放松了思想禁锢,甚至允许和鼓励一些抨击时弊的文人真实地反映社会生活,即便在朝廷急剧变动的关键时期,各种翻版的"文字狱"也仍为鲜见。相反,内忧外患的时局常使敏锐的文人们充满着忠义慷慨、哀伤愤激、忧来无端,长歌当哭,给整个社会造成举足轻重的影响。这与后代文网密织可谓是相去天渊,从这个意义上说,唐代知识分子的观念变革,确实是受到了社会环境的玉成。

失去本真的唐遂安王李世寿墓志

近年西安地区新出土的唐人墓志较多，不断为唐史研究提供着新的线索与信息。1995年在长安县郭杜镇东祝村附近（唐京兆府长安县福阳乡修福里高阳原上），出土了《大唐故使持节都督交州诸军事交州刺史柱国遂安王墓志铭》一合，现收藏于西北大学文博学院历史博物馆内。

这方墓志因属于初唐皇室家族内封王者，故值得重视，笔者认为有公布之必要，提供给唐史学界同仁研究。

本墓志分为志盖、志石，青石质地。志盖盝顶，方形，长63.5厘米，宽64厘米，厚15厘米，呈平顶覆斗形，盖面上分三行、行三格阳刻篆书"大唐遂安王墓志之铭"，字周阴线雕刻连珠纹，四斜杀刻祥云风卷图案，四周上边刻饰龙凤图案，走龙昂头阔步，立凤彩云缭绕，给人以皇家之气势。四周下边饰有粗条忍草卷纹图案，造型古朴，形象生动。志石长63厘米，宽62.5厘米，高14.5厘米，四侧饰满山川、大树、祥云，并线雕出鼠、牛、虎、兔等十二生肖，栩栩如生，不做造型夸张。志铭阴文楷书，分38行，满行38字，纵横有方格线，每格1.6—1.7厘米，共1444格。其中空白70格，实有1374字。整块志石完整无缺，边棱稍有残损。全文排列标点如下：

> 大唐故使持节都督交州诸军事、交州刺史、柱国、遂安王墓志铭
> 王讳安，字世寿。陇西成纪人也。太武皇帝再从侄，皇上之从兄。分高枝于若木，既拂日而控带云霄；构远迹于阆风，乃极天而輨轾嵩岱。祖，魏使持节宜州诸军事宜州刺史、灵寿县公，器宇不群，清晖独远，羽仪当世，模楷将来。父，隋开府仪同三司、军器大监、吉阳县开国公，风骨挺生，音仪杰出，功被朝野，道冠华夷，播芳猷于国史，铭景业于彝器。王，膺枢电于精灵，禀星辰之秀气，连衡渥水，必聘千里之涂；继踵青田，方振九皋之响。绮纨歧嶷，韶龀魁悟，孝友自天，温恭成性，蕴风云于气调，悬日月于襟怀。郭林宗识王佐之材，徐元直知管乐之器，加以学擅生知，德侔殆庶。三箧五车之记，殚见洽闻；茂陵汲冢之书，钩深致远。复乃因游夏之识量，览孙吴之敷衍。三略六奇之要，吞若胸中；七擒百胜之规，指诸掌内。属隋运告终，人只改卜，八荒鼎沸，五岳尘飞，人怀青

犊之心,家起黑山之望。太武皇帝历数在躬,讴哥攸属,钦若天命,大极苍生,乃龙跃发自参墟,凤翔次于蒲坂。王以宗子懿亲,忠义叶举,遂纠合英勇,跋履艰危,拥三秦之甲兵,会六辅之麾幕,有救地居威近,诚效可嘉,授银青光禄大夫,留卫行所。既而骑指关门,隗嚣之涯犹塞,军遥轵道,秦婴之椟未舆。王乃别部元戎,前锋作捍,斩马超而长驱霸上,枭董翳而直进鸿门,金鼓振而动天,砺戈挺而迴日。朱旗暂指扫,离心若拾遗,白羽一麾摧,倒戈如拉朽,积甲逾熊耳,流血警狼河。若汉君之大捷昆阳,同魏祖之决胜官渡。虽众壁咸归,而孤城尚阻,兵戈方计,雷电四临。王乃进九攻之方,效三登之勇,身当矢石,奋不图全,力竭梯冲,志存殉难。以平京城,勋加三转,授左光禄大夫,又转上柱国。义宁二年,拜一府军副。国家光膺乐,推即真宸极。武德二年,拜右亲卫车骑将军,人称三杰,出揔六师,气盖渡辽,声齐细柳。寻诏袭爵吉阳县开国公,食邑一千户。王以密戚茂勋,礼殊恒典,筹庸锡瑞,义协维城。五年诏改封遂安郡王,食邑五千户。而交趾奥区,寔惟蕃要。

图1 彩绘文武官员俑,陕西礼泉昭陵郑仁泰墓出土

朱崖南望，水陆曾不盈千；沧海东连，山川仅过数百，骤隔声教，恒多叛反，威怀镇抚，无竟惟人，分符作牧，义钟明德。七年诏拜王使持节都督交州诸军事、交州刺史，仍给骁勇五百人随从开拓。王下车阐化，俗变风移，裹帷字民，远安迩肃，信惠既敷，德刑斯正。贪残屏迹，若悍朱穆之威，盗贼革心，如怀龚遂之德。行商野次，抒鼓军闻，功最三年，河润九里，嘉声溢民，听茂绩简。天心累蒙诏敕，特垂褒慰，加以柔服蛮陬，经启疆场，倾巢越徼，襁负归仁，仰之若神明，爱之如父母。而地绝乱常，无劳马援之柱，时逢善政，更反孟尝之珠。九年诏曰：王爵崇高，固难妄假，是用式遵往典，厘正名号，前济北王等并从变革，改封王遂安县公，食邑一千户，使持节都督交州诸军事、交州刺史如故。公夙婴风疾，绵历多年，频表请还，有诏优许，遂以贞观元年留状去职，系犊言归，

图 2　跪拜俑，唐李宪墓出土

图3 唐贞观五年李寿墓志,陕西三原出土

僚佐兴诣阙之恩,黔俗结攀辕之恋。公虽沉疴谢仕,而赐会无亏,频降敕书,给医赐物,而寝疾膏肓,莫救针石,彼苍不愸,奄见歼良。春秋六十有二,以贞观十六年二月廿五日薨逝京师之第,朝野惊嗟,亲知感恸,市廛多罢肆之感,邻里有辍相之悲,即以其年岁次壬寅五月乙卯朔六日庚申,葬于长安县福阳乡修福里高阳之原,礼也。惟公质性清华,衿期秀异,武营七德,文擅九功,归诚于出震之秋,展效于栉风之日,遂得誉流,金石道著,丹青膺申,甫山岳之灵掌,义和天地之职,绝怀声色,笃意琴书,询道德于草莱,忘王侯于簪佩。恩覃薮泽,德暨飞沉,举不忘仁,动使循礼,实天下之领袖,海内之轨仪,岂期与善无征,梦楹奄及。呜呼哀哉!将恐高岸为谷,时代莫传,巨壑迁舟,徽猷无纪,乃为铭曰:分枝邓囿,派水天潢,蝉联龟鼎,奕叶龙光,功宣拯难,业著勤王,利建磐石,亲贤克昌,立事之功,多材多艺,明闻珪璧,芳含兰桂,智略无方,音徽莫际,道冠时俗,声驰远裔,推毂秦中,建旗交土,克宁蛮貊,化移齐鲁,迈德朱崖,树勋铜柱,留状谢病,攀辕出祖,始闻沉痼,俄悲送终,长辞白日,永瘗玄宫,陇昏夕雾,松切朝风,名迹如在,音形遂空。

根据这方墓志记载,墓主人李世寿"陇西成纪人也",隋唐自称祖籍是陇西成纪的人很多,皆号称是汉朝李陵或李广之后代。在当时为避讳唐太宗李世民的名字，所以史书上记录为"李寿"，将"世"字删掉。世寿是其字，名李安，与《隋书·李安传》中李安同名，只不过隋朝李安是陇西狄道（今甘肃临洮）人，字玄德，曾封襄武公，是隋文帝杨坚的左右大臣，任过黄门侍郎、邓州刺史、宁州刺史等职[1]。而另一名"李寿"则是唐高祖李渊从弟，字神通，官爵为开府仪同三司、上柱国、淮安郡王，贞观四年（630）死后诏赠司空[2]。

李世寿生于北周静帝大象二年（580），祖父为西魏宜州刺史、灵寿县公。父亲为隋开府仪同三司、军器大监、吉阳县开国公，是一个典型的官僚门阀家庭。隋大业十三年（617），李渊从太原起兵西进蒲坂时，37岁的李世寿"遂纠合英勇"，在关中拥兵响应，被授予银青光禄大夫，留卫李渊行所。在进攻长安城时，李世寿不仅出谋划策，而且作为前锋率先破城，故"勋加三转，授左光禄大夫，又转上柱国"。

李世寿于义宁二年（618）任一府军副，义宁为隋恭帝年号，虽号称二年，其实前后不到一年；武德二年（619）任右亲卫车骑将军，袭爵吉阳县开国公，食邑一千户；武德五年，改封遂安郡王，食邑五千户。按唐制规定："亲王食封八百户，有至一千户。"[3]只有那些特殊地位者，如皇嗣、公主或皇帝亲兄弟等才能"食封逾于常制"。李世寿作为唐高祖李渊的"再从侄"和唐太宗李世民的"从兄"，能食邑五千户，官爵不仅提升很快，而且地位确实不一般，也反映出他对李唐王朝建立过程中的贡献。

那么这样一个为李唐政权作出突出贡献的人物，为什么新、旧《唐书》上没有他的本传呢？傅璇琮等编撰的《唐五代人物传记资料综合索引》上也没有收录他的名字。这就需要进一步探讨。

据墓志文讲，武德七年，李世寿拜"使持节都督交州诸军事、交州刺史"，并给他五百骁勇随从开拓。李世寿到交州后"嘉声溢民，听茂绩简"，很有一番作为，政

图 4　端果盘男侍图，唐薛氏墓出土

---

[1]《隋书》卷五〇《李安传》，北京：中华书局，1973年，第1322—1324页。
[2]《唐李寿墓发掘简报》，《文物》1974年第9期。
[3]《唐会要》卷五《诸王》，北京：中华书局，1955年，第51页。

绩斐然，称誉其被百姓"仰之若神明，爱之如父母"。武德九年，因朝廷厘正名号，诸王变革封号，将他改封为遂安县公，食邑降为一千户，但仍保留其交州刺史的官职。由于他患有多年"风疾"，所以多次上表请求召还京城，最后终于被朝廷优许，于贞观元年（627）"留状去职"，返回长安。此后，李世寿一直受到朝廷优厚照顾，"给医赐物"不断，贞观十六年62岁时去世，"朝野惊嗟，亲知感恸，市廛多罢肆之感，邻里有辍相之悲"。

但仔细考证，发现此墓志有矛盾疑点。交州属岭南道安南都护府，地方长官或称都督或称总管、刺史，在唐初任职者排列清楚，武德五年交州总管为丘和，武德七年交州都督为王志远，贞观元年交州刺史为李大亮。[1]而墓志将李世寿列为武德七年的交州刺史，显然有误。

据《旧唐书·卢祖尚传》记载："贞观初，交州都督、遂安公寿以贪冒得罪，太宗思求良牧，朝臣咸言祖尚才兼文武，廉平正直。征至京师，临朝谓之曰：'交州大藩，去京甚远，须贤牧抚之。前后都督皆不称职，卿有安边之略，为我镇边，勿以道远为辞也。'"《资治通鉴》卷一九三将"交州都督遂安公李寿以贪得罪"列于贞观二年十月，按这样记载排列，李世寿为交州刺史实际在贞观二年，任职顶多一年左右，就因贪冒犯罪被免职，根本不是墓志上吹嘘的那样"善政""良政"。《太平广记》卷一三二引《冥报记》也说："唐交州都督遂安公李寿，贞观初，罢职归京第。"

至此，我们对这方墓志的疑问终于有了答案。首先，墓志撰者百般维护李世寿，不惜为他涂脂抹粉，编造政绩，不仅避而不谈他37岁前在隋朝的活动背景，而且抹去他在交州贪残的罪行。其次，正因为作假，所以这块墓志没有撰者姓名和书写者姓名，担心受到"伪造"的追查。再次，由于李世寿免职罢官，新、旧《唐书》不但没有给他立传，而且墓志也只提其祖父、父亲官爵却无姓名，害怕给其家族"抹黑"。最后，李世寿回到京城后被养了起来，再没有给予高官重职，直至忧怅而死，其子孙也没有再显赫袭爵。据《旧唐书·李安远传》记载，广德郡公李安远于贞观十三年死后被追封为遂安郡公，封爵名称虽与李世寿接近，但两人似乎没什么联系。这也说明，唐初惩治贪官的廉政措施还是比较严厉的，尽管李世寿为李唐政权建立有过功勋，罢官返京后也没有治罪重惩，但他不可能再飞黄腾达、高官显爵。因此，贪官虽想抹去自己不光彩的一面，但只能是偷偷摸摸地刻在墓志上，以伪造历史，欺世盗名。

---

[1] 郁贤皓《唐刺史考》(五)，南京：江苏古籍出版社，1987年，第2894—2895页。

裴伷先：新出土的唐传奇墓志

1998年年底在西安东南郊曲江水厂工地考古发掘中，出土了唐代工部尚书裴伷先墓志一合，该墓志除个别字稍有残破外，整块志石完整无损，对唐代武则天时期至玄宗时期的政治史和边疆史，具有独特的学术价值，因而提供给学术界同仁，以备参考研究。

裴伷先墓志分为志盖、志石，青石质地。志盖方形，长75厘米，宽75厘米，高15厘米，呈平顶覆斗形，盖面上刻"大唐故裴府君墓志铭"九个篆字。志石长72.5厘米，宽72.5厘米，高15.5厘米，边厚4厘米，斜长17.5厘米。志铭阴文楷书，分41行，满行41字，共有1681格，其中空格98格，实有1583字。志盖、志石四周均刻有细条卷草纹图案。全文按原竖行顺序排列标点如下：

故银青光禄大夫、守工部尚书、上柱国、翼城县开国公赠江陵郡大都督裴府君墓志铭并序　　　京兆府司录参军权　撰

公讳伷先，字系宗，河东闻喜人也。自高阳氏往，伯翳氏作，闰方居位，则五帝连衡；间气为臣，则八王方驾；天／开阙胄，世济其美，玉山映照而不穷，宝鼎晏温而无歇。曾祖伦，随开府仪同三司、凤州刺史、永清县伯；大父／同，凤州刺史，赠秦州都督；父昇，朝散大夫、蓝田县令。辛贤二世，更拜酒泉；鲍永一家，互居司隶；同荣异代，千／古一时。

公即蓝田之长子，生而歧嶷，幼则保素，羁贯而杰操天成，辩志而雄姿山立。伯父炎，中书令，深器／异之，遂命为后补昭文生，授协律郎、通事舍人，属高宗宫车在辰，伯父仓卒受祸，于是公坐流于安西。公／去夏适裔，修词立诚，兰幽更芳，水寒增洁，俛偲用晦廿许年。逮中宗晏驾，睿后当宁，追念功臣，博访郑侯／之胤；言思旧德，更抚叔敖之子。公始应辟，授詹府主簿。时西戎为犬，疑我与匈奴连和，诏择信臣武士可／使绝国者，于是公为举首，召见前殿。公须鬓数尺，腰带十围，进止端详，敷奏闲雅。主上叹息，即拜司农丞，／无何除赞善大夫，迁主客郎中，有顷加朝散大夫兼鸿胪少卿。将命西聘，公单车深入，结二国之信，一言慷／慨，罢十万之兵，青海无川后之波，玉门见将军之入，朝嘉其勋，检校桂

图 1　裴伷先墓志盖

图 2　裴伷先墓志

州都督。时钟惟贞自中郎将左贬岭/外,好自满,假高论怨诽,迫胁夷蛮,吞略郡邑。公凿门受钺,乘驷会师,两翼未张,一鼓先破,覆尸越市,悬首藁/街。朝廷休之,迁广州都督,五府节度,并本道按察等使。二年,加摄御史中丞,赐紫金鱼袋,迁幽州都督,河/北道节度使。无何,以飞语受谤,复授广州都督。天子遽悔前除,爰申后命,立征至京,拜左金吾将军。寻安/南反叛,边荒告急,即加公云麾将军兼广州都督,进封翼城县男。公擐甲执兵,凌山泛海,摧元凶于乌雷之/浦,走谒者于马援之窟,诛叛柔服,振凯颁师,未至京,除左卫将军。会亲累,出秦州都督。谒者协己之怨,因入/之力,中遘荐臻,左宦仍至,贬雅州名山丞。久之,上知无罪,乃尽还封爵,拜右骁卫将军,寻改定州刺史,迁/京兆尹。皇储昔在藩邸,为河东朔方节度使,以公为副,折冲樽俎,运筹帷幄,甲兵不试,边垂乂宁,转太仆/卿、右金吾大将军、太府卿,进爵为子。时上怒褚师,公固争无罪,由是忤旨,出为绛州刺史,改蒲州刺史,/进爵为伯。俄迁太原尹,兼河东道节度等副使,使停,即授本道采访处置使。北门要害之地,允寄信臣;南宫/喉舌之官,还征公器;迁工部尚书,东京留守,兼判省事。豺狼路上,已埋使者之车,龙凤署中,更曳尚书之履。/焜耀北斗,保厘东国,克成三后之心,用守二南之政,有诏赐考,进爵为公,征还知京官考使。天厉不戒,俄/而遘疾,空劳旁午之医,莫救在辰之梦,以天宝二载九月廿二日,薨于永宁里第,春秋八十。皇上哀悼,追/赠江陵郡大都督,赙物一百段,米粟一百石,葬日量借手力、幔幕,昭厥功也。即以天宝三载闰二月八日,迁/措于延兴门外万年县龙首乡成义里孟村北一里半龙首原,怀帝乡也。

公天真道貌,清心寡欲,贵不能/骄,物不能感,其俭也陋,其礼也恭,未尝谈玄而气合于漠,未尝悟寂而心照于空,吾我将尧桀两忘,敦洽与/阳文一贯。然而义有所至,情微与合,则夫子遗馆人未足数也,朱家活季布未云多也。至于莅官行法,班朝/治军,如霆如雷,有严有翼,是以兵不逗挠,狱无放纷。若乃观豐知微,临敌制变,如照胆之镜,鬼不遁形;比剡/肠之龟,算无遗策。是以战必胜、攻必取,其为政也,爱之以德,虑之以大,纪之以义,终之以仁。是以其来也,则/贾父兴谣;其去也,则柱母增思。及其疾也,则归其妾媵,散其俸禄,葬不求丰,殁无恒化,为知命之君子乎?为/方外之尚书乎?宜其颙颙印印,如珪如璋,黼衣绣裳,寿考不忘者也。然公之祖，自汉之茂、魏之潜、晋之秀，顾/皆以俊才为尚书，盛德迁令仆，而公度越数子，绢熙圣代，空居八座之荣，不入五臣之列，惜矣。夫有子前/惠文太子庙令惠，累累若存，皇皇如慕，尝有充穷之请，多惭博约之句，原非曹氏，更为京兆之阡，地是咸阳，/即比东平之树。其铭曰：

宝鼎氲氲，实生河汾，结为闲气，散作真军，华盖一岳，仙坛五云，是称公器，立我元勋。其一。公器伊何，神谋帝道，/元勋伊何，南征北讨，攻城若拾，艾敌犹草，奚虏乞盟，戎王请好。其二。帝称嘉绩，惟虎惟方，傅曰循吏，乃龚乃黄，/六安始罢，八翼还张，簟茀朱鞹，颙颙印印。其三。建礼分职，洛师居守，风生东郊，星曜北斗，三后则四，八裴斯九，/惜乎公才，奄覆眉寿。其四。守终以道，在困弥敦，疾无乱命，殁有善言，殓即时袭，葬唯布轩，谁云玄晏，是曰王孙。/其五。我皇嗟悼，褒赠以叙，器锡东园，官追南楚，沙丘卜地，石室铭所，日月照临，哀荣具举。其六。凤穴前掩，龙/原即安，松新烟薄，地厚泉寒，郁郁千岁，区区一棺，芳猷已矣，贞石徒刊。其七。

裴伷先，《旧唐书》卷八七《裴炎传》后曾提及，《新唐书》卷七一上《宰相世系表》中也曾列出，清吴廷燮《唐方镇年表》卷四"幽州"条亦列有其官名。裴伷先本传见于《新唐书》卷一一七《裴炎传》后所附，《太平广记》卷一四七引《纪闻》有较详细的记载，《资治通鉴》卷二〇三光宅元年（684）九月条，卷二一〇景云元年（710）十一月条，也都有记载，叙述其流放南中、安西北庭之事迹。

《新唐书》本传记载裴伷先受裴炎牵连而流放的史实较为简练，《太平广记》的记载则较为详尽（以下所引皆据此两书传记）。据说裴伷先性格"素刚"，"痛伯父无罪，乃于朝廷封事请见，面陈得失"。武则天召见时"盛气待之"，质问："炎谋反，法当诛，尚何道？"裴伷先对曰："陛下唐家妇，身荷先帝顾命，今虽临朝，当责任大臣，须东宫年就德成，复子明辟，奈何遽王诸武、斥宗室？炎为唐忠臣，而戮逮子孙，海内愤怨。臣愚谓陛下宜还太子东宫，罢诸武权。不然，豪杰乘时而动，不可不惧！"武则天听后大怒曰："何物小子，敢发此言。"命牵出宫殿，裴伷先仍回头说："陛下采臣言实未晚。"气得武则天下令大臣集于朝堂，当场杖打裴伷先一百，长流瀼州（治临江，今广西上思西南）。裴伷先被笞后"疮甚，卧驴舆中，至流所，卒不死"。他"在南中数岁，娶流人卢氏"，生男儿裴愿。卢氏卒，伷先携儿子潜逃归乡，被吏追捕，又杖一百，徙流北庭都护府，即墓志说的"坐流于安西"。

裴伷先在北庭"货殖五年，致资财数千万"；又说他"无复名检，专居贿，五年至数千万"。由于裴伷先是"贤相之侄"，所以"往来河西，所在交二千石"，与当地官员来往甚多。当时"北庭都护府城下，有夷落万帐，则降胡也，其可汗礼伷先，以女妻之。可汗唯一女，念之甚，赠伷先黄金马牛羊甚众"。因而裴伷先"以财自雄"，门下养食客数百人，有说至数千人，"自北庭属京师，多其客，候朝廷事，闻知十常七八"。东京洛阳朝廷的动静数日后裴伷先即可探听到，消息非常灵通，也说明他一直期盼在政治上东山再起。

朝官补阙李秦授曾向武则天出谋划策，称"谶言'代武者刘'，刘无强姓，殆流人乎？今大臣流放者数万族，使之叶乱，社稷忧也"。武则天采纳了李秦授的计谋，拜其为考功员外郎，赏赐朱绂、女伎，分遣使者于十道，名义上"安慰流者，其实赐墨敕与牧守，有流放者杀之"。敕令一下，裴伷先提前知道，"会宾客计议，皆劝伷先入胡"。于是裴伷先准备了八十头骆驼和马匹，尽装载金币、丝帛，携带宾客、家童三百余随从者，由流放的两名铁骑果毅护送，乘夜出发投奔突厥，但因迷失道路行程未远，被发觉后，北庭都护令八百骑追之，妻父可汗又令五百骑追赶，终于在关塞发生格斗，裴伷先随从皆战死，其本人及妻被执，械系于都护所阱中，具以状闻。在等待上报过程中，其他数百流人皆被害，只因未报故免。后武则天认为流人已诛，担心天下议论，又遣使者安抚十道，以好言解释"前使使慰安有罪，而不晓朕意，擅诛杀，残忍不道，朕甚自咎。今流人存者一切纵还"，并将第一次派出的使者押至杀害流人处斩之，以慰亡魂。"由是伷先得免，乃归乡里。"

唐中宗复位后，赦宥裴炎，赠以益州大都督，并寻求裴炎后代，裴伷先乃复出授太子詹事丞。"岁中四迁，遂至秦州都督，再节制桂、广"，即任过秦、桂、广三州都督。后"坐累且诛，赖宰相张说右之，免官。久乃擢范阳节度使，太原、京兆尹。以京师官冗，奏罢畿县员外及试官，进工部尚书"。又记载裴伷先"一任幽州帅，四为执金吾，一兼御史大夫，太原、京兆尹、太府卿，凡任三品官向四十政，所在有声绩，号曰'唐臣'。后为工部尚书、东京留守薨"，并"累封翼城县公"。

史书中记载的裴伷先事迹前期较详，复出后任官为政则极略，恰好与这次新发现的墓志相反，两者既可互为印证，又可进一步系统地补充文献材料的内容。这方墓志行文流畅，书法优美；只有撰者，没有书者；志文中运用了许多《左传》《汉书》的典故，以咏唐代时事。

一 补正了裴伷先家庭生平

新、旧《唐书·裴炎传》都仅载裴氏为绛州闻喜人，《新唐书·宰相世系表》也追溯裴氏"自河西归桑梓，居解县洗马川，号洗马裴，仕前秦为大鸿胪"，对裴

图3 胡人持笏板武官俑，
陕西长安郭杜唐墓出土

图4 持笏文官俑，
陕西西安鲜于庭诲墓出土

炎、裴伷先家庭一脉语焉不详，似与志文有所不同，而志文叙述其曾祖裴伦为隋开府仪同三司、凤州刺史、永清县伯，在隋朝已是望门高族。大父裴同继为凤州刺史，赠秦州都督；父裴升为朝散大夫、蓝田县令，所以墓志赞颂其家庭"同荣异代，千古一时"。裴伷先作为裴升的长子，从小便"羁而杰操天成，辩志而雄姿山立"；深受伯父裴炎器重，补昭文生，与裴炎年轻时补弘文生一样，均出身于业科高第、妙简贤良的儒馆，受过良好的儒家学士素质教育。《新唐书》卷四四《选举志上》载："凡馆二：门下省有弘文馆，生三十人，东宫有崇文馆，生二十人。"《事物纪原》卷六"昭文馆"羁条载："武德四年正月置修文馆，九年三月改弘文……神龙元年十月十九日改昭文。"由此可知，裴伷先所入之昭文馆与裴炎所入之弘文馆为同一个学馆。

《新唐书》本传和《太平广记》都说裴伷先享年86岁，但墓志载其为80岁，应以墓志为准。按墓志讲他死于天宝二年（743），推知他应该出生于高宗龙朔三年

（663）。史载裴伷先"未冠，推荫为太仆丞"[1]，"年十七，为太仆寺丞"[2]；则这年应为调露元年（680）。三年后其伯父裴炎受遗诏辅政，但仅一年即光宅元年（684）以谋反罪被杀。21岁的裴伷先受牵连被"废为民，迁岭外"。但墓志却没有提及他流放岭南的历史，只说他"坐流于安西"，并用骈文赞美他"去夏适裔，修词立诚，兰幽更芳，水寒增洁"，是一个忍辱负重、百折不挠的坚强人。墓志不提这段历史，大概是有意淡化其遭遇的不幸与坎坷。

二 提供了墓主官职升降情况

史书说裴伷先17岁为太仆寺丞，从六品上，领兽医诸事。但墓志文却根本没有提及，而是刻录了史书无记载的协律郎和通事舍人。通事舍人为中书省属官，从六品上，掌朝见通奏、出使劳军等事。协律郎为太常寺属官，正八品上，掌校正乐律。裴伷先被流放"俛俛用晦廿许年"后，再次"始应辟，授詹府主簿"，这是东宫詹事府中的一个小官，从七品上，掌文书勾稽。后"拜司农丞，无何除赞善大夫，迁主客郎中，有顷加朝散大夫兼鸿胪少卿"；迅速由从六品上提升为从四品上，如果说主客郎中还是尚书省礼部中的一个闲官，那么鸿胪少卿则是掌管外交事务的实职了。出使西域归来后又检校桂州都督，真是史书上说的"岁中四迁"，备受唐玄宗的赏识。开元七年（719），裴伷先任广州都督[3]，五府节度，并本道按察等使，已是坐镇南方的地方军政长官了。两年后即开元九年加摄御史中丞，赐紫金鱼袋，迁幽州都督、河北道节度使[4]。但不久"以飞语受谤，复授广州都督"[5]。因受宰相张说保护，不久即至京拜左金吾将军。开元十四年安南反叛，裴伷先加云麾将军兼广州都督，进封翼城县男，为武散官阶从三品上；返回后因功升左卫将军，掌宿卫宫禁及防守皇城；受亲属犯法牵连，出秦州都督[6]，又被宦官诬陷贬为雅州名山丞；后又复爵拜右骁卫将军，寻改定州刺史，但估计时间不长，故史书无记载。

---

[1]《新唐书》卷一一七《裴炎传附裴伷先传》，北京：中华书局，1975年，4249页。

[2][宋]李昉等编《太平广记》卷一四七《裴伷先》，北京：中华书局，1961年，第1053页。

[3]《太平广记》卷四六六引《集异记》："唐裴伷〔先〕，开元七年，都督广州。"《全唐文》卷三五五，萧昕《唐银青光禄大夫岭南五府节度经略采访处置等使张公（九皋）神道碑》："……弱冠孝廉登科，始鸿渐也，岭南按察使尚书裴伷先，幕府求贤，轺车问俗……"

[4]《旧唐书》卷一〇六《王毛仲传》："（开元）九年，持节充朔方道防御讨击大使……东与幽州节度裴伷先等计会。"北京：中华书局，1975年，第3253—3254页。

[5]《资治通鉴》卷二一二，玄宗开元十年十一月："前广州都督裴伷先下狱，上与宰相议其罪。张嘉贞请杖之，张说曰：'臣闻刑不上大夫，为其近于君，且所以养廉耻也，故士可杀不可辱。……伷先据状当流，岂可复蹈前失！'……吾此言非为伷先，乃为天下士君子也。"又见两《唐书·张嘉贞传》，《唐会要》卷三九《议刑轻重》，《太平御览》卷六五〇，《册府元龟》卷三三八、卷六一六。

[6]郁贤皓《唐刺史考》陇右道秦州（天水郡），没有收录裴伷先之任职。

开元十八年，裴伷先迁京兆尹[1]，此后转太仆卿、右金吾大将军、太府卿，进爵为子，既掌京城巡警又为国家厩牧和国库出纳长官，均为从三品。开元二十七年，裴伷先因"忤旨"出为绛州刺史，改蒲州刺史[2]，"俄迁太原尹，兼河东道节度等副使，使停，即授本道采访处置使"。开元二十九年，裴伷先迁工部尚书、东京留守[3]，兼判省事；天宝元年进爵为公，"征还知京官考使"，次年死于长安永宁里宅舍[4]。

三 增添了西域外交研究新资料

墓志载："时西戎为犬，疑我与匈奴连和，诏择信臣武士可使绝国者，于是公为举首，召见前殿。"这里没有具体年份，"西戎"大概指西突厥或西域诸国以及吐蕃等，"匈奴"代指突厥。景云二年（711）至开元三年，唐朝与吐蕃、

图5 领队及仪卫图，唐章怀太子墓出土

---

[1]《旧唐书》卷八《玄宗纪上》：开元十八年六月丙子，"命单于大都护、忠王浚为河北道行军元帅，御史大夫李朝隐、京兆尹裴伷先为副，率十八总管以讨契丹及奚等，事竟不行"，第195页；又见《新唐书》卷二一九《北狄传》，第6171页。

[2]《全唐文》卷三〇二，孙逖《授裴宽河南尹裴伷先蒲州刺史制》："……银青光禄大夫、使持节绛州诸军事绛州刺史、上柱国、翼城县开国伯裴伷先……可使持节蒲州诸军事蒲州刺史。"按裴宽开元二十七年为河南尹，是制当作于其时。《新唐书》本传未及。

[3]《旧唐书》卷九《玄宗纪下》：开元二十九年四月，"丙辰，以太原〔尹〕裴伷先为工部尚书，〔东都留守。工部尚书、东都留守〕韦虚心卒"，第213页。严耕望《唐仆尚丞郎表》谓裴伷先代替韦虚心。

[4]〔清〕徐松《唐两京城坊考》卷三"西京永宁坊"条："西北隅，中书令裴炎宅。炎死后没官，为徒坊。"北京：中华书局，1985年，第63页。故疑裴伷先宅舍即裴炎旧宅，为平反后发还继承私产。

突骑施、西突厥在西域展开争夺,时战时和。开元二年二月,"突厥寇北庭,都护郭虔瓘败之"[1]。裴仙先愿意出使西域,除想建功立业外,更多的是他在北庭都护府生活多年,熟悉西域诸国情况,加之他"须髯数尺,腰带十围,进止端详,敷奏闲雅",风度颇受皇帝赞赏,所以以鸿胪少卿身份"将命西聘,公单车深入,结二国之信;一言慷慨,罢十万之兵。青海无川后之波,玉门见将军之入,朝嘉其勋,检校桂州都督"。墓志上记载裴仙先出使的情况,在史书上却完全没有,看来裴仙先是立了大功,否则不会给他晋升官职。至于他究竟去的是突厥、回纥,还是吐蕃,需要进一步研究。

四 填补了经营岭南的新内容

唐代岭南又称岭外,包括今广东、广西、海南及越南北部地区,居住在此地的诸族被泛称为夷蛮。据墓志讲,中郎将钟惟贞被左贬岭外后,"好自满,假高论怨诽,迫胁夷蛮,吞略郡邑"。朝廷为了镇压蛮夷反抗,派遣桂州都督裴仙先前往讨伐,"公凿门受钺,乘驲会师,两翼未张,一鼓先破,覆尸越市,悬首藁街"。因此裴仙先迁广州都督。但墓志所指岭外夷蛮"吞略郡邑"之事,不知是指开元初安南蛮渠梅叔鸾反叛,还是指开元三年"西南蛮寇边"[2],因为裴仙先开元七年时任广州都督,查其前岭南只有这两次大的反抗之事,姑且存疑。墓志又载"安南反叛,边荒告急"之事,或是开元十四年邕州封陵獠人梁大海等据宾、横州(今广西宾阳、横县)造反,或是开元十六年春、泷等州(今广东阳春、罗定)獠人陈行范等造反[3]。裴仙先"擐甲执兵,凌山泛海,摧元凶于乌雷之浦,走谒者于马援之窟,诛叛柔服,振凯颁师,未至京,除左卫将军"。在这次平叛活动中,因唐玄宗儿子光王李涺遥领广州都督,并不出阁,所以裴仙先再次兼广州都督。

裴仙先三次担任广州都督,在当地威信很高,被誉为开元以来清白不贪的四位广州节度使之一,《旧唐书》卷九八《卢怀慎传》附其子《卢奂传》中说:"时南海郡利兼水陆,瑰宝山积,刘巨鳞、彭杲相替为太守、五府节度,皆坐赃巨万而死。乃特授(卢)奂为南海太守,遐方之地,贪吏敛迹,人用安之。以为自开元以来四十年,广府节度使清白者有四:谓宋璟、裴仙先、李朝隐及奂。中使市舶,亦不干法。"

值得注意的是,开元初平定安南蛮渠梅叔鸾反叛,开元十四年平定邕州封陵獠梁大海造反,开元十六年镇压泷州蛮陈行范反叛,都是唐玄宗"倚为爪牙"的大宦

---

[1]《新唐书》卷五《玄宗纪》,第123页。
[2]《资治通鉴》卷二一一,玄宗开元三年七月条,第6712页。
[3]《资治通鉴》卷二一三,玄宗开元十六年正月条,第6781页。

图6 描金石刻武士俑，陕西西安杨思勖墓出土

官杨思勖直接挂主帅。杨思勖，罗州石城（今广东廉江东北）人，历任左监门卫将军、镇军大将军、辅国大将军、骠骑大将军，封虢国公[1]，官阶俸依一品，地位高于裴伷先。而在上述活动中，裴伷先只是协助配合的角色，虽然立有战功，但不免与杨思勖有间隙或矛盾，因此墓志提到他一次"以飞语受谤"，另一次"谒者协己之怨，因人之力，中遘荐臻，左宦仍至，贬雅州名山丞"，明确指出受宦官诬陷。杨思勖"性残鸷忍"，活了87岁，死于开元二十八年，比裴伷先早死三年，但因受皇帝宠爱，故墓志不敢明说，只用"谒者"顶替暗指。

裴伷先再次被贬为绛州、蒲州刺史，是因"上怒褚师，公固争无罪，由是忤旨"，"褚师"是《左传》中管理市场的"市官"，用此官名暗隐当事人，也是墓志

[1]《唐故骠骑大将军兼左骁卫大将军知内侍事上柱国虢国公杨公（思勖）墓志铭并序》，《全唐文补遗》第1辑，西安：三秦出版社，1994年，第146页。

不敢反映的忌讳。

墓志中提到裴伷先葬于唐长安城延兴门外万年县龙首乡成义里孟村，位于西安东南郊曲江附近，应是少陵原位置，为何却称城北郊的龙首原，需要再考证。但唐京兆府万年县、长安县均有龙首乡，分别在城东、城西。有趣的是，裴伷先墓志出土在城东龙首乡，杨思勖墓志也出土于此乡。

裴伷先从四十余岁后，长期担任唐朝中央和地方高官，即史书所称的"凡任三品官向四十政"。他驰骋于"开元盛世"的历史舞台上，参与了许多重大政治、军事活动，被褒誉为忠诚的"唐臣"，是当时一个集文臣、武将于一身的著名人物。其特殊的人生经历，颇受世人瞩目，遇疾临终前还"归其妾媵，散其俸禄，葬不求丰"，故史书、志石均给予很高的评价，留下了浓墨重彩的一笔。

墓志发现的唐秦王李世民女侍卫形象

在中国古代高墙重重的皇宫大内，很多史实作为禁闱秘事不许正史记载，鲜为人知，而帝王的贴身侍卫更是史无名录。然而，在西安市考古研究所的文物库房中收藏有一方以往不为人们所注意的墓志，这就是《太尉秦王刀人高墓志铭》，它记载了唐太宗李世民为秦王时，其女侍卫高惠通的事迹。[1] 现首次考释以讨教于学术界同仁。

墓志长、宽均为52厘米，画有横竖方格，铭文阴文正楷，端正挺拔，瘦劲秀美，共16行，242字。志石四周无线刻图案。按铭文原顺序标点如下：

太尉秦王刀人高墓志铭

刀人字惠通，渤海人，其先高辛氏之胤也。祖成并，世著英声，门传冠冕，金玉交映，青紫相晖。父世达，隋密州高密县令，制锦有方，不假询于子产；绞哥（弦歌）远播，遂得之于子游。刀人立性温恭，禀质柔顺，三从既备，四德无亏，武德五年六月五日被选入内，以为刀人。觌（睹）洛神之词，嗤宓妃之娇态；观鹊巢之咏，慕后妃之令淑；秋风未发，悲兰蕙之早彫；寒霜靡零，嗟桃李之先落。武德九年四月十日寝疾卒于公馆，春秋卅，即以其月十四日葬于长安县龙首乡，乃为铭曰：

洪源眇眇，华胄绵绵。公侯世及，冠冕相传。诞生淑懿，绝后光前。兰桂竞馥，桃李争妍。始陪华馆，翻悲逝川。草伍（低）晓露，松没朝烟。如何匣玉，永闶幽泉。

根据墓志记载，高惠通为渤海名门士族后代。汉高帝五年（前202）曾在今河北沧州市设置渤海郡，经北魏、北齐、北周到隋初，渤海郡郡治又迁移到今河北东光县城关。[2] 渤海郡下辖东光、南皮、蓨（今河北景县南）等县，其百姓统称为"渤海人"。渤海高氏家族是北魏到隋唐时期的世家大族，在门阀世袭的年代里有着崇高的社会地位，其宗支繁衍也务以门族相高，隋唐之世显赫不绝，故欧阳修《新

---

[1] 此墓志收录于《全唐文补遗》第3辑，西安：三秦出版社，1996年，第509页。
[2] 王仲荦《北周地理志》卷十《河北下》，北京：中华书局，1980年，第964页。

图1 秦王李世民女侍卫墓志

唐书》中《宰相世系表》专列有高氏家族谱系[1]。墓志尊崇高氏"世著英声,门传冠冕,金玉交映,青紫相辉",乃当时门阀追溯的社会风气与显著特征。

高惠通祖父高成,史书无载。其父高世达曾担任隋朝密州高密县令(今山东省高密市)。墓志称世达"制锦有方,不假询于子产;弦歌远播,遂得之于子游"。前一句是指春秋时政治家子产于郑简公二十三年(前543)执政时实行改革,给郑国带来了新气象;后一句语出《论语·阳货》,子游为武城宰而来。这两句都是借历史典故称赞高世达做官为政的礼乐教化和行政实绩。

这里,笔者怀疑高世达就是高士达,后人为避唐太宗李世民讳,将"世"改为"士"。如果此分析不错,那么高士达就与隋末唐初的重要人物高士廉是同宗本家,因为两人都是渤海郡蓨县人。

高士廉于武德五年(622)从岭南交趾(今越南河内)入朝为雍州治中,当时

---

[1]《新唐书》卷七一下《宰相世系表一下》,北京:中华书局,1975年,第2387页。

图2 殿堂侍卫图，
唐章怀太子墓出土

图3 领队及仪卫图，
唐章怀太子墓出土

李世民为雍州牧，以高士廉是长孙皇后之舅，"素有才望，甚亲敬之"[1]。高士廉与其外甥长孙无忌一齐密谋参与了"玄武门之变"，贞观元年（627）后授侍中、吏部尚书，同中书门下三品等要职，是李世民的重要臣僚。

而据史书记载[2]，高士达于大业七年（611）率众千余在河北清河举兵反隋，窦建德率领二百人来投归，于是高士达自称东海公，以窦建德为司兵，迅速发展到万余人。大业十二年（616），高士达以窦建德为军司马率军斩杀隋涿郡通守郭绚，但高士达因胜利而骄傲轻敌，被隋太仆卿杨义臣率兵所杀。

因为窦建德在武德四年（621）五月被李世民大败擒获，押赴长安斩杀，所以墓志对高世（士）达的起兵活动避而不谈，阙而不载，只赞颂高惠通"立性温恭，禀质柔顺，三从既备，四德无亏"；武德五年（622）六月，被选入秦王府，担任女

---

[1]《旧唐书》卷六五《高士廉传》，北京：中华书局，1975年，第2442页。
[2]《旧唐书》卷五四《窦建德传》，第2235页；《新唐书》卷八五《窦建德传》第3697页；《资治通鉴》卷一八一，炀帝大业七年十二月条，北京：中华书局，1956年，第5657页。

侍卫"刀人"。而这年恰恰又是高士廉入朝进长安的时间；是否有推荐关系，史缺不详。或许高惠通是随着窦建德兵败被俘而收容入内的，对此只能暂且存疑。

"刀人"是隋朝宫廷内女官名。《隋书》卷一二《礼仪志》七云："承衣刀人、采女，皆服褾衣，无印绶。参准宋泰始四年及梁、陈故事，增损用之"[1]。同书卷三六《后妃传》也记载："又有承衣刀人，皆趋侍左右，并无员数，视六品已下"[2]。由此可知，南朝以来宫廷中就设置有身穿黑裳以赤边装饰衣服的"刀人"，作为女性禁卫武官守护皇宫。隋朝沿袭此制度，但唐朝似乎无"刀人"一职的设置，史书中没有记录。因此，"刀人高"墓志填补了此项空白，至少证明唐初秦王李世民府中设有"刀人"一职。

高惠通于武德五年入选秦王府时已26岁，按照入选条件应是未婚，这在当时未婚女子中可谓大龄了，其年岁比李世民还大一岁。笔者判断此女必有武艺，方可入选为"刀人"。从墓志铭上看，她明确是太尉、秦王李世民的"刀人"，而不是负责护卫秦王府内长孙氏等嫔妃，这充分说明李世民当时有"女保镖""女侍卫"。

李世民自武德元年（618）五月进封秦王、太尉以来，为平定群雄割据，曾率兵多次出征，他自称："朕年十八便为经纶王业，北剪刘武周，西平薛举，东擒窦建德、王世充，二十四而天下定，二十九而居大位，四夷降伏，海内乂安。"[3]李世民统一全国的首功不容否定，但从武德四年（621）开始，李世民与太子李建成兄弟之间的明争暗斗已见端倪。武德五年，兄弟阋墙逐渐恶化。李世民的秦王府聚集并网罗了大批名士骁将，左右近侍有名字可考者达50多名[4]，还蓄养了八百勇士，又派秦王府车骑将军张亮"阴引山东豪杰以俟变"。李建成也扩充四方骁勇及长安恶少二千人为东宫卫士，号"长林兵"。就在双方人马抗争与军事准备过程中，高惠通被选入秦王府成为李世民之女侍卫，足见秦王暗中防范不测的用意。

墓志中称赞高惠通"睹洛神之词，嗤宓妃之娇态；观鹊巢之咏，慕后妃之令淑"。前句引伏羲之女宓妃渡水淹死成为洛水女神的典故，屈原《离骚》和曹植《洛神赋》中都有关于其美貌的描写。后句《鹊巢》则为《诗经·召南》篇名，赞美"夫人之德"，以鸠居鹊巢来比喻女居男室。尽管用这样的文学手法来渲染墓主人高惠通的温柔敦厚、豁达大度，实际上这是墓志撰写者的一种粉饰之词，如果高惠通真是柔心弱骨、温恭媚顺，怎能担任秦王李世民的贴身卫士？墓志真实披露的应是李世民已存异志，戒心常备，而高惠通也应是黑裳褾衣，佩刀持剑，英姿飒

---

[1]《通典》卷六二《礼典二二》"后妃命妇服章制度"条记载隋制有承衣刀人、采女。与《隋书》卷一二《礼仪志》记载相同。

[2]《隋书》卷三六《后妃传》，北京：中华书局，第1107页。

[3] [唐]吴兢《贞观政要》卷一〇《灾祥三九》，上海：上海古籍出版社，1978年，第289页。

[4] 胡戟《唐高祖与玄武门之变》，载《胡戟文存》，北京：中国社会科学出版社，2000年，第201页。

图 4 女武士陶俑,河北景县出土　　　图 5 女性胡服俑,陕西长安县大兆乡出土

图 6 女子骑马俑,湖北武汉出土　　　图 7 女骑马俑,唐郑仁泰墓出土

爽，这才是"刀人"的风采。

可惜的是，武德九年（626）四月十日，30岁的高惠通病死于秦王府，四天后即被埋葬于长安龙首乡，而这时正是李世民、李建成双方水火不容的紧张时刻。此后不到两个月就爆发了"玄武门事变"，六月七日李世民终于由秦王立为皇太子，八月登上了皇帝的宝座，是为唐太宗。

兄弟相争的"玄武门之变"，作为唐初一起重大的政治事件，经过了四五年的酝酿。高惠通在此期间担任秦王李世民的女侍卫，是否参加过政变密谋或曾传递消息等，粉饰过的墓志铭使后人难明其详，但秦王府能为这样一位女性镌刻墓志，可见高氏应是李世民的心腹亲信，所以西安出土收藏的这方墓志，为人们研究唐初政治史、职官制度和女性史提供了珍贵的历史资料，不可不予重视。

第三编

皇家经济相连的仓与库

唐代京都太仓试探

太仓，即我国古代京城储粮的大仓。唐代长安是当时世界上最大的城市，要使这样一个人口众多的京城保持生机，就需要巨大的粮仓储备粮食以保障城市粮食供给。关于唐代的仓廪，论述者颇多，唯对作用最重要的太仓研究甚少，拙文试作探讨。

一 太仓的位置与规模

唐王朝建立后，沿用并扩修了隋代长安（大兴城）的太仓和洛阳的"太仓"含嘉仓。《唐六典》卷一九云："皇朝置太仓令三人，东都则曰含嘉仓。"武则天时，含嘉仓确实起过太仓的作用，其余时间只是"转运以实京太仓"，这就是含嘉仓发掘中武周铭砖最多的原因[1]。所以，长安太仓的遗址虽未探明，但已发掘的洛阳含嘉仓可资参考印证。

唐长安的太仓位置，张穆校《唐两京城坊考》定在皇城内承天门街之东[2]，宿白先生等断定在太极宫西侧的掖庭宫北部[3]。但仔细研究，诸说皆难令人信服。因为：

（一）现存的太仓铭砖上的"街"[4]与含嘉仓铭砖上的"街"相互验证，可知"街"应指仓城内的运输大道，而不是"十二街似种菜畦"的街，这就排除了太仓必置于皇城的证据。

（二）太极宫地势低平潮湿，不适宜作长期存放粟米的地下粮窖。按唐律规定："仓，谓贮粟、麦之属"，"须高燥之处安置"[5]。选择窖址不仅关系到地下粮食的使用周期和存粮时间的长短，也关系到太仓令的祸福升降。而太极宫的地理位置，恰恰不具备地下窖藏的条件。

（三）掖庭宫主要是由宫婢作坊和内侍省占据，北部面积狭窄，仅宽702.5

---

[1]《洛阳隋唐含嘉仓的发掘》，《文物》1972年第3期；《含嘉仓铭砖初探》，《考古》1982年第3期。
[2]［清］徐松撰《唐两京城坊考》卷一，北京：中华书局，1985年。
[3] 宿白《隋唐长安城和洛阳城》，《考古》1978年第6期；马德志《唐代长安与洛阳》，《考古》1982年第6期；砺波护《隋唐时代の太仓と含嘉仓》，《东方学报》第52卷（1980年）。
[4]《陶斋藏石记》卷一七录贞观八年太仓窖铭砖一块。《金石续编》卷四录贞观十四年、二十二年，大中十年、十一年共太仓和籴粟窖铭砖四块。
[5]［唐］长孙无忌等撰《唐律疏议》卷一五《厩库》，北京：中华书局，1983年，第292页。

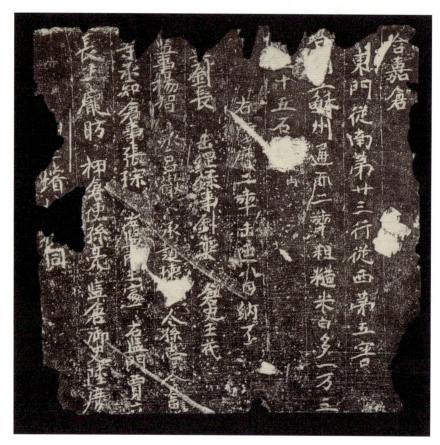

图1 洛阳含嘉仓铭砖

图2 仓储铭砖,洛阳隋唐含嘉仓城遗址出土

米[1]，窖容量小，不易分布排列。而唐代储粮数量很大，按文献记载，一般储粮标准都是窖容五千石左右，太仓铭砖上分别记载各窖藏数为六千五百石、四千石等，太仓作为大型国家粮仓，很难置于此地。

何况洛阳也不是仅有含嘉仓，皇城内另有仓廪[2]。唐长安三个宫殿区同样皆有内仓廪，大明宫日华门外就有如京仓。掖庭宫北部即使有粮仓，也不会是太仓。

那么太仓设置在何处呢？据《长安志》卷六载："唐禁苑在宫城之北。东西二十七里，南北三十三里。东直灞水，西接长安故城，南连京城，北枕渭水。苑西即太仓，北距中渭桥与长安故城相接。"这段记载是探索唐长安太仓位置的一条重要资料，从下面的分析可以看出它是比较翔实可信的。

（一）"苑西太仓"的位置，正是在龙首原西北麓，为380米等高线的渭河第二级台地边缘，北面渭河，南面宫城，整个台地开广，地势高，地下水位低，并且有利于排泄雨水，建太仓于此，正符合唐政府关于仓窖"须高燥"的律条。

（二）唐代渭河紧挨龙首原北麓流过，"苑西太仓"距渭河较近，水运方便。特别是东西横穿的漕渠，"引渭水经大兴城北，东至潼关，漕运四百余里"[3]，切穿龙首原北麓，正通过太仓。《册府元龟》卷四九八《邦计部·漕运》云天宝三载："韦坚开漕河自苑西引渭水因通渠至华阴县入渭。"此外，南北纵贯引入渭水的还有漕河、永安渠，都可使太仓粮食直接进入长安城中。

（三）禁苑内驻有禁军守卫，而且有苑墙和仓墙两道保护。汉长安城墙即为禁苑西墙，周围避开居民点，符合安全要求。韦述《两京新记》："苑中四面有监，分掌宫中种植及修葺，又置苑总监都统，并属司农寺。"而太仓又恰好直属司农寺管辖。值得一提的是，昭宗光化二年《大唐重修内侍省之碑》的出土[4]，记载对整个宫城京畿的修葺，明确指出太仓不在宫城内，而在教坊、庄宅、牛羊等司的内苑，这为我们确定太仓方位提供了新证。

根据上述分析可以推证：太仓在唐长安城外西北隅，禁苑内西部，即今西安市北郊盐张村西侧一带，相传太仓铭砖亦出土于此地。

太仓的规模，在全国各大官仓中居于首位。《通典》卷七记载隋朝西京太仓、东京含嘉仓等，"储米粟多者千万石，少者不减数百万石"。漕运干线上的洛口、回洛、永丰、太原等仓，主要是向长安太仓运粮的中转站。如果太仓较小，显然无法容纳运来的漕粮。唐高宗咸亨三年，又增建了东渭桥仓，王师顺运晋绛之粟于河渭，增

---

[1] 马得志《唐代长安城考古纪略》，《考古》1963年第11期。
[2] 叶万松、余扶危《洛阳隋唐东都皇城内的仓窖遗址》，《考古》1981年第4期。
[3] [清]顾祖禹《读史方舆纪要》卷五二《陕西一》，上海：中华书局，1955年。
[4] 保全《唐重修内侍省碑出土记》，《考古与文物》1983年第4期。

置渭桥仓,自是岁运每由河阴、太原,转运至东渭桥仓[1]。因它在太仓东北,又称"北仓",成为太仓的一部分。《通典》卷一二载天宝八载诸色仓粮总12656620石,其申太仓和北仓就有6668110石,占全国粮仓总数的53%。而含嘉仓为5833400石,占总数的46%,仓城面积就达43万平方米[2],足证太仓的规模更大。唐代各大粮仓均置仓监一人,唯独太仓设置太仓令三人,丞六人,机构远远大于其他各仓。从太仓铭砖来看,它分场院管理,纵横十字大道,东西成排,南北成行,全国正租粟米每年源源不断地运到这里,其大可想而知。当然,"大历之后,渐不通舟",太仓储积规模相应缩小。到了文宗太和九年,太仓仅有粟二百五十万石[3]。

各地漕粮运到长安后,依据水量大小与码头吞吐情况,分别停靠在渭河三桥搬卸贮纳,逐步转进太仓。其中东渭桥仓位置最为重要[4],朝廷甚重视,设有"东渭桥纳给使"专管,并筑有营堡,驻有军队。史称:"东渭桥每年北仓收贮漕运糙米一十万石,以备水旱。"[5]李泌作入渭船,东入东渭桥、太仓,米至凡百三十万石[6]。开元后,朝廷曾数次修治此桥。唐世用兵也都因为东渭桥有积粟而屯驻于此。李频《东渭桥晚眺》:"秦地有吴洲,千樯渭曲头"[7],描述了当时江淮漕船云集东渭桥的盛况。此外,天宝三载朝廷还修治过长安附近的汉、隋运渠,并于长乐坡临苑墙凿广运潭以聚漕舟。漕运的盛况也反映了太仓的规模之大。

二 太仓的管理机构与制度

唐代太仓的管理机构,比前代更趋庞大、完备,列为上署。据《唐六典》载,太仓署共有令、丞等官吏81人。这些法典编制的职官定数,也按实际情况随时增减。贞元十九年,"太仓奏请依六典,置太仓令两员、丞六员"等共33人,元和三年又"停太仓丞二员、监事二员"[8]。太仓铭砖上刻录的管理仓储日常事务的官员,也从贞观时到大中年间多有变化,有典签、太仓副使、和命副使、司农卿、平准丞、雍州参军、左右监门翊卫、承替入窖专知官、场官等多种官名,有些为史书未载;另外,还设有太仓出纳使、两京含嘉仓出纳使等职。由此可知,唐代太仓的官

---

[1]《读史方舆纪要》卷五三《陕西二》。
[2]《隋唐东都含嘉仓》,北京:文物出版社,1982年。
[3]《新唐书》卷五二《食货志》,北京:中华书局,1975年,第1361页。
[4]《渭河桥初探》,《考古与文物》丛刊第三号。
[5]《册府元龟》卷四八四《邦计部·经费》,北京:中华书局,1960年,第5790页。
[6]《新唐书》卷五三《食货志》,第1370页。
[7]《全唐诗》卷五八七,北京:中华书局,1960年,第6814页。
[8]《唐会要》卷八八《仓及常平仓》,北京:中华书局,1955年,第1615页。

员是随着仓储数量多少而增减的。

由于太仓"钱谷之地,勿言容易",故有着严格的规章制度和科学的管理方法。

收纳查验制度

当天下租粟转运入仓时,由司农丞、太仓令和各地押粮来京的租纲吏,以及护仓的军将聚集输场共同监督交纳。他们"执筹数函,其函大五斛,次三斛,小一斛,其诸州稿秸,应输京都者阅而纳之"。检验非常细致,"先是,米至京师,或砂砾糠粃,杂乎其间。开元初,诏使扬掷而较其虚实,'扬掷'之名,自此始也"[1]。经扬掷后,粮食损耗缺数按定额由交纳州县随租补上。开元九年敕:"水运米扬掷,四、五、六、七月,米一斗欠五合;三、八月,米一斗欠四合;二、九月,米一斗欠三合;正、十、十一、十二月,米一斗欠二合,并与纳。"[2]太仓铭砖上刻有经过三四日"扬掷入窖"的记录,即这种详细规定的明证。《册府元龟·邦计部·赋税二》云:"天下仓场所纳斛斗,如闻广索耗物,别置一仓,斛斗又随斗纳耗物,率以为常,致疲人转困。"高额加耗折扣已变成对交租农民巧立名目的榨取。粟米检验合格,在场官吏具名签署,入窖封存。《唐六典》卷一九载:"凡凿窖、置屋,皆铭砖为庾斛之数,与其年月日,受领粟官吏姓名。又立牌如其铭焉。"太仓粮食验毕后,要在砖上和牌上同时记录粮源、品种、时间、数目以及经手各官吏姓名。砖藏于窖内,牌存于仓署,以备有关寺、司查核。刻砖铭文其实就是一种"账簿",如果仓窖中贮积的粮食与铭砖上数字出入较大,仓史、监门守将等管理人员就要被查究责任。

贮藏保管制度

从史籍记载和考古发现看,太仓储粮采用的是窖藏方法,"粟藏九年,米藏五年;下湿之地,粟藏五年,米藏三年,皆著于令"[3]。窖藏首先要采取防潮措施,为此还规定"输米、粟二斗,课藁一围;三斛,橛一枚;米二十斛,篷簟一领;粟四十斛,苫一蕃;麦及杂种亦如之;以充仓窖所用。仍令输人营备之"[4],要求运粮人自备入窖所用的草、木板、席等材料,用以防潮。其次是以陈换新,保存粮食久藏不朽。《唐六典》规定:"凡粟支九年,米及杂种三年。"太和九年,户部奏东渭

[1]《旧唐书》卷四九《食货志》,北京:中华书局,1975年,第2116页。
[2]《唐会要》卷八七《漕运》,第1596页。
[3]《新唐书》卷五一《食货志》,第1344页。
[4][唐]李林甫等撰,《唐六典》卷一九《司农寺》"太仓署"条,北京:中华书局,1983年。

图3 社仓纳粟砖,河南洛阳出土

桥仓"今累年计贮三十万石,请以今年所运者换之。自是三岁一换,率以为常,则所贮不陈,而耗蠹不作"[1]。这样轮换储蓄,可以使藏粮不腐。但在漕运不畅时,这些措施难以实行,如顺宗初,"太仓见米八十万石,贮来十五年;东渭桥米四十五万石,支诸军皆不悦"[2]。再次是分区进行管理。从太仓砖铭看,"街东第二院,从北向南第六行,从西向东第九窖""大街西,从北向南第一院,从北向南第六行,从西向东第十三窖""东南场东南院,从北第三行,从西第二窖"等等,是以太仓内十字大街为中心点规划区域的。在仓窖密集的情况下,这种区划便于粮食进出以及仓窖的编号识别和位置的查对。此外,唐律规定,诸仓内皆不得燃火,违者徒一年,这是加强保管的法律规定。最后,太仓铭砖有"窖匠张阿劚"刻名,这种技术工匠专业于打窖、箍窖、封窖,铭砖上留有他们的姓名,表示其要对仓窖负责。

《鸡肋编》卷上云:"陕西地既高寒,又土纹皆竖,官仓积谷,皆不以物藉。虽小麦最为难久,至二十年无一粒蛀者。"这里虽未记叙唐长安太仓储粮的具体技术,但据下文"民家只就田中作窖,开地为井口,深三四尺;下量蓄谷多寡,四围展之。土若金色,更无沙石,以火烧过,绞草垣钉于四壁,盛谷多至数千石,愈久亦佳。以土实其口,上仍种植,禾黍滋茂于旧"的记载,可见当时一般储粮技术的梗概,太仓的储粮技术当更为精密。

出验制度

长安百司京官的禄廪,都由太仓每月按班分批发给。三省六部、九寺五监、御史台、京兆府等,上旬供给;王府、禁军、京都总监、内坊等,中旬供给;公主府

[1]《册府元龟》卷四八四《邦计部·经费》,第5790页。
[2]《旧唐书》卷一四《顺宗纪》,第408页。

邑、太子东宫、京畿府官与无额准的余司，皆下旬供给。[1]凡是领取公粮者，皆凭尚书省符。领取粮食数量，从正一品到九品，都有严格界限。如"在京诸司官人及诸色人应给仓食者，皆给贮米，本司据见在供养，九品以上给白米"等。对流外长上者、牧尉长、致仕之官、迁官者以及卫士、兽医、番官、官奴婢、充役者、妇女、老弱、未成丁的国子监学生等，亦有详细的发放规定。此外，从"丁男日给米二升，盐二勺五撮"[2]的记载来看，太仓还储贮有盐。隋代太仓就有"米廪督二人，谷仓督四人，盐仓督二人"[3]。《大业杂记》记载洛阳子罗仓"仓有盐二十万石"。兴元初，"时渭桥先积米盐十余万斛"[4]。含嘉仓铭砖上"勺""撮"刻文，可能也是盐的记录。太仓开窖取粮时，铭砖记数可与实际储量稍有出入，允许正常损耗的标准是，"贮经三年，斛听耗一升；五年已上，二升"[5]。出仓门要查契符，司农寺置九雄一雌的木契十只，司农主簿掌雄，太仓署管雌，勘验相合，允许出给。关于出给粮食，太仓还有许多规定，如"有闰月时不别给""无粟时则给盐"。若皇帝行幸东都，诸司百官禄米则减少或罢之，由洛阳仓廪供给。

管理监察制度

为了互相牵制，统一调配，太仓署不仅要听从司农卿"仓储委积之政令"，在业务上还受别的部司督察。如受纳租税、出给禄廪，都要经过仓部郎中考察制约；太仓每月的出纳数目要申报比部司审核计算，年终汇总报户部度支；漕船入渭泊靠入仓，要由水部司与都水监共同监察，太仓铭砖上就有"水部郎中柳五匠"的刻名。此外，监察御史要监督太仓出纳。唐初监仓本由察院负责，开元十九年移入殿院，遂以殿中侍御史第一人同知东推，监太仓出纳。中唐以后，监仓御史虚挂头衔，"往往空行文牒，不到仓库，动经累月，莫审盈虚"，致使狡吏得计，出入隐欺。太和元年，御史台奏："监仓御史，若当出纳之时，所推制狱稍大者，许五日一入仓，如非大狱，许三日入仓，如不是出纳之时，则许一月两入仓检校。"[6]开成元年，监仓复归察院掌管，中书门下再奏监察太仓的御史，要选拔"精强干用"的人，并增加俸外补贴。可见，朝廷为防止作奸舞弊，健全太仓的监察，是多么煞费苦心。尽管如此，贪赃枉法仍层出不穷。玄宗时"司农卿陈思问多引小人为

[1]《唐六典》卷一九《司农寺》"太仓署"条。
[2]《唐六典》卷一九《司农寺》"太仓署"条。
[3]《隋书》卷二八《百官志》，第777页。
[4]《册府元龟》卷四八四《邦计部·经费》，第5786页。
[5]《唐六典》卷一九《司农寺》"太仓署"条。
[6]《唐会要》卷六〇《殿中侍御史》，第1054页。

其属吏，隐盗钱谷，积至累万"[1]。文宗时司农少卿罗立言"主太仓出纳物，以货厚赂郑注"[2]。

三 太仓的职能与作用

太仓的主要职能是供皇室消费、赏赐、百官俸禄、军需以及政府赈济等。《通典》卷六载，天宝时度支岁计粟二千五百余万石，其中"三百万回充米豆，供尚食及诸司官厨等料，并入京仓"，"四百万江淮回造米转入京，充官禄及诸司粮料"。可见，供皇室百司使用及储备的粟为七百万石，占总数百分之二十八。因而，唐代统治者十分重视太仓的作用，选派司农少卿加强其责，如贞元五年，司农少卿李坚立太仓石柱记云："四海文明，天子唯谷是恤，思富国便民之事，莫若端本，尊以农事，故廪庾囷仓，尤切圣虑，俾少卿一人，专领其署，盖欲难其任，而重其事也。"[3]

太仓主要是为叠床架屋的统治中枢服务，史载十分明显。但太仓也起着以下作用：

（一）每遇灾荒，太仓常补义仓、常平仓之不足，抑制粮价暴涨，开场贱粜以济长安贫民。开元二十一年，出太仓米二百万石；天宝十二载、十三载，一百一十万石；贞元十四年、十五年，四十八万石；元和九年，七十万石；元和十二年，二十五万石；长庆四年，四十万石。这些均为史书上确切数字，其余各年还有很多没有统计数据的两市开场减价贱粜，如此

图4 男立俑，陕西西安韩森寨唐墓出土

---

[1]《旧唐书》卷一八五《李尚隐传》，第4823页。
[2]《旧唐书》卷一六九《罗立言传》，第4410页。
[3]《唐会要》卷六六《司农寺》，第1153页。

救济京师部分百姓，客观上是有积极作用的。

（二）在钱币贬值时，长安和市按市价用太仓粮食实物交换。如太和七年敕："司农寺每年供宫内，及诸厨各藏菜，并委本寺自供，其菜价，委京兆府约每年时价支付，更不得配京兆府和市，太仓出给纳。"[1]同样，当粮价波动高涨时，官吏的俸禄也按实物发给。《唐会要》卷九二记长庆四年京城米价昂贵，"宜令户部应给百官俸料，其中一半合给段匹者，回给官中所粜粟，每斗折钱五十文。其段匹委别贮，至冬籴粟填纳太仓，时人以为甚便"。

当然，太仓上述职能和作用发挥得好坏，是受着各个时期农业丰歉，政局治乱和漕运通阻等因素影响的。唐都所在的关中，因"土地狭，所出不足以给京师、备水旱，故常转漕东南之粟"[2]。如唐初每年水陆漕运到长安太仓的粮谷不过二十万石，高宗后虽有增多，但一遇到关中歉收，皇帝不得不率百官频频就食洛阳。开元中，重凿漕渠遂使漕粮"岁益巨万"；开元二十九年，又"凿广运潭以挽山东之粟，岁四百万石"[3]，达到漕运最高峰。至天宝末，"太仓委积"。又如藩镇动乱，使"南北漕引皆绝"，贞元初，"关辅宿兵，米斗千钱，太仓供天子六宫之膳不及十日"，不得不以飞龙驼抢运永丰仓米给长安，时韩滉运米三万斛至陕，德宗闻知对太子喜叹："米已至陕，吾父子得生矣！"[4]"旧制，每岁运江淮米五十万斛，至河阴留十万，四十万送渭仓。"[5]德宗诏令江淮岁运米二百万石，但每年连四十万石也难达到。元和六年，卢坦奏："每年江淮运米四十万石到渭桥，近日欠阙太半，请旋收籴，递年贮备。"[6]直至大中五年，经过整顿漕运，才有所好转。前后相较，唐后期太仓储粮，数量浮动大，时间变化快，粮源变动多。这些纷然杂陈的现象，也正反映了唐代经济、政治的状况。

从上述可以看出，太仓在一定程度上代表着唐王朝的经济实力，是封建王朝赖以生存的物质基础。太仓的科学管理方法，在中国仓制史上有着承前启后的作用，我们应结合考古发掘的进展，对它进行深入的研究，以为今天科学储粮所借鉴。

[1]《唐会要》卷六六《司农寺》，1153页。
[2]《新唐书》卷五三《食货志》，第1365页。
[3]《旧唐书》卷四八《食货志上》，第2086页。
[4]《资治通鉴》卷二三二，德宗贞元二年三月条，北京：中华书局，1956年，第7469页。
[5]《旧唐书》卷四九《食货志下》，第2120页。
[6]《旧唐书》卷四九《食货志下》，第2120页。

唐代皇家的左藏、右藏与内藏

唐代的左右藏作为制度周密、管理有效的国库，是封建国家聚敛财赋和搜刮贡品的贮存处，它直接透露出国力的盛衰隆替，成为唐王朝经济基础的象征。但由于皇宫的内藏扩张，左右藏在中唐后逐渐中辍。以往学者对此课题研究甚少，本文拟补其空白。

一

仓和库在秦汉时已明显分工，当时把蓄存货物的库谓之藏，晋代始设"左右藏令"。唐承隋制，重新斟酌损益，发展了这一重要部门。

唐代的左藏掌管全国赋调租税收入的钱币、帛、杂彩等，即天下赋调之正数钱物；右藏掌管全国各道州县常贡的金玉珠宝、钢铁、骨角齿毛、彩画等杂物，即邦国宝货。

左右藏是太府寺的两个孪生署。而太府寺在九卿中素有"门下宫相"之称，负责全国财货之政令，总京都四市、平准、左右藏、常平等八署，凡各地的贡赋、百官的俸料，均由其严格控制出纳。

左右藏的官吏编制精简，官阶虽在七品至九品之间，但地位重要，"出纳之地、眷求惟精"，所以选拔左右藏官吏受到统治者的高度重视，必须具有"通敏之识，奇辩之才"，"会帑藏出入之要，修权量平校之法，以遵成式，无使改易，谨而守之，斯为称职"[1]。

主管左右藏的太府寺是独立的中央财政办事机构，在国家行政系统中与诸司所居的法定地位相等，"总制邦用，度支是司；出纳货财，太府攸职"[2]。但它与诸司也不仅仅是各自为政的会办关系，而是在事务上互受节制。《旧唐书·杨炎传》载："初，国家旧制，天下财赋皆纳于左藏库，而太府四时以数闻，尚书比部覆其出入，上下相辖，无失遗。"这就清楚地指出刑部所辖的比部司，审核复查左藏的账簿，"周知内外之经费"。而户部所辖的金部司也掌判"库藏出纳之节，金宝财货

---

[1]〔宋〕李昉等编《文苑英华》卷三九七，白居易《授裴武太府卿制》，北京：中华书局，1966年。
[2]《旧唐书》卷一三五《裴延龄传》，北京：中华书局，1975年，第3722页。

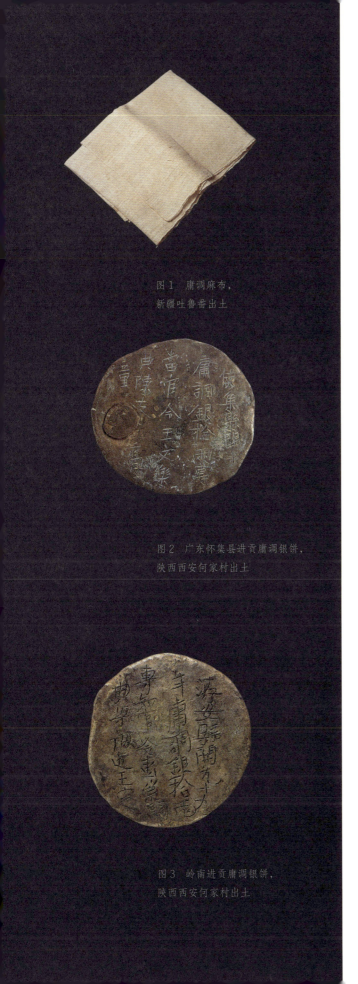

图 1 庸调麻布，新疆吐鲁番出土

图 2 广东怀集县进贡庸调银饼，陕西西安何家村出土

图 3 岭南进贡庸调银饼，陕西西安何家村出土

之用"；"凡库藏出纳皆行文傍，季终而会之"[1]。《旧唐书·裴延龄传》则更明确指出："凡是太府出纳，皆禀度支文符，太府依符以奉行，度支凭案以勘覆，互相关键，用绝奸欺。其出纳之数，则每旬申闻；见在之数，则每月计奏。皆经度支勾覆，又有御史监临，旬旬相承，月月相继。明若指掌，端如贯珠，财货多少，无容隐漏。"突出的是，在太府寺中，左右藏与诸司公事频繁，以致有时干涉别的司署事务，开元十二年朝廷不得不下敕："左右藏官，典职在出纳，不得判摄外事，及帖诸司。"[2]可见，左右藏与各部门之间互相牵制，层层约束。这种独立职能机构的设置，适应经济分工愈来愈细致的特点，有利于发挥专业管理的作用。

从开元起，左右藏不断受到皇帝的直接控制，也曾设专使负责。"是时分立诸使，旧来司存之官备员，莫得举其职。杨国忠方承恩遇，领使最多，盖兼领左藏出纳使，而以魏仲犀为判官也。"[3]此后，财臣职责颇多相混，度支使也直辖左右藏，如"（刘）晏自天宝末掌出纳，监岁运，知左右藏，主财谷三十余年矣"[4]。原来各部门操丝引线的互相制约，变为一人揽权，凌驾于各财司之上。

左右藏作为全国税收和土贡的汇聚

[1] [唐]李林甫撰，陈仲夫点校《唐六典》卷三《尚书户部》"金部郎中"条，北京：中华书局，1992年，第81页。
[2]《唐会要》卷六六，北京：中华书局，1955年。
[3]《资治通鉴》卷二一六，玄宗天宝十一载八月癸巳条考异，北京：中华书局，1956年，第6913页。
[4]《新唐书》卷五三《食货志三》，北京：中华书局，1975年，第1369页。

处,广泛而灵敏地反映着政府的经济活动。

（一）支给封家租调。中宗景龙三年,因食封之家增加过多,造成"私门资用有余,国家则支计不足",故规定封家"必限丁物送太府,封家但于左藏请受,不得辄自征催"[1]。

（二）易换收回恶钱。天宝十一载,出钱三十万缗收购两市恶钱,"时又令于龙兴观南街开场,出左藏库内排斗钱,许市人博换"[2]。

（三）发放布绢祭典。大历六年敕:"自今以后,五品以上及监察御史、太常博士,宜准式给明衣绢及浴巾,余准常例,其布绢支左藏库青苗物充。"[3]

（四）筹集和籴费用。大历元年敕,各道节度观察都团练等使,每年取当使诸色杂钱及回易利润赃赎等钱物,按每人二万文和防秋人数计,"市轻货送上都左藏库贮纳,充别敕和籴用"[4]。

（五）没收违例财物。贞元十七年,衢州刺史郑式瞻进献绢五千匹、银二千两,以犯赃"诏御史按问,所进宜付左藏库"[5]。元和四年敕令诸道进献,除重大节日外,"其余杂进……一切勒停,如违越者,所进物送纳左藏库"[6]。《旧唐书·宪宗纪上》:元和四年,"裴均进银器一千五百两,以违敕,付左藏库"。

（六）减俸收贮军费。贞元三年敕:"其应停减官俸粮禄职田杂料手力粮课等,一切已上,各宜令度支勘审检收,纳送上都左藏库收贮,充赏战士所用。"[7]

（七）清查财政出入。元和十三年中书门下奏:每年终"其盐铁使所收,议列具一年都收数,并已支用,及送到左藏库欠钱数,其所欠亦具监院额,缘某事欠未送到,户部出纳,亦约此为例"[8]

由上可知,左右藏作为国家总库房,内容宏富,门类繁多,绝非只限于宫廷范围。

左藏财赋的收入,在不同时期多次变化,但库储基本分为租税、财产税和杂税。实际上,户部财政统计常常分作"天下财赋"与"京师财赋"。如天宝中,度支岁计粟二千五百余万石,其三百万折充绢布添入两京库;布绢绵则二千七百余万端屯匹,其一千三百万入西京库,一百万入东京库。安史乱后,建中初每岁天下共敛三千余万贯,其九百五十余万贯供京左藏。开成时,"天下租赋,一岁所入,总

---

[1]《旧唐书》卷八八《韦嗣立传》,第2871页。
[2]《旧唐书》卷四八《食货志上》,第2099页。
[3]《唐会要》卷二三《缘祀裁制》,第443页。
[4] [宋] 宋敏求编《唐大诏令集》卷一一一《命诸道平籴制》,北京:商务印书馆,1959年,第580页。
[5]《旧唐书》卷一三《德宗纪下》,第394页。
[6]《唐会要》卷二九《节日》,第546页。
[7]《唐会要》卷六九《州府及县加减官》,第1225页。
[8]《唐会要》卷五八《户部侍郎》,第1012页。

图 4　银鎏金伎乐文银杯，陕西西安何家村出土，陕西历史博物馆藏

图 5　狮子金花银盘，陕西西安八府庄出土

不过三千五百余万，而上供之数三之一焉"[1]。这些都是左藏的库储基础。

右藏贡品收入也是随时间不同而具特点。唐初已形成按各地土特产送京的土贡制度，由朝集使执行这种法定义务；开元时"南越贡珠玑，西蜀进罗绮"，从宗庙祭品、服饰珍玩到菜肴瓜果、珍禽异兽，无不尽有，《唐六典》《元和郡县图志》均有详载，兹不再列。中唐时，"贡"变为"献"，这是因为许多州道少贡或不贡，时间也不定期，藩镇以"献"的形式进奉珍宝异物等奢侈物品，实质上是纳税入赋的折变。因而，右藏的物品支出，也是专供皇室消费挥霍的。

而左藏的各项财赋支出，主要是维持朝廷机构的存在和政务的办理，故经费首先是百官的俸禄。武周后，官吏急剧扩张，造成"俸禄之费，岁巨亿万，空竭府藏而已"[2]。德宗贞元时，京官俸禄岁支五十万，文宗时达到"月费俸钱数十万"[3]。其次是浩繁的军费。天宝时每年布绢有"千三百万诸道兵赐及和籴，并远小州使充官料邮驿等费"。每年二百余万贯钱，其中六十万添充诸军州和籴军粮。尤其是军费，由开元前的二百万贯变为一千二百六十万贯[4]。建中时，"今诸道用兵，月费度支钱一百余万贯，若获五百万贯，才可支给数月"[5]。开成时，全国岁入三千五百余万，

[1]《旧唐书》卷十七下《文宗纪》，第 567 页；卷一五七《王彦威传》，第 4157 页。
[2]《旧唐书》卷一八五《李尚隐传》，第 4823 页。
[3]《旧唐书》卷一七六《杨嗣复传》，第 4559 页。
[4]［唐］杜佑撰，王文锦等点校《通典》卷六《食货典六》"赋税下"，北京：中华书局，1988 年，第 111 页。
[5]《旧唐书》卷一二《德宗纪》第 332 页。

三分之二做军费。所以，官吏的俸禄和庞大的军费以及皇室的豪奢，是唐代国库的三大沉重负担。至于驿道修筑、江河疏理、贫荒赈恤等却占比例很小。

总之，左藏财赋支出的总和，是各个时期经济消长的综合反映，若遇冗官膨胀、战争动荡、皇室急索，则往往造成库储盈损的失控，从而对整个社会带来影响。

二

左右藏主要设置在长安、洛阳的宫城与皇城内，它尽可能以最短距离布置于最高统治者消费的中心地区，以减少收发中转等运输工作。左右藏唐初在太极宫，高宗后迁至大明宫。此外，在皇城内东部与少府监、太府寺相邻的左藏外库院，是隋文帝开皇十二年所修，当时"有司上言，库藏皆满"，"乃更辟左藏之院，构屋以受之"[1]。唐初，"既平京城，先封府库"，"西京府库亦为国家之用，至今未尽"[2]，并继续在此存放货物。

在封建社会生产大多直接进入消费的情况下，左右藏作为全国财赋积蓄的库藏中心，不仅是物质存置的场所，也是物资供应的基地。因而，它有着严密的管理体制和严格的规章制度，从而使其能充分发挥国库的效能。

1. 入库验收制。凡天下赋调先运到"输场""陈列"，"聚九州之赋，辨百货之名，按其度程，谨其出纳"[3]。太府卿和殿中侍御史在左右藏署官吏陪同下，共同进行数量、质量的监阅，"虽钱帛充牣，丈尺间皆躬自省阅"[4]。验收后具名签署，纳入库藏，"署之官匹帛皆印之，绝吏之私"[5]。《唐六典》卷二〇云："诸州庸调及折租等物应送京者，并贮左藏；其杂送物并贮右藏。庸调初至京日，录状奏闻，每旬一奏纳数。"在验收中，"诸州纳物者有水渍伤破及色下者，皆令本州征折估钱，转市轻货，州县征调，不绝于岁月矣"[6]。如评定品级时，左藏库"凡缣帛之类，有长短、广狭、端匹、屯缍之差"；绢为八等，布为九等，"好不过精，恶不至滥"[7]。又如右藏库的杂物贡品也分有方土类、精粗类，从物品到食品的各州特产，琳琅满目，应有尽有。所有赋调物品的题记皆写明州县年月封存，以区别粗良、辨认新旧，既增强地方进贡的责任心，又使各地具有竞争的意义。

---

[1]《隋书》卷二四《食货志》，北京：中华书局，1973年，第682页。
[2] [唐]吴兢撰《贞观政要》卷六《奢纵第二十五》，上海：上海古籍出版社，1978年，第209页。
[3]《文苑英华》卷三九七，白居易《授裴武太府卿制》。
[4]《旧唐书》卷一〇五《杨慎矜传》，第3226页。
[5]《旧唐书》卷一三一《李皋传》，第3640页。
[6]《旧唐书》卷一〇五《杨慎矜传》，第3226页。
[7]《新唐书》卷五一《食货志一》，第1345页。

2. 账簿专门制。左右藏署的统计账务,"皆量入以为出",随时清算,禁止随便翻阅或泄露,凡"宫中用度,一匹以上皆有簿籍"[1]。而物资登记又分为账、簿两类,《新唐书·百官志》载:"凡在署为簿,在寺为帐,三月一报金部。"朝廷严申:一物一造签,一月一造簿,一季一造账。账分为二级,一是寺账,留太府寺备档查案;一是账册,呈送比部、金部等司,为年终核算与来年据账征纳做好根据。武则天时,为防止隐匿私弊,还重新修订了计账与勾账式,以便及时掌握产、需、供、耗、存的情况,发挥库藏的耳目作用。敦煌文书中物品会计籍账,"经支度勾,并牒上金部、比部度支讫"[2],就印证了当时的账簿制度。

3. 领发复核制。左右藏物资收发频繁,供应调配渠道大不相同,故支出分轻重急缓,先校勘木契,然后记录名数与请人姓名,署印送监门,查对点清才能放行。若外给者,要以墨印加盖戳记,即使承命出给,也须经中书门下审核行之,并置木契二十只与太府寺相合,方能生效。因为"会帑藏出入重要",太府寺木契还得经过户部度支复核备案始能发出,以便年终申报开支实数。太府主簿管理木契七十只,左藏东、西库,右藏内、外库,东都左、右藏库均是十只木契,各九雄一雌,双方独自掌管以次行用。当皇室索要物品和官吏领取财资时,必须雌雄相合,做到簿、契、实物三对口,才能提取物品。若遇赏赐,也要按绢布䌷绫缦杂彩等搭配供给,否则不能支出物品。

4. 行政监察制。为健全左右藏的财赋监督,配有专职御史纠正流弊。唐初,监督仓库本由御史台下属察院的监察御史任职,文明元年交给地位较高的殿院。开元初,以殿中侍御史中第二人同知西推,莅左藏出纳。开元十九年重申:"左右藏太仓署,差御史监知出纳。"开元二十一年又敕:"监仓库各定御史一人,一年一替。"[3]朝廷还规定殿院双日受事,推按赋敛不如法式。可见对左右藏的监督,职责分明且十分严格。安史乱后,因殿中侍御史各领制狱推事,故监督左右藏遂不专精,往往空行文牒,不到库藏,累月不审盈虚,致使钱货出入多有隐欺。太和元年,御史大夫李固言奏:"左藏库公事,寻常繁闹,监库御史所推制狱,大者亦许五日一入库,如无大狱,常许一旬内计会,取三日入库勾当,庶使当司公事,稍振纲条,钱谷所由,亦知警惧。"[4]文宗采纳了这项建议。开成元年,殿中侍御史监库藏的职务,又转移到权限广泛的监察御史手里,并规定要择"精强干用"二人"分监仓库"。"每月除本官俸钱外,别给见钱三十千,隔日早入。"[5]用额外补贴来加强

[1]《旧唐书》卷一六二《潘孟阳传》,第4240页。
[2][日]池田温《中国古代籍帐研究》录文二一〇,东京:东京大学出版会,1979年。
[3]《唐会要》卷六二《御史台下·杂录》,第1086页。
[4]《唐会要》卷六〇《御史台上·殿中侍御史》,第1054—1055页。
[5]《唐会要》卷六〇《监察御史》,第1057页。

图6 天宝十载杨国忠进奉银铤,陕西西安唐大明宫遗址出土

图7 唐姚州金铤,陕西西安新城区出土

图8 唐代银铤,陕西西安何家村出土

图9 唐乾符六年银铤,陕西西安灞桥枣园出土

御史对库藏监督的责任心。

5. 供出限期制。为防止左右藏发货贷物差错和加速物品周转,唐律规定如遇有吉凶等事,借出的物品限十日内归还,否则被罚以笞刑。如借出物丢失则照价赔偿。左右藏官吏私自将官物贷出或借出,没有抄署文纪要按偷盗论处。《唐六典》卷二〇还载:"凡官物应入私,已出库而未给付;若私物当供官之物,或虽不供官而皆掌在其官,并同官物之例也。"这就要求给付公私清,进出速度快,提高库藏业务效率,使账外物资不能成为黑料,制止造成消耗高的假象,堵塞贪污盗窃的漏洞。

6. 出入检查制。如果有人从左右藏出入,要由守卫的金吾搜查,以防夹带。除五品以上官员者不合搜检外,防卫主司因没有严格搜检而被人将物品盗出,根据所盗赃物,减盗者罪二等来治罪守卫人员。左右藏的各级官吏,不论有无品级,如没发现有人偷盗,按丢失绢数多少处以笞杖或徒刑。其他如持更、锁闭、封印等违背库藏制度,巡更不觉,大意纵盗,各与偷盗者一同治罪。倘若"诈冒府库物,赦不原"[1]。库藏官吏知情容盗者更是加以重罪,丢失一百匹即处以绞刑。高宗永徽二年,"左武候引驾卢文操,逾垣盗左藏库物。上以引驾职在纠绳,身行盗窃,命有

[1]《新唐书》卷五六《刑法志》,第1408页。

司诛之"[1],后经人说情才得以免死。

此外,左右藏关于保管责任、奖罚条例等也有具体的和严密的法律条文。例如《唐厩律》规定,贮藏绢绵器物的库藏和储贮柴草杂物的外库场院,都必须安置于地势高燥和防潮通风的地方,曝晾物品不及时或安放不适当而导致损坏者,以坐赃论处。李庚《西都赋》中描述右藏"建子亭于屏外,设兰锜于庑下",就是指"绮罗万段,锦绣千筐"保管在货架之上,《唐律疏议》卷二七载:"凡官库藏及敖仓内有舍者,皆不得燃火,违者徒一年。"其他格式对于公私不明、甲乙颠倒、出纳不平、轻受重出、擅启印封、无故留难等等,都要给予坐赃论处的制裁。相反,善于管理库藏则给予提升,唐朝官吏升迁考课之法第廿一条:"谨于盖藏,明于出纳,为仓库之最。"[2]

总之,左右藏管理的条规是经济法和行政法的结合,互为补充,相辅相成,唐律、唐令中关于库藏的凡例都是如此,它不但对正常地、合理地使用财力起了保证作用,而且在某种程度上对皇室挥霍浪费起着制约作用,标志着唐代国库管理具有制度化、法律化的新水平。

三

内藏又称内库、中藏、禁藏等,是由宦官管理的皇帝私库,纯属为皇室贵族生活需求而建。史书一般认为内库即开元时期建立的琼林、大盈二库,陆贽《奉天请罢琼林、大盈二库状》说:"今之琼林、大盈,自古悉无其制,传诸耆旧之说,皆云创自开元。贵臣贪权,饰巧求媚,乃言郡邑贡赋所用,盍各区分。税赋当委之有司,以给经用;贡献宜归乎天子,以奉私求。玄宗悦之,新是二库。"[3]这种说法并不准确,武则天证圣元年"建昌王武攸宁置内库,长五百步,二百余间,别贮财物以求媚"[4]。玄宗先天二年,"放出内库钱二千万,重修崇义坊招福寺"[5]。可见,内库虽是琼林、大盈库,但它建立早于开元时期,唐玄宗只是把内库改名为琼林、大盈库,而不是首创。

内藏出纳在唐前期由内侍省下内府局宦官主管,《唐六典》卷一二载:"内府令掌中藏宝货,给纳名数。"中唐后则有大盈、琼林库使、内库使等专门管理,《刘遵礼墓志》称其曾任大盈库使;《仇士良神道碑》也称其领大盈库

---

[1]《册府元龟》卷一〇一《帝王部·纳谏》,第1208页。
[2]《旧唐书》卷四三《职官志二》,第1823页。
[3][唐]陆贽著、刘泽民校点《陆宜公集》卷一四,杭州:浙江古籍出版社,1988年。
[4]《旧唐书》卷三七《五行志》,第1366页。
[5][清]徐松撰《唐两京城坊考》卷三,北京:中华书局,1985年。

使[1]；《旧唐书·薛存诚传》记有琼林库使。内藏账簿直接由内给事负责，"若用府藏物所造者，每月终，门司以其出入历为二簿闻奏。一簿留内，一簿出付尚书比部勾之"[2]。这不是承受比部的辖制，只是平行的通报，督促其施行诏令，调进物资，说明内藏不受中央财司干涉，但要靠其调物。

内藏库房具有满足宫廷需求的特点。除钱帛等库外，有器物库，元和十二年"出内库罗绮、犀玉、金带之具，送度支估计供军"[3]；有图书库，开元初，"内库皆是太宗、高宗先代旧书，常令宫人主掌"[4]；还有武器库，元和十年"出内库弓箭、陌刀赐左右街使"。由此可知，内藏是一个样样俱全的特殊库藏，而且使用着大量的搬运、护理等工徒，元和时，"琼林库使奏占工徒太广，存诚以为此皆奸人窜名，以避正役，不可许"[5]。

唐中叶前，内藏与左右藏各自分际，内藏财物从国家财赋中限度调拨。中唐后，由于国家财政拮据，皇室用度却始终不减，只好压缩朝廷正常开支来扩大宫廷的糜费，造成国家财政与皇室费用混同，最突出的是皇帝为了随心所欲地集中财赋支配权，用私库（内藏）取代了国库（左右藏）的职能。这种演变递嬗，有三个阶段的特点。

（一）天宝前，左右藏制度时有松弛

贞观五年，国家经济刚有臻进，唐太宗"幸左藏库，赐三品以上帛，任其轻重"[6]，尽力拿取出库，并下诏"自今皇太子出用库物，所司勿为限制"[7]。到开元时，"御府财物山积"，"天子骄于佚乐而用不知节，大抵用物之数，常过其所入"[8]。但"用度日侈"的玄宗也知道国库的重要，"不欲频于左右藏取之"。户口色役使王鉷"探旨意，岁进钱宝百亿万，便贮于内库，以恣主恩赐赉"[9]。天宝八载，玄宗"引百官于左藏库纵观钱币，赐绢而归"[10]。天宝十一载，"上复幸左藏，赐群臣帛"。杨国忠权兼太府卿事，吹嘘珠翠填咽，库藏盈溢，"奏有凤凰见左藏

---

[1]《文苑英华》卷九三三，北京：中华书局，1960年。
[2]《唐六典》卷一二《内官官内侍省》"内给事"条。
[3]《旧唐书》卷一五《宪宗纪下》，第460页。
[4]《旧唐书》卷一五《经籍志上》，第1962页。
[5]《旧唐书》卷一五三《薛存诚传》，第4089页。
[6]《旧唐书》卷三《太宗纪下》，第41页。
[7]《资治通鉴》卷一九六，太宗贞观十六年六月甲辰条，第6175页。
[8]《新唐书》卷五一《食货志一》，第1346页。
[9]《旧唐书》卷一〇五《王鉷传》，第3229页。
[10]《旧唐书》卷九《玄宗纪下》，第222页。

图10 双狐鎏金银盘，陕西西安何家村出土

库屋"；史载他"征夫丁租地税，皆变为布帛，用实京库，屡奏帑藏充牣，有逾汉制，帝是以观焉。又贱贸天下义仓，易以布帛，于左藏库列造数百间屋，以示羡余，请与公卿就观之"[1]。安史叛乱时，"西京仓库盈溢而不可名"，为守卫长安"乃开左藏库出锦帛召募"，但杨国忠称不可耗正库之物，不让动用。玄宗逃离长安也没同意杨国忠焚烧左藏库的建议，翌日"百姓乱入宫禁，取左藏、大盈库物，既而焚之"[2]，上百年来积聚的物品财富大部分化为灰烬。

（二）中唐时，内藏与左右藏相混杂

肃宗收复长安后，骄帅悍将到左右藏强索财物，求取无节，度支盐铁使第五琦

[1]《册府元龟》卷五一〇《邦计部·希旨》，第6117页。
[2]《旧唐书》卷一一一《崔光远传》，第3318页。

"乃悉以租赋进入大盈内库,以中人主之意"。这本是借天子威力来保护国库的权宜措施,但从此国库购物变成了皇帝的私藏。"天子以取给方便,故不复出。是以天下公赋,为人君私藏,有司不得窥其多少,国用不能计其赢缩,迨二十年矣。"[1] 代宗上台后,变局如故,"每岁端午及降诞日,四方贡献者数千,悉入内库"[2]。"大历元年,敛天下青苗钱,得钱四百九十万缗,输大盈库,封太府左右藏,镮而不发者累岁。"[3] 这样宦官就完全掌握了国家财赋,"中官以冗名持簿书,领其事者三百人,皆奉给其间,连结根固不可动"。建中元年,宰相杨炎向德宗指出宦官领职操邦之本的弊端,故"请出之以归有司,度宫中一岁经费几何,量数奉入,不敢亏用"。德宗勉强同意:"凡财赋皆归左藏库,一用旧式,每岁于数中量进三五十万入大盈,而度支先以其全数闻。"[4] 于是国库和私库才从表面上分立。

然而,这种分开只是"徒收其名而莫综其任,国用出入,未有所统"[5]。德宗继续派遣中使以圣旨到国库宣取财物,谓之"宣索",左支右绌,剜肉补疮,将左藏财物移入内藏,使内藏成为举国瞩目的财源之地。建中四年的"泾原兵变",即以士兵到内藏邀求赏赐而爆发,士兵们传呼:"闻琼林、大盈二库,金帛盈溢,不如相与取之!"德宗急忙"令内库出缯彩二十车驰赐之"[6],但乱兵"争入府库,运金帛,极力而止。小民因之,亦入宫盗库物,出而复入,通夕不已"[7]。朱泚"自号其宅曰潜龙宫,悉移内库珍货瑰宝以实之"[8],内藏财物顿时空乏。德宗逃奔奉天,刚解重围,就在行宫庑下复设琼林、大盈二库。翰林学士陆贽进谏要贱货远利,将两库购物赐给有功将士,才能彻底解除累卵之危,德宗只好暂时撤掉琼林、大盈二库榜题。

德宗回到长安后,故态复萌,"属意聚敛"。贞元四年,度支员外郎元友直运淮南两税钱帛二十万至长安,宰相李泌悉输大盈库,然而德宗仍宣索不停,并下敕诸道勿使宰相知道。此后"岁于税外输百余万缗、斛,民不堪命"。白居易《秦中吟·重赋》说:"昨日输残税,因窥官库门。缯帛如山积,丝絮似云屯。号为羡余物,随月献至尊。夺我身上暖,买尔眼前恩。进入琼林库,岁久化为尘。"诗中生动地描写了贞元、元和之际统治者横征暴敛、财物纳入皇帝内藏的情况。

---

[1]《旧唐书》卷一一八《杨炎传》,第3420页。
[2]《唐会要》卷二九《节日》,第543页。
[3]《新唐书》卷五五《食货志五》,第1400页。
[4]《旧唐书》卷一一八《杨炎传》第3420页。
[5]《旧唐书》卷一二九《韩滉传》,第3606页。
[6]《旧唐书》卷一二七《姚令言传》,第3571页。
[7]《资治通鉴》卷二二八,德宗建中四年十月条,第7354页。
[8]《旧唐书》卷二〇〇《朱泚传》,第5389页。

(三) 晚唐时，左右藏已被内藏代替

永贞之后，朝廷有时也颁发一些左右藏不许与内藏混淆的诏令，但实际上未起任何效果。元和初，宪宗平定西南刘辟、东南李锜反叛后，"赀藏皆入内库"[1]，并不断要求诸道向内藏进献。宝历二年，敬宗令户部侍郎崔元略"进准宣索见在左藏库铤银及银器十万两，金器七千两。旧制，户部所管金银器，悉贮于左藏库，时帝意欲便于赐与，故命尽输内藏"[2]。文宗也于太和二年敕"诸道进奉内库"的金花银器以及"纂组文缬杂物"，一律折为铤银、绫绢，便于内藏储存[3]。其至连掌管"钱帛库藏"的户部侍郎也要"将户部钱献入内藏，是用物以结私恩"[4]。只要"不烦内库，有助涓毫"[5]，就可提升判度支。此类额外贡奉的记载俯拾皆是，兹不再赘。

随着内藏的吞食扩展，左右藏趋于衰退，制度弛坏而弊端丛生。如贞元三年，李泌曾"请发左藏恶缯染为彩缬，因党项以市之"[6]，恶缯即保管不善、积压于库的脆烂丝绸。贞元九年，裴延龄权领度支，将"呈样、染练皆左藏正物"，徙置别库。他把左藏分为六库：欠、负、耗、剩、季、月等库，钱物没有增加，只是虚张名目迷惑皇帝。翌年，他又吹嘘："左藏库司多有失落，近因检阅使置簿书，乃于粪土之中收得十三万两，其匹段杂货又百万有余，皆是文帐脱遗，并同已弃之物。今所收获，即是羡余，悉合移入杂库，以供别敕支用者。"[7]文宗开成元年，"有司以左藏积弊日久，请行检勘"，"既而果得缯帛妄称渍污者"。"度支左藏库妄破渍污缣帛等赃罪，文宗以事在赦前不理"[8]。宪宗时内出积年库物付度支估价，例皆陈朽，皇甫镈"尽以善价买之，以给边军。罗縠缯彩，触风断裂，随手散坏，军士怨怒，皆聚而焚之"[9]。会昌六年，刑部与盐铁、户部三司共勘左藏库，不合格的次弱匹段很多[10]，由此可见，国库管理已陷入"散""乱""费"的境地。

唐后期，户部财司若有所需，必须从内藏里支出钱帛，左右藏已名存实亡。如宪宗时期，从内库支出军费达二百三十万贯，绵帛一百六十八万匹段，银五千两，充国用的有五十万贯钱，奉山陵帛五万匹。穆宗为驾驭军队姑息戎臣，"倾府库颁

---

[1]《新唐书》卷五二《食货志二》，第1359页。
[2]《册府元龟》卷四八四《邦计部·经费》，第5790页。
[3]《旧唐书》卷一七上《文宗纪上》，第528页。
[4]《旧唐书》卷一六四《李绛传》，第4287页。
[5]《旧唐书》卷一七八《崔彦昭传》，第4629页。
[6]《资治通鉴》卷二三二，德宗贞元三年七月条，第7494页。
[7]《旧唐书》卷一三五《裴延龄传》，第3723页。
[8]《旧唐书》卷八九《狄仁杰附狄兼谟传》，第2896页。
[9]《旧唐书》卷一三五《皇甫镈传》，第3741页。
[10]《旧唐书》卷一八下《宣宗纪》，第616页。

赏",出内藏钱四十二万五千贯,缯帛绫绢五十八万匹,付度支给用或做军费。还有用于赏赐的,长庆元年一次出内库赏物二十万四千九百六十端匹;敬宗登基,也从内藏支出绫绢三百万段赏给神策军和各地军镇。文宗太和四年,支出内藏绫绢三十万匹,付户部充和籴经费。哀帝天祐元年,发内库方圆银二千一百七十二两,补救百官俸禄的短缺。尤其是在军阀混战下,内藏屡毁屡建,僖宗中和二年,"内库烧为锦绣灰"[1];昭宗光化二年对琼林、大盈二库重新修复[2],但左右藏却再未见记载,表明左右藏已完全被内藏所代替。

  内藏职能的拓宽,使国家财政机构被"架空"瘫痪,"赋敛之司数四,而莫相统摄"。内藏成了皇帝操纵财政的得力工具,它的办事特点是"速""密",挥霍赏赐随时到手,密封宣索大臣不知。所以在民怨鼎沸和理财大臣的切切吁请下,内藏不仅没有裁抑,反而取替了左右藏,甚至收揽了太府寺、比部和金部的部分权力,可谓一举数得。即使宦官鱼肉库藏,"私为赃盗者动万万计",也照样是私库报喜,国库报忧,"四方贡献,悉入内库"。当然,内藏祸起萧墙,不仅引起左藏收入亏空、捉襟见肘,而且造成国家财政比例失调、绠短汲深,结果是"百姓受命而供之,沥膏血,鬻亲爱,旬输月送无休息"[3]。加之内藏各类奢侈消费品具有面广、量大的特征,浪费无数的社会财富,成为经济发展的赘瘤。

  综观上述,左右藏具有完整的体制和严密的条规,表明它在中国封建社会发展到鼎盛时期作为国家财政总枢纽的重要地位,其管理的完备化具有划时代的进步意义。中唐以后,战乱陡起和财赋困窘,遂使内藏作用超出左右藏之上,变为皇帝控制财源的物质之地,从而使国库系统日益残破。左右藏与内藏的递变,标志着唐代财赋储存的兴衰和行政结构的演化。

---

[1] [宋]孙光宪《北梦琐言》卷六,上海:上海古籍出版社,1981年,第47页。
[2] 《唐重修内侍省碑出土记》,《考古与文物》1983年第4期。
[3] 《旧唐书》卷一一八《杨炎传》,第3421页。

唐代国库制度对日本的影响

近几年来，日本学者从多角度论述了隋唐帝国作为东亚世界和东亚文化圈中心的形成发展，说明中国"主文明"或"母文明"和日本、朝鲜"卫星文明"或"子文明"在世界的地位，特别对先进的中华思想、中华法系、中华体制、中华文化等作了高度评价，并对东亚经济贸易圈作了有益讨论[1]。但无论是宏观或微观的研究，都忽视或遗漏了唐代国库制度对日本的影响，这无疑是论述唐代世界性的一个缺憾。本文试作一考察与比较。

日本在大和后期，全国趋于统一，为了逐步加强中央对地方的控制，实现中央集权化统治，广泛扩大了直辖领地"屯仓"。据史籍记载，大化改新前，中央共设立屯仓90处[2]，分散在全国各地，实行征收年贡制度，即纳贡制。这种屯仓带有朝廷经济军事据点的性质，用以对抗地方氏姓贵族势力，所以，大和政权还没有建立起统一的国库。在同中国的南北朝交往中，大和政府积极摄取了大陆的先进文化，尤其是大批大陆知识人的迁入，传进了有关经济制度的知识，在雄略朝（456—479）时出现了"三藏"（斋藏、内藏、大藏）掌管朝廷财务。但"斋藏"是一种很简陋的组织，由斋部氏贵族担任，相当于后来的经济相或大藏大臣的角色，具体管理财物出纳的是"伴造"。履中六年（405）置"藏部"，钦明时（501—571）建立了"大藏"。这主要是租税制度在逐步建立，税收引起了大和国统治者的重视，也是中国库藏制度的东传影响起了推动作用[3]，奠定了建库的基础。

圣德太子执政时期（593—622），大量吸取隋朝政治、经济方面的经验，初步确立了以天皇为中心的中央集权的政治体制。据《日本书记》载，推古天皇三十一年（623），首批从中国回国的留学生和学问僧等向朝廷建议"大唐国者，法式备定，珍国也，常须达"。7世纪三四十年代，在中国学习达二三十年的留学生、学问僧陆续回国，这些后来的改革骨干分子目睹了唐朝治乱兴衰的过程，广泛介绍唐朝先进的经济制度、政治制度和社会思想，形成了要遵循唐朝制度进行全面改革的趋向，特别是大化革新，使整个日本社会从上层建筑到经济基础，实现了全盘唐化，唐朝的国库制度也被引进，"大起仓库，积聚民财"[4]，以致被反对大化改新的

---

[1] 唐代史研究会编《隋唐帝国的世界性》，见《史林》第25卷1号，1969年；《隋唐帝国与东亚世界》，东京：汲古书院，1979年。

[2]《日本书纪》卷一八，安闲元年闰十月，安闲二年五月，东京：中央公论社，1987年。

[3] 见拙文《唐代的左藏、右藏与内藏》，《人文杂志》1990年第5期。

[4]《日本书纪》卷二六，齐明四年十一月。

图 1　日本法隆寺献纳 7 世纪四武士骑翼马射狮锦

贵族列为治政过失。

　　据《大日本史》卷一一六记载:"遣唐大使藤原清河于天平胜宝四年(天宝十一载)到长安见玄宗,玄宗命阿倍仲麻吕导清河等视府库及三教殿,又图清河及副使吉备真备貌,纳于蕃藏中。"这是日本遣唐使学习唐代国库制度的一个最重要、最珍贵的记载。唐玄宗命秘书监兼卫尉少卿晁衡(阿倍仲麻吕)陪同清河等人参观长安的中央国库,并特命将他们的画像藏入国库中,这是难得的机会和很高的荣誉。这次遣唐副使吉备真备回到日本后,上奏并介绍了这一过程。曾在长安留学度过 18 个春秋的吉备真备与许多任过遣唐使的人一样,回国后位列公卿,历任中央地方官员,他们一定有机会把唐代先进的国库制度在日本进行推广。如天平神护二年(唐代宗大历元年),"大藏省双仓被烧,右大臣吉备朝臣真备私更营构,于今存焉"[1]。吉备真备重新营造国库，可见其影响很大。

唐代国库制度对日本影响的结果，主要从以下几方面来看。

一　国库组织系统

大化改新废除了世袭的氏姓等级制度，确立了中央集权的国家体制，在中央设二官、八省、一台。其中涉及管理国库的中枢机关有民部省（户籍财政）、大藏省（财物出纳）、宫内省（营缮与宫内食料）。民部省一手承担籍账整理，按类别受领和确认向国库交纳的调庸贡纳物，像主计寮掌勘计调庸及杂物，支度国用；主税寮掌勘计租税，包括仓库出纳、诸国田租、春米、碾碨等。大藏省"掌出纳诸国调及钱、金银、珠玉、铜钱、铁、骨角齿、羽毛、漆、帐幕、权衡、度量、卖买估价、诸方贡献杂物事"[2]，具体负责库藏正调的收纳、支出等，因保管的物资有绝、丝、绵、布、绢、钱、铁、药等品目，故称为"正调"。宫内省则"掌出纳，诸国调杂物"，并设库藏收纳各地贡进的土特产，主要是天皇的食用品，如宫内省主油司就"掌诸国调膏油事"。

由《养老职员令》可知，大藏省、民部省主计寮、宫内省、宫内省大膳职四方共同掌管"诸国调杂物"，《大宝官员令》也有同样规定，说明各国郡庸调物进纳国库时，由各部门分别保管和出纳。大藏库贮储正调物，除调以外的庸及诸国贡献物等"杂物"，为其他部门保管。《令义解》注释宫内省"出纳"一词说："谓被管诸司之出纳也"，即指内省各司的保管。如《续日本纪》天平十三年（741）十一月庚午条载："始以赤幡班给大藏、内藏、大膳、大炊、造酒、主酱等司，供御物前建以为标。"大膳、大炊、造酒、主酱诸司均属宫内省，可见分工是很细密的。但是，各部门的物资调拨储积，必须经过国库机关大藏省，"敕：收贮大藏诸国调者，令诸司每色检校相知。又收贮民部诸国庸中，轻物绝丝绵等类，自今以后收于大藏，而支度年，分充民部也"[3]。后来把民部的庸物保管也收回大藏省，只给其支度权。民部省藏舍只以收贮："庸米""庸盐"为主了。"凡庸布绵纳大藏，米盐等者纳民部。"[4]直接管理皇室财政的是隶属中务省的内藏寮，"掌金银、珠玉、宝器、锦绫、杂彩、毡褥、诸蕃贡献奇玮之物，年料供进御服，及别敕用物事"[5]。对唐朝的经济交易，有时也由内藏寮的官员充任"交易唐物使"，亦叫作"宫市"。后宫宫女也有

---

[1]《续日本纪》卷三三《天宗高绍天皇》，东京：岩波书店，1989年。《大日本史》卷一二三《吉备真备传》。
[2]《令集解》卷四《职员令》，东京：吉川弘文馆，1985年。
[3]《续日本纪》庆云三年（706）闰正月戊午条。
[4]《令集解》卷一三《赋役令》注引。
[5]《令集解》卷三《职员令》。

图2 8世纪奈良时代法隆寺献纳狩猎纹锦褥,日本东京国立博物馆藏

图3 8世纪绢制绫织,日本奈良正仓院藏

"藏司","掌藏四人,掌出纳帛、赏赐之事",并由闱司监物出纳。其他物品由设在福冈县的大宰府收纳,大宰府"掌祠社、户口、簿帐、字养百姓、劝课农桑、纠察所部、贡举、孝义、田宅、良贱、诉讼、租调、仓廪、徭役、兵士、器仗、邮驿、传马、烽候、城牧、过所……"对唐贸易进口,就是由大宰府主管。如宽平九年(唐昭宗乾宁四年),"敕太宰府,唐商贷物,例遣使检进,今停之。宜据藏人所牒,审录物色品目,遣府官检进"[1]。

二 国库收纳制度

大化政权仿照唐朝的租税制,实行租庸调制。其交纳国库数额为"凡调绢绝丝绵布,并随乡所出,正丁一人,绢绝八尺五寸,六丁成匹,美浓绝六尺五寸,八丁成匹,丝八两,绵一斤,布二丈六尺,并二丁成绝屯端"。以布绢代役的"庸",则每年纳布二尺六寸[2]。交纳时,"凡调随近合成,绢绝布两头,及丝绵囊。具注

---

[1]《大日本史》卷一二三。
[2] 匹、屯、端皆是奈良时代的度量衡,与唐制名称相同。长五丈一尺,宽二尺二寸为一匹;四两为一屯;长四二丈二尺,宽二尺四寸为一端。

国、郡、里、户主姓名，年月日，各以国印印之"。调庸物向国库解运时间与九月中旬的田租起输时间错开，"凡调庸物，每年八月中旬输起，近国十月卅日，中国十一月卅日，远国十二月卅日，以前纳讫。其调系，七月卅日以前输讫。若调庸未发本国间，有身死者，其物却还"。当然，调庸等物品的运输，也是纳赋者的沉重负担，"其运脚均出庸调之家，皆国司领送，不得傝勾随便籴输"。后因运输困难，开销太大，"诸国调脚不得还乡"，病忧粮绝。因此有时只好临时雇用脚夫搬运，由大藏省和民部省诸官厅从赋税中支出费用。至于边远地区，则另有规定："凡边远国，有夷人杂类，输调役者，随事斟量，不必同之华夏。"[1] 和铜元年（708），奈良朝廷仿照唐朝的"开元通宝"铸造"和铜开珎"，为广泛推广钱币，在近畿开始交纳钱调。但近畿以外地区，仍以绢布等实物作为纳税之物。

各地赋物入京向国库运输前，"诸国贡调郡司等，理须先申参状，然后向大藏省"[2]。这是指地方国郡司将入京日期参状先申报民部，由民部省移文大藏省，两省共同检勘贡调运程是合期还是违期。《养老仓库令》规定："调庸等物，应送京者，皆依见送物数色目，各造簿一通，国明注载进物色数，附纲丁等，各送所司。"《延喜式·民部》也云："凡勘纳调庸物者，郡司见参之日，省录率史生等，向大藏省正仓院，与大藏录共勘会见物，然后可纳调物状移大藏省。"[3] 因此，令式都明确规定了由民部省录、史生等官吏与大藏省录一起勘会现物，用心甄别，当场移交调簿、计账，并须按捺司印，这和唐代赋物到京四方检验押署的过程基本上是相同的。当然，当时日本国库出纳物资的移交手续不会完全削足适履地等同唐制，而是糅合唐制，结合本国具体情况创立丰富的。为了进一步说明当时日本国库的出纳，不妨再通过两段史料看其制度。

《延喜式·监物》："凡应出纳大藏物者，少辨已上一人，中务、民部、大藏三省辅各一人，主计助已上各一人，同会就诸司厅。本司录申曰，杂物出纳申，（绁绢彩帛丝绵布钱等类），辨判命之，录称唯。主钥申曰，给钥申，监物命曰给之，即称唯受钥。诸司共赴立正藏前。主钥引藏部等申曰，开藏申，监物命曰开之，即称唯命藏部开，诸司检校出纳，了即监物加封，主钥申曰事毕，诸司乃还。其出纳铁锹等类及自余诸司物者，官史一人，三省录各一人，监物及主计属各一人，俱会出纳。"

《延喜式·太政官》："凡应出纳官物者，本司当日申辨官，辨官及中务监物、民部主计等，与本司共检出纳，其大藏绢绵丝布等物，五位以上临检，案记同署。

---

[1]《令集解》卷一三《赋役令》注引。
[2]《类聚三代格》卷八，承和十一年（844）十一月十五日太政官符，东京：吉川弘文馆，1989年。
[3]《延喜式》，东京：吉川弘文馆，1964年。《延喜式》修成于延长五年（927年，后唐天成二年）。

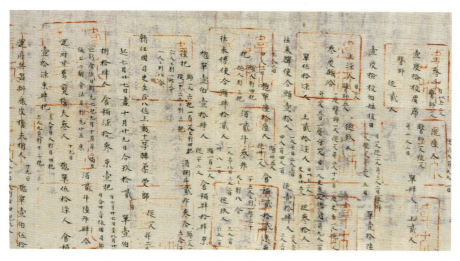

图 4　奈良时代萨摩国正税帐，日本奈良正仓院藏

图 5　奈良时代萨摩国正税帐，日本奈良正仓院藏

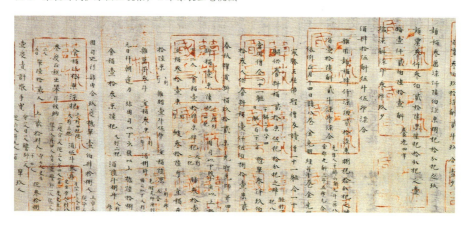

（若五位以上有障者，先申障由，然后六位以下判官代）。自余杂物及余司物者，史并主典以上出纳。"

这里的"本司"即指国库机关。辨官、中务、民部、大藏共同监物入库的格局，不仅反映了国库出纳的重要性，更反映了当时制度的严谨细密。如果检纳调庸物品质量不合格，要随收文一道抄返，由押运来京的郡司纲领带回地方国郡，追究责任。总之，先申参状，现场勘会，出纳监物，返抄收文，这是一整套严格的国库收纳制度。诚然，在封建社会里，贪官污吏丛生，再严格的制度也会被破坏，《续日本纪》天平胜宝八年（755）十一月丁巳条载当时"出纳官物诸司人等，苟贪前分，巧作逗留，稍延旬日，不肯收纳。由此担脚辛苦，竟为逃归，非直败治，实亦亏化。宜令弹正台巡检，自今以后，勿使更然"。这样消除弊端的一纸敕文，当然在具体执行中也是很难惩治那些贪赃枉法者的。

大藏库的支出，亦有严格规定，《养老仓库令》云："仓藏给用，皆承太政官府,其供奉所须,及要速须给,并诸国依式合给用,先用后申。"凡是国库物资出验,先列用途向太政官申请,太政官符下中务省,然后移文管理国库的诸司,才算出纳手续完备。大藏库给予对象主要是中务省"女王、内外命妇、宫人等",式部省"内外文官",兵部省"内外武官"。支出项目有皇室行幸禄(袍、衣、绝、绵、布、钱),百官四季禄(绝、绵、布、锹、铁、钱),皇亲后宫时服(绵布锹系铁),诸司时服(绝、绵布、庸布),诸司马料(钱)等。宫内省库藏负责每月的"月料""要剧料"(钱、米)费用,民部省仓库负责支给每月"大粮"(米、盐、庸布、绵),中务省库藏则负责支出诸司月料纸笔。出验官符要先到,然后才制定出给日,依次发放。特别是支出都有预算,由主计寮负责。《养老职员令》主计寮条:"支度国用,谓八月卅日以前,诸国计帐进上,则计算可输之调庸,检定来年用物,可足不足之状申官也,又司司令进支度之书,则预勘定,可足之状申官也。"[1]《赋役令》"计账条"和《营缮令》"在京营造条"皆有类似规定,以区别"年支常料"和"支料之外"两类费用,说明国库支出要遵循"量入而出"的原则。总之,日本当时国库出纳制度由此索源寻根,除收纳数额不同外,规定条文的格式、用语皆如同唐朝制令[2],确是不分畛域,如出一口。

三 国库管理制度

在平城宫内和朝堂院里排列着8栋大库,后来增加到14栋;在平安京大内宫府里也分布着大藏省的6座大库和内藏寮的大库,对于这些国库的管理也驾轻就熟地汲取了唐制精华,制订有严密的制度。《仓库令》云:"大藏准一季应须物数,量出别贮,随用出给。其内藏者,即纳一年须物,每月别贮出用并乘者附帐,欠者随事惩罚是也。穴云,此司杂物,支度一年用物,自大藏分受,每月别贮出用也;又穴云,内藏受纳之物,亦监等出给耳,镒皆在御所故也。"[3]可知内藏每年物品也是由大藏国库调拨,每月附账出给,损欠要受到惩罚。各种物品的出纳,也是互为监督。"凡调庸物非一色,随色收纳诸司。假令盐、鱼纳大膳,米纳民部之类,其出纳者,监物与本司共可出纳。但今行事,诸司出纳者,辨官、中务监物,民部主计出纳之。"[4]中务省监督物资出纳,据《养老职员令》规定:"中务省大监物二人,掌监察出纳,请进管镒。"中监物、少监物四人,掌职同大监物。又"中务省内藏寮大主镒二人,掌主当出纳",少主镒二人相同。"管镒"据义解即库藏管镒,"凡

---

[1]《令集解》卷四《职员令》。
[2]《令集解·职员令》。见拙著《唐代国库制度》第一章和第三章,西安:三秦出版社,1990年。
[3]《令集解》卷三注,据日本学者研究,"穴纪"约成于延历六年至十七年(唐贞元三年至十四年)。
[4]《令集解》卷四《职员令》。

诸司藏库钥匙，每日与监物共旦请夕进。（图书寮、民部省、大藏省、扫部寮、大膳寮、主殿寮、大炊寮钥）但兵库钥临时请进"[1]。可见除对国库出纳监察外，内藏出纳也受监察，表明对皇室财产的严格控制。至于大中小的区别主要是品官级别不一。监察监物制的实行，目的和唐朝一样，都是为了健全国库管理制度。

从平城宫出土的木简来看，各地税物、贡物入库都附带有"荷札"，这种荷札是平城宫时代国库与官厅间的物品请求书、支给书、物品保管记录与账簿，以及宫内库藏收纳管理的付札（荷札大部分用木简或纸的文书卷轴，日本人称为荷札木简，正仓院中有少数物品付札）。这些木简印证了法令规定，"凡调物及地租杂税，皆明写应输物数，立牌坊里，使众庶同知"[2]。前引《赋役令》也指出国库的纳进物亦必须写清楚纳税者的住所、户籍笔头者名，本人姓名、物品名、数量、年月日等，地方国郡盖有初验印章，以备国库出纳、检验、保管、追究责任等。如：

（一）越前国丹生郡曾博乡户主年仪都百足户口同广足调波奈佐久一□（斗）天平十七年四月十八日[3]

（二）志摩国志摩郡伊杂乡□理里户主大伴部小昨调海藻六斤养老二年四月三日[4]

（三）志摩国志摩郡和县乡御调海藻六斤四月十日[5]

（四）志摩国志摩郡目加里户主鸣直大市户同□麻吕御调海藻廿□（斤）和铜六年六月四日[6]

这些贡进的"调"或"御调"的食品，均是进纳国库折变的调庸杂物。因此，赋物附带的荷札，正是为了国库管理制度的完善健全，与唐代赋调物品立签、验收题记相一致[7]。另外，这些贡进荷札文字表明，当时从北部关东地方到南部九州一带，日本全境都有贡物、税物纳进中央国库，说明已建立了系统而严密的国库管理网络。

《养老令》中还从律令角度反映了对国库管理的谨密。如"凡兵库大藏院内，

---

[1]《延喜式·典钥》。
[2]《令集解》卷六《职员令》注引。
[3] 奈良国立文化财研究所编《平城宫木简》（一）解说，1969年，第130页。
[4]《平城宫木简》（二）解说，第125页。
[5]《平城宫发掘调查出土木简概报》（五），第7页；《平城宫发掘调查出土木简概报》（十二），第9页，1968年。
[6]《平城宫发掘调查出土木简概报》（五），第7页；《平城宫发掘调查出土木简概报》（十二），第9页，1968年。
[7] 参见拙著《唐代国库制度》，第77、80页。

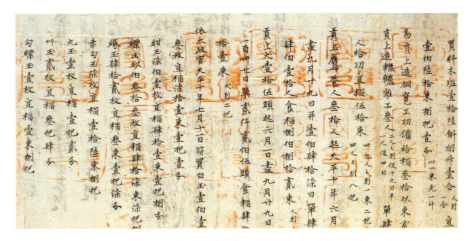

图 6　奈良时代筑后国正税帐，日本奈良正仓院藏

图 7　奈良时代筑后国户籍文书，日本奈良正仓院藏

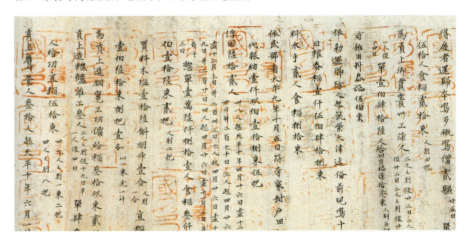

皆不得将火入。其守当人，须造食者，于外造，余库藏准此"；"凡库藏门及院外四面，恒持仗防固，非司不得辄入，夜即分时检行"；"凡诸门及守当处，非正司来监察者，先勘合契，同听检校，不同执送本府"；"凡诸门出物，无榜者，一事以上并不得出，其榜中务省付卫府，门司勘校，有欠乘者，随事推驳，别敕赐物，不在此限。"[1]这些库藏守护、防火防盗，出库检验、勘合契榜，都和唐朝律令陈陈相因，甚至连奖罚国库官吏的《考课令》也与唐朝完全相同，"支度国用，明于勘勾，为主计之最。谨于盖藏，明于出纳，为主税之最。……慎于曝晾，明于出纳，为兵库之最。……监察不怠，出纳明密，为监物之最"[2]。这无疑都是直接吸取唐代国库制度后的总结、提炼和发展。

[1]《令集解》卷二四《官卫令》。
[2]《令集解》卷一九《考课令》。

四　国库司法制度

当时日本的法律，像天智天皇颁布的《近江律令》乃出自唐朝的《贞观律令》，天武天皇的《天武神令》是以《武德令》《贞观令》《永徽令》三律为蓝本，文武天皇的《养老律令》（701年制定，翌年施行）取自《唐律疏议》，元正天皇的《养老律令》（718—721年制定，757年施行）也是汇集了唐玄宗开元时期的律令。这些律令的制定过程，也是审时度势移植唐代国库法令的过程，是大化改新以来，政治、经济等方面经验的总结，表明日本封建中央的国库制度逐渐走向完善。从仁井田陞《唐令拾遗》附录的《日唐两令对照表》来看，两国的《仓库令》基本相同，从篇目次序到律令内容，日本令都与唐令浑然一体，如出一辙，只是有些简化罢了。如，"凡仓藏给用，皆承太政官符，具供奉所须，及要速须给，并诸国依式合给用，先用后申。具器物之属，以新易故者，若新物到，故物并送还所司，年终两司各以新故物计会，非理欠损者，征所由人"。其他如"入库长官监检""仓藏依令式供给""仓藏贮积杂物""仓藏文案孔目""欠失官物"等条，都是从不同的角度抄自唐律。特别像国库管理中很重要的度量衡制，"元明帝和铜六年（唐玄宗开元六年），改定度量权衡，颁布其法于天下。盖自此度量衡皆从唐制，而官私悉用大，但测晷景、合汤药则用小者"[1]。"官权衡度量，每年二月，诣大藏省，平校。不在京者，诣所在国司，平校，然后听用也。"[2] 所有这些，都是当时日本国库法式完备的具体表现，尽管日本律令每条内容在实际运用中不完全相同，但它受唐朝国库经济立法的绝对影响，则同条共贯，昭然可见。

特别值得研究的，是日本奈良东大寺内的正仓院，这是奈良朝绚烂时期遗留至今的唯一库藏，这所历经一千二百余年的罕贵的实例，对了解天平时代中日文化经济交流与影响很有帮助，也是中日库藏比较研究中互作参证的最可珍视的旁证[3]。

奈良时期（710—794），日本各地寺院都有许多保存宝物、什物的库藏，其中最重要的、中心的仓库叫作正仓，这与唐朝称国家仓库为"正仓""正库"一样。东大寺的正仓现在仍保持着当时的原样，一般称之为正仓院，亦称东大寺正藏或东大寺三藏。正仓院并不是寺库，而是天皇的御宝库。因为库中收藏着8世纪中期逝世的圣武天皇使用的家具、物品，以及大佛开光仪式时使用的佛具等宝贵遗物，总数达一万多件。这些物品主要部分是圣武天皇死后，光明皇后供献佛前的御物，借祈冥福。有《东大寺献物帐》五卷以及《药品帐》《真迹帐》等，为正仓院宝物原

---

[1]《大日本史》卷三三二《食货十五》"度量权衡"。
[2]《令集解》卷四《职员令》注引。
[3]《正仓院宝物》，东京：朝日新闻社，1965年。

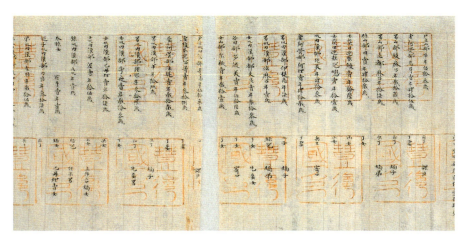

图 8 奈良时代丰后国户籍文书（正税帐），日本奈良正仓院藏

始入库的文献记录。

正仓院受唐代国库制度的影响，可反映在以下三个方面。

（一）建筑形式。正仓院大约是天平胜宝三年（751）大佛殿落成以后创建的，也正是熟悉建筑学的唐高僧鉴真到达奈良东大寺之时[1]。它由三个库房并连，左右用三角形木材横积而成，中间库房用木板建构。三间库房间共搭一个房盖，正面长 33 米，进深 9.4 米，总高 14.24 米，这种连接形式很少有，库房地板用大木柱顶立距地面较多，即所谓"校仓式"（木柱屋）或称高床式建筑。这种干阑式木架之上建筑平台在我国唐代曾广泛实行，只是实物已经无存。现在云南森林山区中仍存在此类建筑。正仓院的"校仓"木基很高，床下 2.72 米，与奈良气候湿润有关，利于物品保护，但更重要的是受唐代国库防潮措施的影响："库，谓贮器仗、绵绢之类"，"皆须高燥之处安置"。因而，这是库藏科学建筑的表现。正仓院能保存达十二世纪之久，建筑是一个很重要的条件。

（二）管理制度。正仓院库房内部，均分上下二层，贮放各种物品（库内棚架是 1880 年架设的）。平时紧闭不开，每年仅十一月上旬，曝晾数日，称为"秋曝"。在曝晾时，临时在库外设梯升降，逾期撤去。正仓的启闭，必须经过天皇的批准，派遣敕使到此启封，曝晾毕，则将有天皇签署的"御书封条"贴在库门，任何人不得擅启，谓之"敕封"。每次曝晾完物品，有《某年某月某日曝使解》《勘物使解》《杂财物实录》等有司从事曝晾或查点之记录，可以从这些文书考察物品移动搬换

[1] 鉴真在长安师从当时著名的建筑家道岸律师，此人主持修建荐福寺和小雁塔，鉴真从他那里学到丰富的建筑知识，在国内多次主持建造寺院殿房。到日本后，鉴真在东大寺主持佛教建筑修建，后又按唐风格建唐招提寺。

库位及出纳记载。账纸具用白麻纸或五色麻纸，以利保存。现存有奈良时代末期桓武延历六年（787）六月廿六日和延历十二年（793）六月十一日的"曝晾"记录，这些珍贵的库藏曝晾记录说明，当时每年有一次定期曝晾，只不过曝晾时间为六月，不同于后来的十一月，或许是夏晾、秋曝各一次。《唐律疏议》卷一五："其应暴叙之物，又须暴叙以时。若安置不如法，暴叙不以时，而致损败者，计所损败多少，坐赃论。"由此可知，这种"曝晾"制度也是受唐代之影响。

（三）库存物品。正仓院库藏内藏物丰富，从衣冠服饰、武备农工、日常器用、玩好诸品，到佛具法物，无不赅备，共20种、240类、5645件[1]。这些重要的珍贵藏品来源主要是遣唐使、留学生、学问僧及渡日僧、赴日唐使等从中国带去的隋唐产物，亦有西域、波斯等进贡唐朝流传过来的珍品和日本当时的仿唐制品，但以唐的舶来品为中心。其中许多物品精巧瑰丽，独具匠意，充分反映了唐代生产技术的高超和人民创造的结晶，这对日本文化经济的发展，直接或间接的影响是不言而喻的。

由此可见，正仓院对中日两国库藏比较的研究价值不能低估，正像日本学者所说的，正仓院位于宽广的唐文化圈的东端，可以说它是收藏连接东西欧亚大陆的贸易路——所谓丝绸之路的文明及文化精粹的"正仓"[2]。

自8世纪初叶以后，在奈良王朝的盛景之下，已开始逐渐显露出中央集权制衰微的征兆。地方的国司、郡司和里长的豪强势力增长，动摇了中央国库收纳的基础。虽然朝廷一再重申国郡司褒贬条例："积实仓库，贡进杂物，依限送纳。"但诸国所贡，"庸调支度等物，每月未纳"，"物漏民间，用乏官库"[3]。即使是贡进国库的调庸物，也是"诸国贡物，粗恶多不中用"，贡物规格品质达到秽滥不堪的程度。桓武天皇（737—806）采取了压抑强豪、寺院势力，维护中央集权的果断措施，但更引起了国司、郡司的地方豪强反抗，他们烧毁储藏国家正税的仓库，以"神火"之名上报朝廷。中央也清楚失火原因，"正仓被烧，未必由神，何者？谱第之徒害傍人而相烧，监立之司避虚纳以放火"[4]。桓武天皇严惩国郡，规定凡正仓被烧，剥夺国司等公廨，以补火灾损失，郡司之责也不能赦免。至9世纪末，随着班田制销声匿迹，中央国库也濒临危机，"收纳之时，不运官库"，而"庄园"迅速发展，成书于平安时代的《宇津保物语》记述大庄园主神南备种松竟建造仓库160栋，储藏绫、绵、丝、缣等物。这样，封建王朝年贡不断、国库盈溢的局面终于过去了。

以上，对唐代国库制度在日本的传播和影响作了纵观的考察，难免挂一漏万，

---

[1] 此数字据傅芸子《正仓院考古记》，东京文求堂，1941年。实际从明治十七年（1884）后，正仓院又广泛收藏奈良时代贵族所用各种器具、药物、武器、文书等，已达一万多件。
[2] 《美术研究》1983年第4期。
[3] 《续日本书纪》卷三九，延历五年四月、八月。
[4] 《续日本书纪》卷三九，延历五年四月、八月。

但其主要史事已雄辩地证实了唐代国库制度对日本的影响至巨且深。考索的结论已鲜明得出：日本奈良时期和平安前期的国库制度是全盘唐化的产物，当然它不是生吞活剥的移植硬套，因为中国皇帝制与日本天皇制在政权结构和性质方面有所差异，所以它是在其本国的社会经济基础之上，为了适应本国国情的历史要求，不露斧凿痕迹的有取有舍。在世界上，真难得寻找像中国唐代国库对日本库藏如此心心相印的影响，如此并驾齐驱的发达水平，正像木宫泰彦所说的："日本中古的制度中，一向被认为是日本固有的，但一翻开唐史，都发现有好多完全是模仿唐制的。"[1]

---

[1][日]木宫泰彦著，胡锡年译《日中文化交流史》，北京：商务印书馆，1980年，第163页。

法门寺地宫珍宝与唐代内库

震古烁今的法门寺地宫珍宝，堪称中国古代文物精华的结晶。这些神工巧技的稀世文物数量极多，是唐代等级极高、价值极大的用器，大都来自唐皇宫的内库，金银器FD5：074（《文物》1988年第10期《简报》编号，下同）鎏金双狮纹菱弧形圈足银盒盖面上有墨书"内库"二字，FD5：082鎏金双凤衔绶纹圈足银方盒底也錾刻"内库"二字，此外，还有两通石碑可印证此点，因而在考察地宫瑰宝硕果时，就必须首先探寻唐朝内库与它们的关系，这样才能真正了解法门寺地宫珍宝的来龙去脉，十分审慎地沿流讨源。

一

唐朝内库是一个纯属供应宫廷需求的专库，以满足封建最高统治者奢靡生活和各项财物之需，由宦官独揽管理，一手包办。

首先，内库向皇帝及皇室贵族供应各类生活物品，日常所需，一不可缺，设有多种库房，如钱币库、布绢库、司宝库、服饰库、器物库、食品库、医药库、茶叶库等[1]，可以说是一个无所不包的综合库藏，而且往往由皇帝亲自支配，强拨硬调。如"宣宗每行幸内库，以紫衣金鱼、朱衣银鱼三二副随驾，或半年或终年不用一副，当时以得朱、紫为荣"[2]。懿宗女儿同昌公主于咸通九年出嫁，赐钱五百万贯，罄内库宝货以充实其广化里住宅；公主病重，又多次"令访内库，得红蜜数石，本兜离国所贡也；白猿脂数瓮，本南海所献也"；公主薨，"出内库金玉驼马、凤凰、麒麟，各高数尺，以为威仪……又教数千人作叹百年队，取内库珍宝雕成首饰"[3]。很明显，内库的无价之宝是应有尽有，直接为宫廷皇家提供服务，所以始终受到唐代各个皇帝的极大重视。

其次，内库也向宫廷中其他各个部门提供财物，如掖庭局工役杂作所需的工料，内仆局车辆修理及油漆的原料等。唐后期宫官中六尚等单位的衣巾服饰、缯帛染织、金玉宝货等，都是内库负责供物的范围。特别是宦官、宫女的生活用品和消费需求，更是以内库作为取之不尽、用之不竭的财源宝地，这就大大扩展了内库储

---

[1] 详见拙著《唐代国库制度》，西安：三秦出版社，1990年，第142页。
[2] [宋]王谠撰，周勋初校证《唐语林校证》卷二《政事下》，北京：中华书局，1987年，第94页。
[3] [唐]苏鹗《杜阳杂编》卷下，北京：中华书局，1985年，第27—28页。

图 1　法门寺鎏金双狮纹银盒，底部墨书"内库"二字

备、分配的职能。如开元、天宝时，"大率宫女四万人，品官黄衣以上三千人"[1]，再加上无品的宦官以及其他人员共有五万多人，于是，内库调拨货物、贮存管理、支出物品等工作浩繁庞杂，需要一个专门的管理班子来统领它，在宫廷内部只能由宦官担负此任，掌财掂宝。

　　唐前期内库管理中枢是内侍省，内侍统领出纳事务，内给事掌握统计预算，主事勾稽会计报审。他们"掌中藏宝货给纳名数"[2]；"掌内库出纳、帐设、澡沐等"[3]；"凡朝会五品已上，赐绢及杂彩、金银器于殿庭者，并供之"[4]。玄宗时期由于内库财物急剧增加，为了进一步加强管理，取精用良，将内库分为大盈库和琼林库两个建制，以适应宫廷纸醉金迷、日升月恒的消费挥霍，大盈库主要收纳钱帛布丝等，琼林库则主要收缴金银珠宝等。懿宗咸通七年大赦文明确反映了这一制度："从今年以后，别立帐，内库年支……应度支积欠大盈库年支匹段丝钱，从太和八年以后，至咸通元年以前，并宜放免。及欠琼林库年支金银锡器、锦绫、器皿杂物等，自开成五年以后，至咸通元年以前，并宜放免。"[5] 大盈、琼林二库的不同职责

---

[1]《旧唐书》卷一八四《宦官传》，北京：中华书局，1975年，第4754页。
[2]《新唐书》卷四七《百官志二》，北京：中华书局，1975年，第1224页。
[3][唐]杜佑撰，王文锦等点校《通典》卷二七《职官典九》"内侍省"条，北京：中华书局，1988年，第758页。
[4][唐]李林甫等撰，陈仲夫点校《唐六典》卷一二《内官宫官内侍省》"内府局"条，北京：中华书局，1992年，第361页。
[5][宋]宋敏求编《唐大诏令集》卷八六《咸通七年大赦》，北京：商务印书馆，1959年，第489页。

区分得一清二楚。由这篇赦文还可知道，懿宗咸通时期大盈、琼林二库的管理，仍然职能详明和系统严密，而法门寺地宫珍宝恰恰是咸通十四年由长安运送来的，鉴此线索，不能否认它们是由这两库奉敕调付的。

随着唐代差遣制变为定职，内库机构也变为由专使统领。《旧唐书·薛存诚传》记载其在元和时任琼林库使；《新唐书·仇士良传》记太和九年"大盈库使宋守义挟帝还宫"之事。西安东郊出土的《唐许遂忠墓志》和《唐李敬实墓志》[1]，也分别记载唐文宗太和二年宦官许遂忠曾任琼林库使，宦官李敬实在宣宗大中时为琼林库使。《隋唐石刻拾遗》卷下《刘遵礼墓志》称刘遵礼在大中五年曾任大盈库使。由此可见，唐后期有大盈库使、琼林库使专职管理内库。西安东郊还出土了一件僖宗乾符年间的银铤，正面刻有"内库使臣王翱""乾符六年内库别铸重四十两"[2]，可知不仅有内库使，而且内库能直接铸造银铤。

既然内库能铸造银铤，必有配套的工匠作坊，以生产宫廷所需的其他金银宝器。早在武则天时，宫廷就"内置作坊，诸工伎得入宫闱之内"[3]。而法门寺地宫珍宝中正好有一些用品是宫廷内部制造的，例如鎏金卧龟莲纹朵带环五足银熏炉底铭文錾有："咸通十年文思院造八寸银花香炉一具并盘及朵带环子，共重三百八十两，匠臣陈景夫，判官高品臣吴弘景，使臣能顺。"鎏金银茶罗子方匣器底也錾刻铭文："咸通十年文思院造银金花茶碾子一枚，共重廿九两，匠臣邵元审，作官臣李师存，判官高品臣吴弘悫，使臣能顺。"其他如纯金钵盂器口边沿、鎏金珍珠装捧真身菩萨、双轮十二环纯金锡杖等金银器物上也刻有类似的"文思院"铭文，并且都有宦官监制的记录。而唐文思院"盖天子内殿之比也"[4]，这里的"比"即比邻、并列、紧靠之意，无疑由宦官主持；其名来自《考工记》，栗氏掌攻金，量铭曰"时文思索"，故号文思院。文思院"掌工巧之事"，为作工场坊，产品自然也存放于宦官自己掌管的内库。因此，文思院负责打造生产，内库负责贮存保管。法门寺地宫珍宝完全证实了两者纠结相缠、密不可分的交融联系。

二

唐代内库部门庞大，货物齐全，除国家支拨和皇庄宫苑收入外，税外进奉、贡献占有很大比重，而这些不定期、不定数的地方或藩镇进贡财物，主要是金银宝

---

[1]《考古与文物》1985年第6期。
[2]《考古与文物》1984年第4期。
[3]《新唐书》卷一〇二《姚思廉传》，第3981页。
[4] [宋]高承撰，[明]李果订《事物纪原》卷七《库务职局部》"文思院"条，北京：中华书局，1989年，第353页。

玉、绢绫锦绸、人参补药、皮毛羽饰等各种奇珍异宝，"所输物产，诸蕃尽最"，即各地最好的土特产品和工艺精品。撮其荦荦大端述于此。

大历元年，诸道节度使进奉金帛、器服、珍玩等共值二十四万缗钱[1]。翌年，汴宋节度使田神功进金银器五十床、缯彩一万匹[2]。元和十四年，宣武节度使韩弘进贡绅三万匹、银器二百七十件[3]。长庆四年，淮南节度使王播"进宣索银妆奁二"[4]。太和元年，王播又"进大小银碗三千四百枚、绫绢二十万匹"[5]。太和二年，全国诸道"四节进奉金花银器及篆组文缬杂物"[6]。太和四年，尚书左丞王起"进银壶瓶百枚"[7]。像这类进奉、贡献物品于内库的记载，在史书中比比皆是。有时皇帝还直接索要金银精品，如宝历元年，敬宗指定要浙西道进奉盏子二十具，计用银一万三千两，金一百三十两，并织造可幅盘条缭绫一千匹，观察使李德裕千方百计才造成两具进奉。一直到唐亡，内库的额外进贡愈演愈烈，成为皇帝和宫廷挥金如土、淫奢侈靡的主要来源。

进贡珍宝财物越多，越刺激着封建统治集团的挥霍浪费，内库支出名目繁杂，无有限度。除修造山陵、娶妃嫁女、营建宫殿、乱赏滥赐外，最大的数额支出之一就是用于宗教方面：建筑寺观、补充寺财、造像铸钟、供养行香等。先天二年，玄宗敕出内库钱二千万，重修崇义坊招福寺[8]。"元和初年，命中尉彭忠献帅徒三百人，修兴唐观，赐钱千万，使壮其旧制。其观北拒禁城，因是开复道为行幸之所。以内库绢千匹、柴千升，为夫役之赐；庄宅钱五千万、杂谷千石，充修斋醮之费。"[9]"宣宗尝出内库钱帛建报圣寺，大为堂殿，金碧坛墁之丽，近所未有。"[10]玄宗为僧一行制碑文，亲书于石，"出内库钱五十万，为起塔于铜人之原"[11]。其他如五台山十二大寺的库院，"每年敕使别敕送香花宝盖、真珠幡盖、佩玉宝珠、七宝宝冠、金镂香炉、大小明镜、花毯白毡、珍假花果等，积渐已多。堂里铺列不尽之余者，总在库贮积见在"[12]。尤其是宪宗元和十四年和懿宗咸通十四年两次迎法门寺佛骨至京师，费用皆出自内库财物，奇物异货选精择优，"计用珍宝则不啻百斛"。

---

[1]《资治通鉴》卷二二四，代宗大历元年十月乙未条，北京：中华书局，1956年，第7192页。
[2]《册府元龟》卷一六九《帝王部·纳贡献》，北京：中华书局，1960年，第2032页。
[3]《旧唐书》卷一五六《韩弘传》，第4135页。
[4]《册府元龟》卷一六九《帝王部·纳贡献》，第2034页。
[5]《旧唐书》卷一六四《王播传》，第4277页。
[6]《旧唐书》卷一七上《文宗纪上》，第528页。
[7]《册府元龟》卷一六八《帝王部·却贡献》，第2027页。
[8] [清]徐松撰《唐两京城坊考》卷三，北京：中华书局，1985年。
[9] [宋]宋敏求撰《长安志》卷八《长乐坊》，北京：中华书局，1991年。
[10]《唐语林校证》卷一《德行》，第18页。
[11]《旧唐书》卷一九一《方伎传》，第5113页。
[12] [日]圆仁《入唐求法巡礼行记》卷三，北京：中华书局，1986年，第118页。

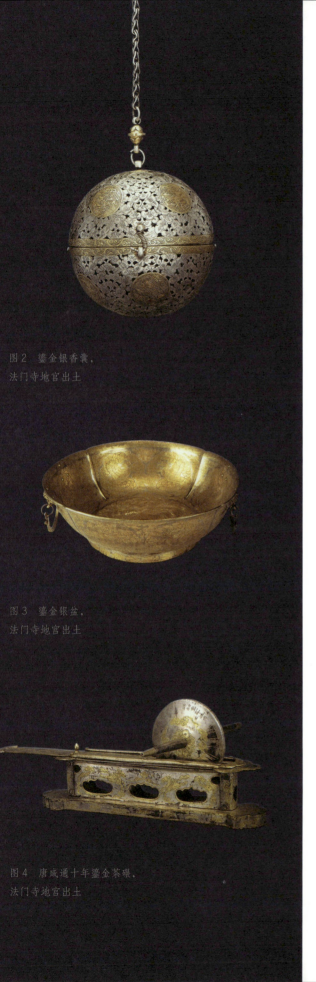

图2 鎏金银香囊，法门寺地宫出土

图3 鎏金银盆，法门寺地宫出土

图4 唐咸通十年鎏金茶碾，法门寺地宫出土

"遂以金银为宝刹，以珠玉为宝帐、香舁"，"又悉珊瑚、玛瑙、真珠、瑟瑟缀为幡幢"[1]。由是可知，寺院的扩大、发展在很大程度上依赖唐王朝卵翼下的经济扶持和财政援助，作为皇帝内道场的寺观更要依靠皇宫内库的资财赐予。唐中期后因有佛指舍利而号称"四大灵境"的代州五台山、泗州普光王寺、终南山五台、凤翔府法门寺都是如此。

法门寺在唐代一再扩建重修，殿堂楼阁亭塔构成"环琳宫二十四院"，崇广宏丽，装饰绚烂，它的鼎盛同样依赖长安内库的优厚补助。从出土于塔基地宫隧道中的《监送真身使随真身供养道具及恩赐金银宝器衣物帐》碑文来看，仅这一次赐奉就有下列四类物品：

[1] 《杜阳杂编》卷下，第29页。

（一）供养物品包括水晶枕、结条笼子、琉璃钵子、琉璃茶碗托子、叠子、波罗子、银坛子、手炉、香囊、随球、七孔针、秘色瓷碗盘、盐台、茶碾子、银绫檀香木函等。

（二）佛寺法器包括锡杖、香案、香炉、香盒、宝函、银足灯、金银涂级菩萨、银金花真珠装菩萨、浴佛盆、银芙蕖（莲花）等。

（三）衣巾席褥包括武后绣裙、金银线披袄子、花萝衫、袈裟、内襕、绮绫锦、幞头、折皂手巾、揩齿布、锦席褥、蹙金鞋、靴等。

（四）行香原料包括檀香、乳头香、丁香山、沉香山等。

这些物品与唐朝皇帝赐送五台山等大寺院的东西基本相同，并按照数额、重量、大小、价值、施舍供养者的姓名、身份等不同方面列出账单，其格式又和敦煌、吐鲁番出土的籍账文书相同，不仅是受纳过程的流水账，更是备案查对的明细账，而且还分累计总账和单项入账。碑文明确记载要"对顶量张（账）"，"点验（付）讫"；这正反映了唐代出纳会计业务的精确程度，是当时财务管理最真实的状况，在中国古代会计史上有着重要的意义。

仔细分析整篇碑文，它倒更像一篇呈报账表，呈报给"监送真身使"以便回京后向皇帝汇报，由押送物品的宦官、左右街僧录、地方官员、法门寺诸僧四方具名签署，记录办清交接手续，然后入塔下地宫分类存置。这和《唐六典》记载唐代中央国库验收财物完全一致，可以说它是当时的账册格式标志。只不过以往发现的账籍都是书写在纸帛上，而法门寺却用石碑，在"会昌法难"骤来的浓重阴影下，人们惧变忧乱，不得不怵惕地将它们存放于塔下地宫，以便永久保存，待来世轮回，万劫再复。

三

如果说迎奉佛骨有一个盛大规模的中枢组织，那么送归佛骨更有一个泱泱人马的统领班子。但无论是迎还是送，都有"中使"即宦官担任主要职务，尤其是诏送时要携带大量金银翠玉、珍品奇物等内库储蓄的财宝，这就需要掌管内库的专职宦官跟随监送，以保证内库财宝到达法门寺升堂入室，进行供奉。

法门寺地宫隧道中的《大唐咸通启送岐阳真身志文》碑文，记载了"护送真身"聚集的一班人马，包括供奉官、左右街僧录、凤翔监军使、观察判官等人。其中供奉官李奉建、杨复恭，东头高品孙克政，西头高品彭延鲁，库家齐珣敬、刘处宏，承旨刘继郇、万鲁文，内养冯金璋，监寺使高品张敬全等都是宦官。特别是杨复恭，《旧唐书·宦官传》记载其"知书，有学术，每监诸镇兵"，咸通九年入为宣徽使，十年又为枢密使，是当时掌握军政大权而炙手可热的大宦官，虽然他没有亲自到法门寺，但在所有舍施者中他供养的财物最多。

"供奉官"是唐代始出现的对官员的一种通称，门下、中书两省自侍中、中书令以下，尽名"供奉官"。永徽以后，皇帝迁居大明宫，别置"供奉官"，遂由内侍担任，故供奉官也成为宦官任职的代称。

"高品"是指品秩较高而处于显赫地位的宦官，因为大量的宦者无品，故"高品"只占宦者中的一部分。《册府元龟·内臣部·总序》记元和十五年："内省所管高品品官白身共四千六百一十八人，内一千六百九十六人高品，诸司诸使并内养、诸司判官等。"由此考察，"高品"只占内侍省里宦者的百分之三十六，并由他们担任诸司头目或出任诸使以及内养等官。正因为"高品"负责诸司，出任诸使，因此法门寺地宫中两块碑文上多次出现"高品"人名，并以"高品"为首"颁赐金银钱绢""监寺"或"点验"财物，俨然以皇帝的代言人和朝廷的监督者身份出现在大庭广众之中。"高品"还监造工匠作坊的生产，1979年西安西郊出土懿宗咸通十三年"宣徽酒坊"银酒注，器底铭文也刻有"高品"宦官监造的字样[1]。至于"东头高品"是指"东内"大明宫的宦官首脑，"西头高品"则是指"西内"太极宫的宦官头目，这也是需要分清的。此外，过去有人将"高品"误以为人名，无疑是子虚乌有的错误；现在又有人认为"高品"一职曾在《佛祖统纪》等书中出现过，

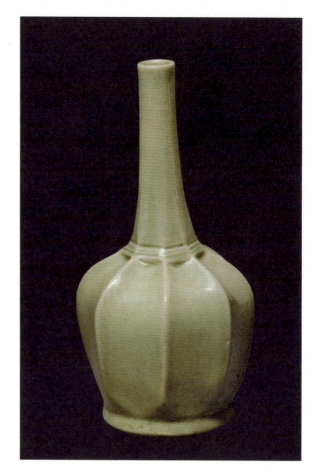

图5　八棱秘色瓷瓶，法门寺地宫出土

---

[1]《考古与文物》1982年第1期。

似乎是僧官[1]，这更是疑中加疑，含混不清；显然是讹误。像这类关键性、实质性的问题，是研究法门寺地宫碑文时必须要澄清的。

"库家"是指专职管理内库具体事务的宦官。例如中唐起建立的管理内外进奉财物的宣徽库，就是由宣徽院里宦官所掌管的专库，设置"库家"具体主管库藏出纳。西安东郊出土的《唐李敬实墓志》[2]，记载他于穆宗长庆元年"充宣徽库家，翌日赐绿，光焕一时，人称独步，历仕三帝"。再如大宦官刘遵礼因"地密务殷，选清材称"，在开成五年"充宣徽库家"，其次子刘重允也担任"宣徽库家登仕郎内侍省奚官局丞"[3]。按《旧唐书·职官志》云，奚官局"掌奚隶、工役"，并兼管医药、衣服和寺观修福。刘氏父子都任"库家"职务，显然是管理库藏的内行专家。所以，以出土文物和历史文献相互印证，可知"库家"是一个六品左右管库的宦官，在当时还是个引人注目的职务。

通过"供奉官""高品""库家"等职称的考证、澄清，不难知道内库宦官各自的职能，以及他们监送内库财宝到法门寺的原因。需要分辨的是，"高品"与"高班"略有不同，《入唐求法巡礼行记》卷四说，大宦官仇士良家中财物被没收缴入内库，武宗到内库看，"拍手怪云：'朕库不曾有此等物。'诸高班低头不语"；进仙台筑成，"两军中尉、诸高班、道士等，随皇帝上"。这里的高班虽然也是宦官代称，但它是指"高品"中的押班，即在殿中轮班值日的高品宦官。

"高品"特别是"库家"亲自监送珍宝到法门寺，雄辩地说明了唐朝廷将宦官主管的内库财物运送到了此寺院。还可证明的是，地宫珍宝中有一个鸳鸯团花双耳浴佛盆，盆底錾刻"浙西道"铭文，这正是浙西道进奉内库的实物，说不定还是敬宗向李德裕索要的浙西道金银器之一，又由内库作为供奉物转送到法门寺。其他像产于越州的秘色瓷器、产于南方诸州的锦罗绫纱、印花刺绣等，皆是各地进贡内库的财物。寺院的盛衰变化与皇家内库盈缩确是息息相关，不分畛域。

总之，地宫文物、出土碑文、传世文献三者都证明，法门寺地宫珍宝来自长安宫廷的内库，是唐帝国统治者力图绕过衰亡劫数而达于不生不灭彼岸世界而祈祝佛祖的体现。

[1] 陈景富编著《法门寺》，西安：三秦出版社，1988年，第153页。
[2] 《考古与文物》1985年第6期。
[3] 《全唐文》卷七四七，刘瞻《内侍省内侍员刘公墓志铭》，北京：中华书局，1983年，第7742—7744页。

天下之财赋　邦国之宝货

——何家村出土珍宝与唐代国库之关系

图 1　窖藏金银器，何家村出土

　　古都长安是唐代珍宝发现最多、档次最高、造型最精、品位最好、保存最为集中的地区，例如全国总计发现唐代金银器 40 多批，其中 30 多批出自西安及周边地区，其中最大的三批发现，即 1970 年西安何家村窖藏、1982 年江苏丹徒丁卯桥窖藏和 1987 年法门寺寺塔地宫藏品，陕西占据了两处。尤其是何家村金银器最为精美珍贵[1],每件金银器都似有其独特的历史,是盛唐文化社会风潮的鲜活记忆和生动再现。尽管这些金银器是没有生命的,但是经过能工巧匠的雕凿、镶嵌,它们开始真正地拥有生命力,变得生动而时尚,令人爱不释手,成为中国古代制作工艺水平的结晶和典雅华贵的艺术品标志。

笔者认为何家村出土的珍宝与唐代国库有密切关系,提出几点认识来供大家思考。

第一,何家村金银器大多出自中央国库贮藏物。

何家村出土这么一大批金银器并不是专为墓葬内陪葬的供物,也不是宗教寺观供奉的物品,而是一批精美绝伦的日常生活用器,即高档家庭用品。从金银器皿墨书和錾刻文字来看,它们绝大多数应该是皇家库藏的器物,有的是从各地进贡的,有的是西域西亚进奉的,有的是长安皇宫作坊自己生产的,不管哪种渠道纳入的,都是作为最高工艺水平的精品而贮存于国家库藏。

根据《唐六典》卷二〇记载,唐代长安中央国库有左、右藏库,左藏是全国财赋的储藏中心,掌管赋税收入的金钱、丝帛、金银铤等,当时叫"天下正数钱物",分为东库、西库、朝堂库;右藏是国内外各种物资的收贮中心,掌管海内外常贡的金玉珠宝等,典籍称为"邦国之宝货",分为内库、外库、东都库,后又扩展到司宝库等[2]。开元时,右藏内库分为大盈、琼林两库,直接提供宫廷消费,安史之乱后到中晚唐许多器物上镌刻有"大盈""琼林"等库存的名字,西安东郊出土一件"乾符六年内库别铸重卅两"银铤[3],可知内库自身能铸造银铤。

何家村出土的60块银铤板,其中刻"五两、朝"字者有53块,刻"伍两太北、朝"字砝码银板2块,刻"拾两、太北、朝"字砝码银板1块。"太"即太府寺,"朝"即朝堂库。这充分说明何家村金银器中绝大多数出自中央国库——太府寺管辖的左藏朝堂库,是国家宝货。此外,何家村窖藏的银铤8枚,银饼22枚,其中有4枚庸调银饼,有块银饼正面还残留墨书"库"字,这都是交纳国库的实物证据。3枚"东市库"银饼则是由地方库向中央库转交商业税记录的实证。这么多的银铤、银饼、银板从国库流入私人手中,即使皇帝赏赐,其中关系也不可想象。特别是大量没有使用痕迹的非流通金银币,只有存放国库才会有这种现象。

第二,何家村珍宝大多是宫廷内库赏赐用物。

开元天宝时期,国家富足,各地进贡不断,《新唐书·食货志》记载户口色役使王鉷"岁进钱百亿万缗,非租庸正额者,积百宝大盈库,以供天子燕私"。天宝

---

[1] 陕西省博物馆、文管会革委会写作小组《西安南郊何家村发现唐代窖藏文物》,《文物》1972年1期。
[2] 笔者早在20世纪80年代即指出何家村出土东市库银饼、朝堂库银板、庸调银饼与中央国库、宫廷内库的关系,见拙著《唐代国库制度》,西安:三秦出版社,1990年,第29、44、58、89页。
[3] 保全《西安市郊出土唐金银器》,《考古与文物》1984年4期。

八载，玄宗"引百官于左藏库纵观钱币，赐绢而归"；天宝十一载"上复幸左藏，赐群臣帛"。宰相杨国忠"于左藏库列造数百间屋，以示羡余，请与公卿就观之"。当时"西京仓库盈溢而不可名"，各地争先恐后折纳"市轻货送上都"，所以皇帝赏赐无度，任意挥霍，国库中流出的器物珍宝不计其数。

从"积百宝大盈库"即知国库贮存各种物品经常被收进皇帝私用内库，《旧唐书·宪宗纪》载：元和四年，"裴均进银器一千五百两，以违敕，付左藏库"。元和十二年"出内库罗绮、犀玉、金带之具，送度支估计供军"，同时还"出内库茶三十万斤，付度支进其直"。唐文宗说内库还有非常贵重的装饰金鸟的锦袍，一件为唐玄宗幸温汤御之，一件赏赐给了杨贵妃[1]。何家村窖藏出土文物中有西亚镶金牛首玛瑙杯、罗马风格狩猎图案高足银杯、波斯风格白玉八曲长杯和水晶八曲长杯、鎏金双狮纹银碗、伎乐图案银杯、鎏金伎乐纹八棱金杯等，都是有唐一代最高工艺水平的器物，六条精致无比的"金走龙"非一般达官贵人所能拥有，应是中央国库划拨给皇家内库的，再由内库赏赐给王公贵族的或有其他用途。西安北郊曾出土唐金花银盘，有刀刻"点过讫"三字[2]，证明是国库进出时对账检验所刻的标记。

第三，何家村窖藏药具与多种药物也是内库贮存物。

何家村出土的贮藏药物的罐、盒、鼎、煎药的锅、铛、铫，以及温药、研药、捣药、服药的杯、碗、壶等，这是一套完整药具，尤其是唐代矿物类的名贵药物也装在其中，这绝不是一般官员所能得到的。皇家内库中也有医药贮备库房，《全唐文》卷七〇四收录李德裕《谢恩问疾状》中云："所要内库食物及药物，无致嫌疑，但具数奏来，即令宣赐者。"《杜阳杂编》卷下记载唐懿宗女儿同昌公主病重，"医者欲难其药饵，奏云：'得红蜜白猿膏，食之可愈。'上令访内库，得红蜜数石，本兜离国所贡也。白猿脂数瓮，本南海所献也"。由这两段记载可见皇家内库中贮存着海内外贡献来的稀奇药材。所以，笔者认为何家村窖藏药具、药物很可能是从皇家内库中调拨出来赐赠给邠王李守礼之类的王公贵族，因为紫英、白英、珊瑚、密陀僧等名贵药物，非一般高官家庭有条件所能贮藏。从银盒内底墨书"旧泾用十七两暖药"、盖面墨书"光明紫砂一大斤"等来看，这无疑是宫廷内库出纳检验的记录。

第四，何家村墨书文字器物是库藏出入的记录。

从何家村有墨书文字的69件器物观察，一是记录贮存物品的名称，二是存放物品的重量或是器物自身净重。银盒内放置的多副玉带名称细辨清楚，碾文白玉、白玉、更白玉、斑玉、骨咄玉等；朱砂则区别为大粒光明砂、次光明砂、光

---

[1]《旧唐书》卷一七三《郑覃传》，北京：中华书局，1975年，第4493页。
[2] 朱捷元《西安北郊出土唐金花银盘铭文的校勘》，《文物》1964年7期。

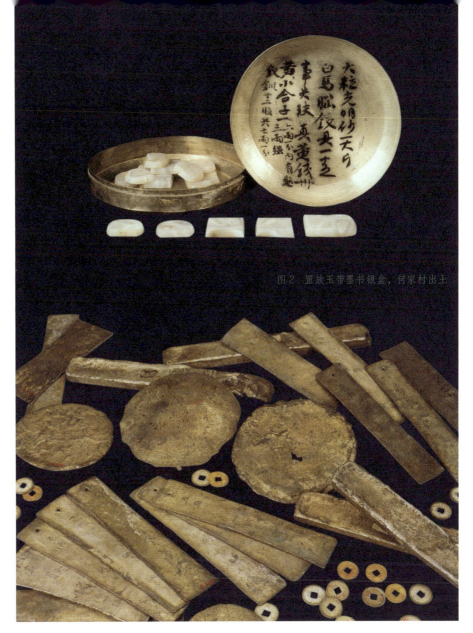

图2 置放玉带墨书银盒,何家村出土

图2 金银货币,何家村出土

明紫砂、红光丹砂等;乳石有上上、次上、次等区分。银盖碗、银盒等器物墨书则按斤、两、分三级标出重量单位,银碗腹壁内墨书"十五两""十五两半"等,有些器物标重上还有"软""软少""强"这样的经验判断语言[1],甚至药物也使用"两""分"做计量来控制剂量,说明太府寺校正度量衡"验宝贝之充盈,察泉货之轻重"非常严格,依据仓库令、式进行出入验收。特别是入库时逐一称重并墨书标

[1] 申秦雁《重见天日的遗宝》,齐东方、申秦雁主编,陕西历史博物馆等编著《花舞大唐春——何家村遗宝精粹》,北京:文物出版社,2003年,第5页。

出，以便登记造册，也有利于出库时核对账目，这是国库必需的管理工作[1]。"大粒光明砂"银盒盖面23字、盖内记录48字，而且盒内物品未被扰动；申秦雁曾指出："大量的金银器皿上有墨书题记，这应该是上交或进贡给朝廷或皇帝，收藏入库（国库、内库）时登记称重留下来的记录。"[2]这个判断是正确的，《唐六典》卷三规定金部司"掌库藏出纳之节，金宝财货之用，权衡度量之制，皆总其文籍而颁其节制"，对库藏钱帛出纳进行原始凭证复核。《新唐书·百官志》也说："金部郎中、员外郎各一人，掌天下库藏出纳、权衡度量之数，两京市、互市、和市、宫市交易之事，百官、军镇、蕃客之赐，及给宫人、王妃、官奴婢衣服。"凡是检验"皆书印焉"。

法门寺金银器也有过类似的墨书文字，鎏金双狮纹菱弧形圈足银盒面墨书"内库"二字，"随真身御前赐"墨书方银盒旁錾刻也有"内库"二字，笔者曾专门指出过其来源于长安皇家库藏的原因[3]。一般来说，入库为錾刻字，出库为墨书字，但常有变化，似无定制。

第五，何家村窖藏众多钱币是国家正库才具有的收藏功能。

何家村总共出土钱币39种466枚，金币、银币、铜币全有，时间从春秋时齐国刀币、新莽"货泉""货布"到贞观十四年（640）西域麹氏高昌国的"高昌吉利"，年代最晚是天宝十五载的开元通宝。[4]这么多有朝代序列的钱币肯定不是一个人所能搜集收藏的，而只有国家正库即左藏内之"钱库"才具有这样储备条件和搜集功能。左藏不仅作为全国税收汇聚处，而且接纳域外蕃客献钱献物，依据国家的力量和赋税制度才能将各地钱币收全。左藏还承担"易换旧钱、收回恶钱"的任务，天宝十一载，朝廷于长安"龙兴观南街开场，出左藏库内排斗钱，许市人博换"[5]。因此，何家村这么多币种应是依靠国家正库获得的。何况还有用于宫廷赏玩恩赐的421枚银制"开元通宝"与30枚金制"开元通宝"，《旧唐书·玄宗纪》记载："宴王公百僚于承天门，令左右于楼下撒金钱，许中书门下五品已上官及诸司三品已上官争拾之。"唐玄宗还赐杨贵妃为安禄山"洗儿金银钱"，唐中宗为睿宗出降荆仙公主铸造金钱"用以撒帐"。这些围绕宫廷内部发生的故事，令人垂涎心动，因此，一般的达官贵人不可能收藏到这么多珍贵稀少的金银币。《新唐书·食货志》记载开元二十六年"铸开元通宝钱，京师库藏皆满"。这些不流通的金银币更证明

---

[1] 关于唐代库藏出纳检验制，见《唐代国库制度》，第75页。
[2] 申秦雁《重见天日的遗宝》，《花舞大唐春》，第9页。
[3] 拙作《法门寺地宫珍宝与唐代国库》，《首届国际法门寺历史文化学术研讨会论文选集》，西安：陕西人民教育出版社，1992年，第75页。
[4] 见申秦雁统计数字，《花舞大唐春》，第4页。
[5] 《旧唐书》卷四八《食货志上》，第2099页。

图3 兽首镶金玛瑙杯，何家村出土
图4 唐鎏金翼鹿纹银盒，何家村出土

图5 唐鎏金双狮银碗，何家村出土
图6 唐代鎏金飞廉纹六曲银盘，何家村出土

窖藏财宝来自皇家内库之物。

何家村出土的高昌吉利钱，是高昌王独立发行的货币，在吐鲁番高昌遗址发现过此类钱币。至于日本"和同开珎"、波斯萨珊银币、东罗马金币、突骑施铜钱等，集中在一地一窖出土，这是绝无仅有的大发现，目前已发现墓葬中出土的外国金银币均为一种一枚或数枚，没有库藏的集中贮存绝不可能一下子有这么多。

第六，何家村窖藏文物反映的奢侈生活只有皇室贵族才能享受。

从目前发现的隋唐墓葬中的陪葬品来看，尽管丰富多彩、琳琅满目，但是像何家村这样通过金银器造型突出反映贵族奢华生活档次的并不多见。鎏金舞马衔杯纹银壶印证了唐玄宗千秋节时宫廷内举行驯马衔杯跳舞以示祝寿表演的记载；高足银杯上狩猎纹图案形象地反映了唐代帝王热衷狩猎的场面，射猎者身上的豹皮弓韬应是贵族侍从才能享受的等级；而鎏金仕女狩猎纹银八瓣杯中体态丰腴仕女休闲漫步图案，无疑是当时贵族妇女的写照，与乾陵永泰公主墓宫中女性生活壁画如出一辙；这些器物通过图案艺术炫耀豪华的生活方式，体现出皇家气势，正是唐代皇室贵族奢侈生活的重要组成部分。与之相配能享受的人肯定是高贵等级的人物，贮存这类物品也只有宫廷库藏才有专业技术和曝晾条件延长期限[1]。窦师纶所画《内库瑞锦对雉斗羊翔凤游麟图》，就是"缮写藏于内库，以宫人掌之"[2]。

第七，何家村出土文物制作工艺只有宫廷皇家作坊才具有。

何家村窖藏文物绝非一般民间工匠制作，从金银器造型来看，不仅规整稳定、刀法细密，而且加工多样、屡屡创新，说明这些出皇家作坊里的工匠手艺熟练，运用了冶炼、焊接、灰吹、掐丝等工艺。例如葡萄花鸟纹银香囊，在设计上充分运用了陀螺平衡架原理，四层结构紧扣无丝毫脱落，圆球外壁和半球形金盂圆周率极高，重心始终不变，这种设计精巧又制作精确的香囊，只有宫廷皇家作坊才能制作。法门寺出土晚唐香囊与何家村盛唐香囊如出一辙[3]，互相印证了宫廷工匠的技术水平一脉相承。《新唐书·姚思廉传》说武则天时宫廷就"内置作坊，诸工伎得入宫闱之内、禁卫之所"。他们的制作精巧细致、造型特殊，适合皇家豪门人群追求奢侈生活的需要。

虽然我们无法找到创作的原始草图、稿本、模型，但是每一件都体现着从设计到制作的极致，构建了一个异彩纷呈的无价宝库。我们可以想象作坊总监、设计师、模型制作师、镶嵌师和主要技师统统聚集在一起，围绕着器物的艺术审美表现逐一讨论，挑选后进行最完美的组合，不仅要将人物细致微妙地表现出来，还要把

---

[1] 关于唐代库藏保管保养规定的分析，见拙著《唐代国库制度》，第81页。
[2]《新唐书》卷五七《艺文志一》，北京：中华书局，1975年，第1423页。
[3] 韩生编著《法门寺文物图饰》，北京：文物出版社，2009年，第249—251页。

动物运动姿态逼真再现出来。这样的极品金银器按照当时规定"择精要好物",只能贮存于宫廷内库藏存,供统治者玩赏[1]。有研究者认为,"何家村窖藏所有者是中尚署,因其是'检校进奉杂作'的检验部门,故有地方进奉的器物,因其掌供天子器玩,故有外国货等宝物"[2]。这个推断恐是搞错了。实际上"中尚署"作为少府监下属五署之一只是负责制作供应郊祀的用品,开元后多以高品宦官为"中尚使"检校进奉杂作,相当于手工业生产性质之管理职任,监督工匠制作以保证质量,与太府寺职掌国家财赋帑藏以及左右藏署掌天下赋调库藏不可相比,值得纠正。

第八,何家村文物呈现多种异域文化应是外来输入品。

鎏金玛瑙兽首杯造型无疑来自西方古希腊人名为"来通"的特征,酱红色玛瑙长杯造型也源于西域,在中亚撒马尔罕片吉肯特粟特壁画上就有手持这种长杯宴饮的画面;水晶八曲长杯器型无疑也是源自西域,重要的是无色透明的水晶产于西域,史书多次记载西域国家向唐朝贡献水晶制品;萨珊波斯风格的凸纹玻璃杯无疑是外国输入品,粘贴玻璃条装饰应是西亚做法;鎏金对狮卷翼纹银碗、鎏金飞狮纹银盒都与萨珊波斯带翼兽纹形式相同,翼牛或翼马的"飞廉"银盘、双狐互盼桃形银盘以及双翼角鹿银盒等[3],虽然有学者认为是中国传统的神兽,但是它们与粟特、西方风格相联应是可以肯定的。笔者同意这些物品即便不是西方外来输入品也是胡人工匠所制的说法[4],即狮子白玉带板的制作,也有可能是西域工匠的手艺,隋唐时期擅长攻玉的西域胡人工匠应比汉人玉工更为拿手,当时的工匠肯定吸收了外来文化的养分,或许就是胡人工匠在艺术创造中的尽情遨游。

据唐朝律令格式规定,蕃客进献的奇珍异宝先要评估价值给钱后"贮于两市",纳入左藏库后差官专门按价值付给钱帛。所以,何家村异域舶来品如是市价购买也要进入国库。

令人疑惑的是,何家村出土珍宝中为唐代贵族妇女绚丽打扮装饰品档次很高,既有两对玉臂环,又有4只金钗、金镯、金臂钏等,但没有项链、头冠、步摇、簪子等;在镶嵌工艺上,没有珠宝、钻石、珊瑚等,连平常使用的传统绿松石也没有出现。如果说西方人最钟情的钻石得不到隋唐时期中原人的青睐,那么西方人最欣赏的蓝宝石、紫宝石却出现在中国人的收藏中,本身值得思考。这可能是外国进贡的或是商胡贸易而纳入宫廷内库的。

开元天宝以来社会空前富裕,达官贵人富而思奢,对外来文化存在一种追求崇

---

[1] 对唐代内库分析,详见拙著《唐代国库制度》,第137—157页。
[2] 韩建武、贺达炘《巧夺天工:何家村金银器的制作工艺及作坊》,《花舞大唐春》,第23页。
[3] 孙机《中国圣火——中国古文物与东西文化交流中的若干问题》,沈阳:辽宁教育出版社,1996年,第156页。
[4] 齐东方《何家村遗宝与丝绸之路》,《花舞大唐春》,第38页。

图 7 唐狩猎图案高足银杯图案（线描），何家村出土

图 8 唐伎乐八棱鎏金银杯图案（线描），何家村出土

图 9 唐狩猎与仕女游乐图案八瓣银杯图案（线描），何家村出土

拜的情绪，特别是胡商带来的奢侈品对人们诱惑极大，加深了上层统治阶层对西域文化的认同感，形成了一个疯狂追寻奢侈品的生活圈子。《资治通鉴》卷二一五记载天宝四载玄宗"用度日侈，后宫赏赐无节，不欲数于左、右藏取之。铦探知上旨，岁贡额外钱百万亿，贮于内库，以供宫中赏赐"。所以奢侈品有着高速增长的需求，其使用成为身份的象征和社会地位的营造。

更值得思考的是，奢侈品与贵族文化有着直接的联系，过度追求奢侈消费，往往正是断送一个王朝发展的开始。铺张奢华最终必然导致危机,这也是经济发展的规律。奢侈豪华加剧了贫富差别,导致了社会结构的失衡,腐蚀了社会朴实节俭的风气,形成了一种浪费社会财富与以奢侈为荣的社会风气。奢侈品的炫富使得穷人觉得他们永远也挣不到那么多钱,永远也不会平等,而且财富偏向富人更会引起穷人的愤怒,广大的穷人自然缺乏甚至放弃了社会责任感,贫富之间的差距会增加社会矛盾。安史之乱爆发后,叛军还未打到长安城,人们不是组织起来抵抗,而是乘机抢掠财宝,不仅剽掠皇家库藏,连文武将相之家的"宝货"也被争抢,甚至反复来往连抢几日。《新唐书·安禄山传》记载:"(安)禄山未至长安,士人皆逃入山谷,东西骆驿二百里,宫嫔散匿行哭,将相第家委宝货不赀,群不逞争取之,累日不能尽。又剽左藏大盈库,百司帑藏竭,乃火其余。(安)禄山至,怒,乃大索三日,民间财货尽掠之,府县因株根牵连,句剥苛急,百姓愈骚。……"这固然与统治集团仓皇逃奔后无人看守有关,但更重要的是平日里贫富差距造成的心理愤懑猛然爆发,整个长安城内都出现抢劫状况,反映出平素里积累的失望、不满情绪的蔓延,变成了一种"仇富""恨腐"的纵容抢劫状态,以此来发泄人们不满的情绪。

安史之乱引发的社会混乱让世人震惊,抢掠焚烧的人祸源于心灵的失控。《资治通鉴》说唐玄宗逃出长安时,杨国忠要焚烧左藏库,未得到同意,"(宫)门既启,则宫人乱出,中外扰攘,不知上所之。于是王公、士民四出逃窜,山谷细民争入宫禁及王公第舍,盗取金宝,或乘驴上殿。又焚左藏大盈库。崔光远、边令诚帅人救火,又募人摄府、县官分守之,杀十余人,乃稍定"[1]。这段史料说明当时人们分为三个盗抢方向:一是大明宫等皇家宫禁,二是那些分布在长安城中的王公宅邸,三是国库所在地左藏和皇帝内库大盈库。在长安城这么大的范围里,出现如此大规模的哄抢盗劫,真是前所未闻。何家村珍宝出土地若不是兴化坊邠王李守礼府邸而真是一般民宅内,则有可能是国库遭抢劫后为人隐瞒而秘密的埋藏地。

长安是唐代的发达地区,也是阶级差异非常大的一个地区,《明皇杂录·补遗》记载:"天宝中,诸公主相效进食,上命中官袁思艺为检校进食使,水陆珍馐数千,一盘之贵,盖中人十家之产。"但等级差别和贫穷歧视交缠在一起,在自己的小儿子饿死在号称天宝盛世的悲愤刺激下,杜甫写下了"朱门酒肉臭,路有冻死骨"的千古绝句。唐代鼎盛时期并没有在人的内心建立完美秩序,使它能在社会秩序被破坏时仍能约束人的行为,令人心惊的奢靡之风,反而刺激了人的怨愤,由"羡富""慕贵"到"恨腐""仇富"的心理过程,会使一个盛世的"文明"失控失色。

安史之乱使一个"炫富"的时代结束了,但是中唐统治者急需聚敛财赋补充国库,唐德宗建中元年起,"凡财赋皆归左藏库,一用旧式,每岁于数中量进

---

[1]《资治通鉴》卷二一八,肃宗至德元载五月条,北京:中华书局,1956年,第6971页。

三五十万入大盈"[1]。达官贵人又竞相模仿宫廷奢侈之风，再次引起社会震荡。《资治通鉴》记载建中四年泾源兵变时大批乱兵扬言"闻琼林、大盈二库，金帛盈溢，不如相与取之"。他们攻入大明宫后，登含元殿，"大呼曰：'天子已出，宜人自求富！'遂欢噪，争入府库，运金帛，极力而止。小民因之，亦入宫盗库物，出而复入，通夕不已。其不能入者，剽夺于路。诸坊居民各相帅自守"[2]。但经过天宝十四载（755）京师劫掠后"府藏尽虚"，地方也"州藏耗竭"，估计这27年间的社会动荡使得大明宫内库没有多少财赋可夸富了，所以笔者认为将何家村珍宝定为泾源兵变租庸使李震埋藏的物品恐有失误。

安史之乱后，唐朝金银器工艺技术遭受了沉重打击。从出土实物看，晚唐金银器艺术明显走下坡路，法门寺地宫出土金银器包括不少皇室用品，但工艺水平总体上可能不如盛唐西安何家村窖藏金银器，虽然都是出自长安，但突破性的题材和新颖图案不多了。

从何家村金银器及各类珍宝中，我们能读到一部王朝兴衰史。面对这些十几个世纪前汇聚"天下之财赋"而收藏的"邦国之宝货"，你可以无限想象那时贵族追求的奢华生活和典雅的艺术品位，虽然它不像史书文献、笔记小说叙述得那么津津有味，但它与皇室贵族、王公名流之间的联系，使这些文物被蒙上了一层令人神往的传奇色彩，不仅是珍宝的收藏，也是历史的见证。

[1]《旧唐书》卷一一八《杨炎传》，第3420页。
[2]《资治通鉴》卷二二八，德宗建中四年九月条，第7352—7354页。

第四编

纷繁万象中的文化面影

袒露隋代地方风俗中的社会心理

风俗是社会心理发展到特定历史阶段时精神状态的必然产物,因为社会心理是风俗形成、传播、变化的直接来源。风俗一方面反映了特定时代人们的心理状态,另一方面也是社会心理在社会生活环境方面的集中体现。人们正是从风俗中的社会心理基础窥视出一个历史朝代的社会演变、民族性格、道德观念、文化风貌以及其他继承流传的文明脉络的。不了解社会心理,研究风俗就无法开拓它的深度[1]。拙文试从社会心理鸟瞰在中国风俗史上占有重要地位的隋代地方风俗[2],以为引玉之砖。

一 风俗中社会心理的形成

风俗是直接现实心理的回声,它依赖于社会心理的准备、支配,社会心理则因风俗的反作用而日益扩展影响,在二者水乳交融的互摄情况下,由于地方范围不同的分解、聚合,会自发形成迥然不同的风俗。隋代地方风俗的形成,正是包含或反映了这样一个过程。

隋代地方风俗的内容极端庞杂,"十里不同风,百里不同俗"。但不论哪一种地方风俗的形成,都受社会心理这种前提性因素的影响和制约,并由此敷施出不同地区的淡彩浓墨。具体考察它有如下系列心理因素。

生产心理因素。风俗是人类社会生活实践经验的积累,它必然蕴含着由生产劳动造成的社会心理,因而,它也必然由一个地区社会经济和生产情况所决定。例如,河北"人性多敦厚,务在农桑"[3]。长平、上党"人多重农桑,性尤朴直,盖少轻诈"。河东、临汾等地"其俗刚强",因为"土地沃少瘠多,是以伤于俭啬"。"汉中之人,质朴无文,不甚趋利。性嗜口腹,多事田渔,虽蓬室柴门,食必兼肉"。汉阳、临洮"皆务于农事,工习猎射,于书计非其长矣"。"江南之俗,火耕水耨,食鱼与稻,以渔猎为业,虽无蓄积之资,然而亦无饥馁"。这些民俗内容,正是各地生产方式某些具体情形不自觉反映到他们底层意识中的一些迹象。

宗法心理因素。家庭是最小的经济生产与消费单位,共同的心理高度注重其血

---

[1] 苏联学者安德列耶娃认为:"对风俗与习惯的分析,其实是一个社会心理学的问题。"见《社会心理学》,上海:上海翻译出版公司,1984年,第197页。笔者理解,社会心理主要是从社会整体着眼,宏观地再现某一社会整体,社会集团所产生的共同心理活动和趋势,这正是寻找风俗滋生来源的土壤。
[2] 姚薇元先生在40年前写过《隋代之民风》,见《文讯》1944年第5卷第1期。
[3] 《隋书·地理志》(北京:中华书局,1973年),以下所引,不再注明。

缘家庭成员必须维护宗族的权力与利益，保持宗法家族小环境的和睦与巩固，否则将会受到"伤风败俗"的道德谴责。如当时"礼教凋敝，公卿薨亡，其爱妾侍婢，子孙辄嫁卖之，遂成风俗"[1]。四川"小人薄于情礼，父子率多异居"。岭南"父子别业，父贫，乃有质身于子，诸獠皆然"。吴越"衣冠之人，多有数妇，暴面市廛，竞分铢以给其夫。及举孝廉，更要富者，前妻虽有积年之勤，子女盈室，犹见放逐，以避后人"。这种违背以名教纲常为本的伦理风俗，正是维护宗法家族秩序所不允许的。

  阶级心理因素。由于封建社会人们对生产资料关系占有的不同，所处的地位也因等级不同，出现了最深刻的社会心理状态，就是阶级心理。京兆"贵者崇侈靡，贱者薄仁义，豪强者纵横，贫窭者窘蹙。桴鼓屡惊，盗贼不禁，此乃古今之所同焉"。巴蜀"贫家不务储蓄，富室专于趋利"。"豫章之俗，颇同吴中，其君子善居室，小人勤耕稼"。"边野富人，多规固山泽，以财物雄役夷、獠，故轻为奸藏，权倾州县，此亦其旧俗乎"。这类彼此利益要求不同的阶级、阶层，必然产生不同的心理特点，直至歧视对抗的阶级心理出现。

  民族心理因素。在隋朝疆域内错居杂处着众多的民族，风俗的互相影响是民族心理形成的一个重要原因。临洮、武都等地"皆连杂氐羌，人尤劲悍，性多质直"。"又有獽狿蛮贾，其居处风俗，衣服饮食，颇同于獠，而亦与蜀人相类"。南郡、江夏诸郡"多杂蛮左，其与夏人杂居者，则与诸华不别"。延安、弘化"连接山胡，性多木强，皆女淫而妇贞，盖俗然也"。这种无定形的风俗传播，对各民族的共同心理素质产生了相对独立和持久的稳定趋势，加深了民族向心力，给隋代各地增添了新的色彩。

  文化心理因素。文化的积累要经过长期历史发展过程，包括道德规范、审美情趣、儒家教育等多种层次，并常常渗透于其他要素中。隋代地方文化心理形成地区主要有："涿郡、太原，自前代以来，皆多文雅之士，虽俱曰边郡，然风教不为比也。"齐鲁之地"旧传太公、唐叔之教，亦有周礼遗风。今此数郡，其人尚多好儒学，性质直怀义，有古之风烈矣"。"始太公以尊贤尚智为教，故士庶传习其风，莫不矜于功名，依于经术，阔达多智，志度舒缓"。川蜀"其人敏慧轻急，貌多蕞陋，颇慕文学，时有斐然，多溺于逸乐"。河北"好尚儒学，而伤于迟重，前代称冀、幽之士钝如椎，盖取此焉"。京口、吴会等郡"其人君子尚礼，庸庶敦厐，故风俗澄清"。这种以"礼"为人们心理内容的文化修养，对风俗中的道德践履，起着推波助澜的作用。

  传统心理因素。地方风俗是传承性文化，承袭过去的因素是地方风俗形成的显

---

[1]《隋书》卷六六《李谔传》，第1543页。

图1 陶俑,
湖北武昌周家大湾隋墓出土

图2 隋开皇六年女侍俑,
安徽合肥杏花村出土

图3 隋方领袒裼持瓶女俑,
陕西历史博物馆藏

图4 隋白釉捧罐女俑,
上海博物馆藏

图1

图2

图3

图4

著特征，因为它是一个积之久远的历史过程，必然带有演进的痕迹。隋代风俗由于沿袭了长期形成的习尚，呈现出五彩多姿的外观。例如，巴蜀"其处家室，则女勤作业，而士多自闲，聚会宴饮，尤足意钱之戏"。这种经济权与婚姻权的不一致，似有史前时代妇女业绩的折光反映。余杭"其人本并习战，号为天下精兵。俗以五月五日为斗力之戏，各料强弱相敌，事类讲武"，明显受到楚、吴互伐百姓教战的历史影响。湖南由于"屈原以五月望日赴汨罗，土人追至洞庭不见，湖大船小，莫得济者"，乃"竞会亭上，习以相传，为竞渡之戏"。这种招魂驱邪的信仰可上溯到远古宗教仪式的继承，又融合了竞技内容，成为复合型节日的遗俗。岭南诸郡"其人性并轻悍，易兴逆节，椎结踑踞，乃其旧风"。诸獠"俗好相杀，多构冤仇，欲相攻则鸣此鼓，到者如云"。这亦是原始部落古老战俗的变形孑遗。另外，重男轻女、婚丧礼仪、饮食形式等习俗，皆有古俗中社会心理逐步变迁的杂糅。

地域心理因素。隋朝区域辽阔，"东南皆至于海，西至且末，北至五原"，"其邑居道路，山河沟洫，沙碛咸卤，丘陵阡陌，皆不预焉"。因而，不同的自然地理环境制约着人的生产活动，也必然影响着社会心理的差异，造成地方风俗的不同。如京畿地区"京兆王都所在，俗具五方，人物混淆，华戎杂错"。洛阳"其俗尚商贾，机巧成俗"。而"丹阳旧京所在，人物本盛，小人率多商贩，君子资于官禄，市廛列肆，埒于二京，人杂五方，故俗颇相类"。又如朔方、五原等边远地区"地接边荒，多尚武节，亦习俗然焉"。雁门、渔阳"皆连接边郡，习尚与太原同俗，故自古言勇侠者，皆推幽、并云"。荆州、襄阳"其僻处山谷者，则言语不通，嗜好居处全异，颇与巴、渝同俗"。

此外，由于封建社会生产力长期低下，对自然本原、地理环境的直接依赖，隋代各地风俗带有对土地等自然界盲目顶礼膜拜的烙印，往往又有愚昧、禁忌、卜兆、迷信甚至宗教心理的色彩。例如岷州"土俗畏病，若一人有疾，即合家避之，父子夫妻不相看养，孝义道绝，由是病者多死"[1]。"江南风俗，二月生子者不举。"[2] 汉中人"崇重道教，犹有张鲁之风焉"。九江、宜春数郡"往往畜蛊"，挑选蛇虿强者曰蛊[3]，"因食入人腹内，食其五藏，死则其产移入蛊主之家，三年不杀他人，则畜者自钟其弊。累世子孙相传不绝，亦有随女子嫁焉，干宝谓之鬼，其实非也"。这些土俗陋习的形成，不仅夹杂着诈取财产的因素，而且直接浸润着封建落后的逆向心理。

上面探索了隋朝地方风俗的序列因素，这只是社会心理最表面的结构层次，但

---

[1]《隋书》卷七三《辛公义传》，第1682页。
[2]《隋书》卷三六《后妃传》，第1111页。
[3] 黄芝冈《谈蛊》，载《风物志集刊》，1944年。

客观上却已看到隋代风俗中的社会心理,并不是整个社会完全一致的共同心理,而是指某一地区的社会共同心理。这种地方风俗的社会心理形成,除了社会存在对人们心理的决定作用,还在于社会意识形态对于社会心理的反作用。例如统治阶级对繁文缛节的官礼提倡,把适合于神化隋王朝统治的佛教、儒教思想列为正宗,通过种种途径向人民进行灌输,从而使这种习尚在人们心理中逐步沉淀下来,形成稳固性质的风俗。当然,对隋代统治集团内部关陇贵族与山东士族的激烈斗争以及农民起义等爆发性的社会心理,不能单从社会稳定的风俗中去作解释,但仍必须从社会存在的基石,从巨大历史事变中的社会心理去寻根索源。

二 风俗中社会心理的变化

在魏晋南北朝时期,社会风俗极度颓废悖乱,尊严家讳、标异门第、峻选婚姻、区别流品、清议为务、亲朋至重等成为门阀世族日益加重的普遍心理流向,而炼丹、酗酒、养生、淫乱、迷信已成为上流社会所提倡之风俗。这种腐朽没落的习尚蔓延到各地风俗之中,形成一种沉溺沉淫的常态,这是毁灭性大动乱在人们心理上造成创伤的折射。

然而,隋王朝的建立,引起地方风俗中社会心理的强烈冲击[1],隋统治者领悟到"正俗调风,莫大于此"[2]。"隋承丧乱之后,风俗颓坏",故命各级地方官吏"多所矫正,上甚嘉之"[3]。这样就产生了一般遗俗进化所不曾有的飞跃速度。本来每个地方的习俗风尚,由于地方之间的心理差异很难统一,但新政权超时空的除旧布新迫使地方风俗改变,确是一个摧枯拉朽的决断过程。考其变化的原因与动力,主要的、起剧烈作用的是国家经过战乱后的统一,重新确立了完善化的中央政权,对整个社会心理带来一种振奋、复苏的感觉。由此而衍生出来的土地制度的更新、民族斗争与融合的演化、国家政策与制度重定等一系列社会效果,亦冰凌始解,传导出时代变革的动律,对社会风俗产生了明显影响。

政治心理影响

政治变迁,每每是促发风俗变化的最直接因素。隋朝统治者为了巩固自己的政权,特别注重风俗的社会心理分析。隋朝统治者懂得"顺人心者治天下,背人心

---

[1] 张亮采《中国风俗史》(上海:上海三联书店,1988年)把魏晋至五代风俗划入浮靡时代,显然是片面的。
[2] 《隋书》卷六六《李谔传》,第1544页。
[3] 《隋书》卷六二《柳彧传》,第1482页。

者失天下"的道理，他们借助对风俗的考察来作为制定政治策略的基础，往往通过"采风问俗""持节巡省"等手段来监视民情，测试社会心理动向，以作为"兴邦致化""以德化民"统治地方人民的根据。例如，在风俗中表现很突出的竞渡之戏和牵钩之戏，由于"梁简文之临雍部，发教禁之，由于颇息"。潭桂二州总管乞伏慧到任后，当地"其俗轻剽，慧躬行朴素以矫之，风化大洽"[1]。柳彧"见近代以来，都邑百姓每至正月十五日，作角抵之戏，递相夸竞，至于糜费财力，上奏请禁绝之"，得到隋文帝同意，"颁行天下，并即禁断"。[2]

经济心理影响

隋代社会经济的飞跃发展，对社会心理产生着直接影响，它通过地方风俗中介而被折射出来。"荥阳古之郑地，梁郡梁孝故都，邪僻傲荡，旧传其俗。今则好尚稼穑，重于礼文，其风皆变于古。"青州、齐郡等地，"大抵数郡风俗，与古不殊，男子多务农桑，崇尚学业，其归于俭约，则颇变旧风"。乞伏慧为曹州刺史，"曹土旧俗，民多奸隐，户口簿帐恒不以实，慧下车按察，得户数万"[3]。赵煚为冀州刺史，"冀州俗薄，市井多奸诈，煚为铜斗铁尺，置之于肆，百姓便之。上闻而嘉焉，颁告天下，以为常法"[4]。

军事心理影响

军事上的战乱或征服，常常以兵威相加、武力胁迫而改变一个地方的风俗，对社会心理造成一种异常的压力。例如，江都、淮南、庐江等地，"人性并躁动，风气果决，包藏祸害，视死如归，战而贵诈，此则其旧也。自平陈之后，其俗颇变，尚淳质，好俭约，丧纪婚姻，率渐于礼。其俗之敝者，稍愈于古焉"。永安、永嘉等地的畜虫陋俗，"自侯景乱后，蛊家多绝，既无主人，故飞游道路之中则殒焉"。"南阳古帝乡，搢绅所出，自三方鼎立，地处边疆，戎马所萃，失其旧俗。""汲又卫地，习仲由之勇，故汉之官人，得以便宜从事，其多行杀戮，本以此焉。今风俗颇移，皆向于礼矣。"

[1]《隋书》卷五五《乞伏慧传》，第1378页。
[2]《隋书》卷六二《柳彧传》，第1483页。
[3]《隋书》卷五五《乞伏慧传》，第1378页。
[4]《隋书》卷四六《赵煚传》，第1250页。

图 5　历代帝王图之隋炀帝像，唐阎立本绘

文化心理影响

隋朝建立后，在文化上提倡礼乐教化，用以作为思想统治的工具，特别是设立学校、创建科举，不仅在社会心理方面产生了巨大影响，而且使风俗改变也出现了新气象。例如荆、襄之地，"自晋氏南迁之后，南郡、襄阳，皆为重镇，四方凑会，故盖多衣冠之绪，稍尚礼义经籍焉。大业初，(柳旦)拜龙川太守。民居山洞，好相攻击，旦为开设学校，大变其风。帝闻而善之，下诏褒美"[1]。隋朝统治者对"违六礼之轨仪"的各级官吏，要"禁锢终身，以惩风俗"[2]。这类文化措施，贯穿在社

[1]《隋书》卷四七《柳旦传》，第1273页。
[2]《隋书》卷六二《柳彧传》，第1482页。

会心理的演变中,"率履法度,动由礼典",对风俗改变的影响是相当深刻的。

从隋代风俗变化中大体显示出的轨迹可以看出,风俗的传承过程同时也是变异过程,由于种种社会心理的影响,风俗无论在内容或形式上都会有一定程度的变化,不是注入新的内容,便是改换旧的形式。地方风俗在自身流传、发展过程中,常常由于社会心理影响会形成不平衡状态。交通便利、文化发达之地,社会心理变化千端万异,风俗变迁亦剧烈,如隋代黄河中下游流域与江淮流域。闭塞之地则相对隔绝,有些风俗稳定性极强,因袭保守的力量很大,这就使一些风俗在很长时间内极少变动。而风俗的本质变异,更要经过长时间社会心理的徘徊才能达到变化。如"上洛、弘农,本与三辅同俗。自汉高发巴、蜀之人,定三秦,迁巴之渠率七姓,居于商、洛之地,由是风俗不改其壤。其人自巴来者,风俗犹同巴郡"。有时,风俗自发演变尽管比较快,但常常变化成另一种光怪陆离的鄙陋新俗,像隋炀帝好大喜功、穷奢极欲等变态心理造成的绮靡风俗,只是暂时的、特定的享乐产物。

总之,隋代地方风俗随着历史发展、社会变革、民族文化与地理环境等不同因素构成的社会心理震动,肯定也在不同程度地呼应变化,此消彼长,一些前代流行的外显习俗,时过境迁,有的甚至完全在时代际遇中被扬弃淘汰,并没有在后代人们的心理上深隐痕迹。

三 风俗中社会心理的特征

隋代风俗作为一种封建王朝严重压抑却无法根治的社会心理,它的特征是来自当时历史时期社会存在和社会意识形态双重的特定氛围。虽然风俗表面上笼罩和散发着直接感性的璀璨光华,然而却内在地充实和深化着社会心理积淀的特征,具体表现为情感范围的动态和时空范围的定态。

多变性。地方风俗是沉浮波动的,因为社会存在对各阶段人们心理起着决定作用,所以每一时代的风俗都表现出与前代不同的特征。社会心理在一定的社会历史条件制约下,它的稳固只是相对的,随着历史条件、社会制度、经济水平、自然环境等的变革,社会心理也随之跌宕起伏,导致风俗或迟或早地要发生变化。因而,地方风俗不仅因地而异,也因时而异。这种随时代潮流和现实局势变化而改变的风俗动向,构成隋代地方风俗繁芜的鲜明特征。

团体性。因为地方风俗中的社会心理,不是个人而是属于整个社会群体的行为,属于人们即民族共同体的心理构成,所以处于同一民族中的各个人,基本上都遵守本民族的时宜风尚和共同的追求倾向。隋代各地的群体心理是由该地区社会中这个群体的阶级地位、经济利益、自然地理等相互关联来确定的,并且往往是各民族自然流露的外部特征之一。

地区性。由于人们面临的自然环境不同，经常共同生活在一个地域的就以本地区的独特生活方式来反映社会存在和作用于社会存在，即独立的地方风俗外观。处在不同地区的人们具有不同的风尚习俗，而且在他们思维方式中有一种颇为恒定的因素，就是社会心理。隋代地方风俗因价值观念、民族观念、历史观念、信仰观念等差别，使得风俗中社会心理的地区性非常浓郁，有时甚至脱离千差万别的社会经济发展，而保持同一地区大致相同的风俗。

稳固性。社会心理虽是以感性形式反映社会存在，但在特定条件下一经形成风俗，就可在一定历史时期内离开社会物质的发展按自身规律遗传，家族血缘的牢固纽带，个体对社会存在的依赖，都以其相对稳固性而铸定、沉淀，有些风俗还历经兴衰变化流传上千年，跨过几个社会形态，而一直稳固地凝聚在一个地区，这也是隋代地方风俗承前启后的特征之一。

从上可见，隋代地方风俗中的社会心理特征决定于社会存在的制约和影响，随着不同的社会条件和不同地域有不同的表现。但它绝不是消极地反映，风俗中的社会心理能积极地反作用于社会存在，成为一种潜移默化的社会力量。这种力量通常会对每一个地区、每一个时代的人产生心理上的共鸣，酝酿出社会气候的晴雨，从心理上纳入风俗的环流，形成一种时代或民族精神，在推动历史前进的合力中占据特殊的影响地位。

在隋代地方风俗中，社会心理形成的这种力量呈现出一种社会性功能，其积极

图6　北周独孤信墓志，陕西咸阳出土

图 7　女俑，陕西西安隋李静训墓出土

作用主要有两点。

其一，忠贞不渝的侠肝义胆。像彭城、鲁郡、东海等地"其在列国，则楚、宋及鲁之交。考其旧俗，人颇劲悍轻剽，其士子则挟任节气，如尚宾游，此盖楚之风焉"，"燕赵固多奇士，此言诚不为谬"。[1] 隋末农民起义首先在豪爽倔强心理占据优势地位的地区爆发，不是偶然的变动。这类义之所在、生死赴之的风俗往往造就许多悲壮的民族英雄，并容易升华为高尚的爱国主义精神。

其二，正直精诚的品格气节。安定、上郡、陇西等六郡之地，"其人性犹质直，然尚俭约、习仁义，勤于稼穑，多畜牧，无复寇盗矣"。河北地区"其相赴死生，亦出仁义。故班《志》述其土风，悲歌慷慨，椎剽掘冢，亦自古之所患焉"。这种刚强沉郁的气息，淳朴善良的秉性，正是民族典型性格和民族务实精神的突出表现。

毋庸讳言，封建社会的半封闭状态养育出来的风俗习惯，必有其偏狭之处。隋代地方风俗中就有许多封建糟粕，构成了民族普遍意识和社会心理上的阴影，在时

---

[1]《隋书》卷四二《李德林传》，第 1194 页。

图8 宴饮图壁画，陕西长安南里王村唐墓

代变迁中逐渐成为消极、涣散、保守的心理，腐蚀着民族的生机。

第一，贵义贱利的守旧心理。徐、兖等州"莫不贱商贾，务稼穑，尊儒慕学，得洙泗之俗焉"。豫州、洛阳"其俗尚商贾，机巧成俗。故《汉志》云：'周人之失，巧伪趋利，贱义贵财。'此亦自古然矣"。京兆"去农从商，争朝夕之利，游手为事，竞锥刀之末"。这种鄙视商业、耻于求利的社会心理，构成了以道制欲、空泛满足的伦理观，表面上虽然不容唯利是图的社会习俗，但无视功利目的更强化了风俗中的惰性、猥琐心理，从而也就间接钳制了社会经济发展的活力。

第二，崇拜鬼神的迷信心理。吴、越等地"其俗信鬼神，好淫祀，父子或异居，此大抵然也"。汉中"好祀鬼神，尤多忌讳，家人有死，辄离其故宅"。"大抵荆州率敬鬼，尤重祠祀之事，昔屈原为制《九歌》，盖由此也。"隋代正式的宗教（佛教）主要盛行在统治集团居住区，无权贵的地方流行着风俗性的一般民间迷信。这种鬼神迷信心理与自然崇拜心理分化不甚明显，但这类十分低级的鄙风陋俗本身，必将妨碍科学观念的充分发展，尤其会锢蔽社会思潮的深化。

第三，乡土朋党的狭隘心理。蜀郡，其人"少从宦之士，或至耆年白首，不离乡邑"。青州、高密等地"其为失也，夸奢朋党，言与行谬"。冀地"俗重气侠，好结朋党"。外州远县"结朋党而求誉，则选充吏职，举送天朝"[1]。封建社会的小农经济使各地长期处于一种封闭落后的状态，也为风凋俗敝的存在和强化提供了狭隘心理的环境和土壤。地方风俗中的乡土朋党观念，更产生了依附性的自聚力，熏陶着人们的自足意识，造成了夜郎自大、抱残守缺的愚昧以及冥顽不化的陈规陋习，阻碍社会风气的开化。

综合上述，我们可以看出，隋代地方风俗中的社会心理，汪洋恣肆，仪态万方，虽然是以往社会生话方式的历史陈迹，但它并不是残存的僵死化石，只供人们去欣赏或凭吊，赞叹或诅咒，它正以一种看不见的力量，千丝万缕地联系着现实社会心理。今天我们研究隋代风俗中的重点，并不是搜求和挖掘当时民情风俗的魅力，而是反思风俗中社会心理与历史变迁之间的关系，以深邃的历史眼光投视当下人们的思想观念，去芜存菁，移风易俗，使中国的精神文明处于人类文明的前列。

---

[1]《隋书》卷六六《李谔传》，第1545页。

云缕心衣：唐代服装与长安气象

服装是中国传统文化的一个重要方面。服装规范化是封建王朝大一统政治和道德秩序的体现，而服装时尚化则是一个时代社会生活与世态民风变化的反映。唐代服装对当时文化的昌盛产生了不可忽视的影响。本文欲透过外在的服装，探讨当时人们更深层的内在精神，这就是本文所说的"气象"内涵。

一

一个时代的服装与其社会文化是紧密相联的。以杨隋为首的关陇集团统一全国后，为压倒婚娅贵族势力，强调"重冠冕"，欲根据《周礼》重新厘定服装制度，但由于各民族长期相互仿效，要大规模地变易服制比较困难，特别是俗具五方的长安，"人物混淆，华戎杂错"，北族南俗的服饰形制已包融合璧，这在社会心理上是不易更动的。隋文帝只对个别衣冠作出厘革，隋炀帝时才下诏宪章古制，将各有等差的礼服制度作了一番改造。

唐承隋旧，武德四年正式颁布冕服定制。朝服与公服是官吏上朝、行礼、祭礼时用的礼服，根据官职不同以律令形式规定衣服的色彩、花纹、样式。而平时"百官常服同于庶人"，即使皇帝常服，也只用袍衫。

初唐服装虽有少数上层贵臣衣罗曳绮者，但社会总体上比较朴素，从李寿墓壁画来看[1]，长安妇女的衣装，上穿小袖短襦，下着紧身长裙，裙腰束至腋下，配挂披帛。以后近百年间，服装样式虽屡经变化，但这个基本样式始终得以保持。这种以小袖为尚的风气，无疑是受胡服影响的缘故。

胡服的传入，至唐已有几百年的历史，至于流行在广大妇女中间并形成一种长安气象，则是在唐代贞观到开元、天宝年间。《大唐新语》卷九载贞观时，长安金城坊捕获胡贼不得，因为"有胡着汉帽，汉着胡帽"。可见在唐初，汉胡帽已难分彼此，所以在唐代陶俑及壁画中，着折领胡服穿长靿靴者极多，这在韦泂墓和永泰公主墓壁画上都有代表款式[2]。可知，长安妇女的穿着亦仿效其他民族。

进入盛唐后，五彩斑斓的胡服更成为长安服装的时尚。《安禄山事迹》卷下

---

[1]《唐李寿墓发掘简报》，《文物》1974年第9期。
[2]《长安县南里王村唐韦泂墓发掘记》，《文物》1959年第8期；《唐永泰公主墓发掘简报》，《文物》1964年第1期。

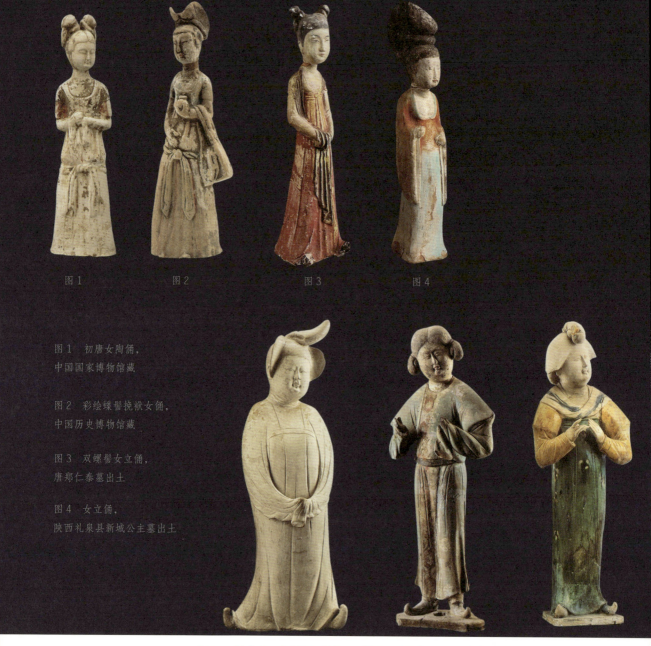

图1 初唐女陶俑，中国国家博物馆藏

图2 彩绘蝶髻挽袱女俑，中国历史博物馆藏

图3 双螺髻女立俑，唐郑仁泰墓出土

图4 女立俑，陕西礼泉县新城公主墓出土

图5 双髻女俑，陕西西安灞桥新筑唐金乡县主墓出土

图6 女性俑，陕西西安市新城区韩森寨红旗机电厂唐墓出土，西安博物院藏

图7 倭堕髻女俑，陕西西安鲜于庭诲墓出土

载："天宝初，贵游士庶好衣胡服，为豹皮帽，妇人则簪步摇，钗衣之制度，衿袖窄小。"长安韦顼墓石椁上妇女穿戴金锦浑脱花胡帽、卷沿翻毛花胡帽以及翻领胡服与金锦小蛮靴的形象，反映出盛唐的服装样式，体现了文化交融的潮流，为长安气象的形成提供了重要的外在标志。

安史之乱后，回鹘装束流行于长安，花蕊夫人《宫词》云："回鹘衣装回鹘马，

图 8　仕女俑，
西北政法学院唐墓出土

图 9　仕女俑，
西北政法学院唐墓出土

就中偏称小腰身。"此后，胡服的影响逐渐减弱，女服款式也随之变化，除吐蕃服装流行长安外，比较典型的打扮是衣衫加宽，袖子放大等。像《簪花仕女图》中出现浓丽丰肥的盛唐贵妇装束似为这个时期的普遍样式[1]。文宗太和二年，朝廷禁止

[1]　上海戏校编《中国历代服饰》（北京：学林出版社，1984年），认为应是晚唐标准式样。

图 10　红袍男骑马俑，唐郑仁泰墓出土

短窄衣服，开成四年，却又禁止衣裙宽大，不过十年时间，女装加肥的样式被朝廷予以限制，从而改变京城的风尚，但是"诏下，人多怨者。京兆尹杜悰条易行者为宽限，而事遂不行"。长安女性服装照旧是宽大无比，追逐凝重娇媚。到了晚唐，这种特点更加显著，一般妇女服装袖都超过四尺。

男子的主要服装也呈现出倜傥风仪、华而不绨的样式，如常服有宽袖也有窄袖，有圆领也有翻领[1]，一般总是裹乌纱幞头巾子，系红鞓腰带，穿乌皮六合靴。从懿德太子墓和章怀太子墓壁画可知，男子服装由皇帝到官吏，在样式上几乎相同，只是在质料和颜色装饰上有所差别[2]。

从这条嬗递的变迁轨迹看来，简素俭约到去朴趋艳的社会风习，从贞观末年滥觞，开元中叶成为潮流，至安史之乱中断，尔后又回归如昔。这种现象的产生有两个深刻的原因。

首先，唐代服装的变化往往从统治阶级上层越礼发端。这是因为人口集中、商业繁华的长安，是统治机构及其成员聚拢的地方，各地贵族士人、富商大贾、少数民族上层往往云集于此，他们汇集的结果，大大提高了城市的消费水平和文化水平，同时对服装乃至城市风尚的变化也发挥主导的影响。特别是开元之后社会财富积累增加，这个阶层人数扩大，特权优厚，使得他们不甘于礼制的约束，好新慕异，纵情享乐。文宗时宰相李石说："吾闻禁中有金乌锦袍二，昔玄宗幸温泉，与杨贵妃衣之，今富人时时有之。"[3]这种喜好华贵服装的时尚，反映长安城市风貌的急剧改观，形成了新的堂皇气象。当然，富人放纵声色的影响，胡商交易竞争的游荡，市井居民追逐眼前欢乐的倾向，有时会导致社会出现追求奢华的趋势，造成一番虚假的繁荣景象。

其次，唐代服装受到外来文化影响而变化。长安聚集了四域的外客和胡商，人数之多远过于前朝后代，他们以自己独特的生活方式影响和吸引着汉族市民。加之他们又不受唐朝礼法的约束，服饰没有严密的等级规章，无须琐细地区分尊卑身份，因此穿胡服既不受越级僭用的刑法管制，又不受背离纲常名教的指责，故长安虽没有异族入侵用屠刀逼令人们改衣胡服的情况，但新的服装观念敏锐而迅速地渗入市民的思想，人们普遍喜欢穿戴胡服。尤其是在社交活动中，服装最外在而又最能表现人的精神气质，更能敏感地反映城市生活习惯的变化，因而唐朝文化在几百年间变化最快的就数服饰，以致突破贵贱界限，流风波及社会的各个阶层。

二

一个王朝首都居民的穿着对全国有着巨大的影响，而长安当时又是世界著名的都会和东西文化交流的中心。四方外来的衣冠服饰使东方格调与西方特色汇集融合，像吐火罗人着小袖袍小口袴，戴大头长裙帽；波斯人剪发戴白皮帽，着贯头

---

[1] 周锡保认为团领与北朝服饰有关，见《中国古代服饰史》，北京：中国戏剧出版社，1984年。
[2]《唐懿德太子墓发掘简报》《唐章怀太子墓发掘简报》，《文物》1972年第7期。
[3]《新唐书》卷一三一《李石传》，北京：中华书局，1975年，第4514页。

图 11　高髻女立俑，唐郑仁泰墓出土　　　图 12　胡帽女俑，唐郑仁泰墓出土

衫，并有织成的巾帔；胡姬们则服大衫，披大帽帔，纵横驰骋。这些都使长安百姓目不暇接。然而，服装离不开民族的属性，它不是外来文化的原始翻版或仿造，而是具有民族特点的社会生活的产儿，又具有护身的物质功能和形象的精神功能。作为大交会、大吸收、大变化时代的唐朝服装，彰显出长安气象，着重体现出以下几个特征。

开放性：妇女的首服（帽子），是服装中引人注目的部位。唐代长安初行用缯帛障蔽全身的"羃䍦"，复行高顶宽檐、纱网垂颈的"帷帽"，再行顶部略尖、用"乌羊毛"或厚锦缎制作的"胡帽"（浑脱帽）。《旧唐书·舆服志》载："武德、贞观之时，宫人骑马者，依齐、隋旧制，多著羃䍦。虽发自戎夷，而全身障蔽，不欲途路窥之。""永徽之后，皆用帷帽，拖裙到颈，即渐为浅露矣。""开元初，从驾宫人骑马者，皆着胡帽，靓妆露面，无复障蔽。士庶之家，又相仿效，帷帽之制，绝不行用。"开元十九年甚至连朝廷也要求妇人服饰"帽子皆大露面，不得有掩蔽"[1]。废弃羃䍦、帷帽而大行胡帽，整个面庞全部袒露在外，摆脱礼教的精神羁绊，鲜明地反映了长安社会风尚的开放性。又如唐代女服有各种形式的衣领，常见

[1]《唐会要》卷三一《章服品第》，北京：中华书局，1955年，第570页。

图 13　女骑马俑，唐郑仁泰墓出土　　　　图 14　戴笠帽女骑马俑，唐郑仁泰墓出土

的有圆领、方领、斜领、直领和鸡心领等，盛唐时期，长安还流行袒领服，里面不穿内衣，袒胸脯于外，并且愈是贵妇往往愈穿露胸的上衣，像懿德太子墓石椁门上穿袒领服的妇女，就是此类装束。一直到中唐，裙腰之上还有抹胸，这从另一个侧面反映了当时的思想开放。

多样性：长安妇女一般的日常服饰，大都是上身着襦、袄、衫、帔，而下身束红、紫、黄、绿等色的多幅裙子。宫女们一律着半臂（半袖），其款式一般为长与腰齐的短袖上衣，穿在衫襦之外，显示出新颖利落的健康格调，特别是半臂袖口加带褶的边缘，成为惹人注目的装饰品[1]。此外，长安妇女还流行穿着袍衫及戴幞头的男装，不仅流行于坊市中的民间女子，甚至宫廷内的宫女、贵妇们也喜爱男装。早在高宗、中宗时期，就"有衣男子衣而靴，为奚、契丹之服"[2]。天宝年间妇女更是"着丈夫服靴衫，内外一体也"。天宝四载苏思勖墓壁画上戴幞头、穿圆领宽袖袍的女着男装像充分印证了这一服式。至中晚唐，贵族妇女仍有常穿男装的。女子喜效男装，追求轻便、洒脱、活泼、明快的效果，这也是当时长安服装多样性的一

[1]《唐郑仁泰墓发掘简报》，《文物》1972 年第 7 期。
[2]《新唐书》卷二四《车服志》，第 531 页。

图15 金银宝玉头饰，
陕西咸阳机场贺若氏墓出土

个表现，更是社会习俗的剧烈变化。

审美性：服装既是实用物质的必需品，又是审美精神的艺术品。唐代妇女服装尤其重视审美的效果，长安士庶女子在室者搭较长的披帛，出家则披略短的帔子，一般应用薄质透明纱罗做成的长状巾子，多旋绕于手肩间，上面印花或加泥金银绘画。这种源于波斯、印度宗教文化的披帛经过变化后，在长安妇女普通生活中应用，使身体显示出优美的轮廓线，没有任何生硬的剪裁，说明其服装总体的审美性是很强烈的。又如女子的带束，除胡服腰系的鞢韄带外，一般有纱带、罗带、锦带，在带结中有合欢结、同心结等，将尾束结于前身飘垂，更显得身体婀娜多姿、颀长秀丽。另外，在袍装的翻领、袖褾、护腕、前襟上也都加饰美丽的图纹，使整个服装闪烁着典雅别致的情调，可见审美有着巨大的魅力。

普及性：服装样式一经设计，就必然超越各个阶层和群体的等级身份，或由平民大众流行于贵族上层，或由长安流行于全国，有着普及性的特征。虽然"妇人宴服，准令各依夫色，上得兼下，下不得僭上"，但是人们不依格令，随新好尚，"上自宫掖，下至匹庶，递相仿效，贵贱无别"[1]。正像目前所见的考古资料中，很难将宫廷妇女所穿的公服和一般妇女所着的常服完全区分开来。例如"半袖"就是最先为宫女所服的"宫装"，后传至民间，妇女纷纷效仿，成为一种妆饰的华丽风气。《新唐书·李承乾传》记其喜好突厥语言及服装，令众人仿效穿戴，遂在长安流行一时。唐中宗女儿安乐公主"合百鸟毛"制成的毛裙以及蜀川给她贡献的单丝碧罗笼裙，在长安见世后"百官、百姓家效之"[2]。这种递相模仿的新鲜感无疑是服装得以普及的一个重要原因，也是服装化高贵为平常的过程。

多变性：唐人服饰不仅在初唐、盛唐和中唐多有变化，即使是"胡服"也有前后两期变化。前期，"胡服"本男子所常穿，妇女穿它主要是来自西域民族或波斯文化的影响，特征为头戴尖锥形浑脱花帽，身穿圆领或翻领小袖衣衫，条纹卷口裤，透空软底靴。后期则如白居易新乐府"时世装"所形容，特征为蛮鬟椎髻，眉作八字低颦，脸敷黄粉，唇注乌膏，影响实出自吐蕃，即唐人所谓"囚装""啼装""泪装"，重点在头部发式和面部化妆，和衣服似无关[3]。但是，妆饰的变异，必然使服装随之而变，从西安郊区出土的中唐以后的陶俑来看，衣襦日趋宽大褒博，下裙长垂曳地[4]，这种从唐代官礼服沿袭而转成的便服，比起前期潇洒风流的服装来，显得完全近于病态，健康活泼的服式变成了孤冷退缩的形象。所以服装的多变有可能是社会进步的表现，也有可能是沉闷环境的畸形变态，关键是它与社会

---

[1]《旧唐书》卷四五《舆服志》，北京：中华书局，1975年，第1957页。
[2] [唐] 张鷟撰《朝野佥载》卷三，北京：中华书局，1979年，第71页。
[3] 本文采用沈从文的看法，见《中国古代服饰研究》，香港：商务印书馆，1981年。
[4]《西安郊区隋唐墓》，北京：科学出版社，1966年。

图16 人兽纹银簪，江苏泥新县新芽公社安坝唐墓出土，镇江博物馆藏

的变异相一致。

时代性：服装形式的发展，除了符合人们的群体心理，要轻便实用外，还与时代密切相联。例如鞋，它是服装中重要的组成部分。天宝以前，随着胡服在长安的盛行，靴作为配套服饰也颇受欢迎。后唐马缟《中华古今注》卷上载："靴者，盖古西胡服也。""其制短靿黄皮，闲居之服。"贞观时马周改变靴制，"得着入殿省敷奏，取便乘骑也，文武百僚咸服之"。一直到唐代宗时仍令宫人侍左右者，皆着红锦靿靴，歌舞者也都着靴。中唐胡服过时以后，妇女们则多穿高圆头、方平头、尖小头、云形、花形、重台、如意等式样的蒲履、丝履、线鞋、麻布鞋，小且浅，行动更轻便。从新疆吐鲁番唐墓出土实物和西安出土女俑鞋履来看，唐人鞋子上还绣织或装饰各式花样[1]。虽然文武官吏还穿着靴子，但妇女们着靴则已少见，这就说明靴的穿着是有时代性的。

民族性：唐代服装虽然从异质文化中汲取养料，但却深深植根于民族的土壤里。例如裤褶服本是盛行于南北朝时期的北方少数民族的服装，唐贞观二十二年，朝廷令百僚朔望日服裤褶入朝。天宝中，朝廷规定朱裤褶为京官六品以下朝参之衣。但在安史之乱后，人们认为服装的外在形态以及整个胡人生活模式对长安社会起着销蚀的作用，要以汉族的服装来激发人们的民族之心，因此贞元十五年罢裤褶之制。这种以胡服非古之礼服，不符合汉民族的心理习惯为借口而加以摒弃的做法，表明唐代在打开大门吸收外族文化时，还是以民族的、社会的效果作为检验服装的基础。同样，为了消除本民族的涣散，唐朝对入居长安的胡人改穿汉服也进行干预，大历十四年朝廷下诏鸿胪寺："蕃客入京，各服本国之服"，表面上是针对"商胡伪服而杂居者"，实际上是预防给本民族心理造成消极影响。

流行性：唐代妇女服装流行性比较典型的是下裳的裙，其中最时髦的是中青年妇女喜欢穿着的石榴裙，唐诗中有许多描写，如李白诗"移舟木兰棹，行酒石

---

[1]《新疆历史文物》，北京：文物出版社，1977年。

榴裙",白居易诗"眉欺杨柳叶,裙妒石榴花"等。石榴裙作为一种鲜艳的红裙,给人以鲜明、奔放、热烈的感觉,洋溢着青春的、明快的气息。裙子不仅流行色彩娇艳,流行式样也多,比如李群玉"裙掩六幅湘江水"

图17 绿绢印花裙,新疆吐鲁番阿斯塔那187号墓出土

的款式,王建"两人抬起隐裙"的花纹,孙棨"东邻起样裙腰间,剩蹙黄金线万条"的装饰,刘禹锡"农妇白纻裙"的颜色,皮日休"上仙初着翠霞裙"的质料,都说明裙式服装的流行得到了各阶层妇女的喜模乐仿,是由长安大众共同心理倾向形成的。

上述这些特征说明长安气象不是空泛的名词概念,也不是史料的层层堆积,而是活生生展现在人们面前的风貌神态。具体地说,唐代服装是当时生活方式链条中一个最突出而又最敏感的环节,它是长安世道人心变迁的前奏,其开放的程度往往成为社会转折的标识,其变化的速度则又经常成为民心趋向的碑记,所以服装的变化要牵动许多社会现象。虽然统治者企图禁止服装的越礼逾制,以实现等级名分、循礼蹈规的理想社会模式,但在长安这样政治、经济、文化重叠交融的中心地,恰恰发生着以服装为代表的审美观念、民族精神、时代气势、思想意识等方面的变革,这种多维、多变、多样形态的出现确是统治者始料不及的。

三

气象是由比较具体的万物与人物来体现的,从服装形式的初步印象可以感受到文化的基调,从款式审美可以领会到内在的气质,从外在色彩可以发现人们的心理世界与环境气氛。通过这样三个环节使人认识到唐代服装与其他历史时期的风格大不相同,不仅在于汉晋的冠冕变成了隋唐的幞巾,更重要的在于民族精神融汇了外来的文化营养,既花团锦簇又大方开放,既袒胸露臂又柔和明朗,这是各个朝代都没有的气魄。

然而,西域格调的服装一时风靡于长安并不是出于封建统治者的人为倡导,尽管汉魏传统服装备受冲击，但唐王朝希望能保持服装等级有差的规范心理却始终深化延续。无论其各时代服饰制令屡有变更，但大抵以紫、绯、绿、青四色来定尊卑贵贱。即使对日常穿着的常服，朝廷也经常横加干涉，固执地将它作为政治要求和道德伦理的象征，汇合法制、哲理、教化等各种手段进行纲常礼教的约束。

贞观时李世民《定服色诏》就说："自末代浇浮，采章讹杂，卿士无高卑之序，兆庶行僭侈之仪，遂使金玉珠玑，靡隔于工贾，锦绣绮谷，下通于皂隶，习俗为常，流遁亡反，因循已久，莫能惩革。"[1] 咸亨时李治敕令："如闻在外官人百姓，有不依令式，遂于袍衫之内，着朱紫青绿等色短衫袄子，或于闾野，公然露服，贵贱莫辨，有敩彝伦。"[2] 开元初，"玄宗悉命宫中出奇服，焚之于殿廷，不许士庶服锦绣珠翠之服"[3]。可是一旦社会生产复苏，人们的生活方式就要不可抑制地冲破朝廷的刻板束缚，长安城内不久又争奇斗艳，"尚胡曲，供胡食，士女皆竞衣胡服"。天宝元年，江南数百名鲜服靓妆的妇女到长安表演，于是吴楚的大笠、宽袖、芒履以及短衣窄裳样式又在长安轰动一时，不胫而走。这种风气冲破着"违式禁断"的条例堤防，加速了服装的改变。

令人思索的是，经过中唐动乱之后的唐代服装，不仅没有趋于朴素无华，反而更加艳丽奢华，衣服且由实用转为装饰，越来越趋于长大宽博、拖沓宽松，直到走路也必须把衣角提起才能行动。文宗即位后虽"禁高髻、险妆、去眉、开额及吴越高头草履"，但终因长安"贵戚皆不便，谤讪嚣然，议遂格"[4]。这不仅是豪门贵族竞相奢靡，精神颓废，更主要的是唐廷禁止奢服侈裳，其着眼点在维护封建等级制度，因此不能根治弊俗奢风。

不难看出，这种不同时期不规则的波动，反映出对服装的变化要作更广阔的、本源的理解。

第一，唐代服装的变迁往往在实物和思想之间起着中介作用，它自身的消化能力同吸收能力一样突出，力求在诸般差异中求得大一统的极致。就其整体特征来说，它的前期具有浪漫自由的风格，并通过这种形态造型独特地表现奋发向上的思想文化，在广泛融会外来文化中形成了"长安气象"。虽然有人认为"安可以礼仪之朝，法胡虏之俗"[5]，但"都邑坊市，骏马胡服，相率衣盛，奢丽相高"，竟连贵族上层亦有此好。它的后期则以繁文缛节的装饰使服装趋向宽柔造作的地步，是其王朝衰落时矫饰主义的必然显现，这是因为遭遇的历史背景根本不同了。前期是国

[1]《全唐文》卷五，北京：中华书局，1983年，第60—61页。
[2]《唐会要》卷三一《章服品第》，第569页。
[3]《旧唐书》卷三七《五行志》，第1377页。
[4]《新唐书》卷一七九《王涯传》，第5319页。
[5]《全唐文》卷二七〇，吕元泰《陈时政疏》，第2742页。

力强大的盛世，服装自发地引进起着锦上添花的作用，即使是民族冲突和战争也提供着接触的机会，促进了整个文化的发展。而后期则不然，服装的变化是以唐王朝没落、藩镇挑战和其他民族的入侵为背景的。在政局动荡、经济拮据的情况下，统治者重新找回礼制的程式，以维护自己的政权象征，把服装作为心灵中实体的慰藉，这是不同环境中生成的不同文化。

第二，虽然唐代是中国古代文化发展的高峰，但即使在最开放的开元、天宝时期，服装的明快开化也总是受到封建王朝的压抑阻挠，保守势力害怕服装的变革必然会转向政治新观念的需要，因此要把那种突破传统规范样式的服饰视若洪水猛兽的"妖服"。在唐代服装几个变化转折时期，时时受到这种"俯就我范"的束缚。比如永隆二年，高宗就以"还淳返朴""务遵节俭"为名，认为花间绫锦裙衣等，糜费既广，俱害女工。但实质上，正如他自己说的："采章服饰，本明贵贱，升降有殊，用崇劝奖。"[1]这主要是为了保持等级贵贱的伦常秩序，以千篇一律凝固的服装程式来凸显皇家显赫的地位。这种在并蓄兼收的同时出现的保守倾向被后世封建社会所强化，造成唐以后服装的创新长期受到遏制。

第三，服装的更新在一定程度上能体现一个城市的精神风貌、居民文化素养等内在气质，因为服装虽然不是精神的本身，但它是精神的物化。在长安相对稳定的漫长岁月中，它充当着美化生活的使者角色，衬托着人的健康姿容，在唐代社会转折之际，它常常是观念变革的先兆，是新的社会风尚产生的象征。从盛唐前受西域影响的胡服到中唐后受吐蕃影响的啼装，说明服装的变革正是每一个阶段新旧习俗变化的产物。同时，服装是人们最直接、最普通的自我表现，它经常被用来充当社会思潮和价值观念的标志，如唐前期长安闾富商以穿紫服赤衣为荣贵，以彰显身份的高贵，到唐后期，由于朝廷"多赐章服，以示加恩，于是宠章尤滥，当时不以服章为贵"[2]。朝廷大量赏赐官服于一般人，自然官品身份的价值观念也就发生了贬值。因此，封建统治阶级有时视它为移风俗、美教化的根本，有时又视其为粉饰太平的要务，就是把服装列入了思想意识形态领域。

总之，唐代服装对长安宏阔气象的形成，有着经久不绝的影响，是一个民族在特定时代的政治、经济、文化、民俗等诸多因素的综合表现。长安开荡捭阖的博大气象，也成为唐代服装的款式、装饰推陈出新的动力。虽然唐王朝有时以权法制约服装的演变，却并不能取代千汇万状的服装，所以统治者始终无力阻遏风尚的扩展，反而促使服装这个物质生活的典型转化为精神生活的体现，映射出长安的历史风云的气象。

---

[1]《全唐文》卷一三，高宗《禁僭服色立私社诏》，第159页。
[2]《旧唐书》卷一五八《郑余庆传》，第4165页。

消泯的风俗：唐代金鸡考

鸡在古人的心中，是一种灵禽，是驱鬼辟邪的象征。因此，在古代的民俗中，与鸡有关的传说便不断地出现在野史笔记中。本文即略述鸡在古代传说中演变的功能；另外，唐代出现的金鸡风俗，在目前学术界鲜少学者涉及，笔者对此进行一些初步的考察。

翻开中国传统的文化典籍，金鸡长鸣，凤凰翔舞，无疑是万象更新、六畜兴旺的好兆头。在一千三百多年前，唐朝政府每逢改元、即位、立后、建储等大典礼仪和重大政治活动时，就要行大赦，降德音，宥罪犯，颁布赦令以示皇恩浩荡，这时必设万目睽睽的"金鸡"作为标志。但长期以来有关"金鸡"的象征意义、神话信仰却没人说清楚。

金鸡风俗的起源

鸡在古代国人心目中是一种身世不凡的灵禽，《春秋运斗枢》称："玉衡星散为鸡。"鸡是由星宿下凡变化而成。宋朝号称"广知博识"的杜镐认为"肆赦树金鸡，不知起于何代"[1]。据北齐宋孝王撰《关东风俗传》说，武成帝即位，大赦天下，其日设金鸡。宋孝王不识其义，曾问光禄大夫司马膺之："赦建金鸡，其义何也？"司马膺之比较后魏、北齐大赦日时设立金鸡事后回答："按《海中星占》云，天鸡星动为有赦，盖王者以天鸡为度。"因此，人们一般认为金鸡"始自后魏"。当然，也有人认为金鸡起于十六国时后凉吕光，与氐族风俗有关。

《太平御览》卷九一八引《西河记》说：凉州有一个罪犯将在市中伏刑，忽然有一只白雄鸡飞到人群跟前引颈长鸣，并伏地向在场的官员为罪犯请命开恩，任凭怎么赶也不走，负责刑罚的官员见如此状况就赦免了该罪犯。这种白雄鸡灵异举动的传说，南朝齐梁间著名道士陶弘景在他所著的《真诰》中也给予肯定："学道山中宜养白鸡白犬，可以辟邪。"后世的方术家们据此在祈禳祭祀、占卜对卦时，都用白鸡。今日民间风俗，有的地方人死后，棺柩下还用一只白雄鸡作保护神，既听主人驱使，又防邪鬼入侵。

清楚上述鸡通人性的显灵神奇俗信，就不难理解汉晋以后杀鸡祭门禳恶的风俗何以盛行。汉朝应劭撰《风俗通义·祀典》载："鸡主以御死辟恶也。"《晋书·礼

---

[1] [宋] 江少虞撰《宋朝事实类苑》，上海：上海古籍出版社，1981年。

志》说:"岁旦,常设苇茭、桃梗、磔鸡于宫及百寺之门,以禳恶气。"后来宫门前杀鸡变成了树金鸡的礼仪活动,"金鸡"成了辟邪致吉的祥物。

《隋书·刑法志》记载:"北齐赦日,令武库设金鸡及鼓于间阖门右,挝鼓千声。"据《唐语林》补充说,北齐每有赦宥树金鸡,尽三日而止。万人竞观,就在金鸡柱下取少许土,称"佩之日利",数日间遂成一坑,所管司法部门也不禁约,大概是图个好兆头,吉祥如意。[1]其后河间王孝琬为尚书令,当时有谣言说:"河南种谷河北生,白杨树头金鸡鸣。"祖孝征、和士开等

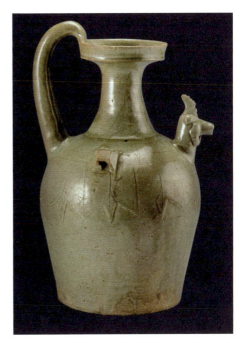

图1 最早出现于西晋时期的天鸡壶

文人就暗地里向齐主进谗言攻击孝琬说:"河南河北,河间也;金鸡,言孝琬为天子建金鸡也。"齐主听信了谗言,竟将孝琬杀了。可见金鸡在当时有其特殊的政治权力含义。

《隋书·百官志》又说:"北齐尚书省有三公曹,赦则掌建金鸡。"自隋朝开始废掉三公曹这类官职,赦日建置金鸡改由卫尉掌管。卫尉职掌全国器械,凡是大祭祀、大朝会的羽仪、节钺、金鼓等由其供给,这也说明"金鸡"已成为国家典礼中的一种标志。

唐代树金鸡礼仪隆重、繁缛

唐朝沿袭了前代赦日树金鸡这一重大礼仪习俗,在具体问题上记载得更详细,在某些细节上也略有不同。

第一,金鸡设置时间、地点:唐封演撰《封氏闻见记》说:"国有大赦,则命卫尉树金鸡于阙下,武库合掌其事。鸡以黄金为首,建之于亭之下,宣赦毕则除之。"[2]

第二,金鸡设计形象、方位:《新唐书·百官志》少府监下属中尚署说:"赦日,树金鸡于仗南,竿长七丈,有鸡高四尺,黄金饰首,衔绛幡长七尺,承以彩

---

[1] [宋]王谠撰,周勋初校证《唐语林校证》卷五,北京:中华书局,1987年,第442-443页。
[2] [唐]封演撰,赵贞信校注《封氏闻见记校注》卷四"金鸡"条,北京:中华书局,1958年,第29页。

盘，维以绛绳，将作监供焉。"

第三，金鸡树立配置、序列：《唐六典》卷一六卫尉寺下属两京武库署条载："凡有赦，则先建金鸡，兼置鼓于宫城门之后，视大理及府县囚徒至，则挝其鼓。"擂鼓千声，召集百官、父老、囚徒，如果"坊小儿得鸡首者，官以钱购，或取绛幡而已"[1]。

由这三条可知，树金鸡赦囚徒是唐代一个重大礼仪过程，比前代大赦时间树金鸡更为隆重、繁缛。在皇宫阙下金吾仗院南边，高高树起一根朱红的七丈长竿，竿顶立一只高四尺的金饰鸡首，口衔七尺绛幡，下承彩盘以绛绳维系。确定"七丈"长度，是根据《神异经》的传说"东方有人长七丈，头戴鸡，朝吞恶鬼三千，暮吞三百"[2]。鸡作为专捉恶鬼的神人头饰，使妖灾群鬼不能为害，而用木头或金属雕刻成鸡首形状，更具有辟凶邪驱鬼怪的意义。再加上擂鼓千声召集各类人员共同观看，无疑有着一种严肃庄重、震慑镇人的凛然威仪。所以宋代高承《事物纪原》认为树金鸡"此礼起于有唐也"。

唐代皇帝对树金鸡非常重视，如武则天封嵩岳，"大赦，改元万岁登封。坛南有大槲树，树杪置金鸡，因名树为金鸡树"[3]。这当然比在宫阙前树立的金鸡更高、更大，场面也更为壮观。相反，金鸡树立时发生意外事故，也会被认为是不祥的预兆，《新唐书·五行志》记载："唐中宗即位，金鸡竿折。树鸡竿所以肆赦，始发大号而鸡竿折，不祥。"

正因为金鸡作为颁布赦令的标志，有着独特的礼仪功能，所以唐人把它看作政治活动变化的一项内容。例如安史之乱发生后，大诗人李白因追随永王李璘，被贬官夜郎（今贵州正安），故他在《流夜郎赠辛判官》一诗中写道："我愁远谪夜郎去，何日金鸡放赦回。"宋代文人黄庭坚《竹枝词》也写道："杜鹃无血可续泪，何日金鸡赦九州。"

唐朝后期，朝廷每逢改元等重大事件，仍大赦树金鸡，并派左右神策军各三百人于宫阙下持仗列队排阵，但已远远没有以前那么严肃隆重了。《旧唐书·李渤传》记载唐敬宗宝历元年，鄠县令崔发因拘捕五坊使宦官，被系送御史台狱，遇改元大赦之日，大明宫丹凤楼前放囚犯，崔发也被押坐在金鸡竿下，宦官五十余人行凶报复，持杖殴打崔发，将他打得败面折齿几乎死去，幸亏御史台吏用席子掩蔽，才免死掉。宦官竟然在金鸡竿下乱打官囚，气焰十分嚣张，唐敬宗还听之任之，反而不释放崔发，可见"金鸡赦囚"已成了欺人的虚应幌子，与唐前期金鸡赦令相比，远不可同日而语。

---

[1]《新唐书》卷四八《百官志三》，北京：中华书局，1975年，第1269页。
[2][宋]李昉等撰《太平御览》卷九一八《羽族部五》，北京：中华书局，1960年。
[3]《封氏闻见记校注》卷四"金鸡"条，第30页。

金鸡非以黄金为鸡之谓

人们一般认为"金鸡"是以黄金为首，故名"金鸡"。其实这是望文生义。虽然金鸡以黄金饰首，但金鸡的"金"，不是指黄金，而是阴阳五行中"水木金火土"的"金"。

杨文公《谈苑》中指出金鸡"究其旨，盖西方主兑，兑为泽。金者，巽之神，巽为号令，故合是二物制其形，揭于长竿，使众人睹之也"。这种解释是对的，因为"金"是巽神，"鸡"是巽主，"金鸡"合一不仅说明其真实本义，而且起着旌旗的标志作用。《祖庭事苑》也说："人间本无金鸡之名，以应天上金鸡星，故也，天上金鸡鸣，则人间亦鸣。"古代帝王每逢出巡，仪仗中有二十八星宿旗，相配二十八禽，其中"昴宿旗"上绘七星，下绘鸡，叫"昴日鸡"，也是说明鸡由星宿下凡，通人灵性。因此，"金鸡"绝不是用黄金制作的鸡，更不是现代某些学者解释的什么"唐代金银器物"。

五代十国时，南唐后主李煜嗣位举行登极大典，也是树金鸡、颁赦令。北宋赵匡胤知道后，认为这是南唐不甘俯首称臣，蓄意"僭越"，于是召见南唐进奏使，厉声责问李煜为何袭用天子礼仪的"金鸡"？能言善辩的南唐进奏使回答说："安敢动用金鸡，只是另用怪鸟罢了。"这桩金鸡与怪鸟的笑谈，也反映帝王之间祈求信奉"天人感应""金鸡有灵"的正统观念。

古人视鸡为驱邪逐鬼之祥物

从金鸡的风俗象征看，鸡在古代国人观念里是具有文、武、勇、仁、信"五德"的家禽。汉代韩婴所撰《韩诗外传》形容鸡"夫首戴冠者，文也。足搏距者，武也。敌在前敢斗者，勇也。得食相告，仁也。夜不失时，信也"。特别在古代创世神话里，"天地浑沌如鸡子，盘古生其中，万八千岁"[1]。鸡被作为始祖禽鸟看待，象征着一种鸡和蛋生殖、再生、复生的循环意义。

鸡之为鸟，常于世司晨守夜，风雨晦黑，不失其职，故谓"常世之鸟"。在古人心目中，鸡为阳物，白昼是阳世人活动的时间，黑夜是阴间鬼魂横行的时间，鸡鸣天明，宣告阴魂鬼魅猖獗的结束，鸡成了驱邪逐鬼的祥物，而且鸡鸣则太阳东升，于是又成了能使太阳复出的神鸟。晋代王嘉撰《拾遗记》："沉鸣鸡，色如丹，大如燕。常在地中，应时而鸣，声能远彻。"所以，鸡鸣与太阳的升落、与时辰的转换有关，既能驱除不祥的恶魔邪气和魑魅魍魉，又能晨啼计时催人起居，并且鸡

---

[1]［唐］欧阳询撰，汪绍楹校《艺文类聚》卷一引《三五历记》，上海：上海古籍出版社，1982年。

图2 唐代陶鸡，陕西历史博物馆藏　　图3 唐金鸾凤，陕西西安灞桥区红旗乡郭家滩村出土

啼终年不变，扞难守固，在腊月岁终还送刑德迎春神（元旦为鸡日），平添人间应有的温馨。

唐人喜欢把鸡叫"烛夜"，又名"翰音"，意思是鸡能退隐黑夜、啼叫洪亮，妖魔鬼怪都畏怕它。现代民间还保留这种鸡驱邪恶的风俗传统。陕西扶风地区，每年农历正月二十以后，家长常用花布缝制布鸡戴在小孩胳膊上，认为能使孩子一年无病。四川民间小孩肚泻，便拜家中所养的公鸡、母鸡为保爷保娘，给鸡燃香勤拜，据说这样可保佑小孩病愈。

除辟邪外，古人认为鸡还能纳福致吉，往往作为除毒驱害的英雄形象出现。传说中的金鸡与蜈蚣、蝎子斗争，去害降妖，十分威武。尽管蜈蚣、蝎子之类为害人畜，猖狂无比，一见到金鸡就吓得乱窜。于是，鸡便被尊奉为吞食害虫的神禽，并成为民间传说里除暴安良、正义风俗的象征，适应了人们希望驱邪纳福、安居乐业的愿望，这也构成了金鸡传说盛传不衰的重要原因。

鸡又是古代祭祀之六牲，由于古人信仰祭祀时用牲讲究体色完美，色纯的牲曰牺，体完的牲曰牷，而鸡恰恰具备体色完整的条件，所以成为宗庙祭牲习俗中最重要的奉献品。当然，鸡一般不用于隆重的大祭（如天子的郊祭），但在家祭中却异常普遍。鸡在汉语中，又与"吉祥"的"吉"谐音，无形中增加了它驱邪逐鬼与祈福纳吉的价值。

图4 唐金菩提树，陕西西安灞桥区红旗乡郭家滩村出土

丰富多彩的鸡风俗

影响深远的是，鸡在祓禊行为和婚丧仪式中也扮演着重要的角色。《论衡》《荆楚岁时记》《山海经》《岁时广记》等书都记载了天鸡的传说和贴鸡画于门户上的习俗。例如一只大红公鸡立于石头上的纹图，表示"室上大吉"；雄鸡与鸡冠花相配的图案，则表示"官上加官"。而贴在门窗上的雄鸡伸颈高吭图画，有着预防鬼魅邪气进入家室的作用。婚俗迎娶时，男女双方都分别备红公鸡和肥母鸡一只做"古人"的象征，称"长命鸡"，祝福新郎新娘吉祥长寿。丧葬礼俗中，死人入殓后，用鸡血将棺木与棺盖粘合起来，鸡血被认为有驱邪魔力，以防鬼魂入侵墓地。

唐代民间还有"鸡招"的迷信。"鸡招"用于活人，主要是治病救命，唐人段成式《酉阳杂俎》中提到四川民间"为人解灾，必用一鸡，设祭于庭"。若按阴阳理论，"鸡招"用于死人，则在出殡时于棺柩上置一只红公鸡，叫"招魂鸡"。至于占卜顺兆中，鸡更是最能反映天意的灵物，譬如家里群鸡无故夜啼必犯主家虚耗，鸡无故飞来不去家有暴死，黄昏鸡频鸣则边疆有贼动，鸡不入窝上树栖则家有凶事，鸡入井中则有下牢狱事，母鸡打鸣或雄鸡生蛋则家祸将临，等等，出现这些情况都应该杀鸡避凶。直到今日民间对这些反常变态行为犹有人笃信不疑。不过，唐代以后"鸡招""鸡卜"在中原地区不太盛行了，而南方少数民族地区却方兴未艾，依然流行。

喜啼善斗的公鸡还被国人视为勇武骁战的戏物，汉晋至隋唐时期，斗鸡是达官贵人和士大夫消闲度日的重要活动。陈鸿《东城父老传》记载，唐玄宗酷爱斗鸡，"治鸡坊于两宫间。索长安雄鸡，金毫铁距，高冠昂尾千数，养于鸡坊。诸王、世家、外戚家、贵主家、侯家，倾帑破产市鸡，以偿鸡值"。但当时有识之士认为玄宗好斗鸡，"鸡，酉属，帝生之岁也；斗者，兵象。近鸡祸也"。[1]以后斗鸡之风转落民间，成为一种娱乐游戏和赌博方式。

此外，鸡与山神信仰、名胜古迹都有着象征关系，遍布各地的鸡鸣山、鸡冠山、鸡栖山、金鸡山等，都反映了国人把鸡看作一种五德兼备、镇山镇水的神禽精灵，有着除凶避祸、趋福致吉的象征含义。

由唐代金鸡引申出这么多生生不息的话题，说明中华民族对吉祥安宁的热爱和对人生幸福的追求，尽管古代中国人有知识结构与思维方式的时代局限，但鸡风俗所体现的文化生活与称颂精神，永远都是世界文化宝库中不可多得的珍品。

---

[1]《新唐书》卷三四《五行志一》，第881页。

幻想斑斓：唐人梦境文化

唐代文献所记述的梦，其内容迷幻离奇、魂魄恍惚，从而使生理梦境、精神梦象、心理梦景等特殊的下意识活动蒙上了神秘的面纱。其实，梦的含义与人的愿望、欲望或理想相似，总是人们最关心的事情。"日有所思，夜有所梦"，因而梦是人的心理选择结果，是个人内心世界的反映。虽然做梦人不能自觉地选择做梦的内容，但在文化"筛子"的淘汰下，无关紧要的梦被人们遗忘忽略，而与一定文化价值观相符合的梦则被凝固留存，经过浓化渲染，成为缤纷多彩的梦文化的不朽主题。于是，在特定历史条件下，作为一般现象的人类梦生活，其梦境的闪回、梦中的热恋、梦态的实现都成为具有深厚社会内涵的文化现象。

一 帝王将相政治斗争的精神武器

历代统治者都喜欢用造梦、献梦、占梦、祈梦、禳梦等活动来独造自己的"受命之符""吉凶祭祀"和朝政决策，因为它比凤凰来仪、嘉禾入献、获雉赐麇等虚构的祥瑞物象更神秘，作为政治斗争的一种精神武器不易露出破绽，别人无法肯定或否定。从先秦到汉晋南北朝，帝王们无不以梦天、梦日、梦龙作为诞生、登基的标志，《周礼·春官》还专门把梦划分为正梦、噩梦、思梦、寤梦、喜梦、惧梦等类型，由占梦官圆梦以论证王权的重要性。秦朝则专设占梦博士为帝王服务，汉朝更以占梦作为受命得天下的法宝，"梦日入怀""梦与神遇""梦乘青龙"等"至贵之象"在史书中不胜枚举。

隋唐时期，由于受佛教的影响，梦天、梦日、梦龙的风气虽有所收敛，但统治者在神化王权时，从未放弃占梦、圆梦这个精神武器。"隋文帝未贵时，常舟行江中。夜泊中，梦无左手。"一老僧在他告梦后祝贺说："无左手者，独拳也。当为天子。"[1]"隋文帝梦洪水没城，意恶之，乃移都大兴。术者云：洪水，即唐高祖之名也。"[2]《纪异录》记载唐高祖李渊称帝前，曾梦见身堕床下，为群蛆所食。智满禅师解释："公得天下矣！死是毙也；堕床是下也。陛下，至尊之象也。群虫所食，亿兆趋附也。"《定命录》说唐玄宗时有士兵梦见"负日升天"，后果有安史之乱。唐武宗会昌六年，郑光"梦御大车载日月行中衢，光辉洪洞照六合，寤而占之，

---

[1][唐]李冗《独异志》补佚，北京：中华书局，1983年。
[2][唐]刘𫗧撰，程毅中点校《隋唐嘉话》卷上，北京：中华书局，1979年，第3页。

图1 新疆吐鲁番绢本伏羲女娲图，中国历史博物馆藏

图2 唐伏羲女娲绢本图，新疆维吾尔自治区博物馆藏

工曰：君且暴贵。不阅月，宣宗即位，光兴民伍，拜诸卫将军"[1]。这些"梦兆""梦征"无疑属于杜撰虚构，是为称帝称王造舆论，模式基本一样，留下了帝王政治心态之迹。

为了替帝王歌功颂德，美化"真命天子"，唐代社会盛传的"君主梦"还有几种：

梦神仙。唐玄宗为东宫太子时，元献皇后妊娠，因惧太平公主伺察取药去胎。煮药时梦有神人身披金甲覆药而去，故认为这是"天所命也，不可去"[2]，保全了胎儿。肃宗为太子时，太子妃手掩其左胁曰："妾向梦有神人长丈余，介金操剑，谓妾曰：'帝命与汝作子'。"遂生代宗[3]。

梦日月。太子宾客卢贞子曾为沙门，在会昌灭佛中被补为光王府参军，梦其师前来讯问，表示要重振佛门，"俄四面见日月旌旆，千乘万骑，喧言迎光王即皇帝位"[4]，果然不久宣宗上台，事符其梦。

梦仙女。"玄宗梦仙子十余辈，御卿云而下，各执乐器悬奏之，曲度清越。一仙人曰：'此《神仙紫云回》，今传授陛下，为正始之音。'上觉，命玉笛习之，尽得其曲。"[5]"玄宗梦凌波池中龙女，制《凌波

---

[1]《新唐书》卷二〇六《外戚传》，北京：中华书局，1975年，第5853页。

[2][唐]李德裕编《次柳氏旧闻》，据《开元天宝遗事十种》，上海：上海古籍出版社，1985年，第2页。

[3]《次柳氏旧闻》，第6页。

[4][唐]张读《宣室志》卷八，北京：中华书局，1983年，第110页。

[5][唐]郑处诲《明皇杂录》，据《开元天宝遗事十种》，上海：上海古籍出版社，1985年，第42页。

曲》。"[1]

梦仙境。"龟兹国进奉枕一枚，其色如玛瑙，温温如玉，其制作甚朴素。若枕之，则十洲三岛、四海五湖，尽在梦中所见。帝（玄宗）因立名为游仙枕，后赐与杨国忠。"[2]玄宗曾对高力士说："吾昨夜梦游月宫，诸仙娱予以上清之乐，寥亮清越，殆非人间所闻也。"故将此曲定名《紫云回》，载入乐章[3]。

由上可见，帝王的梦多是神人仙境，反映着他们精神心理的追求，总是期望飘逸脱俗、成仙变神。而且统治者对梦的迷信坚定不疑，热衷于梦境的开拓，尤其在政治斗争中需要献梦、占梦这种凭空编造、移花接木的活动。例如武则天上台后，为稳定政权，有一个"浅钝无识，容貌极丑"的朱前疑上书云："臣梦见陛下八百岁"，即授拾遗官；又称梦见"则天发白更黑，齿落更生"，即迁升都官郎中[4]。虽然"朝野莫不怪笑"，但武则天"好祯祥"，把献梦作为政治活动的法宝。又如武则天的心腹助手上官婉儿参决朝政，权势很大，于是便传说其母郑夫人怀她时，夜梦有巨人提一杆大秤说："持此称量天下"，"后内秉机政，符其梦云"，[5]以此为上官婉儿协助女皇执掌大政制造舆论。再如武则天由于在李武两姓皇储问题上举棋不定，造成统治集团内部分裂，狄仁杰乘"天后梦双陆而不胜"，认为这是"宫中无子之象"[6]，暗示武后杀子绝嗣不利朝局。而武则天也自称"曾梦一鹦鹉，羽毛甚伟，两翅俱折"，询问宰臣，群公默然，狄仁杰解答："鹉者，陛下姓也；两翅折，陛下二子庐陵、相王也。陛下起此二子，两翅全也。"[7]武则天对此占梦很满意，降敕李显为太子，改善了当时的政治气氛，进一步稳定了政局。可见，利用占梦灵应作出明智决策，完成历史性的过渡，确是帝王维持自己统治的一种手段。

武则天这套造梦、占梦把戏，其父武士彟也玩过。李渊起兵反隋时，武士彟"不与谋也"，因而封为较低的光禄大夫。为了擢升高官，"自言曾梦帝骑而上天"。李渊明白其谄媚用意："今胡迂妄媚我邪？"[8]但还是累迁工部尚书，进封应国公。

代宗李豫为摆脱大宦官李辅国的控制，"不欲显戮，遣侠者夜刺杀之"[9]。但他扬言梦见玄宗命高力士领人刺杀李辅国，以造梦作掩饰，从而遮人耳目，故作玄妙。

---

[1]《明皇杂录》，第42页。
[2]（五代）王仁裕《开元天宝遗事》，据《开元天宝遗事十种》，上海：上海古籍出版社，1985年，第68页。
[3]［唐］郑綮《开天传信记》，据《开元天宝遗事十种》，上海：上海古籍出版社，1985年，第54页。
[4]［唐］张鷟《朝野佥载》卷三，北京：中华书局，1979年，第72页。
[5]《新唐书》卷七六《后妃传》，第3489页。
[6]［唐］李肇《唐国史补》卷下，上海：古典文学出版社，1957年，第61页。
[7]《朝野佥载》卷三，第60页。
[8]《新唐书》卷二〇六《武士彟传》，5835页。
[9]《新唐书》卷二〇八《李辅国传》，第5882页。

图3 人面兽身俑，
陕西西安鲜于庭诲墓镇墓出土

图4 彩绘贴金人面镇墓兽，
唐郑仁泰墓出土

既然帝王喜好在梦境中支配和神化自己，社会上自然存在职业占梦家和业余占梦者，如《太平广记》中的张犹，《酉阳杂俎》中的韩泉、梅伯成、杨子堇、王生等。特别是《次柳氏旧闻》记载占梦家黄幡绰陷于安史叛军之中，安禄山"梦见衣袖长，忽至阶下"，让他圆梦，对曰："当垂衣而治之。"意思是要当皇帝的梦象。安禄山又说："梦见殿中槅子倒。"黄幡绰占曰："革故从新。"意思是改朝换代，新立天下。安禄山借此大造舆论，蛊惑人心。安史败后，黄幡绰回到长安被玄宗责问，他巧妙地说明自己早知叛贼不会成功，因为"逆贼梦衣袖长，是出手不得也。又梦槅子倒者，是胡（糊）不褙也。以此臣故先知之"。玄宗很赞赏他圆梦的机智敏捷，释放了他。

上有所好，下必有甚。唐代的权臣重将也以造梦、占梦作为政治活动中的重要工具。

尚书右丞卢藏用、中书令崔湜因依附太平公主而被流放，至荆州，崔湜"夜梦讲坐下听法而照镜"。善占梦的张猷说："崔令公大恶梦。坐下听讲，法从上来也；

镜字,金傍竟也。其竟于今日乎!"果然有御史携敕令其自尽[1]。这是利用占梦来预示政治斗争的尖锐性。

杨国忠炙手可热、作威作福,其"出使于江浙,其妻思念至深,荏苒成疾。忽昼梦与国忠交,因而有孕,后生男名朏。洎至国忠使归,其妻具述梦中之事。国忠曰:'此盖夫妻相念情感所致。'时人无不讥诮也"。人们借梦讽刺他,令其丑名远扬。

安禄山在叛乱前,曾上奏玄宗说,他梦见李靖和徐茂公"求食"于他,表面上是说明自己像李、徐一样效忠皇帝,实际上暗喻称王的叛逆之心。

当然,由于梦是一种生动、具体、直接的心理体验,任何做梦者都有着社会生活沉浮险恶的潜意识,因而对梦的世俗迷信常常会和亲身感觉到的政治活动纠缠在一起。如韦贯之被贬移鄂州,"锜梦万岁楼上挂冰,因自解曰:'冰者寒也,楼者高也,岂韩皋来代我乎?'意甚恶之。其后公果移镇浙右焉"[2]。因为韦贯之与韩皋政治命运互相了解,故在占梦时自然反映。又如柳宗元自永州司马征召至京,诣卜者问命并告以梦曰:"余柳姓也,昨梦柳树仆地,其不吉乎?"卜者认为"忧为远官",占梦原因是"生则柳树,仆则柳木,木者,牧也。君其牧柳州乎"[3]。不出所料,柳宗元果然为柳州刺史。

据说侯君集与李承乾"谋通逆,意不自安,忽梦二甲士至一处,见一人高冠鼓髯,叱左右取君集威骨来"。侯君集感到全身被肢解,"自是心悸力耗,至不能引一钧弓。欲自首,不决而败"[4]。

这些虚幻的梦都是踏着政事脉络嬗变来传递统治集团中各类人物矛盾的信息,但也表现出梦幻是人们自由地与天帝感应的最佳场所,梦觉中的启示和告诫是调整社会、人、神三者关系的纽带。许多在现实中不可思议的事情,起码在梦中得到短暂满足或变为现实,从而使人愈发感到梦在当时政治斗争和生活现实中的重要作用。

二　名士文人入仕参政的舆论工具

唐代比之前代门阀旧族垄断政局的时代,无疑是文人士大夫极为活跃的一个时代。科举入仕,文赋取士,进士参政,使文人获得了参与管理国家事务的机会,同时也有许多士人辗转科场、困窘失意,因此,托梦、编梦、祈梦、占梦主

----
[1]《朝野佥载》卷三,第61-62页。
[2][唐]赵璘《因话录》,上海:上海古籍出版社,1979年,第76页。
[3]《因话录》,第113页。
[4][唐]段成式《酉阳杂俎》卷八,北京:中华书局,1981年,第83页。

要以入仕参政、宦海沉浮为内容。

首先看登科中举之梦。郑澣"在名场岁久，流辈多已崇达，常有后时之叹。一夕忽梦及第，而与韦周方同年"，太和四年果然及第为进士，登朝至殿中侍御史。其子郑溥又在应举时，"曾梦看及第榜，榜上但见大书'凤'字"。大中元年冬，求解凤翔，到处见"凤"字，不久即登第中举[1]。钟辐"始建山斋为习业之所，因手植一松于庭际。俄梦朱衣吏白云：松围三尺，子当及第"。后来三十多年钟辐方策名，检验松围果然三尺[2]。沈光"始贡于有司，曾梦一海舩；自梦后，成败于垂成，暨登第年亦如是。皆谓之失梦，而特地不测。无何，谢恩之际升阶，忽尔回飙吹一海图，拂光之面，正当一巨舶，即梦中所睹物"[3]。"孙龙光偓，崔澹下状元及第。前一年，尝梦积木数百，偓践履往复。既而请一李处士圆之，处士曰：'贺喜郎君，来年必是状元，何者已居众材之上也。'"[4]"予次匡卢，其夕遥祝九天使者。俄梦朱衣道人，长丈余，特以青灰落衣襟间霏霏然，常自谓鱼透龙门，凡三经复透矣。私心常虑举事中辍。既三举矣，欲罢不能，于是四举有司，遂俛乔矣"[5]。科场难以把握的命运，只有通过梦的先兆而作出对未来的预测，这正是许多士子借助梦来领悟理想实现的表征。

其次看参政辅佐之梦。杨炎未仕时，曾梦"陟高山之巅，下瞰人境，杳不可辨；仰而视之，见瑞日在咫尺，红光赫然，洞照万里。公因举左右手以捧之，炎燠之气，如热心目。久而方寤"。有人对杨炎解梦说："夫日者，人君像也。今梦登山以捧日，将非登相位而辅人君乎？"以后杨炎真的登相位辅人君[6]。又例如贞元时，御史中丞窦参"尝一夕梦德宗召对于便殿，问以经国之务，上喜，因以锦半臂赐之。及寤，奇其梦"。客有解曰："公之梦祥符也。且半臂者，盖被股肱之衣也。今公梦天子赐之，岂非上将以股肱之位而委公乎？"明日，果然拜相国之位[7]。这类借助梦的幻象来表达人的意愿，虚实相济，推断合理，寓意着士人求仕从政、图画凌烟阁的抱负。

再次看文赋取士之梦。当时人们以为做文章的天赋仿佛由梦幻而来，"李太白少时，梦所用之笔头上生花，后天才赡逸，名闻天下"[8]。王勃曾读《易经》，"夜梦

---

[1]《因话录》，第117—118页。
[2][五代]王定保《唐摭言》卷八，北京：中华书局，1959年，第84页。
[3]《唐摭言》卷八，第84页。
[4]《唐摭言》卷八，第84页。
[5]《唐摭言》卷八，第85页。
[6]《宣室志》辑佚，第173页。
[7]《宣室志》辑佚，第173页。
[8]《开元天宝遗事》，第86页。

图5 彩绘贴金镇墓兽,唐韦珪墓出土

若有告者曰:《易》有太极,子勉思之。寤而作《易发挥》数篇"[1]。萧颖士、江淹、王洵、杜甫、纪少瑜、李峤等,都有过类似的梦境记载。张鷟"曾梦一大鸟紫色,五彩成文,飞下至庭前不去"。其祖父认为这是吉祥征兆:"紫者,鸑鷟也。此鸟为凤凰之佐,汝当为帝辅也",并以"鷟"作为名字,后果然文赋超众。张鷟初举进士后,至怀州,"梦庆云覆其身。其年对策,考功员外骞味道以为天下第一"[2]。这并非神旨传递,而是用梦境的追求和选择,抒发特殊的超神性才华。

又如入仕升迁之梦。薛季昶为荆州长史,"梦猫儿伏卧于堂限上,头向外"。占者张猷答问曰:"猫儿者,爪牙;伏门限者,阃外之事。君必知军马之要。"未旬日,除桂州都督、岭南招讨使。"给事中陈安平子,年满赴选,与乡人李仙药卧。夜梦十一月养蚕,仙药占曰:'十一月养蚕,冬丝也,君必送东司。'数日,果送吏部。"[3]饶阳李瞿云勋官番满选,夜梦一母猪极大,李仙药占曰:"母猪,独主也,君必得屯主。"后果如其言[4]。张鷟初为岐王属官,"夜梦着绯乘驴,睡中自怪:我

[1]《新唐书》卷二〇一《文苑传》,第5740页。
[2]《朝野佥载》卷三,第61页。
[3]《朝野佥载》卷三,第60页。
[4]《朝野佥载》卷三,第61页。

绿衣当乘马，何为衣绯却乘驴？其年应举及第，授鸿胪丞。未经考而授五品，此其应也"[1]。像这类平时苦恼难言的升迁愿望，在梦幻中却展示出一条捷径，驱使着他们灵魂深处的功名显宦愿望得到满足与安慰。

这几类梦不管是人为编造，还是真有其事，都是文人名士们的心理活动，虽然在很大程度上带有深不可测的直观性，但梦境思虑欲念都是心智在清醒时的真情支配，正是"昼伪遏蔽，夜吐真情"。即使做了噩梦、凶梦，也可用反说来谐音解字、类比破译。例如裴元质初举进士，"明朝唱策，夜梦一狗从窦出，挽弓射之，其箭遂撇"。他认为不祥，曹良史说："吾往唱策之夜，亦为此梦。梦神为吾解之曰：'狗者，第字头也；弓，第字身也；箭者，第竖也；有撇为第也。'寻而唱第，果如梦焉。"[2]这正是唱策前心理紧张"游思逸想、寝梦而现"的结果。

三　平民百姓生死情爱的形象寄托

唐代民间普遍认为梦是神秘而有超自然的威力，相信凡是人做的梦都能在现实生活中得到印证。特别是佛教的盛行，因果报应、生死轮回、行善积德、鬼魂崇拜以及前兆迷信等杂糅合一，常常将梦当作人神沟通的渠道，因而对当时平民百姓影响很大，形成一种预测祸福、求得安宁的心理习俗。加之这时期还从印度传入《竭伽仙人占梦经》一卷，更和中国传统的占梦、圆梦融为一体，"天人梦""告诫梦""灵魂梦"等层出不穷，花样繁多。

第一，放生积德。佛教讲究"大悲为首"，不仅"不杀生"，还要"放生"，以得长命果报。唐朝皇帝多次下诏"放生积德"，民间放生之梦亦由此弥漫社会。如元和时，周氏子中明经，调选昆山尉，路住旅舍"夜梦一丈夫，衣白，仪状甚秀，而血濡其襟，若伤其臆者"。原因是被周氏家童系絷，请悯宥。周生乃梦语家童，果然家人捕一被犬噬伤的野鹅，于是放归，"是夕，又梦白衣人辞谢而去"[3]。柳宗元为永州司马时途经荆门驿舍，曾三次梦见一穿黄衣妇人泣拜求救，于是告诉荆门官吏，知其获一巨黄鳞鱼，已断首将用膳，正符昨夕之梦。遂将死鱼投回江中。"是夕，又梦妇人来，失其首。宗元益异之。"[4]相反，残害生灵必遭恶报。如御史韦君在商道馆亭中用手指按死两个白蜘蛛，结果手肿溃血而死。据说其母曾"梦一白衣人谓曰：'我弟兄二人为汝子所杀。吾告上帝，帝用雪其冤'"。因此韦君之

---

[1]《朝野佥载》卷三，第61页。
[2]《朝野佥载》卷三，第61页。
[3]《宣室志》卷四，第43页。
[4]《宣室志》卷四，第45—46页。

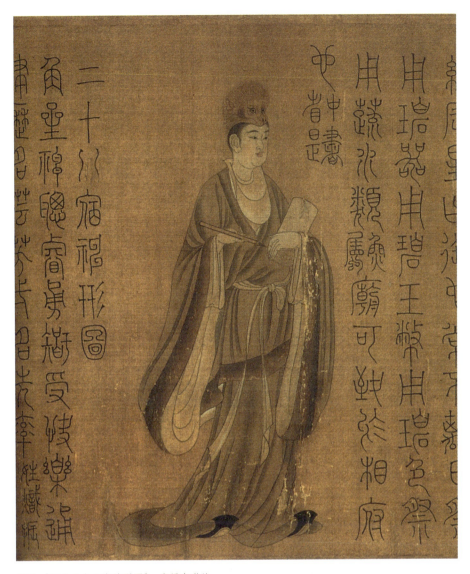

图6 《五星二十八宿神形图》,唐梁令瓒绘

死果合其母所梦[1]。又如县官卫镐下乡,"梦一乌衣妇人引十数小儿着黄衣,咸言乞命,叩头再三"。卫镐醒后催食做饭,回答里人王幸家穷无物,欲杀孵蛋母鸡。卫镐"方悟乌衣妇人果乌鸡也,遂市解放。夜复梦,咸欣然而去"[2]。这种疑真似假的梦,尽管荒诞,却反映了佛教生死积德的境界。

第二,轮回转生。周象"好田猎,后为汾阳令,忽梦一乳虎相逼,惊而睡觉,

[1] 《宣室志》卷一,第3页。
[2] 《朝野佥载》卷四,第100页。

因兹染疾"。僧人海宁设坛诵咒，才使他由死转生[1]。贞元中，韩城令刘溉死时"家甚贫，因寄韩城佛寺中"。半年后，其县丞窦生亦卒，三日而寤，声称自己"昼寝，梦一吏导而西去，经高原大泽，数百里，抵一城郭"。在此窦生与刘溉相遇，并讯问妻儿传家信，泣而告别，后"闻击钟声极震响，因悸而寤"[2]，乃知是死而转生。太和时，许文度病瞑中"梦有衣黄袍数辈"带自己入地府，大讲寿夭难逃其数之理，后被金人释归生途，于是皈依佛教，报效金人之恩。这类由死转生的梦例还很多，基本上都是佛教伦理人生的模式。

第三，因果报应。武则天时，恒州鹿泉寺僧人净满遭嫉被诬陷，御史裴怀古为其雪冤。后来裴怀古出使突厥被扣逃归，因体弱不堪疲劳而无力返回，"倦而寝，梦一僧状如净满者引之，曰：'可从此路出。'觉而从之，果获全。时人以为忠恕之报"[3]。洛阳侨居者柳沂，在伊水钓得大鱼放置水盆，夜梦鱼齿咬其七岁孩儿，"悸然而寤，果闻儿啼，曰：梦一大鱼咬其臆，痛不可忍，故啼焉。与沂梦合"。柳沂第二天赶快将鱼投回水中，让僧人转经画像，从此不敢再钓鱼，以免伤生报应[4]。像这些通过梦幻、梦境来塑造精灵报应的事例，确实耗费心智而低回往复，使人达到博爱与超度的境界。

第四，行善修福。延和时，监察御史敬昭道出使巴渝，当时有夔州征人舒万福等十人被溺死巴阳滩，敬昭道宿万春驿，"方睡，见此十人祈哀，才寐觉，至于再三，乃召驿吏史问之，驿人对如梦。"于是，敬昭道收尸具酒祭奠，备棺还乡，"征人闻者，无不感激。[5]"黑山之阴有李卫公庙，宝历时张惟清为单于都护，其部下卢立曾梦一长黑衣人要求动用土木重修卫公庙，张惟清知道后喜悦答应。后张惟清因政绩显著被刻碑赞颂，竖石时恰在卫公庙濠中得一"张"字石头，被认为"天赐碑石"，卢立"因起贺而白前梦"，说明修善行必得祥富[6]。娄师德布衣时得重病，夜梦一紫衣人引他入阴间，于司命署见自己"禄命之籍"，寿可至八十五岁，心中窃喜，忽闻天鼓响，"始悟为梦游乐"。以后他入仕迁西凉帅，因误杀无辜人减少寿命，"被冥府黄衣使者索命而亡"，原因是没有行善。

第五，神异前兆。中宗"曾梦日乌飞，蝙蝠数十逐而堕地。惊觉，召万回僧曰：'大家即是上天时。'翌日而崩"[7]。开元时，清江郡一老叟闻地有异声而病，并

---

[1]《开元天宝遗事》，第67页。
[2]《宣室志》卷七，第93页。
[3][唐]刘肃《大唐新语》卷四，北京：中华书局，1984年，第59页。
[4]《宣室志》卷四，第46—47页。
[5]《大唐新语》卷四，第62页。
[6]《宣室志》卷七，第85页。
[7]《酉阳杂俎》卷一，第2页。

多次梦见青襦大夫要他速将其从地下迁入开元观。于是老叟凿地得一青色大钟，"乃向所梦丈夫衣色也"，上奏玄宗后，诏写其钟样，告示天下[1]。贞元时，张诜从王屋令调有司，忽梦一中使引其到西北一宫城，见殿东有峨冠被衮龙衣者，殿西有冠衣如妇人者，诏宣自己治宫廷事。张诜醒后奇异其梦，不久被调为乾陵令，所经之事尽符其梦，才知梦中所见高宗与武后早有神异前兆[2]。汝州刺史柳凌曾"梦有一人呈案，中言欠柴一千七百束"。判官韦正贯解梦说："柴，薪木也。公将此不久乎！"月余，柳凌果病死，因为清廉素贫还欠官中柴一千七百束，韦正贯这才"省柳前梦"[3]。

第六，鬼魂相通。玄宗时，右补阙毋煚"梦着衣冠上北邙山，亲友相送，及至山顶，回顾，不见一人，意恶之。及卒，僚友送至北邙山，咸如所梦[4]"。大中四年，国子博士王坤有婢轻云已死数年，"一夕忽梦轻云至榻前"；王坤不以为鬼，跟随轻云徘徊衢道，沿家求食，后入郊墓。惊寤后"心恶其梦，不敢语于人"，不久即因"鬼为祟"而死，果与梦同[5]。这大概是做梦者茫茫然的恐惧和不安的猜测，使得梦境鬼魂奇幻、险绝丛生。

第七，情爱寄托。段成式姑婿裴元裕言："群从中有悦邻女者，梦女遗二樱桃食之。及觉，核堕枕侧。"[6]昭宗光化中，"有文士刘道济，止于天台山国清寺。梦见一女子，引生入窗下，有侧柏树葵花，遂为伉俪。后频于梦中相遇，自不晓其故"[7]。侯生以明经入仕，其妻韩氏已娶五年，"曾夕梦黄衣者数辈召"，其中有一身长丰丽、衣碧襦绛袖的卢氏女指责她为"仇敌"，"欲雪前身冤"。韩氏将梦告诉侯生后果然死亡。侯生又娶萧氏，与前妻韩氏梦中所述形貌相同，故说旧梦，引起萧氏不乐，因为其舅家为卢氏，又以"卢"为小名，"则君亡室之梦信矣"[8]。这样一个"前生冤仇"的梦，寄托着原配夫妻的深情厚爱。

从这些高深莫测、变化神秘的唐人梦中，可以看到唐代社会所浸润的政风、士风和民风，反映了两种倾向：

一是信梦，重视梦的预见先兆。唐人认为梦是一种愿望的满足，无论是灾祸降临还是喜事临门，都是梦思存念所致，好祈坛才梦玄元神仙，好诗赋才梦笔生花，相信梦是心灵的预兆。如洛州杜玄有牛一头，非常爱怜，"夜梦见其牛有两尾，以

---

[1]《宣室志》补遗，第147—148页。
[2]《宣室志》卷三，第34—35页。
[3]《酉阳杂俎》卷八，第84页。
[4]《大唐新语》卷一一，第166页。
[5]《宣室志》辑佚，第179—180页。
[6]《酉阳杂俎》卷八，第84页。
[7][五代]孙光宪《北梦琐言》卷七，上海：上海古籍出版社，1981年，第61页。
[8]《宣室志》辑佚，第174页。

图 7　天王踩小鬼俑，陕西西安韩森寨出土，中国国家博物馆藏

问占者李仙药，曰：'牛字有两尾，失字也。'经数日，果失之"[1]。安史之乱后，唐玄宗回到长安，心中想念杨贵妃，经常"求之梦魂，杳杳而不能得"[2]。希望在梦幻中实现自己的追求，当然对梦信之不疑，甚至用一种虔诚的迷妄心理去解释和领悟梦幻现象。

二是占梦，希求梦的凶吉结果。想入非非而不能自我控制的梦意识，往往蒙上灵魂离身外游的神秘色彩，因而唐人通过占梦来预测应验结果。如仆人徐道昇，"言江淮有王生者，榜言解梦。贾客张瞻将归，梦炊于臼中。问王生，生言：'君

---

[1]《朝野佥载》卷三，第62页。
[2][宋]李昉等撰《太平广记》卷四八六《长恨传》，北京：中华书局，1961年，第3999页。

归不见妻矣。曰中炊，固无釜也。'贾客至家，妻果卒已数月，方知王生之言不诬矣"。又如威远军小将梅伯成以善占梦，优人李伯怜游泾州乞钱得米百斛，"昼梦洗白马，访伯成占之"。梅伯成说："凡人好反语，洗白马，泻白米也。君所忧或有风水之虞乎？"后来其弟果然在渭河中覆舟，米粒无余。[1] 像这类占梦、圆梦除了能改变做梦者的忧虑、惊慌心理状态外，还能迎合人们的心理欲望，实际上是一种似是而非、心理灵验的满足。

此外，唐人任蕃撰著的《梦游录》、于邺的《扬州梦记》、张泌的《妆楼纪》及唐人传奇《枕中记》《南柯太守传》和敦煌文书、唐诗中都有许多梦的记述："梦里几回富贵，觉来依旧悽惶"；"悠悠生死别经年，魂魄不曾来入梦"；"闻道汉家天子使，九华帐里梦魂惊"。李白的《梦游天姥吟留别》与杜甫的《梦李白》，更是大大丰富了梦文化的表现内容。特别是，唐人梦很少有低级庸俗的曝光，而是蕴含着人生的许多哲理，惆怅的岁月和得意年华，都借助梦那种超现实的特性来满足与表现，也为后人了解唐人文化心态背景，留下了浓墨重彩的一章。

图8 唐加彩木天王俑，吐鲁番张雄墓出土，新疆维吾尔自治区博物馆藏

[1]《酉阳杂俎》卷八，第85页。

第五编

透视从国家到基层的社会现象

飘零四方：唐代移民与社会变迁特征

学术界常常爱用"胡汉混合型社会""南北社会风尚异同""长安盛唐气象""北方经济重心南移""唐宋城市结构衍变"等等来研究唐代社会的变迁，实际上这些都与唐代移民息息相关，密不可分。[1] 各国和各民族之间的移民，不仅给唐代社会补充了新鲜血液，而且带来了空前活力，目前涉及唐代移民的专著出版了几部[2]，但对移民所造成的唐代社会变迁的突出特征论述不够，本文即侧重于此一专题。

一

唐代是中国历史上自魏晋南北朝"五胡融华"后的又一次大规模的民族迁徙时期，近300年间突厥、吐谷浑、党项、回纥、吐蕃、契丹、奚、靺鞨等民族不断内迁。这种内迁分为被唐王朝打败灭国后被迫性强制迁移和面临外部强敌进攻主动性寻求保护两种。其中最突出的是北方的突厥，从唐初开始就有大批降众归唐，贞观四年（630）东突厥灭亡，有15万以上突厥人自阴山以北南迁，被唐朝安置在幽州（今北京）至灵州（今宁夏灵武）东西缘边地带，并设置顺、祐、化、长四州都督府和云中都督府（今内蒙古和林格尔）、定襄都督府（今呼和浩特市东南）进行管理，皆以部落首领为长官[3]。当时突厥人入居长安的有近万家，部落酋长担任将军、中郎将以及五品以下的有百余人。这些突厥人除一些首领功臣陪葬唐太宗昭陵、唐高宗乾陵外，其余均葬在长安附近，墓葬发现的有俾失十囊、毗伽公主、阿史那忠、执失奉节、阿史那勿施、阿史那毗伽特勤、独孤开远、薛突利施匐阿施夫人等，大多为突厥可汗或右贤王等王公贵族的后代，是突厥移民居住长安的典型事例。在黄河河套以南地区，贞观十五年（641）东突厥可汗俟利苾（李思摩）率众十余万迁居于此。当时突厥人设置侨治府县，来回迁移寄居于营州（今辽宁）、幽

---

[1] 葛剑雄等著《简明中国移民史》（福州：福建人民出版社，1993年，第5页）认为："移民是人口迁移的结果，移民必定是迁移人口。但是移民只是迁移人口中的一部分，或者说是迁移人口中符合一定的条件的那一部分，并不是所有的迁移人口都是移民。"而本文所说的唐代移民也是指定居的不是流动的人口。

[2] 葛剑雄主编《中国移民史》第三卷（吴松弟著《隋唐五代时期》），福州：福建人民出版社，1997年；石方著《中国人口迁移史稿》，哈尔滨：黑龙江人民出版社，1990年；冻国栋著《唐代人口问题研究》第五章，武汉：武汉大学出版社，1993年；翁俊雄著《唐代人口与区域经济》第一章，台北：新文丰出版公司，1995年。

[3] 《新唐书》卷二一五《突厥传》，北京：中华书局，1975年。

图1　胡人俑，唐张士贵墓出土　　　　　　　图2　胡人俑，唐张士贵墓出土

州（今北京）、朔方（今陕北）、呼延（今宁夏盐池）、凉州（今甘肃武威）等地，仅天宝元年（742）就有在籍户口约2万人。唐朝在漠北设立的"六府七州"（今蒙古广大地区）也不断有突厥人南迁内地。公元8世纪以后，在阴山南北建立的后突厥，由于内部部落矛盾，不断有人南迁，开元三年（715），后突厥十姓部落及高句丽莫离支高文简、颉跌都督跌跌思泰等率众共约万余帐附唐，皆安置于河套地区。天宝四载（745）后突厥被回纥所灭，一部分部落又南归灵州、丰州等地[1]。分布在西域的西突厥被唐击败后，斛瑟罗可汗于天授元年（690）收拢残部六七万人徙居内地，斛瑟罗本人死于长安。至于突厥人迁居地不明的就更多了。

生活在今青海一带的吐谷浑被吐蕃灭亡后，唐龙朔三年（663），诺曷钵可汗率数千帐篷迁徙乐州（今宁夏中卫），圣历二年（699），论弓仁率7000余帐归附，被安置在银州（今陕西横山），分布在凉、甘、肃、瓜、沙等州的吐谷浑人则有10万余，有的部落在中唐后又转徙河东（今山西）北部。与吐谷浑相邻的党项，由于吐蕃侵入被迫内迁，天授年间（690—692），其西北部落20万户散居灵州、夏州间，

[1] 林干《突厥史》，呼和浩特：内蒙古人民出版社，1988年，第102页。

图3　胡人俑，唐张士贵墓出土　　　　　　　　　　　图4　卷发男立俑，唐郑仁泰墓出土

唐置吴、朝、浮、归十州以管理[1]。安史之乱爆发后，内迁至关内道庆、灵、夏、胜等州的党项部落，又向泾、陇等地迁徙，甚至有向河东迁徙者，分布比较广泛。

散居在漠北草原和天山一带的九姓铁勒，包括回纥、仆骨、契苾、葛逻禄、薛延陀等。贞观六年（632），契苾部首领契苾何力率众千余家内附，被安置在凉州、甘州之间。贞观二十一年（647），漠北铁勒诸部内附，唐设安北都护府管辖。开耀元年（681），薛延陀等部四万余帐南迁夏州，垂拱元年（685）后，回鹘等万帐内迁甘、凉一带。开元二年（714）以后，"突厥十姓（铁勒等）降者前后万余帐"[2]，多安置在河套及其周围地区。天宝三载（744），回鹘骨立裴罗自立为可汗，以郁督军山（今蒙古杭爱山东支）为中心称雄漠北，并在安史之乱后进入中原助唐平叛，其回鹘商人也出入于内地，许多定居不归，如留居长安"殖资产、开第舍"的有千余人。《佛祖统纪》卷四一记载：大历六年（771）"回纥请于荆、扬、洪、越等州置大云光明寺"。回鹘人集中的地方才会设摩尼教徒活动的大云光明寺，说明南方也有不少回鹘人留居不归。

---

[1]《旧唐书》卷一九八《党项传》，北京：中华书局，1975年，第5292页。
[2]《资治通鉴》卷二一一，玄宗开元三年正月条，北京：中华书局，1956年，第6709页。

在唐朝周边诸国向中原内地迁入中，最活跃的是中亚"西域胡人"。在中亚阿姆河、锡尔河流域分布的康、安、曹、石、米、何、史、穆等城邦小国，史称"昭武九姓"，或称粟特人。粟特人沿丝绸之路东段交通要道建立了许多移民聚落，例如西州（今新疆吐鲁番）、伊州（今新疆哈密）、敦煌、肃州、甘州、凉州、长安、蓝田、洛阳、灵州、盐州、夏州、范阳、柳城（今辽宁朝阳）等地都有昭武九姓聚落，并且具有一定规模。其中唐调露元年（679）在灵、夏二州间设置的鲁、丽、含、塞、依、契六州非常著名，唐人称之为"六胡州"，专门安置昭武九姓的移民。洛阳出土的《唐故六胡州大首领安君墓志》称："君讳菩萨，其先安国大首领，破匈奴，衞帐百姓归中国。"[1]开元十年（722），六胡州首领康待宾反唐，被平息后，余众五万多口分配许、汝、唐、邓等州（皆在今河南省境）。安史之乱后，六胡州的昭武九姓部落有些迁至范阳、河东，有些迁至云州（今山西大同）、朔州（今山西朔州）与沙陀人杂居，所以据考证在沙陀人建立的后唐、后晋、后汉将领、后妃中皆有一些出自昭武九姓的康、安、石、史、何等姓人物[2]。在河西走廊的凉州，也是粟特胡人的聚居地，著名的安氏家族世居凉州为"萨宝"，唐初就有安兴贵一支移居长安，近年出土的《安元寿墓志》《安忠敬墓志》《安令节墓志》等说明安氏家族不断东移长安、洛阳地区[3]。而敦煌文书中P.3559号《天宝十载差科簿》记载了敦煌从化乡民236人，其中康、安、石、曹四姓占有总人数的六成，加上罗、何、米、贺、史等五姓，以粟特为主的胡人占总人口的九成。[4]昭武九姓胡人聚落正式属于唐朝的乡里编制，说明粟特人迁移后的汉化。

外国移民因经商、通使、侍卫、求学、行艺、传教、任官、避难等入居中原的也很多。唐武德年间（618—626），疏勒国王裴玢来朝，拜为鹰扬将军，"留不去，遂籍京兆"[5]。咸亨年间（670—674），波斯王子卑路斯因国亡避难到长安，授右武卫将军，其子泥涅师也授左威卫将军，父子相继客死长安。当时在长安的波斯人有数千人，如阿罗憾，本波斯国大酋长，入唐为右屯卫大将军，曾出使拂菻国。在敦煌和吐鲁番还发现有《唐永隆元年波斯军团牒为记注所属卫士征镇样人及勋官签符诸色事》，"波斯军""波斯使主"等文书记载[6]，记叙了滞留在敦煌、吐鲁番等地的波斯人居住状况以及波斯移民后裔与中原汉人的文化交流。1955年出土于西安的

---

[1] 赵振华、朱亮《安菩萨墓志初探》，《中原文物》1982年第2期。
[2] 张广达《唐代六胡州等地的昭武九姓》，《西域史地丛稿初编》，上海：上海古籍出版社，1995年，第249页。
[3] 吴玉贵《凉州粟特胡人安氏家族研究》，《唐研究》第三卷，北京：北京大学出版社，1997年。
[4] 池田温《8世纪中叶敦煌的粟特人聚落》，《欧亚大陆文化研究》，札幌：北海道大学，1965年。
[5] 《新唐书》卷——〇《裴玢传》，第4129页。
[6] 姜伯勤《敦煌吐鲁番文书与丝绸之路》第二章，北京：文物出版社，1994年。

《左神策军散兵马使苏谅妻马氏墓志》，以汉文与帕拉维文合刻，墓主夫妻均是波斯王族的后裔，作为移民留居长安，苏谅为左神策军散兵使，其妻马氏死于唐咸通十五年（874），距波斯被大食所灭已200余年。1980年西安出土的李素墓志，也表明李素原为波斯国王之外甥，天宝年间其祖父入唐后特赐姓李，在长安侨居50多年后已成为移民后代融合于汉人之中。安史之乱后，由于吐蕃隔断河西走廊，来自大食、波斯等国的胡商归路断绝，遂留居长安娶妻生子、购田置宅，长安成为外国移民集中的地方。广州、扬州、洛阳等城市也是外国移民较多的地方。唐末田神功攻陷扬州，死亡的大食、波斯人竟达几千人；黄巢攻破广州，死亡的外国人也有数万人。

高句丽、百济和新罗三国人口亦有大批内迁唐境。贞观十九年（645），高句丽简褥萨以下酋长3500人迁入内地，唐自辽东撤退时，又将辽、盖、岩三州七万人内迁河北等地。显庆五年（660），百济被唐攻占后，百济贵族与部分百姓被迁至徐州、兖州。总章二年（669），唐灭高句丽，经营州陆海二路，迁高句丽人口3.82万户于江、淮以南以及山南、京西诸州空闲处[1]。仪凤二年（677），辽东都督、朝鲜郡王高藏谋反被流放邛州，高句丽民众强壮者被迁往河南、陇右，后皆未返回。此后，高句丽还有许多人口陆续迁徙内地。至于新罗沿海路迁居到山东半岛的移民也很多，根据日本佛僧圆仁所著《入唐求法巡礼行记》记载，唐后期的登州、莱州、密州、青州、淄州、泗州、海州、楚州、扬州以及长安等地，都有不少新罗侨民或移民居留，在这些地方，分别存在有新罗村、新罗院以及坊、馆等社区组织，如楚州从事航运业的新罗水手，扬州城内的新罗商人，文登赤山法华院的新罗僧侣、农民，长安城里的新罗留学生等。

唐政府曾在737年对外国移民作出专门政策规定："化外人归朝者，所在州镇给衣食，具状送省奏闻。化外人于宽乡附贯安置。"同时，唐朝还可免去他们十年赋税以提供优惠待遇[2]。因此，在唐朝吸引外国移民的措施鼓励下，一批又一批的外国移民以不同渠道进入唐境与中原内地。

二

唐代人口迁入的特点是周边各族与各国向内地大量迁移，而迁出的特点则是狭乡人口向宽乡迁移，黄河流域向长江流域迁移，以及时多时少的逃户和动乱时

---

[1]《资治通鉴》卷二〇一，高宗总章二年四月条，第6359页。
[2][唐]杜佑撰，王文锦等点校《通典》卷六《食货典六》"赋税下"，北京：中华书局，1988年，第109页。

期的人口南迁。此外，还有募民戍边屯垦、配流谪边、灾荒移民就食等官府安置形式，而士族官僚的迁移则有中央新贵迁徙京畿、旧士族移贯和士大夫的"寄住""讲学习业"等自发迁移。

《大唐六典》卷三"户部郎中员外郎"条记载开元七年（719）颁布的唐令："乐住之制，居狭乡者，听其从宽，居远者，听其从近，居轻役之地者，听其从重。"一般来说，唐王朝为了保证其赋役征发的来源，通过户籍制度限制人口自发迁移，特别是两京畿内诸州和有军府州的民户不得随意迁移，只有在地狭人稠、灾荒频繁等情况下才可作有条件的迁移。如贞观十八年（644）雍州少田者移之宽乡，武周天授二年（691）自关中、陇右诸州迁徙数十万人户于洛阳，都是为了缓和地少人多、授田不足的状况。唐玄宗开元时开始逐渐放松对移民的控制，对全国范围内的浮逃户采取了默认的政策；在边州地区则相继推行了召募"客户""浮客"的办法，安置移民戍边屯垦。强制性的放逐边州和配流谪边的人口也不少，如武后长寿二年（693）仅在岭南、剑南、黔中、安南等道州一次就杀戮流人达数千之多。南方流逐的王室贵族、官僚子弟等很多，他们可能携其家属同移徙所，甚至移乡人家口不再迁回原籍，编附为当地百姓。

唐代高门士族的迁移则是由各地向两京一带集中，因为唐初旧士族门阀根基已经崩溃，新王朝以当日官爵品秩作为等级高下标准，新的仕途门径也以科举为共同趋向，这就对地方郡姓大族产生了巨大吸引力，士族子弟纷纷移贯京畿，更接近于当朝官僚集团。尽管士族由旧籍向两京新贯的迁徙有一个漫长的过程，但就移迁时间来说，大致在天宝年间接近尾声。如河北博陵大族后代崔玄亮，太和七年（833）在虢州任刺史，临终时就说："自天宝以还，山东士人皆改葬两京，利于便近。"[1]毛汉光《从士族籍贯迁徙看唐代士族之中央化》一文中，综合史书与墓志铭统计出唐代旧士族10姓13家所迁徙的新贯大多为长安、洛阳京畿地区[2]。

官僚士大夫的迁移以自发为主，有的是以"讲学习业"为特征的自发迁移，例如江南一带私人讲学之风甚盛，许多北方士大夫游学到此，安家立业。有的是以"寄住"为特征的变相迁移，即一些州县官员秩满卸任后于当地置产寄住，称之为寄庄、寄住户[3]，甚至有些富户或乡望之流为规避徭役，设法注销本贯旧籍，又在异地他乡购置产业以长期寄住，免除赋役。安史之乱后和唐末战乱背景下，官僚士大夫的迁移最为突出，规模也较大，例如北方中原官僚士大夫的迁移地区除了极

---

[1]《全唐文》卷六七九，白居易《唐故虢州刺史赠礼部尚书崔公墓志铭并序》，北京：中华书局，1983年，第6947页。

[2] 毛汉光《中国中古社会史论》第八篇，台北：联经出版事业公司，1988年。

[3] 张泽咸《唐代的寄庄户》，《文史》第五辑；《唐代的衣冠户与形势户》，《中华文史论丛》1980年第三辑。

图 5 蕃人骑马俑，唐郑仁泰墓出土

少数是避于邻近的山险之地外,大多是移往江南一带。史称:"自至德后,中原多故,襄、邓百姓,两京衣冠,尽投江湘,故荆南井邑,十倍其初,乃置荆南节度使。"[1]"当是时,中国新去乱,士多避处江淮间,尝为显官,得名声以老,故自任者以千百数。"[2]"天宝末,安禄山反,天子去蜀,多士奔吴为人海",[3]"天下衣冠士庶,避地东吴,永嘉南迁,未盛于此"[4]。像此类记载,在史书中比比皆是,南迁的地点主要是荆南湘水、江淮吴越、豫章鄱阳(今江西境内)、蜀郡剑南以及岭南等地区,而且常常是成百上千户举家南移,人数众多。中唐时期,随着长安京辅和中原局势的相对稳定,官僚士大夫南迁的浪潮低落下来,但很多人家再没有北迁返回原籍。到了唐末僖宗之后,南迁再次勃起,官僚士大夫大批移入蜀川、江淮,例如蜀中45家著名士族中,有28家都是由其他地方迁徙入蜀的,成为移民中的大族[5]。值得注意的是,唐末黄巢造反和广陵大乱,使江淮之地一片残破,移居到江淮地区的士大夫又进一步南迁岭南与闽中,例如唐哀帝天祐二年(905),学士韩偓担心朱温滥杀朝臣,"不敢入朝,挈其族南依王审知而卒"[6]。王审知即福建威武军节度使,后称帝而为闽王,他的周围任用了一批中原南迁的士大夫,由此可见当时移民的流向。

唐代平民的自发迁移,有时是由于逃徭役,有时是因灾荒,更多的是为避战乱。隋末唐初,流移他乡的移民浪潮就非常汹涌,"比年寇盗,郡县饥荒,百姓流亡,十不存一,贸易妻子,奔波道路"[7]。江淮、剑南、岭南等地的移民大部分来自北方。也有一部分人自发逃亡到周边地区,如河套、河西走廊以及西域,贞观十四年(640)唐朝进攻高昌,理由就是索要汉族移民。

战乱背景下的移民一般是阶段性的,战乱安定后便大致停歇,但战乱后重新建设往往徭役繁重,促使民户大量逃亡,成为"逃户",所以唐政府不断采取括户措施以检括流动人口。逃户问题在唐前期一直存在,陈子昂《上蜀川安危事》就说:"今诸州逃走户有三万余,在蓬、渠、果、合、遂等州山林之中,不属州县。土豪大族,阿隐相容。"[8]仅一个地区就有三万多逃户,可见人数之多。逃户实际上是一种不合法的移民,唐玄宗时期,对逃户采取了较宽松的政策,他们便成为迁移地区的合法居民。中晚唐时期,关中、河南、河北等北方地区是战乱的中心地带,也是

---

[1]《旧唐书》卷三九《地理志二》,第1552页。

[2]《全唐文》卷五六,韩愈《考功员外卢君墓铭》,第5731页。

[3]《全唐文》卷五二九,顾况《送宣歙李衙推八郎使东都序》,第5730页。

[4]《全唐文》卷三四八,李白《为宋中丞请都金陵表》,第3529页。

[5] 谢元鲁《唐五代移民入蜀考》,《中国社会经济史研究》1987年第4期。

[6]《新唐书》卷一八三《韩偓传》,第5390页。

[7]《全唐文》卷一,高祖《定户口令》,第18页。

[8]《全唐文》卷二一一,陈子昂《上蜀川安危事》,第2133页。

一般民户迁移的主要移出区。李白《永王东巡歌》称："三川北虏乱如麻，四海南奔似永嘉"，说明移民流向主要是南方，所以中唐以后江南、剑南、山南诸道人口持续增长与大量北方移民南迁有关。当然，就逃户、客户、浮游人口等身份来说，有的是破产农民，有的是流入城镇的新兴劳力，还有的是流入寺院的托庇依附人。移民的地区也远近不同。但不管出自什么不同缘由，中晚唐时的移民迁徙规模之大，持续时间之长，都是汉代和明清时代所不能比拟的。

总之，唐代的移民无论是自发性迁移，还是强制性迁移，都是持续不断的，而在移民形式上可分为实边招诱、掳掠强迫、谪戍流放、战乱南迁、内聚控制、民族融合、自然灾歉、经商逐利、流民逃户等。但移民的主要流向始终是清晰的，这就是唐初由北方周边地区向中原内地南迁，安史之乱后又由中原地区向南方地区迁徙，一浪又一浪的南迁移民形成了唐代社会变迁的特征。

三

唐代各种形式的移民，在国际、区际、地际的人口迁移过程中，呈现出复杂性、不稳定性和阶段性特征，尤其是长期性、永久性的移民对唐代社会生活的各个领域都产生了广泛而深刻的影响，无论是迁出迁入还是西渐南移，都以巨大的冲击力在一定程度上改变了唐代社会原来的发展方向，衍成出社会变迁的新特征。作为一个整体性的社会结构变迁，通常要延续较长时间，而唐代持续性的移民活动，无疑对社会变迁起着"启动"作用。

首先，移民影响了唐代人口分布的格局。在北方，关中一带和黄河中下游地区一直是人口分布最稠密的区域，也是全国人口重心所在。虽然经过隋末唐初的战乱，但北方户口所占的绝对优势地位并没有下降，其原因不仅是唐政府制定了一系列奖励婚嫁、优待生育的措施，更重要的是境外其他民族的内迁和避居周边的移民回归。如贞观三年（629）户部的统计，"中国人自塞外归及四夷前后降附者，男女一百二十余万口"[1]。当时突厥、铁勒、吐谷浑、西突厥、高句丽、百济以及"六州胡"等纷纷内迁中原地区与安置在缘边地区，这些内迁人口总数至少有200万，加上他们定居后再增加的人口就是一个不小的数目[2]。所以北方仍拥有人口增长、经济发展的巨大潜力，经过百余年间的发展到开元、天宝时代，北方各道州的户口俨然盛于南方，天宝元年北方人口占全国总数的58.3%[3]。客观地说，北方周边与境

---

[1]《资治通鉴》卷一九〇，太宗贞观三年十二月条，第6069年。
[2] 葛剑雄《中国人口发展史》，福州：福建人民出版社，1991年，第157页。
[3] 费省《唐代人口地理》，西安：西北大学出版社，1996年，第64页。

外各民族的连续内迁，构成了我国历史上自魏晋南北朝"五胡融华"后的又一次民族新结构，在人种、民族、乡村组织等方面都有重大意义，为汉族社会补充了新鲜血液。在陇右、河套、河东、河北等道州，突厥、铁勒诸部、昭武九姓等民族人口，在当地人口比例中占很大比重，故有"天下指河朔若夷狄"之说。唐朝各级官府和军队中，都有大量来自内迁的"胡族"人，即归化的蕃兵蕃将。安禄山反叛时其15万部下多为同罗、奚、契丹、室韦等人，唐军哥舒翰迎战叛军也是率领河陇诸蕃部落奴剌、颉跌、朱邪、契苾、浑、沙陀等13部落，共蕃、汉兵21.8万人。安史之乱以后，北方仍分布大量的内迁民族，"今北胡与京师杂处，娶妻生子，长安中少年有胡心矣"[1]。其他民族移民进入内地的直接后果，就是造成了胡汉混合型社会特征的出现。

在南方，突发性的安史之乱延续八年之后，长安、洛阳两京和人口最密集的中原地区"闾井萧然，百不存一"，不仅百姓凋残，而且地废人稀，北方人在战争驱迫下纷纷南迁。随后的藩镇割据、外族掳掠、军阀混战和饥荒灾害又加剧了北方移民往南迁徙。而当时的南方战乱相对较少，社会经济也相对稳定，对北方移民产生了很大的吸引力，因此，唐中期以后的一个半世纪内北方人口的南迁几乎没有停止：西路自关中翻秦岭进入四川盆地；中路自关中、河南进入襄阳后穿越两湖直达岭南；东路自华北平原到江淮，此后涌向江西、福建。由于户口不实和记载缺失，很难确切估计南迁移民数字，但北方人口重心的南移仍可看出。例如《全唐文》卷五一九梁肃《吴县令厅壁记》载："自京口南，被于浙河，望县十数，而吴为大。国家当上元之际，中夏多难，衣冠南避，寓于兹土，三编户之一。"北方来的人竟占吴县当地编户的1/3，数量之多可想而知。《全唐文》卷八二六黄滔《福州雪峰山故真觉大师碑铭》载："其日奔闽之僧尼士庶，仅五千人。"这是指北方来的人一次就有五千之多。正因为南迁人数增多，南方各道州广置新县，据统计[2]，自唐开元年间至五代，全国各道州新置县计120个，其中北方只有20县，而南方却达100县之多，表明南方行政县区增多与北方移民是分不开的。人口重心自北向南的转移，在很大程度上是移民的结果，南方移民数量集中的地区，往往也是开发进步最快的地区，经济发达和文化水准较高的移民大量迁入南方，提高了人口素质，也必然促进当地社会的变迁。

其次，移民推动了整个社会经济的开发。在北方，原来没有固定住地的游牧民族迁徙唐境后，往往缘边定居，开发陇右、河东、河北诸道的北部地区，形成一些半农半牧区。唐政府为了改变初期缺马严重的局面，鼓励塞外内迁移民养马放牧，

---

[1]《全唐文》卷七二〇，陈鸿祖《东城父老传》，第7414页。
[2] 冻国栋《唐代人口问题研究》，武汉：武汉大学出版社，1993年，第299页。

图6 胡人俑，
唐郑仁泰墓出土

图7 蕃人俑，
陕西长安郭杜唐墓出土

图8 三彩胡人俑，
陕西礼泉县烟霞镇出土

经过上百年的艰苦努力，发展了以陇右牧群为骨干的巨大牧场群，分布在西北方的巨大环形区域，当时"西起陇右、金城、平凉、天水，外暨河曲之野，内则岐、邠、泾、宁，东接银夏，又东至楼烦，此唐养马之地"。不仅黄河河套地区建立群牧，甚至在关中渭北设沙苑监牧（今陕西大荔），据统计天宝末唐有70个以上的牧监，麟德时全国有马70.6万匹，开元元年（713）降为24万匹，开元十九年又上升为44万匹。天宝十三载，陇右群牧都使奏有马牛驼羊共60.56万，其中马32.57万匹，牛7.5万余头，羊24.4万余只，驼563头。这个数字仅是陇右一地，还不包括私人畜牧业。唐代畜牧业的兴盛，离不开境外移民和各民族内迁定居的移民，他们往往以饲养牲畜为主，或充当官营牧监的杂户、番户等色役者，或充当军队中的牧人、饲丁以及驿丁、健儿等，成为唐代畜牧业最主要的劳动者，畜牧业是推动唐代北方经济发展的一个重要因素。

在南方，西晋永嘉乱后北方移民虽然促进了江南生产力的起步，但其开发主要在人口集中的江东吴会一带和荆州、长沙、江西等地，南方山区与边远地区仍是土广人稀，生产技术落后和劳力缺乏。唐代北方移民大规模的南迁，使滨海卤地、沼泽湖渚和丘陵山地得到大面积开发，他们不仅为南方农业经济发展提供了一定数量的劳动人手，而且也带来了相对先进的生产工具和技术。例如，从江浙到福建沿海一带，普遍修筑塘陂，改造滩涂，种植水稻十分盛行，带动了各种经济作物的种植，茶、橘、桑、麻等经营开发有了大的发展，有些土地紧缺的地区连城郊边际的土地也被利用垦殖。北方移民还促进了南方手工业的迅速发展，《元和郡县图志》卷二六"江南道二"条载："自贞元之后，凡贡之外，别进异文吴绫，及花鼓歇单丝吴绫、吴朱纱等纤丽之物，凡数十品。"开元以前，江南丝织业生产水平还赶不上黄河中下游地区，而中唐时期越、苏、杭、湖、润、明等州的丝织品已跃居全国前列，当时一些官府工匠流向江南，带来的先进技术所起的推动作用是不言而喻。此外，运输业、冶金业、商业等经济发展都与北方移民息息相关，南方扬、益、广、泉、明等州的商业繁荣和县乡"草市"的广泛出现，扩大旧城市，形成新城镇，也都与移民的分布规模相适应，奠定了经济重心南移的基础。

再次，移民促进了文化的融合、交流与发展。在北方，由于各地"蕃人""胡人"纷纷内迁中原，有的入唐为官，有的留学不归，包括大批外族文士、西域僧侣，从而使北方文化"胡汉交融"，大放异彩。例如唐朝天竺、龟兹、疏勒、高昌、安国、康国等十部乐中，精通这些音乐的大多是外族移民艺人，以琵琶著称当时的曹保、曹善才、曹纲等系西域曹国人，唐昆仑系康国人，裴兴奴、裴神符系疏勒人，白明达系龟兹人。以吹筚篥名闻长安的安万善是安国人，善舞婆罗门的石宝山、米禾稼、米万槌、康酒、曹触新、安叱奴等皆来自西域各国移民。有人估计外籍移民人数占长安京城人口总数的5%，[1]如果再加上其他民族移民后裔，所占比例更会扩大。唐代北方文化中的乐舞、绘画、饮食、娱乐、建筑、民俗等无不受到外来移民的影响。就服饰来说，贞观初已常见"汉着胡帽，胡穿汉装"，宫人骑马多穿仿自波斯妇人所服的大衫和掩蔽全身的缯帛方巾。高宗永徽以后，北方又流行帷帽，取法于吐谷浑的"长裙缯帽"和吐火罗的"长裙帽"，周围垂网。开元初，宫人皆戴胡帽，靓妆露面，不再障蔽，士庶之家群起而仿效，社会上出现了"露髻驰骋，或着丈夫衣服鞋衫"的新形象，以至尊卑难分、胡汉混杂。天宝时长安不分贵贱都"好衣胡服，为豹皮帽，妇人则簪步摇"[2]。整个北方的衣着样式都与外来移民有关，正如元稹《法曲》所叹的："自从胡骑起烟尘，毛毳腥膻满咸洛。女为胡妇学胡妆，伎进胡音务胡乐。火凤声沉多咽绝，春莺啭罢长萧索。胡音胡骑与胡妆，五十年来竞纷泊。"[3]

在南方，因唐初"文物衣冠尽入秦"，其文化地位较之六朝时代大为衰落，但随着中唐以后北方移民的大量南迁，原来南方文化沉寂和人才分布的南北差异的局

---

[1] 沈福伟《中西文化交流史》，上海：上海人民出版社，1985年，第156页。
[2] [唐]姚汝能《安禄山事迹》卷下，上海：上海古籍出版社，1983年，第38页。
[3] 《全唐诗》卷四一九，北京：中华书局，1960年，第4617页。

面发生了新的变化，如《新唐书·文艺传》所记中唐后文人学士共12人，其分布为河北、河东、关内、河南、陇右共6人，江南道6人，南北各居其半。特别是被誉为"士林华选"的科举取士，是当时文人士子跻身仕途的主要门径，在开元、天宝以前基本上由北方士子垄断，南方中进士者寥寥无几，但据徐松《登科记考》可知，中唐后有贯进士470人，北方五道（河南、河北、关内、河东、陇右）245人，南方五道225人，南北方进士数字基本相当，原本南方一些相对落后的地区如福建、江西、岭南等地，也有进士相继登科。南方进士的大量出现不仅反映了南方文化的重大变化，也从一个侧面证实了社会风尚的变迁。如果说文化的发展和人才群体的涌现是以社会经济发展为前提的，那么社会风尚的改观则与人口迁移有着密切联系，许多南方进士的旧贯都出自北方，如苏州的杨氏来自冯翊，泉州的陈氏来自颍川，裴氏来自河东，姜氏来自天水，蔡氏来自济阳等。具有较高文化素养的北方士大夫及其家族的南迁，对南方迁居地的文化发展和社会变迁具有启蒙与推动的作用，从而促进了南方的人才辈出，也导致新的社会特征的形成。

总之，唐代的移民活动与影响是巨大的，它摄取了外域的新成分，注入了新的气息，丰富了自己的活力，又以移民新特征转输到迁徙地，尽管突发性、战乱性的移民常常要付出沉重的代价，甚至有一些负面的消极影响，但移民结果则更多地体现为社会变化的积聚过程，进一步增强了社会流动，不仅推动了北方的社会变革效应，也促进了南方社会的发展与新特征的形成。唐代移民不是以一种社会特征取代另一种社会特征的非此即彼的冲突，而是集各种文明之长的新融合，最终必然体现于社会生活的广阔领域，并对社会发展施予深刻的影响。

唐代民谣俗语与唐人社会心理

唐代民谣俗语，是指当时人们利用童谣、谚语、酒令、民歌、笑话、流言等民间流行的俚语俗谚形式，自发地反映或广泛地表现五光十色的人事际遇与社会现象。它短小精粹、淋漓酣畅、对称押韵，朗朗上口且针对性强，是唐人社会心理外层的动态情绪，而这种情绪往往受着内层思想意识的驱动和制约。因此，不能只把唐代各种民谣俗语罗列牵合在一起作现象上的说明，而要通过这个特定视角、观照一定历史条件下形成的社会心理现象。但由于长期以来视民谣俗语为谎言咒语或讹言蜚语，以为大谬不然，因而对这些作为历史章页的记述研究甚缺，有必要作一探讨。

一

近三百年的唐代历史，既有从初唐到盛唐蒸蒸日上的恢宏气象，也有从中唐到晚唐绮靡纤弱的格调转变。社会底层在社会变动中遇到的种种现象，必然会产生不同的主观反应，经过沟通、共鸣和汇集，最后形成大多数人相同的看法，即类似社会舆论的民谣俗语。这种直观感性的长期积累，就是作为沟通社会存在关系与社会意识形态"桥梁"的社会心理，它能较为敏感、及时地对社会的轻波微澜作出自发的反应。这种时代的"印记"或"晴雨表"以特有的"观念风尚"形式呈观出唐人心理的情绪状态。

动荡感。因朝代更迭、政局动荡、经济形势变化带给人们切身利益的影响，往往会引起民间的普遍震惊和忧虑，在人民不安与怀疑的情况下，动荡感随之产生，以致这类的民谣俗语纷纷出现。神龙以后，民谣曰："山南乌鹊窠，山北金骆驼。镰柯不凿孔，斧子不施柯。"《新唐书·五行志》解释："山南，唐也，乌鹊窠者，人居寡也；山北，胡也，金骆驼者，虏获而重载也。"这是指当时南迁的突厥重新发起反唐叛乱，他们势力日益强大，造成内地"百姓不得斫桑养蚕、种禾刈谷"的生活动荡。宪宗时，宰相武元衡自蜀返辅政，由于他坚持讨伐淮西藩镇，元和九年六月三日被刺客杀害。"先是长安谣曰：打麦麦打三三三。既而旋其袖曰：舞了也。"[1]"打麦"指打麦时，"麦打"指暗中埋伏突击，"三三三"指六月三日，"舞了也"指武元衡将死。如果说这类民谣俗语是偶然巧合，毋宁说这是地方藩镇恐吓朝中官吏而故意散布的流言，"自是京师大恐，城门加卫兵，察其出入，物色伺之"，

---

[1]《旧唐书》卷一五八《武元衡传》，北京：中华书局，1975年，第4161页。

加剧了当时的社会动荡。唐末昭宗时,整个社会处在风雨飘摇之中,但"十六宅诸王以华侈相尚,巾帻各自为制度",长安城里人士都仿效其式样,诙谐地讽刺说:"为我作某王头。"[1]这些民谣俗语当时容易被人们接受和传播,关键是社会的动荡使民间在主观上早就有了感受,因而对社会细微变动都会情不自禁作出语言宣泄。

危机感。在外族入侵亡国灭种的巨大震荡、农民反叛席卷全国的恐惧,以及军阀割据威胁人们正常的社会生活时,唐人心里的自危感迅速表现出来,他们经历内心的一种莫可名状、惶惶不安的危机感,因而编造预示危机来临的民谣俗语,以言简意赅的内容四处传播,告诫人们引起注意。早在隋末就有民谣曰:"'桃李子,洪水绕杨山。'炀帝疑李氏有受命之符,故诛李金才。"[2]连封建统治者在王朝末日时也迷信民谣谶语,说明其危机感是十分强烈的。唐高宗调露初,京城民谣有"侧堂堂,桡堂堂"之言,太常丞李嗣真解释说:"侧者,不正;桡者,不安。自隋以来,乐府有《堂堂曲》,再言堂堂者,唐再命之象。"[3]不管这种解释如何附会,但它至少说明人们对当时李唐王朝面临的政治危机表示的关注。唐末,"京都妇人梳发以两鬓抱面,状为椎髻,时谓之'抛家髻'。又世俗尚以琉璃为钗钏"[4]。"抛家""流离"皆是抛家出走、流离失所的谐音,成为人们预测王朝末日来临的微言大义,反映出他们内心的危机感。

恐惧感。由于社会动荡的日趋明朗或社会正常秩序的变化无常,造成政局动乱和人际关系沉浮莫测,加深了人们对社会问题的恐惧感。于是,民谣俗语以骇人听闻的消息滋蔓社会。例如贞观十七年,"京城讹言云:'上遣枨枨取人心肝,以祠天狗。'递相惊悚。上遣使遍加宣谕,月余乃止"[5]。这种情况在天宝三载又有发生,"京师讹言官遣枨枨捕人,取肝以祭天狗,人颇恐惧,畿内尤甚,遣使安谕之"[6]。此类讹言当然是无稽之谈,但如果说前者是太宗后期骄恣矜伐行为和疑忌心理严重所造成的恶果,那么后者则是玄宗后期任用奸邪、纪纲紊乱造成的社会恐惧,以致通过以讹传讹的民谣俗语而弥漫于民间。武则天时任用酷吏专政,李嵩、李全文、王旭三人在京师号为"三豹","京中人相要,作咒曰:'若违心负教,横遭三豹。'其毒害也如此"[7]。酷吏政治造成的整个社会恐怖,已通过街谈巷议的咒言折射出来。建中三年秋,"江淮讹言有毛人食其心,人情大恐"。咸通十四年秋,"成都讹

---

[1]《新唐书》卷三四《五行志一》,北京:中华书局,1975年,第880页。
[2]《旧唐书》卷三七《五行志》,第1375页。
[3]《新唐书》卷三五《五行志二》,第918—919页。
[4]《新唐书》卷三四《五行志一》,第879页。
[5]《旧唐书》卷三《太宗纪下》,第55—56页。
[6]《新唐书》卷三五《五行志二》,第921页。
[7][唐]张鷟撰《朝野佥载》卷二,北京:中华书局,1979年,第34—35页。

言有狌母鬼夜入人家，民皆恐，夜则聚坐。或曰某象见鬼，眼晃然如灯焰，民益惧"[1]。这些讹言的产生和传播，正是在当时全国遭遇水旱饥荒之时，州县催征勒索百姓，使得他们惊悸不安，恐惧感缠绕心头，风言风语也容易流传。

变革感。随着唐朝统治的社会弊端不时暴露，皇室残杀，奸佞专权，酷吏作恶，更使人们对社会现状表示不满，于是民谣俗语也就成为新思潮酝酿的酵母，诱发人们对社会秩序的怀疑，启示人们要求变革现实。武则天后期，民谣曰："张公吃酒李公醉。"[2]"张公"指张易之兄弟，"李公"言李唐将要大盛，折射了人们弃混乱求安宁的期盼心理。景龙四年，韦皇后毒死中宗，秘不发丧，窃掌大权，"时京城恐惧，相传将有革命之事，往往偶语，人情不安"[3]。这种人心浮动正为李隆基为代表的改革派着手政变创造了舆论。其实，李隆基在潞州，就有童谣曰："羊头山北作朝堂。"[4]不管这种民谣俗语是出自文人之舌，还是大众之口，都反映了人们强烈盼望有人出来改革腐败弊政的心情。假如说现实的切身利益是触发民谣俗语的契机，不满现实的时弊批判则是变革的起点，种种暗示变革、谋求新貌的民谣俗语也才能成为全社会不平则鸣的共同心理。

大治感。每一场大的政治斗争危机过后，都会迅速导致嗷嗷望治、拨乱反正的社会心理。而且这种乱后思治的强烈意愿对新的统治集团在一定时期内的政治措施有着决定意义。唐高祖时，衰敝凋残的社会经济急需复苏，沧州刺史薛大鼎开渠浚治，注重农商，当地屯田实仓，商贾通行，因而民间歌谣曰："新沟通，舟楫利。属沧海，鱼盐至。昔徒行，今骋驷。美哉薛公德滂被！"[5]在用民谣俗语歌颂他的治绩的同时，也表达了人民追安图治的希望。中宗神龙时，并州、洛州"会谷贵多盗"，长史张仁愿"一切捕杀，骴积府门，畿甸震慑，无敢犯"。因此张仁愿和前任"有政绩"的长史贾敦颐一起受到人们交口称誉："时人为之语曰：洛有前贾后张，敌京兆三王。"[6]相反，开元初人们急切要求对混乱的选才弊政进行整顿，但吏部侍郎姜晦"眼不识字，手不解书，滥掌铨衡，曾无分别"。选人歌谣说："今年选数恰相当，都由座主无文章。案后一腔冻猪肉，所以名为姜侍郎。"[7]辛辣地讽刺这样水平低劣的冗官，呼吁"抑权幸，爱爵赏，纳谏诤，却贡献"的吏治能够实现。

唐朝统治集团认识到民谣俗语对社会心理的舆论作用，特别是人心向背决定社

---

[1]《新唐书》卷三五《五行志二》，第922页。
[2]《朝野佥载》卷一，第12页。
[3]《旧唐书》卷五一《后妃传上》，第2174页。
[4]《新唐书》卷三五《五行志二》，第920页。
[5]《新唐书》卷一九七《循吏传》，第5621页。
[6]《新唐书》卷一一一《张仁愿传》，第4152页。
[7]《朝野佥载》卷四，第90页。

稷兴衰，离心倾向的民谣民谚更容易触及政权肌体这个十分敏感的神经，所以唐朝统治者对于民谣俗语有时疏导分化，左诱右引；有时严令钳制，悬为厉禁。如贞观十四年，唐军征伐高昌国，西域到处流传所谓的童谣："高昌兵，如霜雪；唐家兵，如日月。日月照霜雪，几何自殄灭。"[1]薛仁贵征伐西域九姓时，军中歌谣："将军三箭定天山，壮士长歌入汉关。"这些都是用歌谣鼓舞军心和瓦解敌军，利用民谣俗语进行政治攻势的例子。又如高宗龙朔以后，百姓饮酒令云："子母相去离，连台拗倒。"[2]"俗谓杯盘为子母，又名盘为台。"武则天上台后，迁怒这种酒令暗讽"庐陵徙均州，子母相去离"之意和则天将废诸武迁放之兆，故于永昌元年罗织罪名，将在清化坊饮酒为此令的十人皆弃市杀戮，以此封口销声。"贞元十二年，附马王士平与义阳公主不协，蔡南史、独孤申播为乐曲，号义阳子，有团雪散雪之歌。德宗怒，欲废进士科。"[3]因此，从利用和压制两方面的例子可知，民谣俗语不仅可以比较社会结构中各层次的心理差异，还可以看出它对社会舆论的推动显露出十分重要的作用。唐代许多人甚至专门编造民谣俗语，"有造谤辞而著者"。像开元、天宝时的陆羽"学赡辞逸"，曾"作诙谐数千言"[4]。德宗时，"许正伦轻薄士，有名长安间，能作蜚语"[5]。《唐语林》卷八载："初，诙谐自贺知章，轻荡自祖咏，颈语自贺兰广、郑涉。其后咏字有萧昕，寓言有李纾，隐语有张著，机警有李舟、张彧，歇后有姚岘、孙叔羽，讹语、影带有李直方、独孤申叔，题目人有曹著。"这些人善于编造或进一步加工民谣俗语，月深年久自然浸染人心，起着载舟覆舟、舆论评价的无形力量，并通过民谣俗语一叶知秋，针砭时弊，成为强大而深沉的心理态势。

二

如果说表现唐人情绪喜恶的民谣俗语是社会心理结构初步感性的产物，那么由个性、气质、理想、信念等要素组成和体现的稳定心态，则是它的理性素质。

由此出发，唐人的文化环境固然浸透或含蕴了通常所说的雄沉阔大、开放外拓的民族心理，但更多的是唐代社会独具的新鲜的时代思潮的渗入与内化。正像史书上所说的："大抵天宝之风尚党，大历之风尚浮，贞元之风尚荡，元和之风

---

[1]《新唐书》卷二二一《西域传上》，第6222页。
[2]《朝野佥载》卷一，第13页。
[3][宋]王谠撰，周勋初校证《唐语林校证》卷二，北京：中华书局，1987年，第186页。
[4]《新唐书》卷一九六《隐逸传》，第5611页。
[5]《新唐书》卷一六六《令狐楚传》，第5098页。

尚怪也。"[1]民谣俗语就是随着人事风尚发展变化的伴生现象。然而，仅有社会心理结构中动态层次的震荡，尚不足以完全了解唐人的心理承受，只有透视到稳态层次范围内的变化，才能做出较深刻的分析和概括。

厌乱感的强烈，标志唐人一贯的求安心理

唐代社会弥漫着思安厌乱的气氛，这种心理现象可以追溯到魏晋以来战乱动荡对人们形成民族性格的影响，唐代多民族的融合统一给人们潜在心理带来宁静守恒的新因素，因而厌乱感常常与安国安民的社会心理共振。唐高宗调露年间，欲封禅中岳，因突厥反叛和吐蕃入侵两次停止。永淳元年又欲封禅嵩山，时童谣曰："嵩山凡几层，不畏登不得，只畏不得登。三度征兵马，傍道打腾腾"[2]，反映了人们对耗费民财进行封禅的不满和屡征民间兵马作战的厌烦。天宝中，封建统治集团内部矛盾和斗争日益激烈，许多人因厌恶官场混乱而避居乡村，像著名的"茶圣"陆羽被授官后，不就职而隐逸苕溪，常歌云："不羡黄金罍，不羡白玉杯，不羡朝入省，不羡暮入台。千羡万羡西江水，曾向竟陵城下来"[3]，表达了自己退出官海斗争漩涡的厌乱感。朱泚于建中四年因泾原士兵哗变被拥立称帝，但在京师得不到群众的支持，在他未败前两月，就有民谣曰："一只筋，两头朱，五六月，化为蛆。"[4]与其说这是人们预言其必败的征兆，不如说这是人们厌乱求安的心理表现。唐代多次发生拥兵作乱的事件，但都很少成功，与民间厌恶动乱的社会心理不能不说有很大关系。

崇拜感的向往，说明唐人偏爱心理的执着

民谣俗语对贤官能吏的溢美，促使他们威信的提高，有时甚至成为衡量官吏政绩的指示器。唐代一些有才干的官吏因有广泛的"得民心"的社会心理基础与民谣俗语的支持而加快了升迁，因为口碑载道的舆论导向是当政者进行统治所不可缺少的精神武器。然而，官吏一旦做出有损于民众感情的举动，就会受到民谣俗语的抨击，使他们很难恢复名誉，成为被人们所抛弃的孤家寡人。所以，唐人很重视民谣俗语对官吏的评论作用。高宗时，大理卿张文瓘判断疑案没有冤屈，升迁侍中时"诸囚一时恸哭，其得人心如此"。他的四个儿子皆官至三品，时人呼为"万石张

---

[1] [唐]李肇《唐国史补》卷下，上海：上海古典文学出版社，1957年，第57页。
[2] 《朝野佥载》卷一，第9页。
[3] 《因话录》卷三，上海：古籍出版社，1979年，第86页。
[4] 《新唐书》卷三五《五行志二》，第920页。

象"[1],借用门第观念来表示对其的崇拜和敬重。天宝时,零陵太守李岘"为政得人心,时京师米翔贵,百姓乃相与谣曰:'欲粟贱,追李岘。'寻徙长沙"[2]。长安到长沙虽千里迢迢,但民谣俗语的神话传说表达了人们对清明官吏治绩的崇拜感。安史乱后,李叔明拜洛阳令,他招徕遗民,号能吏,"迁京兆尹,长安歌曰:前尹赫赫,具瞻允若;后尹熙熙,具瞻允斯"[3]。肃宗时,荆州节度使吕諲号令严明,赋敛均一,"其治尚威信,故军士用命,合境无盗贼,民歌咏之"[4]。这种崇拜感有时甚至达到神化地步,如太和四年,段文昌为荆南节度使,"州或旱,袚解必雨;或久雨,遇出游必霁。民为语曰:旱不苦,祷而雨;雨不愁,公出游",以此来颂扬他得民心顺天意,御灾捍患政绩卓然。尽管这类对治理政务精干有才官吏的赞誉,往往是与对清官的迷信联系在一起,也谈不上对政治制度的本质认识,但这种表面的、直观的归纳总结,反映着人们偏爱心理的表现和要求,从而使民谣俗语对社会有着相当大的评判作用。

抗争感的显露,表示唐人逆反心理的增强

面对现实的社会弊端和趋乱倾向时,他们往往显示出主动抗争感,通过民谣俗语指陈国事,抨击时弊,具有无法压抑的激烈情绪,并迅速地向社会各个阶层扩散。在民间主观倾向性心理感受下,民谣俗语当然也就提供了语言交驰、风动舆论的机会。例如武则天登基后,为了收揽人心,滥封官爵,许多庸才愚夫被选官封侯,以致"朝会之服,貂者大半",后竟至太府无貂皮可供,因而民谣云:"貂不足,狗尾续。"[5]用"狗尾"来贬斥当时选官制度的腐败。垂拱年间东都洛阳的人们故意将"皆是邪曲艳词"的《苾拿儿歌》传扬,以揭露武氏宠信张易之(小名苾拿)的丑闻,表示民间对嬖幸奸佞的敌视和抗争。虽然这种抗争非常软弱,但那种痛切感正是内心憎恨的反抗。唐中宗神龙时期,御史大夫窦怀贞为了巴结韦后,续娶韦后乳媪王氏,自署"皇后阿䎃";到睿宗景云时期他任宰相,又耗费巨万,为金仙、玉真两公主营选道观,因此俗谚曰:"前作后国䎃,后为主邑丞"[6],讽刺他献媚丧失人格,如公主所属邑官,借其丑闻透露出当时人们对腐败朝廷的隔膜与抗争。尤其是地位卑微、没有凭恃的下层文人,在科举仕宦道路上受到摧抑、排挤

---

[1] [唐]刘肃《大唐新语》卷七,北京:中华书局,1984年,第102页。
[2] 《新唐书》卷一三一《李岘传》,第4504页。
[3] 《新唐书》卷一四七《李叔明传》,第4757页。
[4] 《旧唐书》卷一四一《吕諲传》,第4650页。
[5] 《朝野佥载》卷一,第7页。
[6] 《新唐书》一〇九《窦怀贞传》,第4100页。

图 1　参军戏俑,陕西西安鲜于庭诲墓出土

时,体现抗争感的民谣俗语脱口而出。"太和中,苏景胤、张元夫为翰林主人,杨汝士与弟虞卿及汉公,尤为文林表式。故后进相谓曰:欲入举场,先问苏张;苏张犹可,三杨杀我。"[1]"太平王崇、窦贤二家,率以科目为资,足以升沈后进,故科目举人相谓曰:未见王窦,徒劳漫走。"[2]对科举制度走后门请托之风表示了强烈的愤懑,反映了人们的逆反心理已达到难以承受的程度。

政治感的发展,表明唐人从政心理的重视

唐代民谣俗语常常借官场上荒唐可笑的轶闻趣事或言外之意的打诨逗笑,来反映人事政治的升沉起落,并经常造成一种干预现实社会的无形压力,其中不乏切中时弊,有时连君主尊严也遭到奚落和亵渎。永徽年间以后,长安韦姓家族势力很大,于是俚歌有《桑条韦也》和《女时韦也乐》,尽管神龙时有谄佞者作《桑条乐词》十余首进献给韦后,但都说明了当时人们对包括门阀望族在内的社会政治力量的评价。又如阎立本于总章元年官拜右相,"既辅政,但以应务俗材,无宰相器"。当时姜恪也以边将战功擢左相,可他俩都解决不了面临的"时饿年饥"的困

[1] [五代]王定保《唐摭言》卷七,北京:中华书局,1959年,第75页。
[2]《唐摭言》卷七,第75页。

图 2　调玩鸟俑，
上海博物馆藏

图 3　唐代踏摇娘舞俑，
新疆吐鲁番阿斯塔那出土

图 4　唐彩绘戏弄泥俑

难局面，故流传有"左相宣威沙漠，右相驰誉丹青"[1]的俗谚，这并不是赞美阎立本的画艺卓绝，而是嘲讽朝廷选才不当，反映出民间对朝政的关注。《因话录》卷六载："元和、长庆中，两京间巷间，多云：合是阿舅"，原因是"太和以来，文宗欲崇树外戚，而诈称国舅者数辈，竟不得其真"，表达出人们对外戚靠裙带关系参政的不平。咸通时，唐懿宗"以进士车服僭差，不许乘马"。于是左右着社会舆论的士子在参加科场考试时，借身材魁悟的宰相郑昌图为题材，嘲讽道："今年敕下尽骑驴，短鞚长秋满九衢，清瘦儿郎犹自可，就中愁杀郑昌图。"[2]运用暗喻指桑骂槐地讥讽了皇帝的昏庸。民谣俗语对人心测试的意义还不仅于此，利用这种形式进行政治上的斗争，也是唐人社会心理的一个突出特点。武则天为了除掉要挟自己下台的顾命大臣裴炎，故意利用骆宾王为徐敬业起兵编选的童谣："一片火，两片火，绯衣小儿当殿坐。"[3]借以说明裴炎谋应反叛，乘机将这位极不恭顺的大臣下狱处死。又如宝历元年，一些保守官僚为攻击有才干的宰相裴度，作谣辞云："绯衣小儿坦其腹，天上有口被驱逐。"[4]"天口"指裴度曾平叛割据军阀吴元济，因而诬谤裴度有做天子的相貌和应谣谶的野心。由此可见，民谣俗语常常成为政治斗

[1]《新唐书》卷一〇〇《阎立德传附阎立本传》，第 3942 页。
[2]《唐摭言》卷一五，第 164 页。
[3]《朝野佥载》卷五，第 117 页。
[4]《旧唐书》卷一七〇《裴度传》，第 4427—4428 页。

争中的有力工具,会使人产生真伪不明、懵然无措的心理负效应。

针砭感的普遍,体现唐人求异心理的敏感

唐代民谣俗语最突出的特点就是敢于对现实社会弊端和腐败无能的吏治进行嘲讽、挖苦、鞭挞。有些民谣俗语锋芒直指当政权贵,起绰号、品评人,在民间大快人心,引起反响,宣泄人们胸中块垒之气,形成针砭现实特有的强烈意识。武周时,因荐举官员,"无问贤愚,悉加擢用",故民谣曰:"补阙连车载,拾遗平斗量。杷推侍御史,椀脱校书郎"[1],对滥吏冗官作了尖刻的嘲讽。冀州枣强县尉张怀庆"好偷名士文章","才士制述,多翻用之",人谓之俗谚:"活剥王昌龄,生吞郭正一"[2],挖苦其无才抄袭的人品。长安推小车卖蒸饼的邹骆驼,因修路掘金致富,其子邹昉与萧佺交厚,时人谚语:"萧佺附马子,邹昉骆驼儿。非关道德合,只为钱相知"[3],讥贬当时重财轻德的不良习俗。崔湜谄媚韦后与太平公主,深受宠爱。出任宰相后,其妻女同时进宫,人们谤之曰:"托庸人于主第,进艳妇于春宫。"[4]开元初,泽州都督王熊处理政务不如前任尹正义公正,断案笑话百出,于是百姓歌谣:"前得尹佛子,后得王癞獭。判事驴咬瓜,唤人牛嚼沫。见钱满面喜,无镪从头喝。常逢饿夜叉,百姓不可活"[5],用"王癞獭"形象地讽刺了他混世无能而又贪得无厌的丑貌。咸通初,河南洪水暴发,河南尹李纳见水从堤上策马逃回,民谣曰:"昔瓠子将坏,而王尊不去。洛水未至,而李纳已回",抨击了这个遇事溃逃的冗官。咸通中,侍郎郑熏主下状元文,因他误把颜标作为颜真卿的后代而擢为状元,于是"时有无名子嘲曰:'主司头脑太冬烘,错认颜标作鲁公'"[6]。咸通末年,曹确、杨收、徐商、路岩同为宰相,前两人弄权卖官,后两人仅备员而已,因而长安民谣说:"确确无论事,钱财总被收。商人都不管,货赂几时休?"[7],巧妙地将他们的名字镶嵌在民谣中。此外,人们还利用起绰号归纳体貌,表示憎恶。如武则天时,李昭德被贬为"中霜谷束",张元一被讥为"逆流虾蟆",王方庆被称为"顽怯冻蝇",苏征被叫作"失孔老鼠"等。这种风气一直延续到开元初,品题朝士,像卢怀慎为"觑鼠猫儿",姜皎为"饱椹母猪",倪若水为"醉部落精"等,后由朝廷以"谤国政、败国风"的罪名

---

[1]《朝野佥载》卷四,第89页。
[2]《大唐新语》卷一三,第189页。
[3]《朝野佥载》卷五,第125页。
[4]《朝野佥载》卷五,第125页。
[5]《朝野佥载》卷二,第48—49页。
[6]《唐摭言》卷一三,第152页。
[7]《唐语林校证》卷七,第670页。

处分编造或流传者,此风才逐渐禁止。不言而喻,民谣俗语确实是范围广,内容多,极易传播,它绝不是闲得无聊信口乱说,而是反映了人们针砭社会现状弊端的实用心理,并有着化一般为深刻的印象特点。

从社会心理的特点看,唐代各个阶层的人都可以利用民谣俗语为我所用,既有可能产生脍炙人口的积极社会作用,也有可能起恶语中伤的破坏作用。由于社会变化斑驳繁复,因此民谣俗语也永无止期。说穿了,它是一个透视社会现象的重要窗口,也是明暗其间的社会民俗画卷,标志着人心向背的社会心理。

三

由于唐代社会生活波澜起伏,作为表达情绪的民谣俗语更是易受社会环境变动的影响,不可能产生某种动态平衡,它们在俚俗鄙琐粗鲁驳杂的文化背景下,再现出社会的方方面面和不同的社会心理。这样,民谣俗语整合成的社会舆论或社会思潮就有三种作用,即监督作用、激励作用和消极作用。

所谓监督作用,有两层含义:一是指唐代民谣俗语在人们心理中包容的暗喻性。那些多少带有几分晦涩神秘意味的童谣谚语,有着无形的政治感召力,在隐约其辞的含蓄形容中发人深省,其暗示的社会态度足以使封建统治集团和民间阶层引为鉴戒,在社会舆论上起到监督作用。如景龙年间,安乐公主于洛州道光坊造安乐寺,用钱数百万,童谣曰:"可怜安乐寺,了了树头悬。"[1]就是人们指摘其不顾国库窘尽,挥霍无度,必然要导致斩首悬竿的下场。先天时期,姜师度为司农卿,他指挥开黄河引水灌溉失败,造成百姓被淹,他却官品益进;太师令傅孝忠又自言明玄象而专行矫谲,所以京城俗语曰:"姜师度一心看地,傅孝忠两眼相天",对他们进行了舆论上的谴责。又如,天宝初,"杨贵妃常以假鬓为首饰,而好服黄裙"。"时人为之语曰:义髻抛河里,黄裙逐水流。"[2]这是借杨贵妃的服饰爱好来暗喻当时的政事荒怠,国势趋衰。这都说明,民谣俗语早在民间百姓中有了心理感受,一遇社会信息就转变为舆论监督。

二是指民谣俗语在人们心理准备上有着预警性,对丰富歧异的人、事、言行、思想可以审时度势,警告戒备,既能彰善瘅恶,又能惊世骇俗,从社会舆论上制约或影响着人们的所作所为。如高宗时期,万年县令权怀恩赏罚严明,见恶辄取,俗语曰:"宁饮三斗尘,无逢权怀恩。"[3]洛阳令杨德干杖杀邪恶,酷烈立威,谚语

---

[1]《新唐书》卷三五《五行志二》,第919页。
[2]《新唐书》卷三四《五行志一》,第879页。
[3]《新唐书》卷一〇〇《权怀恩传》,第3940页。

说:"宁食三斗炭,不逢杨德干。"[1]这种预警性的民谣俗语,对民间治安有着心理上的威慑。又如"永徽后,天下唱《武媚娘歌》,后立武氏为皇后"。"咸亨以后,人皆云:'莫浪语,阿婆嗔,三叔闻时笑杀人。'后果则天即位,至孝和嗣之。阿婆者,则天也;三叔者,孝和为第三也。"[2]尽管这些俗语雕凿的痕迹很明显,像是后人按武则天的历史编造的,但武氏临朝的势头被人们看出则是无疑,民谣俗语并不全是子虚乌有。中宗时,韦后临朝摄政,谋效武后所为。"驸马韦保衡为相,颇弄权势。及将败,长安小儿竞彩戏,谓之打围。"[3]用"围""韦"谐音来警告其骄祸将及。即使在黄巢农民军挺进江南时,为了招揽文人儒士与其"图大事",也在军中传播预警性民谣:"逢儒则肉,师必覆。"[4]所遇称儒者皆释放,这类警告性的民谣俗语虽然没有超出直觉范围,但对政治活动却是灵敏的反映,而且暗示的效果愈好,愈使人们心理活动受到影响。

所谓激励作用,也有两层含义。一是由于民谣俗语具有反映社会现实趋向的敏感性,因而它常常歌颂正义,鄙斥奸邪,不无超前地抨击各种社会弊端,并呼唤着社会亟待解决的问题,刺激和促使人们做出新的选择或转化。例如永淳元年,"东都大雨,人多殍殕",流传童谣曰:"新禾不入箱,新麦不入场,迨及八九月,狗吠空垣墙。"[5]景龙年间,朝廷因东都霖雨百日,下令闭坊市北门以避荡灭,于是驾车者借道路泥泞在街中传言:"宰相不能调阴阳,致兹恒雨,令我污行。"[6]他们把矛头指向当政的"一群痴宰相"[7],表示民众对现实的强烈不满。景云年间,佛僧惠范依恃太平公主权势,夺民妻占邸肆,州县无法治理,御史大夫薛登劾奏朝廷,反而被贬为岐州刺史,时议曰:"仁者必有勇,其薛公之谓欤!"赞颂他刚正不阿、绝无媚骨的人格。又如武则天称制,天下皆唱"杨柳杨柳漫头驰"的民谣,后柳州司马徐敬业据扬州造反,兵败后被斩首由驿马驰入洛阳报捷。这并不是所谓的"应验",而是当时人们已敏感地看出江淮起兵反抗不可避免地要发生。天宝初安禄山未反时,童谣曰:"燕燕飞上天,天上女儿铺白毡,毡上有千钱。"幽州也有民谣曰:"旧来夸戴竿,今日不堪看。但看五月里,清水河边见契丹。"[8]这都是人们已看出边将骤增、尾大不掉的局面会带来的危害,故而发出令人忧虑的信息。

二是由于民谣俗语能激发人们心里的不满和愤恨,产生与现实生活弊病的对抗

---

[1]《新唐书》卷一九七《循吏传》,第5623页。
[2]《朝野佥载》卷一,第12页。
[3]《唐语林校证》卷七,第680页。
[4]《新唐书》卷二二五《黄巢传》,第6454页。
[5]《新唐书》卷三五《五行志二》。
[6]《旧唐书》卷三七《五行志》,第1363页。
[7]《大唐新语》卷七,第109页。
[8]《新唐书》卷三五《五行志二》。

性，所以对民众是一种极大的激励，尤其是在社会政治矛盾的冲突中有着振聋发聩的积极作用。像帮助武则天策立的李义府拜相后，"连起大狱，诛锄将相，道路以目榜"，后因泄禁中语被长流不赦，"朝野莫不称庆"。民间作"河间道元帅刘祥道破铜山贼李义府露布"，榜之通衢。被他掠夺的奴婢也"一夕奔散，各归其家"。露布云："混奴婢而乱放，各识家而竞入"[1]，反映了人们对他的愤恨和遭贬斥后"海内快之"的感受。晚唐咸通以后，阶级矛盾和社会危机加深，怨愤不平的民谣俗语更是层出不穷，一呼百应。咸通七年，童谣曰："草青青，被严霜，鹊始后，看颠狂。"咸通十四年，全国水旱饥荒严重，成都民谣曰："咸通癸巳，出无所之，蛇去马来，道路稍开，头无片瓦，地有残灰。"[2] 各地人民"多造无名文状，或张悬文榜，或撰造童谣"，无情地揭露和抨击唐朝腐朽统治。僖宗乾符元年，河南、山东广泛流传民谣："金色虾蟆争努眼，翻却曹州天下反"，对农民造反起了巨大的动员组织作用。乾符六年，黄巢农民军战略北伐，沿途到处传播童谣："八月无霜寒草青，将军骑马出空城。汉家天子西巡狩，犹向江东更索兵"[3]，对粉碎唐军力量起了瓦解作用。甚至在"黄巢未入京师时，都人以黄米及黑豆屑蒸食之，谓之：黄贼打黑贼"。长安居民群起鼓噪，引起人心强烈共鸣，为农民军夺取长安作了心理上的呼应。

　　至于消极作用，是指民谣俗语中经常蕴含着愚昧性、颓萎性、伪诈性、动摇性等致命的局限因素。特别是民间百姓普遍备尝生活艰辛和濒临危亡命运时，最容易接受某些以偏概全、人云亦云的民谣俗语，不是隐恶扬善，就是怨天尤人，还有造谣惑众，从而使芸芸众生产生一种"疑神疑鬼"的自我暗示，造成盲从轻信、随声附和的不良影响。例如"唐初以来，百姓多事狐神，房中祭祀以乞恩，食饮与人同之，事者非一主"。当时有俗谚曰："无狐魅，不成村。"[4] 唐高宗幸汾阳宫，以道路出妒女词，"俗言盛服过者，致风雷之变，更发卒数万改驰道"[5]。由迷信辟邪而兴役求安、劳费民脂。太和九年，李训、郑注为唐文宗筹划太平之策，欲除宦官，"京师讹言郑注为主上合金丹，须小儿心肝，密旨捕小儿。或相告云，某处失几儿。人家扃锁小儿甚密。上恐，遣中使喻之，乃止"[6]。这无疑是别有用心者有意蛊惑人心，混淆视听。中和元年，黄巢撤离长安，关中童谣曰："黄巢走，泰山东，死在

---

[1]《旧唐书》卷八二《李义府传》，第2770页。
[2]《新唐书》卷三五《五行志二》，第920页。
[3]《新唐书》卷三五《五行志二》，第920—921页。
[4]《朝野佥载》补辑，第167页。
[5]《新唐书》卷一一五《狄仁杰传》，第4208页。
[6]《旧唐书》卷三七《五行志》，第1375页。

图 5　饺子和点心，新疆吐鲁番出土

图 6　劳作女俑俑，新疆吐鲁番阿斯塔那出土

翁家翁"[1]，对大齐政权的存在起了十分不利的涣散作用。中和三年，杭州刺史董昌反叛中央，自称越王，"山阴老人伪献谣曰：'欲知天子名，日从日上生。'昌喜，赐百缣，免税征"。因为这种信口雌黄的谣言符合董昌的割据称王野心。还有一些民谣俗语是捕风捉影，群情皆信其有，不信其无，争相传播。因而有时民间带迷信色彩的原发性俗谚，反而为统治阶级文饰"受命于天"与曲解天灾人祸提供了可资利用的价值，其结果是反映民众社会心理的民谣俗语可悲地成为愚弄人民的工具，无意中又加剧或淡化了时弊。当然，人去话散，时过事消，民谣俗语的价值只有人在才能事传，这也是它"生命"短暂即逝的特点。

图7　唐代麻鞋，新疆吐鲁番出土

总而言之，唐代的民谣俗语与其表现的社会舆论和社会思潮，同社会生活环境相吻合，并折射着历史的演进轨迹。正如英国语言学家帕默尔所说的："语言是所有人类生活中最足以表现人的特点的"，它"是打开人们心灵深处奥秘的钥匙。它是人们表达思想的至高无上的工具，是维系民族的纽带，是历史的宝库"。[2]因此，唐人内心的深刻矛盾状态和心理发展趋向，似乎能从民谣俗语所呈现的特点中得到较为合理的解释和说明。可以说，唐代民谣俗语是整个唐人心理变化活动的反应，是唐人群体意识、习俗观念、性格气质等社会心理的体现。研究唐代思想文化，不应缺少对民谣俗语的追寻、探究和评价。

---

[1]《新唐书》卷三五《五行志》，第921页。

[2] [英]帕默尔著，吕叔湘译《语言学概论》，北京：商务印书馆，1983年，第148页。

狂欢漩涡：唐代社会中的赌博浊流

唐代是中国历史长河中一泻无羁、喧嚣浩荡的一节，其中挟泥沙翻湍浪的淤积物也颇引人注目，即唐人沉溺于赌博的浊流，势头之猛，传播之烈，比前代有过之而无不及，由此造成社会之舟的沉浮不定，亦明见诸方。本文拟从社会史的角度作一论述。

一

狂潮翻滚的魏晋南北朝时期，盛行于各色人等之中的赌博，由于适应了人们在悲观消极环境里解脱苦闷、放浪形骸的追求而蔓延开来，从而使恶习炽烈、世风日下，一直到隋唐交际，社会上赌博浊流仍然泛滥。如隋朝鸿胪寺蕃客馆，"庶仆毡上樗蒲"[1]。又如隋末刘黑闼，年轻时就"嗜酒，好博弈，不治产业，父兄患之"[2]。赌场上的冒险精神，造成他以后"善观时变，素骁勇，多奸诈"的性格，使他终于成为风云一时的人物。

唐初，由于吸取隋朝更新换代的经验，社会上赌博虽有点滴零星之事，但整个主流却被堵塞，人们往往以射箭、打猎、马球等崇尚武力的胡俗作为赌博比赛的形式，"陆博、弄珠、握槊、樗蒲之戏绝少"。特别是，唐政府在贞观时期颁布了我国历史上第一个禁赌法律，用刑律惩办以财物为赌注的赌博游戏。

《唐律疏议》卷二六"杂律"条载："诸博戏赌财物者，各杖一百（举博为例，余戏皆是），赃重者，各依己分，准盗论（输者，亦依己分为从坐）。"这是指以财物为赌注的博戏不满绢价五匹以下时各杖一百，赌得五匹赃物就徒刑一年，赃赌多者按盗窃法加倍治罪，输者也以个人财物或公众财产而加重作从犯处断。律例还规定，开场聚赌或窝赌以及提供各种赌具的主人（坐庄者），不得财物杖一百，若得赌利归入自己则计赃比照盗窃论罪。这样，就从参赌的输、赢者和设赌的有利、无利者两个方面，进行防范打击，全面整治。只有两种特殊情况才不惩办，即"弓箭既习武艺，虽赌物，亦无罪名。""赌饮食者，不坐。""即虽赌钱，尽用为饮食者，亦不合罪。"这就明确界定了赌博行为与娱乐游戏的区别，使禁赌法律更为严密完善，能使参与者节制和约束自己，具有犯法的负罪感和违背社会公德的羞耻感。

---

[1]《隋书》卷二五《刑法志》，北京：中华书局，1973年，第715页。
[2]《旧唐书》卷五五《刘黑闼传》，北京：中华书局，1975年，第2258页。

然而，法律的威慑和禁赌的条例毕竟只能在社会大治、人性朴直时起到积极作用，并不能从根本上铲除滋生赌博犯罪的土壤。随着统治集团本身的沉奢沉淫、递相颓落，赌博的刺激性和趣味性又使娱乐活动变为攫取钱财的违法行为，而法律对此常常鞭长莫及，作为鄙风陋俗的赌博再次风靡一时。

首先，君主好赌。唐太宗本人就喜爱赌博竞争，"王无寻好博戏，善鹰鹞。文武圣皇帝微时，与无寻蒲戏争彩，有李阳之宿憾焉"[1]。史载武则天爱玩双陆博戏，"天后梦双陆而不胜，召狄梁公说之，梁公对曰：宫中无子之象是也"[2]。

其次，百姓喜赌。"咸亨中，贝州潘彦好双陆，每有所诣，局不离身。曾泛海，遇风船破，彦右手挟一板，左手抱双陆局，口衔双陆骰子。二日一夜至岸，两手见骨，局终不舍，骰子亦在口。"[3]

如果说君主好赌必然导致朝纲衰弱、败政倾国，那么百姓入赌则往往倾家荡产、身败名裂。前者如《旧唐书·后妃传》记载韦后"引武三思入宫中，升御床，与后双陆，帝为点筹，以为欢笑，丑声日闻于外"。结果韦武集团把持朝政，专横跋扈且穷奢极欲，终被统治阶级中新兴力量所铲平。后者如《唐国史补》卷下所言："王公大人，颇或耽玩，至有废庆吊、忘寝休、辍饮食者。及博徒是强名争胜谓之撩零，假借分画谓之囊家，囊家什一而取谓之乞头。有通宵而战者，有破产而输者，其工者近有浑镐、崔师本首出。"由此可见，上行下效，各界相尚，给社会与民族造成一种灾难，不仅经济上浪费钱财，对正常消费生活领域带来妨害和冲

---

[1][唐]张鹭《朝野金载》卷六，北京：中华书局，1979年，第149页。
[2][唐]李肇《唐国史补》卷下，上海：古典文学出版社，1957年，第61页。
[3]《朝野金载》补辑，第158页。

图1 玛瑙、玻璃棋子，
陕西西安隋代寺院主持墓出土

图2 弈棋仕女图（唐武则天时期），
新疆吐鲁番出土

击；更重要的是精神上造成萎靡不振、玩物丧志，以致拼命地追求财富享乐的冒险生活方式，罪孽荒唐由此蔓延于社会，对人们从精神和物质文化两方面形成侵害。

唐玄宗初期还倡导俭约、焚珠玩、禁女乐，到开元后期渐渐变成一个荒怠政事、沉湎淫乐的皇帝，尤其是他喜好各类赌博游戏，从而使得这种历史沉渣重新泛起，流溢于日常生活的各个方面。

用赌博融合兄弟关系。《开元传信记》载："上（玄宗）与诸王靡日不会聚，或讲经义、论道理，间以球猎蒲博、赋诗饮食，欢笑戏谑，未常惰怠。近古帝王友爱之道、无与比也。"

用赌博消磨每天时光。《明皇杂录》载："上与贵妃及诸王博戏，上稍有不胜，左右呼雪衣娘（白鹦鹉），必入局中鼓舞，以乱其行列，或啄嫔御及诸王手，使不能争道。"

用赌博选择后宫妃嫔。宋代陶谷《清异录》云："开元中，后宫繁众，侍寝者难于取舍，为彩局儿以定之，集宫嫔用骰子掷，最胜一人乃得专夜，宫珰私号骰子为'挫角媒人'。"

类似的记载在史书中还有很多，说明唐玄宗时期赌博浊流如潮，波峰迭起，形式也发展为多种多样，像率先在宫禁中兴起的斗蟋之戏已变为赌博活动，宋人顾文荐《负曝杂录》中说：唐天宝间，长安人斗蟋成风，"镂象牙为笼而畜之，以万金之资付之一喙"。赌博盛况确实空前。"每至秋时，宫中妃妾辈，皆以小金笼捉蟋蟀闭于笼中，置之枕函畔，夜听其声。庶民之家皆效之也。"在这种社会氛围的腐蚀下，沉湎于赌的人、事也越来越多，"都中每至正月十五日，造面茧，以官位帖子，卜官位高下，或赌筵宴，以为戏笑"[1]。长安、万年等县尉还"常于厅事贮钱数百绳，名倡珍馔，常有备拟"，以等候达官贵人到来聚赌追欢，消遣玩乐，用官府钱财投私人之嗜好。

中唐后，社会陷入动乱的泥淖，官场龌龊，时政衰落，愈使人们把赌博作为一种不加控制的心态宣泄，许多人还从理论上对赌博进行总结提高，如"贞元中，董叔儒进博一局并经一卷，颇有新意，不行于时"[2]。至于一般常见的《五木经》《樗蒲象戏格》《原弈》等就更多了。到了晚唐，像敬宗、文宗、武宗、宣宗、懿宗等都喜欢赌博。《太平御览》卷七五五《工艺部·弹棋》："唐顺宗在春宫日，甚好之，时有吉达、高钣、崔同、杨愿之徒，悉为名手。后有窦深、崔长孺、甄颛、独孤辽，亦为亚焉。至于长庆之末，好事之家犹见有局尚多解者。"特别是唐僖宗奢侈

---

[1] [五代] 王仁裕《开元天宝遗事》卷下，据《开元天宝遗事十种》，上海：上海古籍出版社，1985年，第84页。

[2] 《唐国史补》卷下，第61页。

腐化，几乎成为一个赌博迷，史载："上好骑射、剑槊、法算，至于音律、蒲博，无不精妙，好蹴鞠、斗鸡，与诸王赌鹅，鹅一头至五十缗"[1]。晚唐陵州判官孙光宪著《北梦琐言》亦载："唐僖宗皇帝播迁汉中，蜀先主（王）建为禁军都头，与其侪于僧院掷骰子，六只次第相重，自幺至六，人共骇之。"可见这位昏庸皇帝呼幺喝六、掷骰猜点，在赌博技艺上倒是十分精湛的。

图3　胡俑，西安博物院藏

赌博的盛行，必然使西域地区浸染此浊流，《太平御览》卷七五四引《西域胡》称："诸博戏，取人牛马财物者，胡俗皆陪偿。"值得注意的是，在唐长安西市店铺遗址上进行的考古发掘，出土了大量的骰子、陶弹等物，作为双陆、弹棋附件的实物发现，很自然地使人联想到赌博在中亚、西亚胡商中传播，这确是一件很有趣味的事情。而与中国一衣带水的日本，也"好棋博、握槊、樗蒲之戏"，以至于日本政府持统天皇三年（689年，即武则天永昌元年）明令"禁断双陆"，堵塞浊流，以防泛滥。可见，中日两国交织相生，连赌博也共发于社会深曲之中。

二

唐代赌博形式花样迭出、千姿百态，不仅有前代夸多斗靡的遗传，更有本朝得天独厚的创新，其中为社会各阶层喜闻乐见、风行一时的主要有以下几种。

双陆。南宋洪遵《谱双叙》考证说："双陆最近古，号雅戏。以传记考之，获

---

[1]《资治通鉴》卷二五二，僖宗广明元年正月条，北京：中华书局，1956年，第8221页。

图4 银鎏金龟负"论语玉烛",江苏镇江丁卯桥
唐代窖藏出土,镇江博物馆藏

图5 银鎏金酒令筹,江苏镇江丁卯桥
唐代窖藏出土,镇江博物馆藏

四名:曰'握槊',曰'长行',曰'波罗塞戏',曰'双陆'。盖始于西竺,流于曹魏,盛于梁、陈、魏、齐、隋、唐之间。"双陆的玩法很多,形制也各异,但基本规则为两人对局,每方棋子为十五枚,下棋时先掷骰子,骰子共有二十一点,以掷点数按道行棋以定胜负。

樗蒲。从东汉马融《樗蒲赋》和晋葛洪《西京杂记》来看,樗蒲在汉代是一种雅戏,以后变为赌博游戏。唐代亦流行于世,李肇《唐国史补》对此详细记载:"洛阳令崔师本,又好为古之樗蒲。"李白《赠别从甥高五》云:"五木思一掷,如绳系穷猿。"可知诗人对此非常喜爱。这种赌博游戏在南宋以后逐渐消失。

弹棋。《唐国史补》云:"弹棋之戏甚古,法虽设,鲜有为之;其工者,近有吉逵、高越首出焉。"这种弹棋据《西京杂记》载,起源于汉成帝时刘向所作。《世说新语》则认为始自曹魏时期。但不管起源何时,共性质不是斗智慧,而是靠技巧取胜。沈在《梦溪笔谈》中感叹:"弹棋,今人罕为之。有谱一卷,盖唐人所为。"

选格。这是从双陆发展而来的一种博戏,以掷骰赌输赢,虽然简单却需要有一定的技艺,在唐代十分盛行。特别是唐玄宗时期改变了骰子的颜色,大大地丰富了骰子游戏的内容,清代赵翼《陔余丛考》卷三三云:"今骰子于'四'上加红,亦有所本。"

叶子戏。这是唐代发明的一项博戏,《太平广记》卷一三六引《感定录》曰:"唐李郃为贺州刺史,与妓人叶茂莲江行,因撰骰子选,谓之'叶子戏',咸通以来,天下尚之。不知应本朝年祚。正体书叶字廿世木子,自武德至天祐恰二十世。"宋代王辟之《渑水燕谈录》卷九亦载:"唐玄宗问一行世数,禅师制叶子格进之,叶子言二十世李也。当时士大夫宴集皆为之。"据说叶子戏由骨牌演变为纸牌,最迟在唐中期已有之,但具体玩法已不可考,只知受到士大夫们的喜好,大概是宴集时的一种高雅赌博。

钱戏。这种博戏又称为"摊钱",唐人李匡义《资暇集》云:"钱戏,有每以四文为一列者,即史传所云意钱也,俗谓之摊钱,亦曰摊铺其钱。不使叠映欺惑也。"《开元天宝遗事》载:"内庭嫔妃,每至春时,各于禁中结伴三人至五人,掷金钱为戏,盖孤闷无所遣也。"有时也把这种博戏称为"白打钱",如王建《宫词》云:"寒食内人尝白打,库中先散与金钱。"韦庄《长安清明》诗也有"内官初赐清明火,上相闲分白打钱"。唐人侯白《启颜录》中还记载益州九陇尉封抱一"与同列戏白打赌钱"的事。可见,摊钱赌博是非常流行的。

在唐代还有一些赌博游戏,诸如六博、藏钩、龟背戏、蹙融、射赌、弈棋、象戏等,连斗鸡、斗鹅、斗茶、斗草、投壶等娱乐活动也被赌博浊流所污染,真可谓五花八门、形式多样。敦煌唐代文书也有许多记载:"双陆智人戏,围棋出专能。解时终不恶,久后与仙通";"几度亲情命看花,数遍藏钩夜欢笑";"贪欢逐乐无时歇,打论樗蒲更不休";"饮酒樗蒲难劝激",边饮边玩,边博边赌,似乎别具一番风神。正像刘禹锡《观博》中说的:"客有以博戏自任者,速余观焉。初主人执握槊之器,置于虎下曰:主进者要约之。既揖让即次。有博齿二,异乎古之齿,其制用骨,觚棱四均,镂以朱墨,耦而合数,取应期月,视其转止,依以争道,是制也。通行之久矣,莫详所祖,以其用必投掷,故以博投诏之……"文中把赌场上的礼节、赌具、赌徒、掷骰等情景都展现出来,使人历历在目,如亲临现场而扣动心弦。

三

唐代赌博浊流涉及广、潮势大、花样多,不但令前朝黯然失色,而且使后世望其项背,尤其是广泛深入到社会各阶层,形成社会风气的逆转。因此,它已不是一种单纯的文化现象,而是一种复杂的社会现象,往往因赌博的目的性不同和参加者不同,表现出当时社会的显著特征。正如《唐国史补》卷下所说:"长安风俗,自贞元侈于游宴,其后或侈于书法图画,或侈于博弈,或侈于卜祝,或侈于服食,各有所蔽也。""博弈"确实成为一种俯瞰社会的角度。

其一，政治交际手段。在官场沉浮中，赌博作为一种交际的媒介，为一些有政治野心的人达到升官入仕或其他目的发挥着重要作用，常常起到一般政绩无法完成的桥梁功能。隋代晋王杨广为了夺宗立为太子，出金宝资助宇文述入长安，联络杨素弟杨约，"盛陈器玩，与之酣畅，因而共博，每佯不胜，所赍金宝尽输之"[1]，终以赌博作为交际媒介，赢得了杨素兄弟的关键帮助和支持。又像杨国忠"嗜饮博，数丐贷于人，无行检，不为姻族齿"。他"哀其贫，至成都樗蒲，一日费辄尽，乃亡去"，后入京师以"善樗蒲"被引见于玄宗。"国忠稍入供奉，常后出，专主蒲簿，计算钩画，分铢不误"[2]，竟被玄宗认为是管理财政的"度支郎才也"，因而入仕升官，擢度支员外郎兼领十五使，成为炙手可热的政治人物和权臣。

其二，获取财物的捷径。通过赌博输赢实现钱物的转让常常是瞬间之事，不但能满足嗜赌者侥幸暴取财钱的欲求和需要，而且强化刺激了人们在平时生活中无法实现的"成就欲"。如武则天时酷吏来俊臣，其父来操为"博徒"，"与乡人蔡本结友，遂通其妻，因樗蒲赢本钱数十万，本无以酬，操遂纳本妻"[3]。唐人薛用弱《集异志》记载，武周时狄仁杰与武后男宠张昌宗对双陆，武后亲自为之点筹，"昌宗心报神沮，气势索莫，累局连北"，狄公获胜，赢得了武则天赐予张昌宗的一件由南海贡献"珍丽异常"的集翠裘，在当时颇引人眼红。宣宗时简州刺史安重霸"黩货无厌"，有意召一姓邓的油客与其赌棋，每天不下十数子，使油客疲倦不堪，献上中金十铤贿赂，才被放免，可见借赌博实勒索的真面目[4]。敦煌写本中《宫廷诗》云："□雷高语任争筹，夜半君王与打钩。""欲得藏钩语多少，嫔妃宫中□□和。每朋一百人为定，遣赌三千匹彩罗。"玩一次"藏钩"要赌三千匹彩罗，而敦煌民间五匹熟绢就能买一个姑娘，这样大的财物赌注显然不是一般人能问津的。

其三，寻求心理刺激。赌博带有极大的随机性，瞬息万变的冒险局势更能助兴引趣，参与者在恋赌时寻求竞胜心理满足，即使输财抵妻仍狂热不已，形成一种"博"的刺激。"明皇未得妃子，宫中嫔妃辈投金钱赌侍帝寝，以亲者为胜。召入妃子，遂罢此戏"[5]。像这类投钱赌寝的事例虽然荒唐至极，但它恰恰符合了人们的心理刺激。又如大文人骆宾王，虽善作五言诗，"然落魄无行，好与博徒游"[6]，在赌

---

[1]《隋书》卷六一《宇文述传》，第1464页。
[2]《新唐书》卷二〇六《杨国忠传》，第5846页。
[3]《旧唐书》卷一八六《酷吏传》，第4837页。
[4][五代]孙光宪《北梦琐言》卷一，上海：上海古籍出版社，1981年，第2页。
[5]《开元天宝遗事》卷下，第92页。
[6]《旧唐书》卷一九〇《文苑传》，第5006。

图6 西安大明宫遗址出土含光殿"球场"石志

场中发泄自己的"怏怏失志"。晚唐乾符末,幽州节度使李匡威"少年好勇,不拘小节,自布素中以饮博为事,渔阳士子多忌之"[1],后果投机为帅,独霸一方。用赌博来碰运气由此窥见一斑。

其四、调和人际关系。赌博紧张的竞争与心理的超脱,使参与赌博者充分展示自己放荡不羁的风范,在赌场上会得到别人的认同,由此交流感情,笼络或和谐人际关系。例如唐太宗听说丹阳公主因驸马薛万彻"村气",而不与其同席数月,就"置酒召对,握槊,赌所佩刀子,佯为不胜,解刀以佩之"[2],从而使两人同载而还,重归于旧。《薛昭传》记载,唐元和末平陆尉薛昭入兰昌宫,遇三位美女,其中"兰翘命骰子谓二女曰:今衣嘉宾相逢,须有匹偶,请掷骰子,遇采强者得荐枕席。遍掷,云容采胜;兰翘遂命薛郎近云容姊坐"。这是一个依靠掷骰赢采来调和与消解人事矛盾的生动例子。

其五、占卜预测人事。赌场的风云突变和掷骰的正反不同排列组合,仿佛是由冥冥之中的神灵预先安排,人力无法控制吉凶,因而各种赌博形式就被用来占卜人事的变化。唐人房千里《骰子选格序》说:"开成三年春,予自海上北徙,舟行次

---

[1]《北梦琐言》卷一三,第102页。
[2] [唐] 刘𫗧《隋唐嘉话》卷中,北京:中华书局,1979年,第25页。

洞庭之阳,有风,甚急,系船野浦下三日,遇二三子号进士者,以六骰双双为戏,更投局上,以数多少为进身职官之差数"[1]。看来,这些知识分子为了入仕升迁、功名显宦,只好借助骰子充当占卜的中介物了。

由上可见,赌博浊流渗入到社会的各个方面,林林总总,

图7 三彩储钱方柜,陕西西安出土

嗜赌者们尽兴掷博,燃烛续之,"骛神默计,巧竭智匮,主进者书胜负之数于牍,视其所衰,又倍前籍焉"[2],简直到了如痴如醉、不可自拔的地步。与其说这是令人荡气回肠的舒泄或者是一种黯然销魂的心灵享受,毋宁说是一种不加约束的癫狂和酿成悲剧的迷乱。唐人薛恁《戏樗蒲头赋》云:

> 在众艺兮所尚,伊樗蒲兮自久,招邯郸少年,命诸葛新友,分曹列席,促樽举酒,犹贤博弈,将取适于解颐,乃贵先鸣。故决争于游手,终日莫闲,连宵战酣,不拔其旗,且背城而借一,并兼是视。岂分土之惟三,瞋目贾勇,危冠竞贪,鉴座中之奔北,为席上之司南……别有膏粱之子,缙绅之客,时为此物。[3]

赌徒们的神色溢于字里行间,嗜赌成瘾的侥幸心理也活灵活现,这正是当时赌博活动的真实写照。

需要进一步叩问的是,唐代社会舆论对赌博浊流是采取何种态度?从敦煌唐代文书来看,无疑是持否定态度的。P.3266《王梵志诗残卷》反映有:"饮酒妨生计,樗蒲必破家。但看此等色,不久作穷查(穷鬼)。男年十七八,莫遣倚街衢。若不

---

[1]《全唐文》卷七六〇,第7901页。
[2]《全唐文》卷六〇八,刘禹锡《观博》,第6143页。
[3]《全唐文》卷九五九,第9954页。

行奸道，相构即樗蒲。"

把樗蒲与"破家""奸道"同语，足见当时有许多青年人坠入赌博浊流而不能自救，故而才产生这种社会谴责樗蒲的舆论。尤其是敦煌民间艺人虚构的《孔子项托相问书》载："夫子曰：'吾车中有双陆局，共汝博戏，如何？'小儿答曰：'吾不博戏也。天子好博，风雨失期；诸侯好博，国事不治；吏人好博，文案稽迟，农人好博，耕种失时；学生好博，忘读诗书；小儿好博，笞挞及之。此是无益之事，何用学之。"尽管这个传说是假的，但通过通俗的语言，揭示了各阶层人们参与赌博的危害性，说明唐人对沉溺赌窟的行为是摒弃、鄙视的，在社会上并不是一种健康生活的风俗。

综观前述，唐代赌博作为游乐大潮中的一股浊流，给大唐社会文明带来了不和谐的缺憾，无论是出自牢骚肠断的隐秘委曲，还是出自物质享受的钦慕迷恋，或是出自无拘无束的潇洒旷达，它所酿成的精神萎靡、志向颓废、醉生梦死、不务正业等畸形病态，对唐王朝的逆流回转起了推波助澜的作用，这确是值得人们注目的社会弊端和记取的历史教训。

慈善救济：唐代乞丐与病坊探讨

乞丐在唐代的法律中，虽然未明确隶属于"贱色"，但在具体的社会生活中则为人们所鄙视、贱弃。乞丐无产无业，瓦灶绳床，破衣乞食，流浪飘零；以自己特有的生存方式构成了社会底层生活的一部分，并成为唐代社会的一个重要问题。在举世闻名、弥足珍贵的敦煌文书中，有几份唐天宝时代（742—756）敦煌郡会计账（P.2862背），其中对"病坊"的第一手资料记载，反映了唐代官府安置乞丐的真实状况。

上篇：乞丐

秦汉以前历史文献对乞丐的记载非常零散，但乞丐活动却一直存在着。魏晋以后战乱频仍、社会动荡，导致大批流民乞丐的出现。晋代陶潜《乞食诗》云："饥来驱我去，不知竟何之。行行至斯里，叩门拙言词。主人解余言，贻赠副虚期。谈话终日夕，觞至辄倾卮。情欣新知欢，言咏遂赋诗。感子漂母惠，愧我非韩才。衔戢知何谢，冥报以相贻。"这首诗虽然带有文人心理的描写，可它也反映了当时社会中乞讨的生活。唐代一方面是海内晏然、灯红酒绿，另一方面则存在着出衣食不赡、饥寒交迫，真是"府藏虽丰，间阎困矣"[1]；杜甫《自京赴奉先县咏怀》："朱门酒肉臭，路有冻死骨"。因此，史书上关于乞丐生活的记载也多了起来，具体到每个乞丐的来源和行讨的形式，更是五花八门、各有不同。

利用脚书绝技

唐段成式《酉阳杂俎》卷五记载："大历中，东都天津桥有乞儿无两手，以右足夹笔，写经乞钱。欲书时，先再三掷笔，高尺余，未曾失落。书迹官楷，手书不如也。"这是残疾乞丐利用脚书楷字的绝技进行乞讨。

利用怪胎动物

唐张鷟《朝野佥载》卷五载："（玄宗）先天年，洛下人牵一牛奔，腋下有一人

---

[1]［唐］杜佑撰，王文锦等点校《通典》卷六《食货典六》"赋税下"，北京：中华书局，1988年，第111页。

手，长尺余，巡坊而乞。"这是利用怪胎动物沿街坊行乞。

利用木制机械

《朝野佥载》卷六又载："将作大匠杨务廉甚有巧思，常于沁州市内刻木作僧，手执一碗，自能行乞。碗中钱满，关键忽发，自然作声云'布施'。市人竞观，欲其作声，施者日盈数千矣。"这是利用木制机械人乞钱，吸引了无数施者。

利用驯鸟乞钱

《太平广记》卷四六二记："唐魏伶为西市丞，养一赤嘴鸟，每于人众中乞钱，人取一文而衔以送伶处，日收数百，时人号为'魏丞鸟'。"养鸟行乞，也是都市生活的引人景观。

利用歌唱行艺

唐段安节《乐府杂录》谓：唐代宗大历年间，"有才人张红红者，本与其父歌于衢路乞食。过将军韦青所居，在昭国坊南门里，青于街牖中闻其歌，即纳为姬"。行艺乞丐利用卖唱乞食，歌声悲哀婉转、低沉迂回，引发人们的怜悯哀叹。

利用灸治医术

晚唐裴铏撰《传奇》"崔炜"条，说唐德宗贞元时，晚年的崔炜居南海"不事家产，多尚豪侠；不数年，财业殚尽，多栖止佛舍"。时逢中元日，当地人集百戏于开元寺前，崔炜见一乞食老妪，因昏厥打翻酒店酒瓮而被老板殴打，其所损价值仅一缗钱。崔炜怜悯乞婆，脱衣替其赔偿。乞婆为答谢崔炜仗义行为，就把自己用艾草灸治赘疣的医术传授给崔炜。可知乞婆是擅长施医行乞的。

利用药鼠符术

唐冯翊子子休撰《桂苑丛谈》说，僖宗末年，广陵有穷丐杜可均，四十余岁，"人见其好饮绝粒，每日常入酒肆巡坐求饮，亦不见其醉，盖自量其得所，人有怜之者，命与之饮，三两杯便止"。杜可均经常到城中西街娱乐酒旗亭里乞饮，发现鼠坏衣物，即将自己药鼠术符书写于主人，自此鼠踪遂绝，也是一位有药术的乞丐。

利用占卜预言

《酉阳杂俎》续集卷三载:"成都乞儿严七师,幽陋凡贱,涂垢臭秽不可近,言语无度,往往应于未兆。居西市悲田坊。"因他善预言世事,非常灵验,人们争先施舍于他。每次得到钱帛后,他全部用于修道观,并告诉人们寺院不用修,据说有"拆寺之兆",果然几年后就发生了武宗灭佛之举。

白行简《李娃传》描述唐天宝年间,常州刺史荥阳公的儿子赴京考试,在京恋识名妓李娃,倾家荡产后沦为乞丐,"被布裘,裘有百结,褴褛如悬鹑。持一破瓯,巡于闾里以乞食为事"。"夜入于粪壤窟室,昼则周游廛肆。"风雨中求乞恰遇李娃,李娃收养他使其刻苦攻读,遂登科场,声振礼闱,获得官职。

唐末五代王定保《唐摭言》卷七记载王播曾游学寄食扬州惠昭寺木兰院,随和尚们乞讨斋饭,但时间久了寺内僧人厌恶他,不愿施舍,便将鸣钟进斋改为斋毕鸣钟,"饭后钟"使王播经常枵腹无食。二十年后,王播仕官显贵后再游乞食之寺,见当年自己题诗寺壁已有碧纱笼保护其上,感慨世态炎凉,乞食不易。寒士寄丐的窘态由此可见一斑。

《北梦琐言》卷六载,唐裴休"留心释氏,精于禅律"。但他"常披毳衲,于歌妓院持钵乞食"。据《新唐书》本传说他"为人蕴藉,进止雍闲"。唐宣宗称他为"真儒",文章书法皆为当世所推重,但他破坏礼法,溺情声色,故意仿照乞丐行为。抛开其荒诞的表现,亦可了解到当时乞丐到妓院乞讨的活动。

陆勋撰《集异记》说,唐代余干县尉王立调选入京,居住长安大宁里,"穷悴颇甚,每乞食佛祠"。《唐语林》卷三记载唐代刘瞻"孤贫有乞",任大理评事时,官俸微薄,穷得连稠粥都吃不上,"常于安国寺相识僧处谒餐"。像这类变相乞讨的事,在史书中不胜枚举,连权倾一时的杨国忠,年轻未显贵时也因"嗜饮博,数丐贷于人"[1]。当然,绝大多数乞丐来源于破产农民或其他下层百姓,他们不可能遭逢好运,有所转机。正如唐末皮日休在其《三羞诗·序》中记道:"丙戌岁(唐懿宗咸通七年),淮右蝗旱,日休寓小墅于州东,下第后,归之。见颍民转徙者,盈途塞陌,至有父舍其子,夫捐其妻,行哭立丐,朝哭夕死。"这才是唐代乞丐产生的真实反映。

人生沦落的乞丐,不仅污体垢面、酸楚肮脏,而且披发赤跣、衣被褴褛。《酉阳杂俎》续集卷一记载,辛秘五经擢第后回家赴婚,途中休息时,"傍有乞儿箕坐,

---

[1]《新唐书》卷二〇六《杨国忠传》,北京:中华书局,1975年,第5846页。

图1 跪拜女俑，陕西西安韩森寨出土

痂面虮衣"。"虮衣"指敝垢不洁多生虱卵，也有称"鹑衣"或"百结鹑衣"的，以鹑尾表示丐衣破烂不堪遮体之状。

乞丐贫困无房，多寄居废祠破庙或寺院僧房，因为寺院号称行善施贫，赐舍福田，以修来世善恶报应。唐人张读《宣室志》卷二记载："扶风县西有天和寺，在高岗之上。其下龛宇轩豁，可居穷者。"老丐赵叟无妻无子，"病足而伛，常策杖行乞于市，里人哀其老病而穷无所归，率给以食"。以后"叟贫无衣，裸形就地，且战且呻"，"竟以寒死于龛中"。

唐代文学家元结，天宝七载游仕长安，曾与乞丐为友，并写《丐论》针砭世风："丐者丐论，子能听乎，吾既与丐者相友，喻求罢，丐友相喻曰：子羞吾为丐耶？有可羞者，亦曾知未也。呜呼！于今之世，有丐者，丐宗属于人，丐嫁娶于人，丐名位于人，丐颜色于人，甚者则丐权家奴齿以售邪妄，丐权家婢颜以容媚惑。有自富于贫，自贵丐贱于刑丐命，命不可得，就死丐时，就时丐息，至死丐全形，而终有不可丐者。更有甚者，丐家族于仆圉，丐性命于臣妾，丐宗庙而不取，丐妻子而无辞，有如此者，不可为羞哉。吾所以丐人之弃衣，丐人之弃食，提罂荷杖，在于路傍，且欲于天下之人为同类耳。不然，则无颜容行于人间。夫丐衣食，贫也，以贫乞丐，心不惭，迹与人同，示无异也，此君子之道。"特别是乞丐邀请元次山拿起讨饭的家什（罂、杖），扮作讨饭的模样，说着乞丐的语言，行走百家，委巷穿衢，体验丐者流落他乡、沿门乞食的生活，这对文人认知形形色色的乞求现象，无疑是一种思想刺激。

其实，在当时借乞丐扭曲形象以浇胸中不平块垒是大有人在的，如《开元天宝遗事》载，张九龄见满朝文武官僚趋炎附势于杨国忠，争求富贵，就对有见识的人议论："今时之朝彦，皆是向火乞儿，一旦火尽灰冷，暖气何在？当冻尸裂体，弃尸于沟壑中，祸不远矣。"张九龄怒斥那些乞富贵、乞名位的拍马溜须者如同乞丐，鞭挞了气节不守、人格沦落的世风。

诚然，乞丐在受到上层集团人物鄙视的同时，还有受到社会各阶层人们怜悯同情的一面，尤其是丧失劳力的残疾乞丐以及那些在军旅行阵被敌伤害手足眼目不能营生者，这些乞丐更易引起人们的哀怜恻隐而予以施舍。韩愈笔下的《污者王承福传》，即记长安城中泥水匠王承福以佣工之余，"与道路之废疾饿者焉"。这种"爱人"精神自然符合孔学儒教的伦理道德，孔子仁政思想最重要的一条见于《礼记·礼运》所载："老有所终，壮有所用，幼有所长，鳏寡、孤独、废疾者皆有所养。"随着儒学在中唐的重振复兴，这也就发展成为一个人道主义的思想体系。许多文人士子都写有反映这一社会问题的著述，谴责大量的非人道的残酷行为，这不能不说乞丐问题在唐代受到了前所未有的重视与关切。病坊就是随着乞丐现象而产生的。

下篇：病坊

南北朝以后，政府多次诏令"癃残孤老不能自存者，给其衣食"。南朝梁武帝萧衍普通二年（521）下诏："凡民有单老孤稚，不能自存，主者郡县咸加收养，赡给衣食，每令周足，以终其身。又于京师置孤独园，孤幼有归，华发不匮。若终年命，厚加料理。"[1]"孤独园"大概是我国最早由官方设置的正式救济赡养机构，这与萧衍是一个既笃信佛教，又提倡儒学的皇帝有很大关系。《南朝齐会要·民政》还记萧齐皇太子长懋与竟陵王子良"立六疾馆以养穷民"。《资治通鉴》卷一七二记载北齐后主高纬，在邺都华林园建立"贫儿村"，自己身着"褴褛之服，行乞其间以为乐"。演出如此荒唐闹剧，实际上也证明当时乞丐之多已折射进皇家生活中。

唐代设置由官府管理的"病坊"，也叫"普救病坊"。当时在长安、洛阳两京和地方各州府普遍建立这种慈善救济机构，往往由政府指定的寺院代管负责，并划拨一定数量的土地作为供给来源，这种土地称为"悲田"。悲田实际是无田的雅称，

---

[1]《梁书》卷三《武帝纪下》，北京：中华书局，1973年，第64页。

图 2　幞头帽侏儒俑，唐郑仁泰墓出土　　　　图 3　瓜皮帽侏儒俑，唐郑仁泰墓出土

出于佛典之说，即供父母的为恩田，供僧尼的为敬田，施贫苦者为悲田。乞丐最贫穷，其住处故又称悲田院。

《续高僧传》卷二二《释玄琬传》载唐代长安寺院每年二月八日"大圣诞沐之辰"，"建讲设斋，通召四众，供食悲敬"，即利用佛诞节之日，设斋饭散给贫困乞食者，表示佛家普施功德。《太平广记》卷九五《洪昉禅师》载，武周时洪昉于陕城中，选空旷地造龙华寺，内建病坊，常养病者数百人。此篇神话甚多，所言"病坊"收养之人，似靠化缘为生。其实，病坊由于是寺办官助，病者给药，贫者给粮，乞丐以及鳏寡孤独疾病不能自存者则收容养活。所需经费开支，由国家拨付，而由僧人计划主持。除悲田外，左右金吾卫还常常将宫中或京城官府、禁军营中用过的"敝幕、故毡"，送给病坊，作为救济、安置乞丐等防寒之用[1]。

尤其值得注意的是，政府将病坊管理列入法律约束范围中，凡入病坊养病者，皆须好加供给，并觅医疗治，坊正亦须随时校检，并具文牒申报，如非理致死则追究责任。如1967年新疆吐鲁番阿斯塔那91号墓出土《贞观十七年八月高昌县勘问来丰患病致死事案卷》残卷，就是当时县司按病坊之制，勘问被安置在节义坊看养人死因的法律审讯记录案卷。

武则天长安年间（701—704），悲田养病坊置使职专管，"国家矜孤恤穷，敬老养病，至于安庇，各有司存"[2]。这就使分置于诸寺院的病坊有了统一的管理。但到

---

[1]《新唐书》卷四九《百官志四上》，第1285页。
[2]《唐会要》卷四九《病坊》，北京：中华书局，1955年，第863页。

了开元五年,据宰相宋璟、苏颋《请罢悲田奏》云:"今遂聚无名之人,著收利之便,实恐逃逋为薮,隐没成奸。昔仲由于卫,出私财为粥,以施贫者;孔丘非之,乃覆其馈。人臣私惠,犹且不可,国家小慈,殊乖善政,伏望罢之;其病患人,令河南府按比,分付其家。"[1]宋璟、苏颋认为悲田病坊是佛教僧尼职掌,没有必要"定使专知",并搬出儒家典故作理论根据以撤销遣散悲田病坊。这自然不合佛教普救众生和儒家人道的观念,所以玄宗没有批准此奏章。

开元二十二年,玄宗下诏,禁断京城乞丐,全部令病坊收管以廪之,官以本钱收利供给。[2]这是一条值得重视的史料,从敦煌文书来看,各州府都已贯彻执行。唐天宝年间《敦煌郡会计账》记录如下:

> 病坊
> 合同前月日见在本利钱,总壹伯叁拾贯柒拾贰文。
> 壹伯贯文本。
> 叁拾贯柒拾贰文利。
> 合同前月日见在杂药,总玖伯伍拾斤贰拾枚。合同前月日见在什物,总玖拾肆事。
> 铛叁口(一受贰斗、一受壹斗、一受伍胜)。釜壹口(受伍斗)。凡盆贰。凡灌叁。镰肆具。刀壹口。攫壹具。锹壹张。泥漫壹。四尺床子贰。八尺床子贰张。食柜壹。药柜壹。药杵壹。药臼壹。吃单壹。步硙壹合。食单壹。镞子壹面。桉板壹。手罗壹。忾巾贰。白毡伍领。席伍领。绯绝被叁张。盘壹面。甑壹口。瓮大小伍口。椀拾枚。匙箸各拾匚。木盆壹。食合拾具。
> 合同前月日见在米,总壹硕陆斗捌合。

这份文书真实地记录了敦煌郡病坊由官府拨给本钱,放贷收利,供给贫丐等人的情况。从账单上看,供粮工具、医药物品、吃饭器皿、毡席被巾等救济养生用具齐全,而且官府依据会计账经常检查,并有交接手续,保证病坊钱财产业不被挪用或亏损,有着一套严密的支拨本钱、获取利息、调集物品与保管使用等制度,表明官府对病坊的重视。

安史之乱后,据《资治通鉴》记载,肃宗至德二年,"两京市各置普救病坊"。这是为了拯救在战乱中流离失所、辗转各地的乞丐和其他难以生存者的应急措施。

---

[1]《全唐文》卷二〇七,第2092页。
[2]《唐会要》卷四九《病坊》,第863页。

病坊恢复重建后,一直延续到晚唐。武宗上台后,"废浮图法,天下毁寺四千六百、招提兰若四万,籍僧尼为民二十六万五千人"[1]。然而,"会昌灭佛"勒令天下僧人还俗,使各地区悲田病坊无人主领,稍遇天灾人祸,"贫病无告,必大致困穷",因此会昌五年十一月,宰相李德裕与群臣商量后,提出著名的《论两京及诸道悲田病坊状》:"臣等闻恤贫宽疾,著于周典,无告常馁,存于王制。国家立悲田养病,置使专知。……悲田出于释教,并望更为养病坊,其两京及诸州,合于录事耆年中,拣一人有名行谨信为乡闾所称者,专令勾当。"[2]规定的具体办法是:长安、洛阳两京由国家拨给没收的寺产作为赈济开支来源,病坊可有寺田十顷;地方大州镇拨给本地病坊寺田七顷;其他诸州府委托观察使"量贫病多少给田五顷,以充粥食"。如果各州镇还有"羡余官钱",可根据"量入支出"置本收利,这是最为便利与有保障的财源。唐武宗下敕批准:"悲田养病坊,僧尼还俗,无人主持,恐残疾无以取给。两京量给寺田赈济,诸州府七顷至十顷,各于本管置选耆寿一人勾当,以充粥料。"[3]所以,武宗毁佛后,悲田养病坊继续保留了下来,并有了严格的定制。

---

[1]《新唐书》卷五二《食货志二》,第1361页。
[2]《全唐文》卷七〇四,第7224—7225页。
[3]《全唐文》卷七七,武宗《选耆寿勾当悲田养病坊敕》,第806页。

图4 唐汉白玉天王像,西安公路学院出土

图5 唐汉白玉天王像,西安公路学院出土

唐懿宗是个佞佛皇帝，屡赴寺院，施舍无度，在他统治时旱涝灾害、藩镇动乱、边疆危机一起涌来，社会上迫于生计的乞丐、流民层出不穷，为稳定政权，他不得不下《疾愈推恩敕》："应州县病坊贫儿，多处赐米十石；或数少处，即七石、五石、三石。其病坊据原敕各有本利钱，委所在刺史、录事、参军、县令纠勘，兼差有道行僧人专勾当，三年一替。"[1]这当然是临时救济措施，但由此可知病坊又由寺院僧人专门主持，并有地方官府各级官吏监督、纠勘。

唐懿宗敕令还规定，如遇风雪之时，病者不能求丐，病坊主持者就要立即取本坊利钱，赴市买米做粥，均给饥乏乞丐。如遇乞儿患疾病可救，病坊要立即去市买药治疗。买米、买药所用绢钱等费用，以户部属省钱物充担。各级官府要"速具申奏，候知定数，即以藩镇所进贺疾愈物支还所司。此敕到……委刺史、县令设法颁布"。很清楚，当时各地乞丐比比皆是，州县病坊仅靠微薄的利钱已无法应付赈济开支，因而才调动中央户部属有钱物支援，造成的亏损由藩镇进贡的物品归还部司。乞丐问题确实到了迫切需要解决的地步。

就在唐懿宗这份敕令颁布后不久，天下苍生实无活路，终于爆发了社会大动荡。当黄巢攻占东都后，乘胜向关中进军，长安驻守"世籍两军"的神策弩手，平时赏赐无数、侈服怒马，根本不知战斗，这时皆无斗志躲家号哭，只好暗地里"出赀雇贩区病坊以备行阵"[2]，病坊中的那些乞丐残疾者怎能作战，"观者寒毛以栗"，结果一哄而散。这可能也是中国古代乞丐史上一大奇闻吧。

综上所述，唐代病坊兼"收容院""养老院""孤儿院"等诸种功能于一体，既收容乞丐、老疾孤寡与贫困不能自存者，也给钱典雇乳妇收养失母或因无力抚养被抛弃道路的孤儿幼女。虽然病坊中乞丐居留、给恤抚养等具体标准史无记载，但病坊中的大概面貌则可清楚。

病坊的设置，第一，有利于维护国朝观瞻之皇体，起着粉饰太平、装修善政的作用；第二，有利于社会治安稳定，防止灾民流变和其他不稳定因素；第三，有利于收揽人心，赈济贫民，旌扬皇朝浩荡恩典；第四，符合儒家仁政思想，弘扬佛教慈悲为怀的精神。尽管病坊费用数额寥寥，更不能堵截丐源，是种以小惠掩大恶、治标不治本的补救性措施，根本不可能解决严重的社会问题，但病坊的独特作用却一直不可缺少。正因如此，宋代以后的福田院、居养院、养济院、贫子院等名称的救济机构，都是仿效唐代病坊所建的，这也表明唐代的病坊确是研究中国社会史不可忽略的一章。

---

[1]《全唐文》卷八四，第883页。

[2]《新唐书》卷二二五《黄巢传》，第6457页。

唐京的恶少流氓与豪侠武雄

大唐帝国京城的社会生活中，曾长期滋生有一批类似现代流氓无赖的社会渣滓，当时称呼为"亡命少年""恶少""市井凶豪""闲子""闲人"等。他们拦路抢劫、勒索市民、偷盗财产、聚徒赌博、混迹妓院，还经常搞一些恶作剧，成为京兆府治安管理辖区内一股不稳定的势力。

但具有两面社会特征的是，许多介于"恶少"与"英豪"之间的武侠，又是一种民间社会文化崇拜的偶像。他们路见不平，拔刀相助，仗义疏财，劫富济贫；使酒任气，复仇血恨；对立朝廷，颇讲义气；从游侠、浪侠变为义侠、豪侠，成了一种超越凡庸、风流倜傥的"大侠"。

本文对流氓与武侠的两面行为、义气心态、人格道德以及侠性心理，作一区分和研究。

一

京城是国家的中枢，天子所居，百官所在，商业繁荣，人才汇聚，但也是恶少大肆活动、为非作歹的地方。

在长安，"上都街肆恶少，率髡而肤札，备众物形状。恃诸军，张拳强劫，至有以蛇集酒家，捉羊胛击人者"[1]。

在洛阳，"河南多恶少，或危帽散衣，击大球，尸官道，车马不敢前"[2]。

他们的共同特点是扎着长发或戴着高帽，散开上衣，露出胸前和肢体上的文身，依靠京师禁军中的一些势力，挥拳动武抢劫人财。有的将蛇集中在酒家勒索，有的用羊骨欺辱过路市民，有的在大路上击球霸道威吓行人，一副活脱脱的流氓相，《开元天宝遗事》记载："长安侠少，每至春时结朋联党，各置矮马，饰以锦鞯金辂，并辔于花村下往来。"

如果说平时他们鱼肉人民，盗财劫货，社会混乱或政治动荡时他们更是趁火打劫，浑水摸鱼。例如唐文宗"甘露之变"，宦官、神策军报复捕杀朝廷大臣，"坊市恶少年因之报私仇，杀人，剽掠百货，互相攻劫，尘埃蔽天"，而且"是日，坊市恶少年皆衣绯皂，持弓刀北望，见皇城门闭，即欲剿掠"。幸亏宰相李石与左金吾

---

[1] [唐] 段成式《酉阳杂俎》卷八，北京：中华书局，1981年，第76页。
[2] 《新唐书》卷一八一《李绅传》，北京：中华书局，1975年，第5348页。

大将军陈君赏及时镇慑,否则"京城几再乱矣"[1]。

恶少无赖作威逞强,犯禁违法,时时露出无政府的猖狂,长安大宁坊有一个名叫张干的"力者",为了显示自己敢与朝廷对立的"强暴武功",将自己的誓言扎在胳膊上,左臂曰:"生不怕京兆尹",右臂曰:"死不畏阎罗王"[2],气焰十分嚣张。

他们自己并不认为肆意施暴、称霸一方是什么坏事,反认为这是求生存、尚武功的"豪侠"表

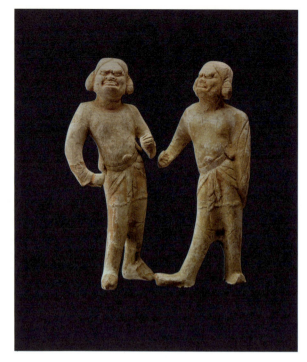

图1　辫发俑,陕西西安灞桥出土

现,所以为所欲为,到处作歹。元和初年,上都(长安)东市有一生性凶残的恶少李和子,"常攘狗及猫食之,为坊市之患"[3]。唐文宗时,"京师恶少优戏道中,具驺唱珂卫,自谓'卢言京兆',驱放自如"[4]。唐武宗会昌年间,"都市多侠少年,以黛黑儦肤,夸诡力,剽夺坊间"[5]。他们这些作为除了弱肉强食的一面外,更重要的是"夸诡力",自称"卢言京兆",显示自身的胆气与雄风。

一个典型的例子是,东都洛阳刘悟"从恶少年杀人屠狗,豪横犯法,系河南狱"。地方官员贷免后,他投奔李师古。有一次,"击球轩然驰突",撞李师古马仆,李师古气愤得要杀他,刘悟反而"盛气以语触",因而以"奇才"被提拔为牙门军将[6]。

越是有"名气"的恶少流氓,越是要活跃于城市各个领域,长安城东南的虾蟆陵,有市井恶少组成的"李努眼团伙",是著名的街霸。他们升楼弹射路人以此为乐,他们淫洒自放凌暴弱女,他们勒索商贩聚敛钱财,他们混迹妓坊青楼"凑趣弄

[1]《资治通鉴》卷245,文宗太和九年十一月条,北京:中华书局,1956年,第7921页。
[2]《酉阳杂俎》卷八,第76页。
[3]《酉阳杂俎》续集卷一,第202页。
[4]《新唐书》卷一七二《杜兼传》,第5206页。
[5]《新唐书》卷一九七《薛元赏传》,第5633页。
[6]《新唐书》卷二一四《藩镇宣武彰义泽潞》,第6012页。

姿"，有时还充巫行骗。唐肃宗时，宰相王玙奏置"太一神坛"于长安南郊，派遣女巫分赴天下祭祈名山大川，有一个"盛年而美"的女巫，"以恶少年数十自随，尤为蠹弊"[1]。他们随同宦官乘驿传而行，所到之处"诛求金帛，积载于后，与恶少数十辈横行州县"[2]，打着皇家旗号贪敛了数十万钱，最后在黄州被方正清廉的刺史左震全部斩杀。《唐会要》卷六七《京兆尹》载：会昌三年（843），京兆府上奏："两坊市闲行不事家业，黥刺身上，屠宰猪狗，酗酒斗打，及傲构关节，下脱钱物，樗蒲赌钱人等。"

据唐人记载来看[3]，恶少无赖都喜欢显示自己"狂放无畏"的气质，从北朝以来一直没有普遍流行的文身习俗，却在他们身上出现，这一习俗在中唐以后越来越盛。

京师王力奴，"以钱五千召札工，可胸腹为山、亭院、池榭、草木、鸟兽，无不悉具，细若设色"。

贼首赵武建，札一百六十处番印、盘鹊等，左右膊刺言"野鸭滩头宿，朝朝被鹖梢。忽惊飞入水，留命到今朝"。

"蜀市人赵高好斗，常入狱。满背镂毗沙门天王，吏欲杖背，见之辄止，恃此转为坊市患害。"

段成式"门下驺路神通，每军较力，能戴石碣鞿六百斤石，啮破石粟数十。背刺天王，自言得神力，入场神助之则力生。常至朔望日，具乳麋，焚香祖坐，使妻儿供养其背而拜焉"。

崔承宠少年时，"遍身刺一蛇，始自右手，口张臂食两指，绕腕匝颈，龃龉在腹，拖股而尾及骭焉。对宾侣常衣覆其手，然酒酣辄袒而努臂戟手，捉优伶辈，曰：'蛇咬尔！'优伶等即大叫毁而为痛状，以此为戏乐"。

恶少无赖通过文身狰狞可怖的形象来夸耀自己的勇武，显示武侠的野性，并寻求一种精神上的寄托。所以，"扎刺相高"成为一时的外在风尚；有的在身上文上一幅《辋川图》，有的文上白居易《罗隐诗》百首，有的甚至"至有以平生所历郡县饮酒蒲博之事，所交妇人姓齿行第坊巷形貌之详，一一标表者"，当时人号为"针史"[4]。京畿高陵县捉得宋元素，他全身镂纹"刺七十一处"，左臂曰："昔日以前家未贫，苦将钱物结交亲。如今失路寻知己，行尽关山无一人"，右臂上"刺葫芦，上出人首，如傀儡戏郭公者。县吏不解，问之，言葫芦精也"[5]。

尽管文身的人中有追求新奇刺激的血气方刚的青年，有走投无路而孤注一掷的

---

[1]《旧唐书》卷一三〇《王玙传》，北京：中华书局，1975年，第3617—3618页。
[2] 王谠《唐语林》卷三《方正》，北京：中华书局，1987年，第232页。
[3]《酉阳杂俎》卷八，第76—77页。
[4] 陶谷《清异录》，《说郛》卷六一，北京：中国书店，1986年。
[5]《酉阳杂俎》卷八，第76页。

无赖，有身怀奇技而不遇于时的壮士，也有居心叵测而胡作非为的流氓，等等，但他们都把"扎青刺黛"作为生平快事，推崇那种身具超凡入化的个人力量。

京城的这种风气也影响到各地州郡，荆州"街子"葛清，"勇不肤挠，自颈以下，遍刺白居易舍人诗"，"凡刻三十余首，体无完肤，陈至呼为白舍人行诗图"。背上还根据诗意暗记扎有一人持杯临菊丛和树上挂缡的形象[1]。特别是蜀地此种文身风尚非常盛行，军队士兵、坊里少年、寺院僧人等纷纷"嗜好扎者"。

有些恶少无赖甚至逃离城邑，占山为王，成为"盗贼"。如永州"邑中少年，常以七月击鼓，群入民家，号'起盗'，皆迎为辨具，谓之'起盆'，后为解索，喧呼疾斗"[2]，他们借民间节日庆典风俗活动时，从中大肆勒索，抢掠斗殴。朗州武陵有一名渔师雷满，天生有勇力，他在家乡与区景思啸聚亡命少年千人，部署伍长，自称"朗团军"[3]，成为独霸一方的地方豪强。值得深思的是，唐代许多人，包括农民，都历来认为在乡间打家劫舍是盗贼行径，而寄生城市掠财杀人则是大快人心的侠义壮举。

由于恶少无赖常常以武功、武力逞能霸道，在统治者法度不严明时，就更纵容他们复仇杀人，以自己好恶随意怨杀无辜。隋朝刘权"少有侠气，重然诺，藏亡匿死，吏不敢过其门"[4]。唐代郑方逵"悖悍，结徒剽劫，父欲杀之，不克"[5]。卓英璘，家住金州，依仗其兄为宰相"主书"，经常"豪制乡曲，聚无赖少年以伺变"，当地官员"莫敢问"[6]。

有时候，恶少们也行一些嘲弄神圣、游戏人生的恶作剧，让人忍俊不禁。如唐懿宗咸通十四年迎奉法门寺佛骨，京师豪家竞相装饰车服驾肩弥路，长安百姓也扶老携幼前来观看，有的僧人为示虔诚，以艾覆顶，称作"炼顶"，火发痛作，僧人不堪忍耐，就掉首呼叫，为此，围观的坊市少年就暗中使坏，将僧人按住"不令动摇，而痛不可忍，乃号哭卧于道上，头顶焦烂，举止窘迫，凡见者无不大哂焉"。京城坊市豪家又竞相设"无遮斋大会"，那帮恶少"玉带金额，白脚呵喝于其间，恣为嬉戏"[7]。恶少的流氓色彩中又带有些"以毒攻毒"的"豪杰"劲儿。有一种流氓称霸的变态心理。

---

[1]《酉阳杂俎》卷八，第 77 页。
[2]《新唐书》卷一九七《循吏传》，第 5631 页。
[3]《新唐书》卷一八六《邓处讷传》，第 5421 页。
[4]《隋书》卷六三《刘权传》，北京：中华书局，1973 年，第 1503 页。
[5]《新唐书》卷一六一《郑方逵传》，第 4984 页。
[6]《新唐书》卷一四五《卓英璘传》，第 4714 页。
[7]［唐］苏鹗《杜阳杂编》卷下，北京：中华书局，1985 年，第 29 页。

二

恶少无赖并不总是以统治阶级的异己力量面目出现，历代朝廷对他们都采用禁抑和利用的两手，顺从驯服的是鹰犬，扰乱社会的是盗贼，既助长了他们残暴的流氓行为，又迫使他们投靠朝廷生存发展，因而恶少无赖存在着双重的面貌。

先看利用改造的一面。唐高祖时期，太子李建成召募"京城恶少"两千余人，组成长林兵[1]，利用其强悍好斗为自己效劳。唐代宗广德元年十月，吐蕃军队攻入长安，郭子仪派禁军旧将王甫"诱聚京城恶少，齐去街鼓于朱雀街，蕃军震慑，狼狈奔溃"[2]。这是利用恶少为内应打击敌人的临时举措。李训发动"甘露之变"时，命令户部尚书王璠"召募豪侠"，作为"爪牙"，以对抗宦官势力。

再看震慑镇压的一面。会昌年间，薛元赏为京兆尹，他到任三日，"收恶少，杖死三十余辈"，并陈列诸市示众。其他未抓获的恶少余党深为畏惧，"争以火灭其文（纹）"，从而使"百姓赖安"[3]。文宗时，驸马杜中立任京城左右金吾大将军，他派部下捕捉横行霸道的恶少，逮住者当场棰死，用法毫不让步，使那些京师恶少"寒悸畏伏"[4]。刘栖楚担任京兆尹时，"峻诛罚，不避权豪。先是，诸恶少窜名北军，凌藉衣冠，有罪则逃军中，无敢捕，（刘）栖楚一切穷治，不阅旬，宿奸老蠹为敛迹。一日，军士乘醉有所凌突，诸少年从旁噪曰：'痴男子，不记头上尹邪？'"[5]开成初，李绅为河南尹，"治刚严"，洛阳恶少"皆望风遁去"[6]。

京师历来是多事之地，恶少人数有时达到几千人，当然是一种不容忽视的社会势力，他们的所作所为也是因时因事而变化无常的，带有游民无产者的流氓习气特征。例如德宗时，京兆尹黎干"贪暴益甚，徇于财色"，勾结宦官事败被除名长流，"市里儿童数千人噪聚，怀瓦砾投击之，捕贼尉不能止"[7]，表现出路见不平、痛恨贪官的愤慨。但更多的是"于京师贵游间以气侠相许"，他们"小不如意，即恣其须索，百姓畏之如寇盗"[8]，经常聚于卖酒食家，肆情饮啖，主人赂而谢之，方肯扬长而去。

每当社会动荡、京城大乱或世道黑暗时，他们就闻风而动，甚至成为强盗。广德元年冬，吐蕃进攻京畿，诸军溃卒及村间亡命相聚为盗，在京城南面子午等五谷

---

[1]《旧唐书》卷六四《隐太子建成传》，第2416页。
[2]《旧唐书》卷一一《代宗纪》，第273页。
[3]《新唐书》卷一九七《循吏传》，第5633页。
[4]《新唐书》卷一七二《杜兼传附杜中立传》，第5206页。
[5]《新唐书》卷一七五《刘栖楚传》，第5246页。
[6]《新唐书》卷一八一《李绅传》，第5349页。
[7]《旧唐书》卷一一八《黎干传》，第3426页。
[8]《旧唐书》卷一七〇《李逢吉传》，第4414页。

抢掠居民,被称为"偷党""群盗",朝廷为此专门派将军李抱玉搜获斩杀[1]。中和元年四月,唐军反攻夜入长安,皆以"白繻"为号。进城后,军人争据第宅,"坊市少年多带白号杂军"[2],乘机浑水摸鱼,猛捞财物。

《新唐书·高仁厚传》记载:

> 先是,京师有不肖子,皆著叠带冒(帽),持梃劋闾里,号"闲子"。京兆尹始视事,辄杀尤者以怖其余,窦滴治京兆,至杀数十百人,稍稍惮戢。(黄)巢入京师,人多避难宝鸡,闲子掠之,吏不能制。(高)仁厚素知状,下约入邑阊纵去。军入,闲子聚观嗤侮,于是杀数千,坊门反闭,欲亡不得,故皆死,自是阊里乃安。

图2 木俑,新疆吐鲁番张雄墓出土

一次杀掉几千围观起哄的"闲子",如果没有无辜受牵连者,这的确是很大的数量。值得注意的是,"闲子"与后来所说的游手好闲之徒——"闲汉""闲民"颇有区别。

唐宣宗曾下诏斥责京城的"闲人"与"闲子"同类。诏书载:"如闻近日多有闲人,不务家业,尝怀凶恶,肆意行非,专于坊市之间,恐胁取人财物。又其中亦有曾为趋吏,依倚门栏,自恐愆尤,遂致停解。不思己过,却务怨仇,妄构虚辞,恣行恐吓……"[3]

由此可知,当时的"闲人"专门在京城坊市上威逼、讹诈他人财物,还有的曾干过"趋吏",妄构讼词,借调停和解"恣行恐吓"对方,并不是无所事事或一般的不劳而获者。无疑也是"恶少"流氓那套手段。

唐宣宗大中二年九月又敕:"比有无良之人,于街市投匿名文书,及于箭上或旗幡上纵为奸言,以乱国法。此后所由切加捉搦,如获此色,便仰焚瘗,不得上闻。"[4]这种"无良之人"与"闲人"叫法尽管不同,但都扰乱了社会正常秩序,因而统治者非常重视,严加搜捕。

---

[1]《旧唐书》卷一三二《李抱玉传》,第3646页。
[2]《旧唐书》卷一八二《王处存传》,第4700页。
[3]《全唐文》卷八〇,宣宗《委京兆府捉获奸人诏》,北京:中华书局,1983年,第840页。
[4]《旧唐书》卷一八《宣宗纪》,第621页。

至于轻薄放浪的"偷薄少年",虽不同于恶少流氓,但也是无赖纨绔子弟。唐懿宗时,受宠的优人李可及"能新声,自度曲,辞调悽折,京师偷薄少年争慕之,号为'拍弹'"[1]。他们和寄食妓院的"妙客"颇为相似。

有的学者认为京师恶少绝大多数为王公豪戚子弟[2],隋大将军宇文述的两个儿子宇文化及、宇文智及"常与屠贩者游,以规其利","好乘肥挟弹,驰骛道中",并"好与人群斗,所共游处,皆不逞不徒,相聚斗鸡,习放鹰狗"[3]。开元二十七年,郧国公主的儿子薛谂与其同党"李谈、崔洽、石如山同于京城杀人,或利其财,或违其志,即白日椎杀,煮而食之"[4]。像宰相元载的几个儿子"聚敛无涯艺,轻浮者奔走。争蓄妓姿,为倡优亵戏,亲族环观不愧也",号称"牟贼"。[5]但也有不少来自贫寒子弟。例如唐初,出身贫寒的幽州都督王君廓,年轻时"为驵侩,无行,善盗。曾负竹筍如鱼具,内置逆刺,见鬻缯者,以筍囊其头,不可脱,乃夺缯去,而主不辨也,乡里患之"。他"欲聚兵为盗,请与叔俱,不从,乃诬邻人通叔母者,与叔共杀之,遂皆亡命"[6],成为盗匪。

许多著名人物年轻时都有过恶少流氓劣迹,如被现代史家称为"农民起义领袖"的刘黑闼,少年时"嗜酒,喜蒲博,不治产,亡赖,父兄患苦之",后亡命为盗[7]。唐初功勋大将李勣自称:"我年十二三时为无赖贼,逢人则杀;十四五为难当贼,有所不快者,无不杀之;十七八为好贼,上阵乃杀人;年二十,便为天下大将,用兵以救人死。"[8]虽然这番话是说明其弃恶从善,但无赖的凶残亦可略见一斑。著名诗人韦应物直言不讳自己少年时的无赖行径:"少事武皇帝,无赖恃恩私。身作里中横,家藏亡命儿。朝持樗蒲局,暮窃东邻姬。司隶不敢捕,立在白玉墀。骊山风雪夜,长扬羽猎时。一字都不识,饮酒肆顽痴。"[9]无赖恶少形象自述得淋漓尽致。另一个号称"节士"的韩愈弟子刘义,"少放肆为侠行,因酒亦杀人亡命"[10]。他"爱金使酒,不拘细行",经常穿着烂鞋破衣,拿了韩愈为别人写墓志挣来的数斤黄金扬长而去[11]。

---

[1]《新唐书》卷一八一《曹确传》,第5351页。
[2]张荣芳《唐代京兆尹研究》,台北:台湾学生书局,1987年,第146页。
[3]《隋书》卷八五《宇文化及传》,第1892页。
[4]《旧唐书》卷九《玄宗纪》下,第211页。
[5]《新唐书》卷一四五《元载传》,第4714页。
[6]《新唐书》卷九二《王君廓传》,第3808页。
[7]《新唐书》卷八六《刘黑闼传》,第3715页。
[8][唐]刘餗《隋唐嘉话》卷上,北京:中华书局,1979年,第10页。
[9]《全唐诗》卷一九〇,韦应物《逢杨开府》,北京:中华书局,1960年,第1956页。
[10]《新唐书》卷一七六《韩愈传附刘义传》,第5268页。
[11]《新唐书》卷一七六《韩愈传附刘义传》,第5269页。

需要区分的是，恶少流氓和强盗匪贼似乎容易混淆，实际两者不是一回事。《新唐书·钱徽传》记载："初，州有盗劫贡船，捕吏取滨江恶少年二百人系讯。（钱）徽按其枉，悉纵去。数日，舒州得真盗。"由此可见，偷鸡摸狗的恶少无赖与劫盗贡物的强盗匪贼不可同日而语。

但恶少无赖往往会变成豪贼恶盗，起码他们和军队里的兵痞沆瀣一气，作恶一方，《唐语林·政事上》载："京城恶少及屠沽商贩，多系名诸军，干犯府县法令，有罪即逃入军中，无由追捕。"这也是恶少无赖依靠禁军、混兵营的原因。少数恶少无赖会寻找更大的靠山，如唐敬宗喜欢击球，"于是陶元皓、靳遂良、赵士则、李公定、石定宽以球工得见便殿，内籍宣徽院或教坊，然皆出神策隶卒或里间恶少年，帝与狎昵殿中为戏乐。四方闻之，争以矫勇进于帝。曾阅角抵三殿，有碎首断臂，流血廷中，帝欢甚，厚赐之，夜分罢。所亲近既皆凶逞不逞，又小过必责辱，自是怨望"[1]。还有恶少无赖寄靠于皇亲国戚之家，"外家公主敢纵苍头庐儿、黠吏恶少，自擒赭衣偷长，耻用钩距得情"[2]。杨国忠未发迹时，"嗜饮博，数丐贷于人，无行检，不为姻族齿"[3]。至于世籍名隶宦官控制的禁军中那些恶少流氓，人数更多，侵暴良民，诟辱官吏，诬陷好人，骄横市肆，许多市井高赀富民也"往往行赂寄名军籍，则府县不能制"[4]，以致"长安城中，白昼椎剽，吏不敢诘"[5]，形成兵痞活动。唐人王建《羽林行》："长安恶少出名字，楼下劫商楼上醉。天明下直明光宫，散入五陵松柏中。百回杀人身合死，赦书尚有收城功。九衢一日消息定，乡吏籍中重改姓。出来依旧属羽林，立在殿前射飞禽。"只有碰上耿直不屈的京兆尹时，才敢给予严厉打击，"杨虞卿为京兆尹时，市里有三王子，力能揭巨石，遍身图刺，体无完肤。前后合抵死数四，皆匿军以免。一日有过，杨令五百人搜获，闭门杖杀之。判云：'鏊刺四肢，只称王子何须讯问？便合当辜。'"[6]恶少无赖从军带入畸形的流氓习气，自然堕落为畸形狰狞面目。

三

唐代文献史籍中，"侠少""侠儿""雄侠""豪侠"等常常和恶少无赖之类流氓

---

[1]《新唐书》卷二〇八《刘克明传》，第5883—5884页。
[2]《全唐文》卷三二七，王维《大唐吴兴郡别驾前荆州大都督府长史山南东道采访使京兆尹韩公墓志铭》，第3316页。
[3]《新唐书》卷二〇六《杨国忠传》，第5846页。
[4]《资治通鉴》卷二三三，德宗贞元七年二月条，第7522页。
[5]《新唐书》卷一六二《独孤及传》，第4991页。
[6]《酉阳杂俎》卷八《黥》，第78页。

相提并论。从秦汉以来"恶少"与"游侠"所指就颇为相同,魏晋南北朝时期无赖与"轻侠"又很难识别,所以两者之间差别并非判若天壤,而是存在着一种互换性,一拍即合,即两面社会特征。事实上,他们可能有时是恶少,有时却是豪侠。行侠时屡逞匪性,作恶时偶抱义气。

唐人李德裕说:"夫侠者,盖非常人也。虽以诺许人,必以节义为本。义非侠不立,侠非义不成。"[1]侠的行为方式和人格象征都要以"义"作为中心准则,也是"英雄信条",行侠仗义,舍身成仁。他们生存于法律与道义之间。例如进士出身的胡证,年轻时"力绝人",好打抱不平。未显达前的裴度有一次"羸服私饮,为武士所窘"。胡证听到此事后,突然闯入坐客座上,"引觥三釂,客皆失色。因取铁灯檠,摘枝叶,拆合其跗,横膝上,谓客曰:'我欲为酒令,饮不釂者,以此击之。'"众人听了唯唯诺诺、面面相觑。胡证一口气饮了几升酒,递给客人,坐客轮流喝也饮不尽,胡证欲击之,"诸恶少叩头请去",胡证将他们全部驱去,"故时人称其侠"[2]。这正是两者相逢勇者胜,恶少无赖碰到胡证这样侠义勇猛之辈,只好如缩头乌龟躲避退回。

但侠克制对手没有武力显然不行,整个侠的世界,就是嗜杀好武的超凡较量,即使"以武犯禁"睚眦杀人,混同于无赖流氓,也是大丈夫的气概和大英雄的形象。因此,唐朝政府以法律原则禁抑镇压侠,以道义情欲收买改造侠。相反,民间社会却同情推崇侠的行为,尽管他们时时露出流氓游民的破坏本性,饱受官府欺凌的民众心中,认识不到人间不平的真正原因,仍然盼望侠成为维护正义公道、复仇除奸的代表人物。许多唐人都模仿侠的风度与行为"施名天下",如大诗人李白就"好为任侠,轻财重施",常常"心雄万夫,王公大人,许与气义"。他"十五好剑术,遍干诸侯","结发未识事,所文尽豪雄……托身白刃里,杀人红尘中",甚至希望获得"十步杀一人,千里不留行"的绝高功夫而行侠仗义[3]。据说他亲自"手刃数人",有一次在长安街市,他"腰间延陵剑,玉带明珠袍",和京师恶少无赖相斗,被围几乎不能脱身,史称"北门之厄"。他还和长安城里"少儿"一起"赤鸡白狗赌梨栗"。杜甫也是期盼"白刃雠不义,黄金倾有无;杀人红尘里,报答在斯须"[4],能做一个"天下义气丈夫"。甚至唐玄宗李隆基年轻时,曾以潞州别驾身份入觐京师,他一马轻裘、戎服臂鹰冲进昆明池畔豪家子弟游春酒宴,自报天子家门,吓得"诸少年惊走,不敢复视"[5],他却抢酒连饮,乘马遨游,一副花花公子的

---

[1]《李卫公会昌一品集·外集》卷二《豪侠论》,北京:中华书局,1985年。
[2]《新唐书》卷一六四《胡证传》,第5049页。
[3]《李太白全集》之《与韩荆州书》《游侠篇》《扶风豪士歌》。
[4] 杜甫《遣怀》,《全唐诗》卷二二二,第2359页。
[5]《唐语林校证》卷四,第323页。

恶少相。传闻中却铺陈他有英雄侠士气概。

千古文人侠客梦。当时人们尚武崇侠称美"扶风豪士天下奇，意气相倾山可移。作人不倚将军势，饮酒岂顾尚书期"[1]。"侠客不怕死，怕在事不成。事成不肯藏姓名，我非窃贼谁夜行。白日堂堂杀袁盎，九衢草草人面青"[2]。一直到晚唐，侠肝义胆都是民间推崇敬慕的行为方式，如李山甫"咸通中，累举进士不第"，他虽落魄，却"须髯如戟，能为青白眼。生平憎俗子，尚豪侠"，"每狂歌痛饮，拔剑斫地"[3]。王翰"少豪健恃才，及进士第，然喜蒲酒"[4]。

以两《唐书》为例，《旧唐书》记载侠十人而"少任侠"七人，《新唐书》记载侠十四人而少年九人，他们不是希望成为官方英雄，而是想成为民间枭雄。这种社会风尚可以看出，在青少年中，任侠义士的生活对他们是一种风流倜傥、纵放洒脱的性情的表现，康骈《潘将军》中说："尝闻京师多任侠之徒。"（《剧谈录》）不仅"谁知孰向边庭苦，纵死犹闻侠骨香"（王维《少年行》），而且"纵死侠骨香，不惭世上英"（《李白《侠客行》）。侠少无所顾忌，轻生重义，体现着盲目的行为特征和片面的私"义"道德。

每当社会大乱时，侠少总是闻风而动，号令一方，立强于世。如隋唐之际割据各地的军事势力，无不招募侠少无赖加盟，周罗睺"任侠放荡，收聚亡命，阴习兵书"[5]。沈光"交通轻侠"，"京师恶少年之所朋附"[6]。李渊竭力拉拢"五陵豪杰，三辅冠盖，公卿将相之绪余，侠少良家之子弟"[7]。李建成"所从皆博徒大侠"[8]。窦建德"少重然许，喜侠节"，"因得聚豪杰"[9]。薛举"殖产巨万，好结纳边豪，为长雄"[10]。刘武周"交通豪侠"[11]。还有刘弘基、柴绍、丘和、卢祖尚等皆结交侠少。

中唐以后，藩镇割据，豪侠恶少相融更为紧密，成为节度使牙兵骨干和跋扈将领。张建封之父张玠"少豪侠"；于方"长庆时以勋家子通豪侠，欲事河朔"；田承嗣"世事卢龙军为裨校，祖景，父守义，以豪侠闻于辽、碣"[12]。这些"侠"大多是纨绔流氓，"义"只是行帮的虚伪幌子，他们采用无赖手段骄横凶狠，以武威胁，

---

[1]《李太白全集》之《与韩荆州书》《游侠篇》《扶风豪士歌》。
[2] 见元稹《侠客行》，《元稹集》卷二三。
[3]［元］辛文房《唐才子传》卷八，北京：中华书局，1991年，第113页。
[4]《新唐书》卷二〇二《王翰传》，第5759页。
[5]《隋书》卷六五《周罗睺传》，第1523页。
[6]《隋书》卷六四《沈光传》，第1513页。
[7]［唐］温大雅《大唐创业起居注》卷二，上海：上海古籍出版社，1983年，第33页。
[8]《新唐书》卷七九《隐太子建成传》，第3540页。
[9]《新唐书》卷八五《窦建德传》，第3696页。
[10]《新唐书》卷八六《薛举传》，第3705页。
[11]《旧唐书》卷五五《刘武周传》，第2252页。
[12] 均见《旧唐书》本传。

图3 人物俑，西安灞桥金乡县主墓出土

带有兵痞的特点："父子相袭，亲党胶固，其凶戾者，强买豪夺，逾法犯令，长吏不能禁。变易主帅，有同儿戏。……优奖小不如意，则举族被害。"[1] 晚唐朱温，青年时"不事生产，以雄勇自负，里人多厌之"[2]，颇有些流氓气。黄巢"世鬻盐，富于赀，善击剑骑射，稍能书记，辩给，喜养亡命"[3]。唐末五代群雄更迭，那些所谓的"开国之主"，大多"少无赖，负气忤刚"，如郭威、刘崇等，放荡纵横，号称"侠儿""雄儿"或"游侠"。

有意思的是，唐代中期以后兴起的豪侠传奇小说里，热情讴歌仇杀侠义、不共戴天的行为，裴铏《传奇》中的《聂隐娘传》，刻画了一个飞檐走壁的女侠。聂隐娘既刺杀无故害人的官僚，为民众伸张正义；又奔走于藩镇之间，为知己者效力卖命。她那踪迹莫测的决斗，竟能白日杀人于都市，入门伏梁的探险，割首装囊也无人看见，真是飒爽英姿的巾帼。

袁郊《甘泽谣》中的《红线传》，塑造了一个神奇色彩的女剑侠，她蹿房越脊如履平地，"夜漏三时，往返七百里；入危邦，经五六城"，盗走藩镇节度使田承嗣的金盒，威慑了田氏吞灭薛嵩的企图，使"两地保其城池，万人全其性命，使乱臣

---

[1]《旧唐书》卷一八一《罗弘信传附罗绍威传》，第4692页。
[2]《旧五代史》卷一《梁太祖纪一》，北京：中华书局，1976年，第2页。
[3]《新唐书》卷二二五下《黄巢传》，第6451页。

知惧，烈士安谋"。其侠义女子的形象光彩夺目。

杜光庭的《虬髯客传》，以隋末"风尘三侠"事迹为素材，胸怀大志的李靖和美丽聪慧的红拂女相爱，他们弃旧图新，在去太原的途中结识了爽直慷慨的虬髯客。虬髯客素有大志，有"龙虎之状"，看见唐太守是真命天子，于是去海外当了国王。

这些豪侠传奇中，侠都与政治人物结合，成为某些政治铁幕后秘密事件的执行者。虬髯客是自己想得天下当皇帝，中原当不成便到海外去当。红线是潞州节度使薛嵩家的青衣婢女。聂隐娘曾秘密参与魏博镇与陈许镇的暗杀主帅事件。他们不再是以前那种单纯的击剑任侠，不再是"赤丸杀公吏，白刃报私仇""笑尽一杯酒，杀人都市中"的游侠豪士，而是冤冤相报、叱咤风云的职业杀手了。

传奇小说不是真实历史，武林世界也不是历史真实，但从小说中又可以见到历史，武林世界中也确实包含胶瑟着历史真实。晚唐传奇文学受到史学界的重视，很大程度上就在于文学和史学往往不可避免地融为一体。这也说明豪侠仗义对唐代文人心理补偿的影响，虽然他们不会武功，不事杀伐，但作为一种豪气干云、慷慨多气的人格象征，照样可以用"侠气"称赏。如李逢吉罢相后，"怨望，与太学博士李涉、金吾兵曹参军茅汇居长安中，以气侠相许"[1]。宰相罢官自然不会去做武侠，只是表现一种人格气质。张直方"性率暴，行豪夺之事"，黄巢进入长安后，"公卿恃其豪，多隐藏其于第"[2]，他"纳招亡命，以气侠然诺"。作为一名金吾大将军，他当然也不是做武侠，而是以"侠骨"相标榜。在唐代，以侠自许而并不真做武侠的人很多，几乎成为时髦的标签，"初唐四杰"和陈子昂、王维等都倡扬过骇俗惊世的侠风气质。

武侠是受到官方否定压制的对立面，目无法纪、犯上作乱的"劣迹"重重，因此史料记载鸿爪龙鳞，首尾难全，神秘莫测。同时由于武侠的流氓习气，民间虽然有时把他们视作超人的豪雄偶像，但却不可能指望他们出来解救苦难，很难真正与侠义融合。这就使豪雄武侠长期停留在文学的缥缈仙山上，传奇小说的过度渲染，更使他们显得扑朔迷离，但大多未出"胜者王侯败者贼"的"怪圈"。

无论是从文化现象上还是从社会现象上看，唐代的恶少无赖和豪侠武雄都有联系。从正面意义讲，他们的行为可以转化为一种人格道义力量，而从反面意义讲，他们却沦落为一种危害社会的强暴势力。侠成为恶少流氓与英雄豪杰的统一。

---

[1]《新唐书》卷一七四《李逢吉传》，第5222页。
[2]《旧唐书》卷一八〇《张仲武传》，第4679页。

官府档案贮存地：唐代甲库考察

唐长安太极宫的九重垣阙里，庋藏着大量敕书档案的专业库房，就是位于广运门内的甲库[1]。按宋朝庞元英《文昌杂录》载，"甲"即敕甲，指文书档案的外封；宋人程大昌《演繁露》亦云甲库"正收藏奏钞之地"。甲库首创于唐代，是唐朝中央的专业档案馆，也是国家官吏的人事档案库，是我国封建社会最早的专业档案库藏。因前人很少探讨，故有必要作一考察。

一 甲库的组织管理

封建王朝的全部官员档案，是根据统一集中管理的原则，设置全国规模的档案工作机构来管理的。唐代在尚书省吏部、中书省、门下省分别设有甲库，一般称为"三库"，是国家档案库；在兵部、刑部设有的甲库则是部门档案库。这样在省、司之间分层设有甲库，构成了一个严密、完整的组织体系。

门下省甲库由给事中掌管，《唐六典》卷八曰："凡制敕文簿，授官甲历，皆贮之于库，监其检覆以出入焉。"可见，门下省甲库主要汇存制敕文簿、授官甲历。

中书省甲库则由中书舍人掌管，"凡有司奏议，文武考课，皆预裁焉"[2]。诏旨制敕及玺书册命，特别是对大臣将帅的册命敕甲，全由中书省甲库集藏。

尚书省吏部甲库由吏部员外郎专掌，因其"掌选院，谓之南曹"。"每岁选人，有解状、簿书、资历、考课，必由之以核其实，乃上三铨。其三铨进甲则署焉。"[3]因而，吏部甲库存储应选之人的出身名历、考第簿书、选授附甲。

中书省甲库集藏朝廷授官的册书，门下省甲库汇存授官的甲历，吏部甲库则存储选官的资历状簿，这和中书决策、门下审议、尚书执行的三省中枢制度是相一致的。三个甲库都是唐代国家官员的档案库，只不过是依记录在案的来源、内容、形式分类不同，按文书案卷各自归档，存集于库。这种组织管理体系，具有严密的牵制作用，防止其中任何一处伪造。

各个甲库均设"令史"若干人具体管理"甲历"，如门下省置甲库令史七人，兵部甲库令史有十二人，等等。令史地位较低，"自汉以来，令史皆有品秩，至隋

---

[1] [清]徐松《唐两京城坊考》卷一，北京：中华书局，1985年。
[2] 均见《唐六典》卷九《中书省》"中书舍人"条，北京：中华书局，1984年。
[3] 《旧唐书》卷四三《职官志》，北京：中华书局，1975年，第1820页。

开皇初,始降为流外行署"[1]。元和初年,李少安"至京师,转三原县尉,管中书甲库,考绩四居上第,迁长安主簿"[2]。所以,甲库令史充其量不过是个正九品官。

关于武官的铨选均由兵部考试录取,据《唐六典》卷五记载,兵部员外郎和吏部员外郎的职掌相同。而且,兵部甲库的管理制度和甲历来源也与吏部的文官铨选是一样的,"其选人有自文资入者,取少壮六尺已上,材艺超绝;考试不堪,还送吏部。凡官阶注拟,团甲进甲,皆如吏部之制"。"凡三卫,皆限年二十一已上,每岁十一月已后,本州申兵部,团甲进甲,尽正月毕。其入卫杂配,并注甲长定,不得移改。"[3]可见,兵部甲库的设置机构也比较大,是唐王朝整个甲库系统中的一个重要组成部分。

图1 文官俑,陕西西安周至县梁琮墓出土

至于刑部甲库,主要是贮存诸色贬降官的官甲,以及追夺封爵、违背律令的簿录,以备省司检勘库报。

唐王朝很重视甲库的组织管理,经常发布敕令,督其职责。开元十九年敕:"尚书省内诸制敕库,及兵部、吏部考功、刑部簿书景迹并甲库,每司定员外郎、主事各一人,中书门下制敕甲库,各定主书、录事已下各一人专知,周年一替,中间不得改移。"[4]这就明确指出吏部、兵部、刑部的甲库各由员外郎、主事一人专管,中书门下的甲库,则由主书、录事各一人专管,分清职责,一年更换一次,中途不得随意调动,以保持管理的连续性。

建中二年,为加强甲库管理,减少流弊,中书门下奏议:"中书门下及吏部制敕甲库等,准式中书舍人、给事中、吏部员外郎,并合专判,缘官望清高,兼外有职事,不得躬亲,所以比来文历,多有罪过。今请每库采择一公清勤干,专押甲库,冀事得精详,其知经四周年,无负犯,仍望依资与改官。"由这段奏议可知,中书、门下、吏部的三个甲库,除由各部门官望清高的长官专判外,每个甲库还

---

[1]《唐六典》卷八《门下省》"甲库令史"条。
[2]《全唐文》卷五〇四,权德舆《长安主簿李君墓志铭并序》,北京:中华书局,1983年,第536页。
[3]《唐六典》卷五《尚书兵部》。
[4]《唐会要》卷八二《甲库》,北京:中华书局,1955年,第1513页。

"采择一公清勤干"的人专押甲库,以避免各部门长官"外有职事,不得躬亲"的情况,切实加强其组织建制。

建中三年,门下省给事中关播奉敕上奏认为:"三省中库官各一人,或属假故,即公事废阙,请各更置一人。其吏部行内考功、司封、司勋库郎中,仍请两人分掌,临时事故,即勒通知。"这是由于三省中甲库官员只有一人负责,如遇事请假,就会妨碍正常工作,造成"公事废阙",因此每个甲库又增加一名,由两人分掌甲库事务,即使临时有事,也能照常工作。这个编制增员得到了皇帝批准。

贞元八年,吏部侍郎杜黄裳又奏:"以前资官充专知,既无俸料,颇亦艰辛,请入库日便依资与官,仍许四周年不用阙。奉敕,前资官未有功劳,不合改转,既无俸料,又虑艰辛,入库之日,宜与同类官。"[1]这是因前资官专知甲库没有额外俸料,故朝廷准许其在入库工作时,待遇与同类官吏相同,以提高其责任心。

中唐以后,国家动乱,严密的甲库管理制度也受到严重的冲击,甲库"皆是胥吏掌知,为弊颇久"[2]。如遇重大政治事件,甲库也受到牵连。《唐国史补》卷下记载泾原兵变后,"吏部甲库,有朱泚伪黄案数百道,省中常取戏玩,已而藏之。柳辟知甲库,自执政,于都堂集八座丞郎而焚之。"一些官吏为寻求高官显位、仕途捷径,每每通过各种渠道,采取涂改、伪造、顶替、假冒等手段进行作弊,迫使唐王朝不得不严格控制甲库组织机构。贞元十三年,关播迁给事中,"故事,诸司甲库,以令史直曹,刓脱为奸。播易以士人,时韪其法"。[3]为进一步提高甲库官员的地位和待遇,太和三年,朝廷下《改转甲库官敕》:"甲库官,旧例初入授同类官,考满去职,则与依资改转,此事参差,有优有屈,今宜同并诸色职事带正员官者,准宝历二年十一月九日敕处分,其改转亦同前件,如已在甲库授官者,即听且依旧敕处分。"[4]由此可见,唐王朝为纠正甲库组织的滥竽充数是煞费苦心的。

二 甲库的保管整理

唐代科举制度的兴起,使以前的任官制度发生了重大变化,应试者由各地选送长安参加"常举"或"制举"考试,及第后还要参加吏部铨选才能授官。尤其是开元二十四年以后,礼部掌科举,吏部掌铨选,选拔人才和任用官员明确分开,凡参加吏部考选的人,其名籍、履历、考绩以及应考、授官等情况,须经百司或州县反复核查,呈报吏部,合格者由吏部发给"解状",取得选人的合法身

---

[1]《唐会要》卷八二《甲库》,第1514页。
[2]《旧唐书》卷一三〇《关播传》,第3628页。
[3]《新唐书》卷一五一《关播传》,北京:中华书局,1975年,第4818页。
[4]《唐会要》卷八二《甲库》,第1515页。

份，才有资格参加铨选。所以，在官员铨选、任用过程中形成一种专门的档案文册，一般称之为甲历、甲敕或官甲。

在官员考选和任用中，铨选官吏无论是迁转的下级官吏、科举及第的士人以及名士、门荫子孙，除试判外，都必须依据甲历进行审查，即所谓"据其状以核之，量其资以拟之"，然后进甲历于丞相，呈皇帝决定。五品以上制授或册授，由皇帝直接任命；六品以下敕授，由吏部按照规定选补。文官归吏部，武官归兵部。这样，甲历成为任用官吏的依据，是当时重要的档案文书[1]。因此，唐王朝格外重视甲库的保管整理。

1. 甲历备考制

鉴于"永徽五年十二月四日夜，司勋大火，甲历并烬矣"的教训，从唐前期开始，在中书门下吏部的"三库"中，甲历要复制一份副本，另存于宫廷内库，作为备考，在三库甲历有损失时，随时准备查用。如"建中元年七月八日，吏部奏：比来冬集，申门下省，吏部有官甲，内库无本，今请依官甲例，更写一本进内收贮，纵三库断裂，即检内库本。从之"[2]。这就是为了以防万一，纵使三库甲历存贮断裂，还可检用内库藏本。又如"贞元八年闰十二月，给事中徐岱、中书舍人奚陟、高郢等奏，比来甲敕，只下刑部，不纳门下省甲库，如有失落，无处检覆，今请准制敕，纳一本入门下甲库，以凭检勘。敕旨，依奏"[3]，这也是为防止甲敕失落，另制一本送门下甲库保管，作为备考。即使吏部甲库"文武选人检甲历不获者，宜牒中书门下为检。如又不获，若在曹有官甲前后相衔可明者，亦听为叙"[4]。采用文摘分析来弥补正本、副本的全宗散失。

2. 甲历印钤制

为保证甲库档案文书原始记录的真实性、准确性，唐王朝在当时条件下采取的一种科学方法，即在所有甲历、甲敕上都盖有印鉴戳记，防止作伪和涂改。《唐六典》卷一规定："凡施行公文应印者，监印之官，考其事目，无或差缪，然后印之，必书于历，每月终纳诸库。"为预防随意在甲历上钤记，伪造篡改，唐朝政府还规定"其印每至夜，在京诸司付直官长，在外者送当处长官掌"。所以，甲历真伪分析和甄别考证，往往要借助文册上的印章判别，甲库库印就显得非常重要。贞元十年，吏部司封奏："当司与司勋、考功敕甲库，同一专知官，先无库印，今请铸造，

---

[1] 唐代甲历亡佚无存，辽宁省档案馆所存六件唐代档案，其中三件属于户口籍账，三件属于申状。见《历史档案》1982年第4期。
[2] 《唐会要》卷八二《甲库》，第1513页。
[3] 《唐会要》卷八二《甲库》，第1514页。
[4] 《唐文拾遗》卷八，《选人甲历检叙敕》，第10458页。

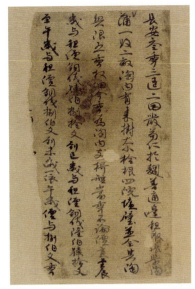

图2 唐代严苟仁租葡萄园契，新疆吐鲁番阿斯塔那出土

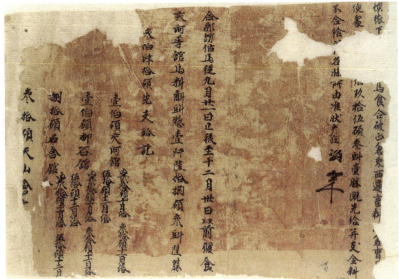

图3 唐代马料帐，新疆吐鲁番阿斯塔那出土

仍以封勋考甲库印六字为印文。从之。"[1] 这是吏部甲库中按司封、司勋、考功三司共同铸造库印的措施，即授官的"告身"，也盖有"尚书吏部告身之印"[2]。

3. 甲历格式制

甲库储存的甲历都必须有统一的格式，敕头上填明年、月、日，敕文上如实录写姓名、年岁、生辰、容貌、品位、出身、籍贯以及父祖名讳、保人住址等，还附有铨选、授官、考课等历任行止的告身牒状，如果纸张较多，要互相粘连，每页纸相连处要逐缝盖有使印或州印，以防假冒、随意增添与减少。"凡是选人，皆有资考，每至赴调，必验文书，或不具全，多称失坠，将明本末，须示规程。其判成诸色选人黄甲下后，将历任文书告敕连粘，宜令南曹逐缝使印，都于后面粘纸，具前后历任文书，都计多少纸数，具年月日，判成授某官。"[3] 贞元四年，吏部《澄清选例奏》载："其敕请令度支悉付州府州司，待纳状毕，以州印印状尾，末缝相连……都封印。"[4] 如果拆破印缝，要取消授官资格，依条例处罚。在后唐时，朝廷还敕令应选之人要先纳三代亲族状书，称作"家状"，作为甲历中的一部分。如《全唐文》卷一〇九载："选门官吏，讹滥者多，自今后并令各录三代家状，乡里骨

[1]《唐会要》卷八二《甲库》，第1514页。
[2]《册府元龟》卷六二九《铨选部·条制》，北京：中华书局，1960年，第7545页。
[3]《全唐文》卷一一〇，后唐明宗《文书告敕宜粘连逐缝使印敕》，第1121页。
[4]《册府元龟》卷六三〇《铨选部·条制二》，第7559页。

肉，在朝亲情，先于南曹印署纳，吏部中书门下三库各一本，候得判印状，即许所司给付新签告，兼本任官处及乡里，亦具一本，纳逐州县。"可见这些都是唐代甲历通用的规定格式。

4. 甲历整理制

数量浩大的甲历如不经过整理，就会影响它所提供的利用价值。唐代甲历整理的重要特点，是按照年代自然形成的一定顺序进行整理，最大限度地保持甲历之间的历史联系。元和八年，吏部侍郎杨于陵的奏文最为典型："承前诸色甲敕等，缘岁月滋深，文字凋缺，假冒逾滥，难于辨明，因循废阙，为弊恐甚。若据见在卷数，一时修写，计其功直，烦费甚多，窃以大历以前，岁序稍远，选人甲历，磨勘渐稀，其贞元二十一年以后，敕旨尚新，未至讹谬，纵须伦理，请待他时。臣今商量，从大历十年至贞元二十年，都三十年，其间出身及仕宦之人，要检覆者，多在此限之内，且据数修写，冀得精详，今冬选曹，便获深益，其大历十年向前甲敕，请待此一件修毕，续条贯补缉。"[1]这个奏议得到朝廷敕旨批准，主要是因为吏部甲库所存甲历，一些年代较久远者文字多有残缺，如有假冒就难以辨明，只有将这些甲历重新检核，依照旧件分期分批重新修写后，才能在以后铨选时查用，因此，杨于陵"令本司郎官监换"，"请修甲历，南曹置别簿相检实，吏不能为奸"[2]，从而使大部分甲历得到系统整理与修复。

5. 保管法律制

因为甲历、甲敕等档案涉及官吏勋赏、黜陟、授官、除免等，故甲库的保管必须形成法律性的规定。现存的唐代律令中就有："诸盗制书者，徒二年。官文书，杖一百；重害文书，加一等；纸券，又加一等。""文案不须常留者，每三年一栋除。"[3]"诸弃毁制书及官文书者，准盗论；亡失及误毁者，各减二等。""其主典替代者，文案皆立正案，分付后人，违者，杖一百。"[4]"凡文案既成，勾司行朱讫，皆书其上端，记年月日，纳诸库。"[5]从这些散见的律令可知，有关甲历的销毁、移交、鉴定等都已列入法典范畴，以加强档案保管的责任，防止各种弊端，保证完备安全。

6. 保管技术制

为了延长甲历的寿命或老化过程，防止磨损和发黄发脆，唐朝很注意甲历的纸张质量，尽量不用生纸、粗纸。天宝十三载年三月下敕："为授官取蜀郡大麻纸

---

[1]《唐会要》卷八二《甲库》，第1514页。
[2]《新唐书》卷一六三《杨于陵传》，第5032页。
[3]［唐］长孙无忌等《唐律疏议》卷一九《贼盗》、卷二七《杂律》，北京：中华书局，1983年。
[4]《唐律疏议》卷一九《贼盗》、卷二七《杂律》。
[5]《旧唐书》卷四三《职官志》，第1817页。

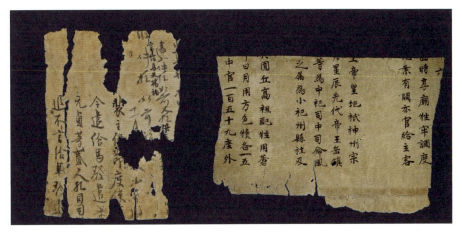

图 4　开元九年麻纸官文书残片，新疆吐鲁番出土　　图 5　敦煌"格式律令事类"纸本残卷，日本京都国立博物馆藏

一张写告身。"[1]甲历用纸要挑选当时的上等大麻纸。唐后期的甲历、敕甲等铨选文书，甚至选用绫罗纸，配缥轴、锦袋来保管，并"各随色样尺寸，如法装修，疾速书写，印署进纳"，采取一系列技术措施来减少损毁。

唐后期朝廷衰落，尽管一再下令加强甲库保管，但管理仍是百弊丛生，无法整理。唐文宗时期，"应中书门下尚书省二十四司制敕及敕甲等，近日检报，多称断裂，无凭勘覆，以此之故，逾滥大行"。朝廷命令各甲库主管官员会同甲库官吏重粘甲历破背，在裂缝断尾处重新签署名印，并具勘卷若干和年月日期，"如库官令史考满日，须据实交点，已后检报称有断裂，甲库官及本行令史节级处分"[2]。但在当时情况下，"取受钱物，伪出告身泛滥"，皇帝敕令往往成为一纸空文，不能根本解决这些弊端劣迹。

三　甲库的利用价值

唐王朝之所以格外重视甲库的组织管理和保管整理，是因为甲历有较高的利用价值。甲历的价值，是由其对封建王朝铨选官吏的查考、总结和任用的作用来决定的，也是衡量甲历价值的最高标准。正如吏部侍郎杨于陵奏议中说的："铨选之司，国家重务；根本所系，在于簿书。"[3]甲历被作为任官的主要资历依据。

---

[1]《册府元龟》卷六三〇《铨选部·条制二》，第 7554 页。
[2]《全唐文》卷七四，文宗《处分断裂制敕敕》，第 773 页。
[3]《唐会要》卷八二《甲库》，第 1514 页。

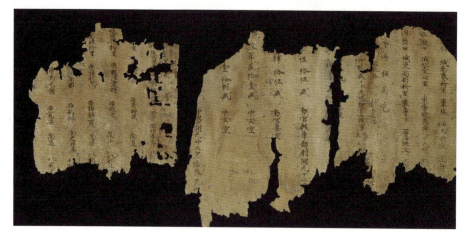

图6 开元二十三年甘州张掖县户籍保管残卷，俄罗斯藏

其一，具有证据性作用。

在每年铨选之前，或是吏部提出授官封爵之前，三库都要清检甲历，由给事中、中书舍人和吏部郎中，各与本部门的甲库令史共同核验，三库甲历、敕甲完全相符，吏部才能依资任官，发给"告身"（铨选任命书）。例如太和五年敕："应选人及冬集人于案，门下省检勘毕后，比来更差南曹令史收领，邵纳门下甲库，在于公事，颇甚劳扰。自今以后，请敕吏部过选院，本令史便自分付甲库，以备他年检勘，仍请门下省敕甲库令史，每过选时，常加检点收拾，明立文案据，官吏等递相分付，不得妄有破除，南曹申请之时，如有称失落欠少，本令史及专知官，请准检报，揩抹违越，条例处分。"[1] 这就是将应选人记录在案的甲历，由门下省详覆、检勘完毕后，由吏部统管门下甲库和吏部甲库，作为凭证以备下年检勘，减少调拨手续。在每年铨选时期，要经常检点整理甲历，写明文据，在官吏更替时，明确交代，不得有随意破损、涂抹、失落等情况，如有违犯，按条例处罚。特别是吏部甲库，"常日检寻，诸司取证，稍有差谬，所失非轻"，更具有证据性的功能。

其二，具有参考性作用。

甲历作为科举制度以及铨选制度的必然产物，它记载的丰富内容一般来说是历史面貌的真实反映，具有凭证作用。但在封建制度里，统治者有时出于各种目的，卖官鬻爵，滥授斜封等，使得甲历内容形成有些歪曲或虚假。然而，内容不真实是相对的，反映了伪造者认识活动的现象却是真实的，所以，甲历仍具有很大的参考作用。唐朝为保证甲历的真实，多次下令核实选人出身，以绝奸源。太和九年敕：

[1]《唐会要》卷八二《甲库》，第1515页。

"中书门下吏部，各有甲库历，名为三库，以防逾滥。如闻近日诸处奏官，不经所司检寻，未免奸伪。起今已后，诸司诸使诸道应奏六品以下诸色人，称旧有官及出身，请改转，并请授官，可与商量者，除进士登科，众所闻知外，宜令先下吏部中书门下三库，委给事中、中书舍人、吏部格式郎中，各与本甲库官同检勘，具有无申报，中书门下审无异同者，然后依资进拟。如诸司诸使诸道奏论不实，以无为有，临时各重加惩罚。"[1]这就是为防止诸司、诸使、诸道奏论不实采取的措施。就三库本身互相牵制的格局来看，这是"以防逾滥"的严密系统。但有人不经所司检寻，伪造滥充，因此必须将原有出身的甲历经三个甲库共同核对，并经各部门长官与甲库官共同查阅有无申报或审无歧异，才能升迁调动。这样，甲库的利用价值就十分清楚了。

如果上述考察尚不至于大谬，我们对唐代甲库可作这样的理解：它有着严密而完整的组织管理定制，科学而严格的保管整理方法和一定的利用价值，这是伴随着科举与铨选制度成熟的一个标志。唐代甲库对后世人事档案库的发展、完善有着开创性的贡献，它在中古世界档案史上是处于先进地位的。

---

[1]《唐会要》卷八二《甲库》，第1515—1516页。

零乱的酒魂：唐代黄酒考释

唐代不仅是一个饮酒浪漫豪放的时代，也是一个酒业发展的繁荣时代。中唐时李肇《唐国史补》卷下记载了当时的十四种名酒："酒则有郢州之富水，乌程之若下，荥阳之土窟春，富平之石冻春，剑南之烧春，河东之乾和蒲萄，岭南之灵溪、博罗，宜城之九酝，浔阳之湓水，京城之西市腔，虾蟆陵之郎官清、阿婆清。又有三勒浆类酒，法出波斯，三勒者，庵摩勒、毗梨勒、诃梨勒。"这些名酒中，郢州（今湖北钟祥）富水酒为皇家贡酒、乌程若下酒为唐湖州长城县（今浙江吴兴北）特产，土窟春为河南荥阳的美酒，石冻春为陕西富平的名产，剑南烧春更是四川绵竹名酒。河东（今山西永济）的"乾和蒲萄"，笔者曾考证"乾和"是突厥语"装酒皮囊"的意思，即操突厥语的外来民族酿制的葡萄名酒。至于三勒浆类酒至今无人能懂，只知其酿造法来自波斯，是唐代外来文化的"进口货"[1]。

黄酒是中国最古老的传统酒之一，但唐朝历史文献中没有"黄酒"专指名称，宋代真德秀《真文忠公集》卷七始有"酸黄酒"的记载[2]。唐朝时出现的琥珀色米酒，其作为谷物发酵酒还达不到现代黄酒的工艺标准，从严格意义上讲还不能称之为黄酒，但它为后代黄酒的发展奠定了重要的基础。

一 浊酒与清酒分化为后世黄酒开启先河

黄酒是以稻米等谷物为原料经过蒸煮、糖化、发酵和压滤而成，这是我国古代传统的酿酒方式。黄酒的出现经历了一个漫长的过程。

唐代生产的成品酒大致可以分为米酒（谷物发酵酒）、果酒（葡萄酒等）和配制酒（桂花酒、松子酒等）三大类型，其中谷物发酵酒的产量最多，饮用范围也最广。唐代的米酒按当时的酿造模式又可分为浊酒和清酒。浊酒的特点是酿造时间短，成熟期快，酒度偏低，甜度偏高，酒液比较浑浊，其整体酿造工艺较为简单；清酒的特点是酿造时间较长，酒度较高，甜度稍低，酒液相对清澈，其整体酿造工艺比较复杂。

浊酒与清酒的差异，自魏晋以来就已非常明显，人们划分谷物酒类，均以此为标准。《三国志·魏书·徐邈传》记载："平日醉客，谓酒清者为圣人，浊者为

---

[1] 葛承雍《酒魂十章》，北京：中华书局，2008年，第29页。
[2] 李华瑞《中华酒文化》，太原：山西人民出版社，1995年，第6页。

贤人。"《太平御览》卷八四四引《魏略》云:"太祖时禁酒,而人窃饮之,故难言酒,以白酒为贤人,清酒为圣人。"当时的"白酒"即指浊酒。一般说来,清酒的酒质高于浊酒。唐代的酿酒技术虽然比魏晋时有了较大幅度的提高,但是对浊酒与清酒的区分却依然如故。

图1　7世纪饮酒联珠纹锦,新疆吐鲁番阿斯塔那出土

唐朝时,米酒的生产以浊酒为主,其产量多于清酒。浊酒的工艺较为简单,一般乡镇里人均能掌握。《全唐诗》卷四八〇李绅《闻里谣效古歌》:"乡里儿,醉还饱,浊醪初熟劝翁媪。"卷四六七牟融《题山庄》:"床头浊酒时时漉。"卷六五四罗邺《冬日旅怀》:"闲思江市白醪满。"所云浊醪、白醪,均指浊酒。浊酒的汁液浑浊,过滤不净米渣又漂在酒水上面犹如浮蚁,因而唐人多遣词"白蚁""春蚁"等来形容浊酒[1]。《全唐诗》卷四四八白居易《花酒》:"香醅浅酌浮如蚁。"卷六〇〇翁绶《酒》:"无非绿蚁满杯浮。"《问刘十九》:"绿蚁新醅酒,红泥小火炉。"卷六二九陆龟蒙《和袭美友人许惠酒以诗征之》:"冻醪初漉嫩和春,轻蚁漂漂杂蕊尘。"这些诗句都描写了浊酒的状态。即使在宋代仍有浊酒流行,王安石《江上》"村落家家有浊醪",陆游《游山西村》"莫笑农家腊酒浑",都表明他们无须去酒店买酒,乃是农家自酿连糟吃的浊酒,只有用高价买的"清酒"才把糟滤掉。

需要指出的是,唐代文献中常见"白酒"一词,不是白色酒,也不是现代概念中的白酒。这种白酒就是浊酒,唐人常以酿酒原料为酒名,凡用白米酿制的米酒,就称之为白酒,或称白醪[2]。《全唐诗》卷五八九李频《游四明山刘樊二真人祠题山下孙氏店》:"起看青山足,还倾白酒眠。"卷五九六司马扎《山中晚兴寄裴侍御》:"白酒一樽满,坐歌天地清。"卷六〇〇袁皓《重归宜春偶成十六韵寄朝中知己》:"殷勤倾白酒,相劝有黄鸡。"吟咏的均为白米酿造的酒。唐人吴均还特别区分"白酒甜盐甘如乳,绿觞皎镜华如碧"。我们考察的这些所谓白酒均出自南方,因为南

---

[1] 何满子《中国酒文化》,上海:上海古籍出版社,2001年,第80页。
[2] 王赛时《唐代饮食》,济南:齐鲁书社,2003年,第148页。

图2 三彩凤首壶，
陕西西安三桥蔺家村出土

图3 唐三彩孔雀型角杯，
河南郑州西郊后王庄出土，河南博物院藏

方出产白色的稻米。

清酒由于酿造工艺稍为复杂，所以酿造并不普遍，但唐诗中仍有描述。《全唐诗》卷三六〇刘禹锡《酬乐天偶题酒瓮见寄》："瓮头清酒我初开。"卷六四一曹唐《小游仙诗》："洗花蒸叶滤清酒。"卷七九九孙氏《谢人送酒》："谢将清酒寄愁人，澄澈甘香气味真。""清"是唐人判别酒质的一个重要标准，"好酒浓且清"，酒清者自然为上品，"诗仙"李白有名句"金樽清酒斗十千，玉盘珍馐直万钱"，虽有文学夸张，却说明了清酒贵重，堪值瞩目。白居易甚至赞叹清酒液体透明："樽里看无色，杯中动有光。"清酒大概从唐代传到日本，中国现在反而不多见了。

二 酿酒红曲出现是传统米酒转化为黄酒的条件

随着经济重心的南移，中唐时期南方经济迅速发展，出现了红曲酿酒的迹象。红曲是一种高效酒曲，它以大米为原料，经接曲母培养而成，含有红曲霉素和酵母菌等生长霉菌，具有很强的糖化力和酒精发酵力，这是北方粟米、麦麸无法比拟的。

《海录碎事》卷四记唐人褚载诗："有兴欲沽红曲酒，无人同上翠旌楼。"可见唐人已把红曲研制出来，并广泛用于酿酒。红曲色泽鲜红，在酿酒中霉素无毒，酒液也呈现出红色。《李长吉歌诗汇解》卷四《将进酒》："琉璃钟，琥珀浓，小槽酒滴真珠红。"《岑嘉州集》卷四《与鲜于庶子泛汉江》："酒光红琥珀。"《全唐诗》卷八三一贯休《送吏部刘相公除东川》："酒倾红琥珀。"描写的均是红曲酒。红曲霉素的培养和酒化，为传统米酒升华为黄酒提供了转化条件。

唐人酿酒通常重视用曲的作用，"酿米一石，曲三斗，水一石"。酿酒投料的比例基本上沿袭了《齐民要术》所载的北朝酿酒法。发酵时间从数日至数月不等。这种短期发酵只能用于酒度较低的浊酒。《全唐诗》卷六二〇陆龟蒙《酒瓮》诗："候暖曲蘖调，覆深苫盖净。溢出每淋漓，沉来还瀇滉"，描写了曲蘖发酵过程。当然，唐人也经常酿制一些酝期较长的优质酒，《全唐诗》卷三七王绩《看酿酒》云："从来作春酒，未省不经年"，着重强调了延长酿酒的发酵期。白居易描写春酒诗句中有"瓮头竹叶经春熟"，看来酝期是很长的，酝期的延长说明了人们在发酵控制技术方面有所提高。

红曲酿造压榨出酒液装入酒坛、酒瓮"收酒"后，由于酒液内仍然保留着许多酒渣，因而会导致酒液变酸，味道钻鼻折肠、十分难闻。唐人运用加灰法解决这一难题，即在酿酒发酵过程的最后时，往酒醪中加入适量石灰以降低酒醪的酸度，避免出现酒酸后果。《全唐文》卷一七四张

图4　唐抚琴舞鹤海棠形银盘，西安市城建局送交

图5　酒具，洛阳龙门唐安菩墓出土

图6　唐代海兽葡萄镜局部

赞《良酝》条中记云："会期日酒酸，良酝署令杜纲添之以灰……其味加美。"可见朝廷酒坊中已使用石灰降酸工艺。《全唐诗》卷六二八陆龟蒙《和袭美初冬偶作》云："小炉低幌还遮掩，酒滴灰香似去年。"《太平广记》卷一〇九引《冥祥记》记载："唐冀州封丘县有老母姓李……家镇沽酒，添灰少量，分毫经纪。"这些都披露了民间酒肆在酿造时也加入石灰。宋代两浙一带酿制黄酒仍沿袭唐代加入适量石灰水的方法，以防止酒酸醪败。

发酵酒成熟后，酒醪与酒糟混于一体，必须通过取酒这一环节，才能收取纯净的酒。唐人取酒方法，一是器具过滤，用竹篾编织过滤酒醪的酒器当时非常简易；二是槽床压榨，槽床又叫糟床、酒床，酒瓮发酵好的酒醪，要连糟带汁倾入槽床，压榨出后流滴接取酒液。《全唐诗》卷六六五罗隐《江南》"夜槽压酒银船满"，卷六二五陆龟蒙《看压新醅寄怀袭美》"晓压糟床渐有声"，都指这种槽床压榨。李白《金陵酒肆留别》诗曰："风吹柳花满店香，吴姬压酒劝客尝。"其中"压酒劝客"就是将酒糟压榨掉，再请客人喝。杜甫《羌村三首》诗："赖知禾黍收，已觉糟床注。"这糟床就是用来压榨过滤酒糟的。

过滤后的生酒或称为生醅，即可饮用。《全唐诗》卷六五一方干《秋晚林中寄宾幕》"杯盂未称尝生酒"，即指此。但生酒中会继续产生酵变反应，导致酒液变质。为此，唐人给生酒进行加热处理，这是古代酿酒技术的一大突破。南北朝以前，酿酒业中尚未认真采用加热技术，因而酒类酸败的现象时常可见。唐人掌握酒醪加热技术之后，酒质不稳定情况便大为改观，从此生酒与煮酒有了明显区别，新酒煮醅由此有了"烧"的工艺，烧酒因而产生。《全唐诗》卷四四一白居易《荔枝楼对诗》云："荔枝新熟鸡冠色，烧酒初开琥珀香"，卷五一八雍陶《到蜀后记途中经历》云："自到成都烧酒熟，不思身更入长安"。唐代烧酒虽然不是宋以后的蒸馏酒，但呈琥珀色的红酒无疑是黄酒产生的转化基础。

三 琥珀色泽米酒是转化为黄酒色味的重要因素

唐代的酒在酒质上达到什么样的程度，目前无实物可证，虽然考古出土文物中酒罐、酒瓶、酒瓮都有发现，但密封技术不高，故没有具体酒质的样本，得不出准确的结论，我们只能从当时的酿造工艺着手进行观察唐酒的酒色与酒味，或许可以发现有价值的东西。

从唐代酒的酿造工艺来看，一般要经过几道工序：制曲，投料，发酵，取酒，加热处理。酒曲是发酵酿酒的专用酵母，其有一定的发酵力，能够促使谷物糖化酒化。酒曲一般用稻谷、大麦、高粱、麸皮等制成。唐人制作的曲种，据《千金要方》记载有神曲、法曲、清曲、上曲等名目。南方人制曲，还往往掺入艾草、茱荚、苍耳等草药配合，以此增强酒曲的发酵力。《岭表录异》卷上记载："南方人酝酒，即先用诸药别淘，漉粳米，晒干后入药和米，捣熟即绿粉矣。热水溲而团之，形如醋饳，以指中心刺作一窍，布放覃席上，以枸杞叶攒之，犹如酒曲饼。每年六七月间开始酿酒，都用曲饼、曲块、曲丸发酵。"《全唐诗》卷三七王绩《看酿酒》："六月调神曲，正朝汲美泉。"《元氏长庆集》卷三《饮致用神曲酒三十韵》："七月调神曲，三春酿绿醽。"特别是红曲发酵力为酿酒的关键。

酒的颜色是辨别酒质的重要因素之一。晚唐以前唐人酿成的米酒多呈绿色，唐诗中屡屡提及，《李太白全集》卷二五《赠段七娘》："千杯绿酒何辞醉，一面红妆恼杀人。"《白氏长庆集》卷二一《落花》："请君尝绿醅。"《全唐诗》卷六一九陆龟蒙《村夜二首》："开瓶浮蚁绿。"卷四七五李德裕《寒食日三殿侍宴奉进诗一首》："行觞举绿醪。"卷六四四李咸用《短歌行》："一尊绿酒绿如染。"杜甫还吟诵："灯花何太喜，酒绿正相亲。"从这些诗句来看，绿色米酒在唐代朝野非常普遍，因为当时还不能保证酿酒时酒曲的纯净，制曲及酿造过程中都会混入大量其他菌物，导致酒色变绿，故而唐代文人以"竹叶"颜色比喻酒色。如《全唐诗》卷三七王绩《过酒家》："竹叶连糟翠，葡萄带曲红。"卷二三四杜甫《闻惠二过东溪特一送》："山杯竹叶春。"《白氏长庆集》卷二八《日高卧》："嫩绿醅浮竹叶新。"卷三四《忆江南》："吴酒一杯春竹叶。"所以后人把这种呈浅绿色的酒称之为"竹叶青"。

从考古出土装酒的铜鼎方壶来看，河北平山战国中山王陵出土两壶"清酤"，一为翠绿色，一为黛绿色[1]。陕西西安北郊出土西汉铜罐中26公斤美酒也是呈碧绿色[2]。这类青绿色液体究竟是来自绿曲本色，还是来自药材中植物绿本色，或是青铜瓶体中铜离子颜色，还是一个有待探索之谜。

现代的黄酒不会出现绿色，而多呈黄色或琥珀色。唐人在东南方和山东逐渐酿出了黄色的米酒。李白诗曰："鲁酒若琥珀，汶鱼紫锦鳞。""兰陵美酒郁金香，玉碗盛来琥珀光。"白居易招待客人时持酒盏诗曰："世间好物黄醅酒""黄醅绿醅迎冬熟。"岑参亦有诗："瓮头春酒黄花脂。"琥珀色的酒在唐人心目中逐渐成为优等的酒种，如《全唐诗》卷八六张说《城南亭作》："北堂珍重琥珀酒，庭前列肆茱萸席。"卷三二八权德舆《放歌行》云："春酒盛来琥珀光，暗闻兰麝几般香。"《岑参集校注》卷一《醉题匡城周少府厅壁》云："玉壶美酒琥珀殷。"《全唐诗》卷二二四杜甫《郑附马宅宴洞中》："春酒杯浓琥珀薄"，都从不同的角度评价了琥珀色的酒，认为接近琥珀的黄色酒光泽鲜亮，质感出色，足称上品。琥珀本是红色松脂化石，是唐代装饰珍品，被用来赞美酒色表示推崇。可以说，唐代的琥珀色的米

---

[1] 万伟成《中华酒经》，广州：南方日报出版社，2001年，第61页。
[2] 《中国文物报》2003年7月2日"考古专刊"。

酒在色泽方面已接近了现代黄酒的外观，其品质可能高于其他色泽的酒。

从味觉方面来看，唐代米酒的甜度高而酒度低，与现代黄酒的酒质标准有很大差距。甜度过高是因为酒醪发酵时，糖化后没能充分酒化，致使谷物糖分渗透在酒液之中。唐人说到米酒多以甘、甜赞誉其味，将酒和饴饧相提并论。如《全唐诗》卷五六七郑嵎《津阳门》："白醪软美甘如饴。"卷五九八高骈《春日招宾》："花枝如火酒如饧。"白居易诗中多次提及"绿饧粘盏勺""酒味浓于饧""户大嫌甜酒""似饧知味绿粘台""甘露太甜非正味"等等，都强调了米酒甘甜的程度。由

图7　婴儿游戏图案银瓶，江苏镇江出土

于甜度高，唐代米酒往往汁液黏稠。《全唐诗》卷五〇〇姚合《乞酒》云："闻君有美酒，与我正相宜。溢瓮清如水，粘杯半似脂。"酒液过浓是甜度过高，虽然限制了酒度的增高，但形成了甜香型黄酒的品质。

唐代米酒的酒度以及文人吟咏的酒气都达不到现代黄酒的指数。因为唐人饮酒动辄以一斗为高量，李白"斗酒诗百篇"，卢齐卿好酒"饮至斗余不乱"，李适之"饮酒一斗不乱"，崔恭礼"饮酒过斗"，马周曾一次要酒"一斗八升"，这当然有可能不是一个人饮酒，因为唐代文人喜欢群体集会宴乐、结社饮酒，但如果酒精度较高也根本达不到这样的酒量。知道唐代及其古代酿酒的限度，我们就不会对古人酒量耸肩听闻了。尽管唐代的酒名汪洋恣肆，酒类也繁多，但斗量之谜比较容易揭破。倘若说宋人议论饮酒时多以浓烈辛辣之词来形容，那么唐人言酒多浓甘之赞而少有劲烈之词，这说明唐代米酒的酒度远远低于宋代。

总而言之，唐代米酒从外观色泽上已开始向现代黄酒的标准转化，尤其在酿酒工艺的环节中，人们逐渐使用了酒醅加热处理和使用石灰降低酸度的做法，这不仅使酒液黄亮有光、香气芬芳、口味醇厚，而且对后代酿酒技术完善产生了深远影响。然而，唐代米酒从综合指数来看还达不到现代黄酒的程度，酒的甜度过高而酒度偏低，浊酒的产量过大且又米渣漂浮，这说明当时的酿酒发酵与取酒过滤工艺还有待提高，我们对唐代酿酒技术以及黄酒品质的整体水平不宜评估过高。特别是黄酒出产于北方一隅或南方分散地，与北方人好饮之葡萄酒、粟麦酒等不可相比，这也是黄酒在唐代未能向全国发展的一个原因。

第六编

寻找灵魂安顿的归宿地

千年宝藏：法门寺出土的珍宝

1987年4月

法门寺真身宝塔的地宫开启

暗室中封藏千年的奇珍异宝终于面世

近千件出土文物中

首次出现传说中的织金锦、秘色瓷

还有一截使韩愈获罪遭贬逐潮州的

释迦牟尼佛指舍利……

公元1981年11月24日，有"关中塔庙始祖"之称的法门寺真身宝塔，在历经四百多年风吹雨打、地震摇晃之后，西半部有三分之二轰然倒塌，满地碎石瓦砾，废墟蒿草丛生。

这座宝塔是明朝万历七年（1579）建成的，八棱十三级高47米，塔身有八十八个佛龛，雕有华丽的莲花朵卷草云图案。

由于法门寺位处地震活跃带，从明代以来，地震波及宝塔四十多次，塔裂缝后向西南倾斜，重心不仅偏离3米多，塔基还下塌1米多，所以一遇淫雨绵绵，塔洞所藏的佛像、铜牌、经卷等纷纷散坠于地面。笔者到那里就是伙同其他工作人员调查佛像内藏的经卷，发现了罕见的宋刻《毗卢藏》、元刻《普宁藏》和《秘密经》等，从经卷末尾愿文可知是明代人追荐亡魂的寄托物。仔细观察半壁残塔，估计还有文物遗存，但并不清楚塔下还有地宫宝藏。

摇摆欲坠的法门寺一半残塔，一时成为半壁斜立的奇观。为了预防危险，文化部门决定拆除重修。1987年2月剥完明砖，袒露塔基，4月2日地宫后室藻井盖被撬开石缝，冥冥暗室中照进了明媚的阳光，沉睡千年的奇珍异宝苏醒问世了，各种金银器、琉璃器、珍珠宝玉，包括武则天红绣裙在内的唐代丝织品，重重叠叠，难以数计。面对这些赫然入目的稀世珍宝，仿佛时光一下子倒流了一千多年……

图1　倒塌前的法门寺真身宝塔

皇邑通西域　巍然当孔道

法门寺位于陕西省扶风县北 10 公里处，西距古城西安 118 公里。

此地有两条河，东为美阳河，西为七星河，这两条河平时溪水潺潺，青波泛泛，遇暴雨则洪水势若猛虎，汹涌澎湃。两河相距最宽处仅 2.7 公里，把法门寺裁成一块狭长地带，空中鸟瞰像一方长条案，正中真身宝塔亭亭玉立，峻丽奇美。

周期性的洪水泛滥与水土流失，不仅对这块最早的经济富庶开发地区造成破坏，也造成古代交通的崎岖艰难。截断和切割的周原险关障隘，使人们只能迂回前进，而较为平坦的法门寺地区就成为沿周原边往来最佳的"孔道"。"孔道"最初是由北魏时一个无名诗人提出的，残碑上刻有"皇邑通西域，巍然当孔道"，指的是法门寺地处关中西出陇东连接西域的重要通道。因为渭河北岸支流多大川，南岸又多大河，而周原上却没有大河流，所以，它是从长安西去的必经之地。

从今天交通地图看，横贯周原的东西大道偏南而行，法门寺似乎远离大干道，然而从历史地理考察古道，可知当时并不绕道现在的扶风县城，而是必经法门镇，隋唐皇帝去九成宫避暑走的就是这条路。北魏太平真君七年（446）以后到唐代，这里曾多次被改设过周至县、燕州、岐阳县等州县治所，考古专家判定法门寺就坐落在唐时岐阳县城廓的西北角，直到唐宪宗李纯元和三年（808）才撤销了岐阳县建置，法门寺被归辖于扶风县内一直到现在。汉魏到隋唐之际，这里还长期驻守数万重兵，防御其他民族对关中的进犯，是一个易守难攻、进退自如的军事重镇，又名美阳关。从这些变迁不难看出，在唐代以前，法门寺始终是东西交通大道上的重要据点，著名的丝绸之路也通过这里，四方商旅贡使经过千难万险、茫茫岐路的仆仆征程后，到此休整以备入京，而刚刚离开长安的人们也在此满怀信心地踏上征途。

史书记载公元前 139 年张骞西行，正是由法门寺一带出发至秦州（今甘肃天水西北），经河西走廊赴西域。东汉时名将班超经营西域、唐初高僧玄奘步履西天，都是由此走上丝绸之路。如果说这里是向西北方面拓展的要冲，毋宁说也是东西文化交际的首区。隋末唐初，割据金城（今兰州）的薛举曾率十万军队与秦王李世民会战于此，双方争夺孔道非常激烈，死伤几万人。唐玄宗李隆基于天宝年间避安史之乱逃遁四川，来回都走此孔道。郭子仪率领精骑收复京城，也是出发于此道。至于东来传教和西行求法的高僧更是要经过法门寺礼别、歇宿。佛教传入中国后，为了迅速扩大宗教影响，选址建寺既要考虑地理形势，又要以交通方便为原则，还借助于周原的历代政治声誉，在此建寺就是很自然的事了。黄土高原上的内陆文明开始与喜马拉雅山背后的印度河文明接触，这一切，都与丝绸之路上这条孔道息息相关。

图 2 法门寺"随真身御前赐"鎏金银盒

百代王孙争供养　六朝天子递修鲜

　　黄土高原上的法门寺最初建于什么年代,一直是个悬而未决之谜,较确凿的时间是北魏迁都中原后。北魏二年(532),皇室成员、岐州刺史拓跋育第一次修建了法门寺,当时称阿育王寺,但四十多年后遇北周武帝毁佛灭法,寺院只独存两堂。隋文帝杨坚从小被养育在寺院,他做皇帝后大兴佛法,下令全国三十州造塔,法门寺也得到了恢复,并被改名为"成实道场",专门弘扬佛教宗派中的一支"成实论"。

　　唐代是佛教的黄金时代,颇有政治头脑的唐高祖李渊登上皇帝宝座没几天,就钦定将成实道场改名"法门寺",以后唐朝近三百年中虽先后改称过无忧王寺、法云寺、重真寺等,但法门寺这一名称自此不衰,而且伴随着政治、经济、军事的多次冲击也没有陨落。

　　随着佛教的蒸蒸日上,法门寺居于特殊优越的地位也日益现出来。因为它瘗埋佛骨能显"灵迹",在隆重的佛事活动中起着弘扬推动作用,很快就发展为佛教文化的中心。据佛家传说,释迦牟尼灭度以后,笃信佛教的阿育王把佛的遗骨分成八万四千块,同一天在世界各地分葬而建八万四千座塔。那么这佛骨是什么时间安置在法门寺内的呢?佛骨是佛指骨、中指骨还是真身舍利呢?笔者曾问过佛学界一些知名人士,他们都不愿回答这种对佛祖大不敬的问题,宁信其有不信其无,而所有文献上对佛骨来历也都避而不谈。

唐朝皇帝中最早崇敬法门寺佛骨的是唐太宗。贞观五年（631），岐州刺史张亮到法门寺礼拜，听说该寺塔门三十年一开，佛骨示人，则谷稔兵息、岁丰人安，于是立即上奏朝廷，唐太宗下敕现场开放地宫展示，京师周围每日有数千人奔赴观看。这次佛骨虽未迎至皇宫，但为后世唐皇室子孙礼佛开创了先例，法门寺实际成了皇家内道场，寺院佛骨时迎时送，先后达六次之多。

法门寺受到皇家如此尊崇，在全国佛寺中绝无仅有，奉藏佛指骨使它名闻于世，屡迎佛骨更使它名扬四海，以后宋徽宗鉴于其巨大影响而为法门寺亲笔题书"皇帝佛国"，赞颂其"百代王孙争供养，六朝天子递修鲜"。

也许是韩愈反佛偏激言论和唐武宗时期的"会昌法难"引起法门寺僧人的恐惧，唐僖宗送归佛骨后的第二个月，即公元874年阴历正月初四，为防备灭佛不测事件，僧人遂将佛骨藏于地宫秘室封闭，逾千年而湮没无闻。

眼睹数次金光烁　手撑一片玉光含

唐代法门寺宝塔为柏木结构，四层方形，塔基底下用石料砌筑地宫，以其坚硬的筋骨背负了千年岁月，默默无声地面对着未来。

五代以后，随着国都东迁与战乱频繁，这座塔渐渐沉寂少闻，相传明武宗时太监刘瑾陪太后到法门寺降香，民女宋巧姣遭诬陷冒死喊冤，结果申冤平反。改编为各种戏曲的《法门寺》从此流传全国，至今法门寺大雄宝殿甬道上还嵌着两个形似跪印的"告状石"。明穆宗隆庆三年（1569），关中西部发生两次地震，法门寺的唐代木塔轰然倒塌，色惨容暗、气凛意萧的日子里，竟无人理睬，十年后才由佛徒们募化钱财，在原木塔石基上重修了一座砖塔。

据当地县志记载，唐代木塔崩毁后曾有人探看地宫，里面水银为池，上泛金船载匣贮佛骨，寺主见后慌忙让原样封存，不许外传。又传说1966年当地红卫兵挖地三尺，想看看塔下有无"四旧"，寺院良清法师面对亵渎引火自焚，这才使惊愕的红卫兵半途辍工。好险呀，再挖50厘米就能触及地宫后室。

六迎佛骨

从唐太宗贞观五年（631）开示佛骨之后，唐朝有六位帝王曾经将法门寺佛骨奉迎至长安供人瞻仰膜拜。分别是：

一、显庆四年（659），唐高宗奉迎佛骨，当时武则天已参与政事，送还佛骨时，她施舍寝衣帏帐及蹙金绣裙等。

二、长安四年（704），武则天掌权的最后一年，她迎佛骨后，未及送回便逝

图 3　鎏金银龟焚香盒，法门寺地宫出土

世，由儿子中宗和韦后于三年后送还。

三、上元元年（760），唐肃宗遣使迎佛骨，历时三个月。

四、贞元六年（790），唐德宗派宦官赴法门寺迎佛骨，皇宫陈放后送各大寺院供人膜拜，长安倾城而出，施财无数。

五、元和十五年（820），唐宪宗迎佛骨至宫中供养三日后，送各大寺院展示，百姓奔走施舍唯恐在后。韩愈上《论佛骨表》被贬逐潮州。

六、咸通十四年（874），唐懿宗迎佛骨。禁军仪仗和皇家乐队排列几万人，绵延数十里。懿宗于迎佛骨后三个月驾崩，到年底僖宗才将佛骨送回法门寺。

韩愈与《论佛骨表》事件

公元 820 年，唐宪宗迎佛骨，当时佛教势力如日中天，《旧唐书》记载，佛骨来京"百姓有废业破产、烧顶灼臂而求供养者"。

当时刑部侍郎韩愈，素来"攘斥佛老"，以儒家正统卫道者自居，不顾宪宗收买人心、祈福延寿的用心，上《论佛骨表》，指出尧舜禹汤圣君在位时"天下太平，百姓安乐寿考，然而中国未有佛也。……汉明帝时始有佛法，明帝在位才十八年耳。其后乱亡相继，运祚不长。宋齐梁陈元魏以下，事佛渐谨，年代尤促"，说明事佛不但无助于运势，反而使国祚短促。

在这篇奏折中，韩愈用词大胆，直言佛骨："久枯之骨、凶秽之余，岂宜令入宫禁？"他要求："乞以此骨付之有司，投诸水火，永绝根本……"

因为这篇违逆"圣意"又背离当时社会情势的疏文，韩愈被贬逐潮州，在大雪纷飞的时节远离京畿，到蛮荒的南疆赴任。于是他写下"一封朝奏九重天，夕贬潮州路八千。欲为圣明除弊事，肯将衰朽惜残年"的诗句以自况。未料此行却成就了他在潮州为人称道的政绩，并写下《祭鳄鱼文》等脍炙人口的篇章。

图4．禅杖，法门寺地宫出土

会昌法难

韩愈反对奉迎佛骨遭受贬逐之后二十年，也就是公元840年，唐武宗李炎继位。他一执政就开始排斥佛教，甚至逼迫僧尼还俗、焚经毁寺。一连串的灭佛行动在会昌五年达到顶点，对佛教的发展造成了极大的戕害，史称"会昌法难"。

武宗灭佛动机与韩愈全然不同，他并非为了维系儒学正统，而是弃儒从道，与著名道人赵归真过从甚密。《旧唐书·武宗纪》称武宗"志学神仙，师归真。归真乘宠，每对，排毁释氏，言非中国之教，蠹耗生灵，尽宜除去。帝颇信之"。

会昌元年，武宗收禁擅自入宫的天竺僧三藏宝月。二年，敕勒不守戒规的僧尼还俗。三年，长安城左街还俗僧尼1232人，右街还俗僧尼2259人。同年，皇宫内道场佛经遭焚，佛像被埋，并敕令："……凤翔府法门寺，寺中有佛指节也。并不许置供及巡礼等，如有人送一钱者，脊杖二十……"会昌四年，敕令毁拆天下山房兰若、普通佛堂。五年，长安城中僧尼还俗已尽。

在"会昌法难"中，唐武宗曾下令毁碎佛骨，但受命者以毁碎"影骨"塞命，佛骨得以保存。待武宗卒，继位的懿宗又迎起佛骨来了。

地宫内是否藏有佛骨珍宝成了一个解不开的谜。1987年4月9日，神话般的地宫被正式打开，自南到北由慢道、平台、甬道、前室、中室、后室几部分组成，后室天窗处正是塔的中心点，完全模仿唐皇帝陵隧道式结构，这是中国迄今发现佛塔地宫中最大的一个。尽管仰莲瓣形基石由于地震造成凹陷断裂，但地面上铺满一层厚厚的钱币，共七万多枚，四百多公斤，几乎囊括了唐代全部货币品类。特别引人注目的是在银灯内贮放了十三枚玳瑁"开元通宝"，这是中国首次发现非流通使用的特殊古货币，令人惊奇不已。

发掘稀世珍宝的文物工作夜以继日地进行了一个月，十分巧合的是5月5日这天，是农历四月初八，正是佛诞节，释迦牟尼诞辰2553周年。来自北京从事丝绸考古多年的研究员王㐨，将包裹着宝珠顶单檐四门纯金塔的三个软朽丝绸结巧妙地解开，人们静心屏气地轻轻揭掉塔身时，发现塔基上有银柱一根，上套色白如玉的四十毫米管状骨，这不就是被唐宪宗赞为"眼睹数次金光烁，手撑一片玉光含"的佛指舍利吗？大家眼睛一亮，不约而同地鼓掌欢呼起来。

喜讯接连传来，在另外五个宝函里，又发现了三枚佛指舍利。特别是第三枚秘藏于地宫后室的小龛铁函中，开启后里面是烫金四十五尊造像盝顶宝函，鎏刻着"奉为皇帝敬造释迦牟尼真身宝函"字样，内套檀香木函，再内是水晶椁子，四面镶嵌着璀璨的珍珠宝石，椁内套有玉棺，内有一枚白中泛黄，并有发霉后骨锈斑点似的佛指舍利。法门寺澄观和静一两位法师见状凝睇神往，连忙合掌跪拜，默念佛经。

四枚佛指舍利同时首次在世界上发现，引起了各界的广泛关注。八旬高龄的中国佛教协会会长赵朴初赶到法门寺，当他看到第三枚佛指骨时，双目赫然生辉，连声迭气地断定这是真佛骨，因为这枚裂纹质感与凡不同，其他三枚属于"影骨"，意即仿影制品，以备毁佛灭法危难时充数之用。

中国以前所传舍利多为球状，这次管状指骨经鉴定认为是世界上仅存的一枚指骨舍利。

法门寺发现的佛指骨，意义远远大于斯里兰卡保存的国宝佛牙，因为有学者说斯里兰卡佛牙早毁于葡萄牙人之手，对那颗佛牙真实性提出质疑，从而引起了一场国际争论。独具慧眼的斯里兰卡驻中国大使对法门寺佛指骨倾注了浓厚兴趣，他认为仅佛骨宝函去他们国家一个星期，就可以平息那里的内战！看来佛指骨的价值绝非一般人能想象。

1988年11月9日，法门寺举行了隆重庄严的释迦如来真身舍利瞻礼法会。来自日本、韩国、新加坡、澳大利亚、中国香港等地的法师、居士，以及大陆各省市的佛徒、民众共五万多人参加了这次盛会，寺院内洪钟齐鸣，山门外唱赞颂经。晚上夜深人静时，笔者和其他学者被澄观法师带入新修的地宫，有幸目睹了佛指骨的真状。不知是灯光缘故还是保存原因，原形容"色如玉少青"的佛指骨，颜色显得略黄，表面还有一些粒状分泌物。这就是由古代高僧大德们翻山越岭、九死一生从喜马拉雅山那边送来的释迦牟尼真身舍利。

绣花衣裳照暮春　戲金孔雀银麒麟

除了这枚佛骨，法门寺地宫稀世奇珍的文物，也都是唐代宫廷里的精品，代表了当时最高的工艺水平。为了让学者们一饱眼福，主事者还把我们带进博物馆新修的"珍宝阁"地下库。使人眼花缭乱的皇家文物一展现，大家纷纷争睹这些珍宝异物：共计有金银器一百二十一件，珠玉四百多颗，玻璃器二十件，瓷器十六件，丝绸织物数百件，至于铜器、石雕、碑刻、铜币等等都不计算在内……这些金碧辉煌的宝物平时密封保存，现在被保管人员轻轻托起，挪出漆盒外，让我们仔细观察。

这十二大类九百多件珍宝，如同一部部古代文化辞典和历史教科书，为人们展示了唐代社会的各种风貌。更重要的是，它释疑解难，回答了许多千年之谜。

比如，过去认为北京明定陵出土的朝天幞皇冠，其精巧的金丝编织方法起源于宋代，而这次法门寺地宫内贮茶饼的金银丝结条镂空鸿雁路纹银笼，也使用这种高超的编织技术，从而证明这种工艺早在唐代就有了。

过去认为日本"茶道"拥有自己浓厚的民族特点，这次地宫内出土的一套精巧无比的烫金茶具，由茶槽、茶碾、茶箩、茶炉、茶调、茶坛等组成，说明唐代皇室饮茶时研碎茶饼、细箩精筛、掺和香料、釜内煮沸、调成糊粥，最后才饮用的过程。不仅佐证了古书中"吃茶"的确切含意，也证实日本人"和敬清寂"的茶道精神来源于中国唐朝。

过去认为日本奈良东大寺正仓院所藏的白铜头锡杖是佛教世界国家中保存的最大权威法器，但地宫内发现纯金的、铜的、金花银锡杖共三根，最大的双轮十二环锡杖，长1.96米，重2390克，杖身涂金刻花并有十二缘觉僧像，錾书此杖造于咸通十四年（873），这根杖通体要比日本的精美高贵得多。

秘色瓷的发现也是国内第一次。唐代陆龟蒙《秘色越器》："九秋风露越窑开，夺得千峰翠色来。好向中宵盛沆瀣，共嵇中散斗遗杯。"据说越州（今浙江绍兴）专门为朝廷烧制贡品瓷器，其配方、釉色、器型等秘不示人，故年久失传，人们只能停留在诗句的想象上。法门寺地宫十三件秘瓷包括碗、盘、瓶、碟等类，多为形美色雅的传世上品，解开了古陶瓷史研究上的标准器物之谜。

地宫里洋洋大观的丝织品更是五彩缤纷，除了绫罗绢锦外，最精美的是首次发现的织金锦和蹙金绣。杜甫《丽人行》："绣花衣裳照暮春，蹙金孔雀银麒麟"。王建《宫词》："看著中元斋日到，自盘金线绣真容。"其中"蹙金""盘金线"难道仅仅是诗人的浪漫想象吗？庆幸的是笔者亲眼看到了这类珍品，如菱纹织金锦中的捻金线，直径仅0.1厘米，每公尺丝线上绕金箔三千捻回，加工技术令人叹为观止。又像蹙金绣的袈裟、团花明衣和全女短袖上衣，都以圆金线盘钉饰纹，厚度才0.05

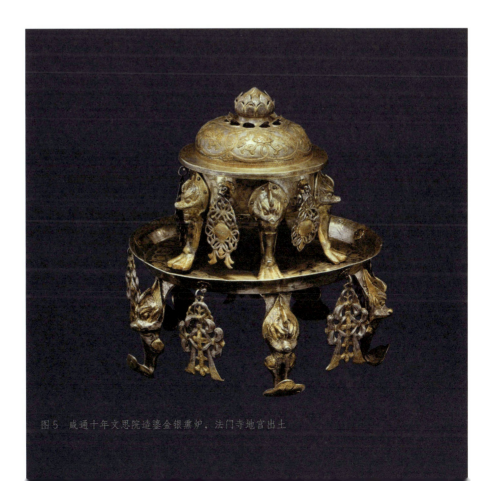

图5 咸通十年文思院造鎏金银熏炉，法门寺地宫出土

厘米，表面平滑如纸，光泽质地如新。不是亲自目睹，真是很难相信当时有如此巧夺天工的手段！

由于地宫阴湿和上千年的渗沉变化，大部分丝织品已腐朽化灰。在显微镜下还看到一些羽毛状的织物，有的专家认为这是佛家的密宝毳纳佛衣，是唐代皇帝笃信密宗的珍贵证据。有的专家却认为这是唐宫"霓裳羽衣舞"的舞裙。谁是谁非，众说纷纭。

武后绣裙　僖宗用品　历史之谜　难解难分

琳琅满目的法门寺地宫珍宝，既为人们解决了许多历史迷惑，也带来了很多新的问题，参加实地考察的学者为此展开了激烈争论：

地宫究竟被撬动过没有？如果没有被启开，为什么珍奇宝物与地宫内发现的物账记载不符？有些有记载却无物品，有的有宝物却无记载。如果启开过，主要珍宝为什么又都在？

地宫物账记载各种供奉器物共二千四百多件，实际总件数没有这么多，为什么物账上要作这样的统计？

地宫墙壁和一些器物上留下了字迹潦草的梵文，其含意究竟是什么？

有些金银器盖面上写有"随真身御前赐"墨书，也有"大银香炉臣杨复恭"字样，这是皇帝亲笔御书，还是大臣进贡的封签呢？

另一些金银器上则刻有"五哥"的字样，"五哥"是唐僖宗的小名，他是懿宗第五子，做皇帝时年仅十二岁，虽贵为天子却未必一登基便拥有如此多的高级宝物，如水晶枕和大量绫罗绸缎衣物也不应是一个小皇帝的用品。那么地宫内真正属于懿宗和僖宗的物品是哪些呢？

图6　咸通十四年文思院造迎真身素面金钵盂，
　　　法门寺地宫出土

许多珍宝完好如新,有些物品则显然是旧的,为什么皇帝要把旧东西献给崇敬的佛祖呢?武则天的绣裙被记载在物账上,它是什么式样颜色呢?是穿过还是未穿过呢?

此外,皇帝为什么不是按三十年一次准时迎奉?为什么重视迎佛骨而送还时草率冷落?为什么唐代文人信佛者众多,游寺与僧徒酬唱诗歌俯拾皆是,撰写法门寺的诗文却如凤毛麟角?为什么没有一位皇帝亲至法门寺瞻礼佛骨?

诸如此类的"为什么"还能列出几十个,像地宫内发现唐代最大的鎏金鸿雁纹镂空银香囊,球中的平环装置无论放在什么角度,它都保存平衡状态,是否反映了现代陀螺仪的原理,专家们看法不一。又像地宫宝账中的铜制精舍,小巧玲珑,连楼阁房檐上的莲花瓦当都历历在目,这究竟是宫廷楼阁模型还是法门寺四重塔仿造模型,学者们也难说清。正如北京考古专家马得志说:"这些文物前所未见,世所罕见,对每件皇家文物的研究,都可以写出一本书来。"

这座皇家文物的宝藏,不能说把历史的奥秘全部展示给我们,但确实值得思考它的来龙去脉和因果关系。古老悠久、文物繁盛的黄土大地,带给了学者们一次认真研究的千载良机。

丝绸之路驼铃叮当 黄土莽原波光荡漾

驼铃叮当的丝绸之路是中西交通的大动脉,波斯(今伊朗)、大秦(今希腊)、天竺(今印度)与中国通商往来和文物交流留下了许多珍贵的历史实物,法门寺地宫内的二十件玻璃器就是西方国家的舶来品。

玻璃品在唐代与金玉价值相同,因为是国际交流的贡品,所以多流行于唐朝上层贵族社会,笃信佛祖的皇帝非常珍惜这些精美上乘的玻璃器,将它们作为重要供奉品献给了法门寺。

这些天长日久的玻璃品,集中代表了大食(阿拉伯帝国)阿拔斯王朝时期伊斯兰的风格,包含着伊斯兰承袭罗马帝国和波斯萨珊王朝的工艺传统,在技法、形制、纹饰上形成独特的模式,有些今天在其产地也难以找到,是世界历史珍品。玻璃器包括盘、碟、碗、瓶等,其中石榴纹黄色玻璃盘是迄今世界最早的釉彩玻璃,它不仅是当时阿拔斯王朝仿效中国陶瓷涂釉工艺的制品,也把世界釉彩玻璃的生产时间提前了三个世纪。

来自海内外的专家们仔细观察揣摹,初步考证这些西方瑰宝名称为:摩诃拉巴纹蓝色玻璃盘、丹巴纹蓝色玻璃盘、八瓣花描金蓝色玻璃碗、盘口细颈贴塑淡黄色玻璃瓶、菱形双环纹深腹淡黄色玻璃杯等。其中如四瓣花蓝玻璃盘中心绘饰"摩诃拉巴"(又译作默赫拉布),纹样是象征人魔交战,真主所在之处,这是伊斯兰最庄

图7 玳瑁开元通宝，法门寺地宫出土

严的地方，用摩诃拉巴神宠作装饰，是最神圣的意思。加上枫叶、团花、忍冬花类纹路用描金陪衬更显得富丽堂皇、光彩夺目，看来这些器皿起码是达官贵人使用的，说不定就是阿拔斯王朝哈里发送来的礼品。

美国纽约州康宁玻璃博物馆博士罗伯特·布里尔，认为法门寺蓝色玻璃盘上的植物花纹不是枫叶，而是原产中亚的大麻，据说在古代斯基泰的礼仪中有一项是点燃大麻使其发烟。这位专家还肯定法门寺所有玻璃器都是来自西方，产地是伊朗的尼沙布尔，因为美国纽约大都会艺术博物馆收藏的公元8—9世纪地中海东岸的圆形贴花玻璃瓶和德国柏林国家博物馆收藏的公元6—7世纪萨珊细颈玻璃瓶，都与法门寺玻璃品在装饰工艺、贴丝手法、造型风格上是一致的。与世界各大博物馆同时期的玻璃收藏品相比，法门寺玻璃品完整无损，图案华丽，有准确纪年，这是其他国家那些残片复原品所无法比拟的，因而这批瑰宝更具有历史价值。

中国是世界上生产玻璃器皿最早的国家之一，但从汉代以后这一技术长期不稳定。公元622年（唐武德五年）阿拉伯帝国建立后，就通过丝绸之路不断向中国遣使运物，史书记载仅中唐前一百多年间"大食贡使"就有四十多次，每次都携带数量不等的玻璃制品；又如贞观十七年（643），大秦（拂菻国）国王波多小曾遣使到长安向唐朝献过赤玻璃、绿金精等物品。至于中西贸易线上输入的玻璃品更是不计其数，并被一些日本商人从长安购得后贩回本国，使这条东西交通线更长。

据专家们考证，阿拉伯帝国占领地中海东岸后，持续发展了罗马人的玻璃业，其精湛的玻璃制造技术在15世纪时反传回意大利威尼斯，而威尼斯正是现代玻璃的诞生地。当时伊斯兰世界的玻璃匠经常迁移，但伊斯兰玻璃器皿却源源不断进入中国。法门寺地宫内的玻璃品是国外发现伊斯兰玻璃中最好的精品珍宝,各国学者一直认为当时最先进的伊斯兰玻璃品没有可信的实物,这次看了法门寺稀世罕见的玻璃器皿,都叹服了。这不仅为中西交通提供了新证据,也使我们仿佛看到了内陆腹地曾荡漾着蔚蓝色波光,这是一个不拒绝外来文化的民族自信、自豪的表现,是地中海东岸海浪溅击在黄土莽原上的见证,它们穿过茫茫戈壁草原,在海洋与高原之间创造积淀了盛唐文明的生命之水。

瑞光溢佛骨显露迹　尘埃落宝物暗容色

在法门寺新修的地宫出口处,有帧1987年11月9日灵骨和"影骨"一齐供人瞻仰时的彩色大照片:四枚佛骨各自横置于玻璃罩里,盛灵骨的第三个罩子上空,却呈现出这枚灵骨竖起来的图像,烁烁发光。据标牌文字介绍,该夜十二时零三分,在庄严的礼拜过程中,灵骨之上瑞光流溢,霏霏上涌,在高约17厘米处突然呈现灵骨的竖像,被在场摄影师抢拍下来。据说目睹此景的僧人无不惊奇万分,诵佛之声震耳不绝,连呼"佛祖显灵"。佛门有如此盛事,促使笔者找到那位拍照的摄影师仔细询问,他说照片千真万确,但原委是什么,咱们肉眼凡胎看不清楚。

激动过后的冷静,又使笔者凝眉沉思。法门寺目前较落后的文物保护设备,很难消除空气环境中所含的有害气体、尘土飞扬等问题,贵重文物瑰丽外观会遭到腐

图8　鎏金飞鸿纹银笼,法门寺地宫出土

蚀破坏，如丝绸织品保存技术至今未解决，现在还无法对外展出。陈列场所又狭小封闭，紫外线增大，像银如意、大锡杖、玳瑁钱等与原出土时相比普遍发暗发灰。法门寺变成旅游热点以后，空气污染也愈来愈严重，且不说幽雅的寺院园林，就连一方绿茵草坪在这里也弥足珍贵。

法门寺博物馆负责人还告诉我，寺院地宫中的佛骨每天有很多人朝拜上香，而紧邻的文物"珍宝阁"却参观者不多。人们期望冥冥梦幻中的佛骨能给他们带来福气好运，那些举世仅存的珍品异宝只能留给有文化的人驻足流连、鉴赏关心了。

图9　唐代铜塔，法门寺地宫出土

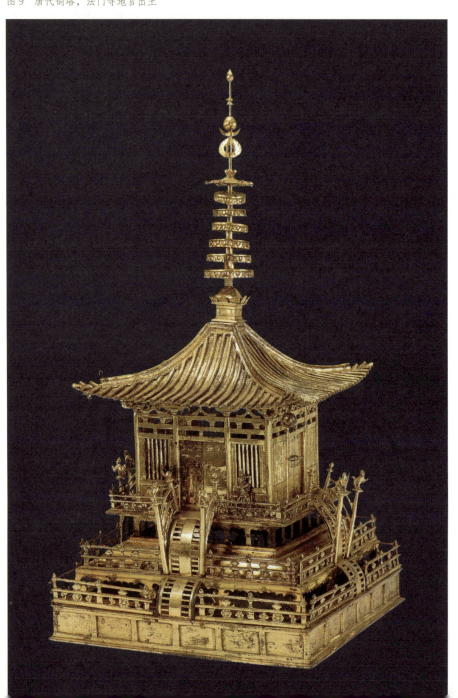

寻访被岁月暗淡的大秦宝塔

中国古塔名刹星罗棋布,遍布九州,经过历史风雨的侵蚀,淋漓点染,名闻遐迩的已经不多,作为不朽的世界文化遗产更是凤毛麟角,寥若晨星。然而,2001年10月26日,世界纪念性建筑基金会在昆明宣布,陕西大秦宝塔和修道院作为中国四个著名的建筑遗产入选2002年世界纪念性建筑遗产保护名录,其他三个是云南剑川沙溪寺登街区、中国长城、上海欧黑尔·雪切尔犹太教堂。入选的理由是这四个建筑文化遗产时间从公元650年到1920年,代表了中国建筑和历史的多样性。其中有两处建筑遗产突出了中国历史对于宗教的包容力,另外两处遗产则反映了在社会和经济变化中保留传统遗产的压力。

在这四处建筑遗产中,除了长城名扬海内外,其他三个都不太"著名"。如果说沙溪寺登街是滇、川、藏"茶马古道"上唯一幸存的明清时代集市,欧黑尔·雪切尔教堂曾是二战期间两万多犹太人在上海的避难所与礼拜地;而陕西的大秦宝塔和修道院则"知名度"小多了,只是省级文物保护单位,"养在深闺人未识"。

笔者不知道世界纪念性建筑基金会评选中国建筑文化遗产的具体过程,但它竟将不引人注目的陕西大秦宝塔建筑入选世界榜上,或许是"独具慧眼",或许是"雾里看花",因为它突出的是"纪念性",纪念西方基督教于唐贞观九年(635)开始入华在长安传播,起码在中国有了1300多年的历史。令笔者疑惑的是,他们将陕西大秦宝塔和修道院定为公元650年建成的依据是什么?又判断为目前所知道的中国最古老基督教教堂的证据是什么?不过,他们毕竟不是历史学家、考古学家,不可能强求他们拿出确切的史证与物证,或许他们是一番好意,目的是赞美中华文化对外来宗教的包容性,讴歌丝绸之路上的中西文化交流,弘扬世界文化悠久融合的历史。所以,我们还是对这座入选世界榜的古塔建筑做些寻访吧。

大秦宝塔位于陕西省周至县(现属西安市管辖)东南15公里终南山北麓上,因山坡后有五峰耸立,称为五峰邱木山,当地人又俗称塔峪。乘车从西安出发向西南行70多公里就到了传说道教始祖李耳讲经的楼观台,下车后沿土路逶迤上坡2公里多,即走到巍然高耸的大秦宝塔下。其依山傍水,树木葱郁,犹如翠屏环列;北瞰山下村落相间,水田纵横,片片泛绿,令人心旷神怡。从地形上看,在古代这里应是峰奇谷幽,树木参天,浓荫罩地;经过千百年的变化,如今却是大片的猕猴桃果园,在风里飘散着果香。

四周安静极了,只有风。临风吊古,悠然意远。据大秦寺文物保管所的人介绍，大秦宝塔创建于唐代，现为七层八棱形状，高 32 米，原名"大秦景教古塔"，因与楼观台景色相连，又称"楼观古塔"，民国《周至县志》则称作"镇仙宝塔"。北宋嘉祐七年（1062），大文学家苏东坡曾两次到此游览，写有《大秦寺诗》："晃荡平川尽，坡陁翠麓横。忽逢孤塔近，独向乱山明。信足幽寻远，临风却立惊。原田浩如海，滚滚尽东倾。"此后还有一些文人到大秦寺来游览，但"寺废基空在，人归地自闲；绿苔昏碧瓦，白塔映青山"。明代以后，大秦寺的名称一直存在，只不过人们并不清楚"大秦"是指东罗马帝国或叙利亚、波斯等地。《唐会要》卷四九记载唐玄宗天宝四年（745）九月诏曰："波斯景教，出自大秦，传习而来，久行中国，爱初建寺，因以为名，将欲示人，必修其本，其两京波斯寺，宜改为大秦寺，天下诸府郡置者亦准。"从此大秦寺成了波斯景教的代称。

明朝晚期《大秦景教流行中国碑》被发掘出土后，顿时引起了国际宗教界和学术界的极大震动，也带来了各国学者的激烈争论，迄今三百多年来仅就出土的具体地点还没有一个令人信服的定论。尽管景教碑本身的真实性已被敦煌景教文献所证实，人们也公认景教是西方基督教中的一支异端聂斯脱利派（Netorianiam），但这方黑色的景教石碑究竟出土于西安还是周至县大秦寺，则一直是学术史上的悬案。笔者始终认为景教碑应该出土于西安而不是周至县，因为景教碑的内容性质是纪功性的，是纪念碑不是墓碑，尤其是为了在大唐帝国首都向世人炫耀纪念的，不可能安置于偏僻幽静的终南山脚下，即使周至确有大秦寺和景教传教士活动，也不会把这块著名的世界四大名碑之一立在区区一隅之地，远离热闹繁华、人口众多的长安城。任何劝人出世的宗教所用的手段都是入世的，为了使欢乐的天国世界得以一览无余，使人更加自由地相信进入天国的宣传，景教寺院只有设立在居民集中的地方，才便于各阶层人们就近礼拜朝圣，因而夸耀景教尊荣的纪念性碑石安放在皇恩荫庇、众目钦羡的唐长安城里才是合情合理的。

但这样产生了另一个疑团。周至县的大秦寺究竟是否为景教的修道院呢？大秦宝塔究竟是否为基督教传教士修建的呢？1933 年 4 月，北京大学向达先生曾亲自到周至寻访大秦寺，荒台野径中所见大秦古塔与寺院均残破不堪，他认为这里就是唐代的景教传播地。1999 年大秦古塔维修时，传说有景教雕刻文物被发现，笔者曾与奥地利萨尔茨堡大学宗教历史系主任霍夫力教授、美国加州翰博大学人类学系主任温格教授分两次前往考察，但残留的文物和藏文六字真言似乎都不能确切证明景教的传播活动，甚至连大秦古塔建造年代也有争议，是唐塔还是宋塔亦无法确定，因为历代修缮改动太大了。修缮后的"复制品"往往很难涵纳历史文化的原汁原味。合乎情理的解释是：贞观九年（635）波斯主教阿罗本到达长安后，经过三年译经著文，使唐太宗初步清楚了景教的宗旨，贞观十二年（638）正式诏令在京城义宁坊建造一所大秦寺，并剃度 21 位新僧，开始传播景教。唐高宗时景教向

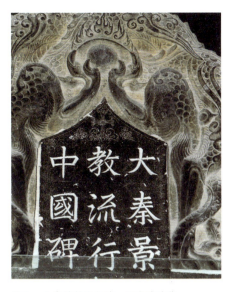

图1 大秦景教流行碑,西安碑林藏

全国发展,洛阳、灵武、敦煌、成都、广州等地都有了大秦寺。而长安大秦寺作为全国总教区中心,应是景教僧俗信徒日常从事礼拜活动的教堂(Church),距离长安城较远的周至大秦寺则应是景教修士们幽静隐修之处(Monastery)。从这个判断上说,周至大秦寺被世界纪念性建筑基金会列为"修道院"也有其合理性。只是教堂与修道院之间距离太远了。至于大秦寺古塔建造时间及寺院遗址的具体位置还有待考古文物新资料的发现。不过,根据八棱塔形,可以判断为北宋建造,因为唐塔绝大多数是四面形的。

一千多年间的风风雨雨已使大秦寺古塔褪去了原来的色彩,尽管古塔依然俯瞰大地,但古塔添入的佛教风格和道家特色,却让景教的底色暗淡消失,更名为"镇仙宝塔"的几个大字使谁还能记得它与西方来的基督教有关呢?所谓"修道院"寺舍早已随着景教的衰亡而消遁了,任何景教文物的行踪刻痕也再难寻觅,除了历尽沧桑的古塔幸存,只留下变故后的寂寞窘迫和悲凉萧瑟。

笔者徘徊在大秦古塔周围,用手轻轻触摸塔下的一砖一石,一股历史的苍凉沁入肌肤。笔者试图找出它的来龙去脉,找出东西方相互间的文化关联,找出封存千年的历史,因为这段历史是不应忽略的片段,起码应该珍藏在美好的盛唐回忆中。遥想当年景教士们在波斯其他教敌攻击下和阿拉伯人征服打击下,从波斯到中亚,又从西域到长安,仓皇避难中,一没

图2 陕西周至大秦寺

有外来政治势力在他们背后撑腰，二没有军事力量给他们保护支持，三没有大量的外来移民给他们拥戴呼应，四没有丝路贸易商队作为他们传教的经济基础，五没有语言文化交流的优势，其传教与生存的难度可想而知。景教士们要在长安这样一个佛教、道教占据绝对优势地位的东亚大都市里发展，只能依靠自己的努力，既争取唐朝廷的资助，又赢得当地百姓的认同，采取了一系列基督教"本土化"的传布策略，将基督教翻译命名为景教，借用佛、道用语来阐述景教教义，还与儒家伦理结合推行慈善救济事业，最终在中国土地上开出奇花，结下异果。景教在唐代存在了200多年。遗憾的是，随着唐帝国的衰落，它被列为"夷教""邪法"而禁止，景教士们断肠离恨被驱逐远去，各地的大秦寺也从此一蹶不振，沦为废墟，给后人留下了无尽的猜测。直到现在，来大秦古塔的游人仍然很少很少。

岁月悠悠，面对历史，吸引我们寻访的并不仅仅是一座孤零零的大秦古塔，实质上这座古塔寄托的是一千多年前唐人容纳百川的宏大胸怀，对外来文化交流的兼收并蓄，因为一个民族的自豪骄傲，一个文明的不朽光荣，常常值得细细品味，值得人们对此有所领悟。世界纪念性建筑基金会是国际上主要的两个建筑遗产保护机构之一，成立于1965年。它每两年公布一次世界濒危建筑遗产目录，并通过财政支持方式帮助遗产所在地进行抢救和修复工作。保护古塔就是保护民族历史和文化遗产，大秦宝塔的人文价值在于展示盛唐气象，世界通过大秦宝塔认识中国，这也许就是牵动我们的脉搏去寻访的目的和意义吧！

走近女皇母亲的陵墓

图1　唐顺陵内城南门阙

　　在中国留存下来的成百上千的陵墓中，安葬独一无二女皇帝武则天母亲的顺陵，恐怕知名度不算太高。尽管这座陵墓1961年就被公布为第一批全国重点文物保护单位，但它并没有盛名远播、异邦传扬，深嵌在国人的记忆中，更没有成为现代游客蜂拥而至不绝于途的名胜古迹。即使笔者在烹文煮字的生涯中走访过许多英贤文圣的陵墓，却没有探寻过这座唐代"天下第一母"的顺陵。虽然顺陵毗邻西安咸阳国际机场高速公路北侧，笔者却来去匆匆无机会寻觅探访，承蒙历史之神的诏谕，直到1998年深秋才走进心仪已久的顺陵，目睹那方锥形陵冢，夙愿得偿，但留下了几多困惑，几多惆怅，让人重温那思索不尽、咀嚼不完的历史岁月。

顺陵，位于陕西省咸阳市渭城区底张镇韩家村东，由于这里地处渭河以北的黄土台塬，地势平坦，塬面开阔，一片丰土吉壤，整个陵区错落于麦黄果红的田园景色之中，并与周围星罗棋布的汉墓唐冢交相辉映、遥对揖拜。当我一走进这片古老的土地，便强烈地感受到，一个充满传奇和神秘色彩的女人能埋藏这洞天福地，似乎是天经地义之事。顺着陵园内土路行走，可看到地面遗存有部分角楼和门阙建筑的夯土基址，还有零碎的砖瓦残片。据考古调查，陵园分内外两重城垣，内城近方形，面积约8.3万平方米；外城长方形，约110万平方米，是内城面积的13倍多。内城中的陵冢呈方锥形，犹如一座黄土夯成的无尖"金字塔"，底边长48.5米，高12.6米。经钻探获知，墓道为斜坡形，两壁绘有壁画，但不知墓室是否被盗过。令人欣慰的是，顺陵陵园没有寻常帝王将相陵园的森冷，也没有乱坟岗头的荒芜，更没有今人复原色彩炫目的朱楼绿阁。我猜度，也许是顺陵被后人遗忘不需要包装的"复制品"，也许是顺陵游人太少不需要喧吵的"野导游"，也许是顺陵保管所人少钱缺无力维修，恰恰保存涵纳了历史文化的原汁原味，有一种历史沉淀后和人物沉睡后的宁静美。

我徜徉在陵园中，思绪绵绵，眼光则定格在陵冢上，因为就在封丘下安静地沉睡着一个被金幔玉帐所笼罩的神秘女性，她就是武则天的母亲杨氏。如果我们能撩开轻纱雾帐所遮盖的石棺床，就会发现杨氏绝不是平平常常的普通女人，更不是一位凄凄然的柔弱女性。

杨氏正史上没有名字记载，野史上传说叫牡丹，牡丹是唐朝的国花，暗喻着她是一"国色天香"的殊美女子。杨氏出身于弘农士族，从高祖杨国、曾祖杨定、祖父杨绍到父亲杨达，都相继获得历朝的显赫官爵。仅以杨氏父亲杨达来说，曾任隋朝开府仪同三司、工部和吏部尚书，又以纳言领营东都大监、将作大匠、武卫将军，后死于隋炀帝征辽军中。在几世门阀家庭中长大的杨氏，带着一股与生俱来的贵族风度，又仗着是隋文帝杨坚的族孙女，宗室国戚门第高贵，一般人自然不敢高攀。据说她厌恶纺纱织布，轻视针线女红，但明诗习礼，阅史披图，曾写出"当使恶无闻于九族，善有布于四方"的箴言，藏在壁中被翻修房屋的工匠发现，其父杨达知道后感叹杨氏将是"隆家之女"。遗憾的是，随着隋朝灭亡和战乱动荡，家道中落的杨氏只好念经拜佛，尽孝追福，成为幽住在深闺中的女居士。大约在武德三年（620），已经年逾四十的老姑娘杨氏，终于出嫁成为门第寒微的武士彟继室。

武士彟是太原文水县经营木材的富商，追随李渊晋阳起兵后，以元从功臣步步高升。他的原配夫人相里氏过世后，唐高祖李渊派嫁给杨氏堂弟杨师道的桂阳公主说媒牵线，玉成了武、杨的姻缘。封建传统婚姻最讲究"门当户对"，门第常常是男女构筑香巢的第一块基石，但杨氏孑然一身，早已沦为断梗飘蓬的破落家庭女子，尽管有着簪缨之族的高贵血统和名家千金牌子，但也顾不上有辱门楣，只能彩凤随鸦，嫁给了武士彟这个新生的"暴发户"。

绰约风姿的杨氏，婚后接连生下三个女儿，排行老二的就是当时的绝色女子以后的大周女皇武则天。武士彟与杨氏共同生活了十五年，杨氏曾跟随着他坐着京师的官车，赴任于扬州、豫州（今河南汝南）、利州（今四川广元）、荆州，辚辚萧萧的驿路栈道和镇守一方的山水城邑，不仅使杨氏情夺神飞、荡魄摇魂，而且她笃信佛祖、焚香建寺，广元嘉陵江畔的皇泽寺曾是她物我两忘、四大皆空的地方，现在也成了全国重点文物保护单位。贞观九年（635）武士彟病死后，杨氏举家扶灵柩回到太原文水安葬，但受到武士彟前妻相里氏所生儿子武元庆、武元爽以及其他叔伯兄弟的刻薄无礼、百般刁难。在冷眼歧视和悲泪湿巾的逆境中，杨氏尽管屈辱地忍气吞声，可并没有低下高贵的头颅，她返回长安投靠亲戚故旧，生活虽不惬意却迎来了希望的曙光和绝望的暝色。

如果说美姝丽媛是天国瑶池圣波的大艺术，绝色女子是上苍鬼斧神工的大恩赐，那么古今中外的美女丽人都曾倾倒过几多王朝，风魔过几多朱门绣户，也惊呆过几多蓬庐茅舍。佳丽玉人可使盖世英雄变得柔情似水，亦可使名君圣王神魂颠倒情难自持，被后人尊为"最杰出的帝王"的唐太宗自然脱逃不了爱美的天性，官方史书记载他听说杨氏女儿武则天"美容止"，不顾已经妻妾成群嫔妃如云，仍然立即"召入宫，立为才人"。年仅14岁的武则天离开母亲时，杨氏悲恸泣绝，认为母女从此天各一方，再难相聚，没想到女儿自有主意："见天子庸知非福，何儿女悲乎？"杨氏止住了哽咽，看着自己女儿不畏舟楫折的死生，去进行人生灵魂的探险。

武则天入宫被唐太宗赐号为"武媚"，人称"武媚娘"，但她似乎并没有"狐媚惑主"吊媚眼的目光，得不到皇帝的宠爱，唐太宗喜欢的嫔妃和所生的35个子女都与"媚娘"无关。只有太子李治觑到了武媚娘秋波一转里流泻出的美，从而使浪漫的爱神走进这双痴男怨女的诗情画意之中，也使武则天二度进宫拜为昭仪，向无数女人倾慕的皇后高位攀登。当朝廷元老重臣结成反武、不许更换皇后的密网时，杨氏为了女儿的前途，多次登临国舅长孙无忌府邸软磨硬泡展开攻心战，她坚信女儿必将戴上皇后的凤冠。果然武则天冲破密网阻力入主中宫，首先封授母亲杨氏为代国夫人，品正第一，位在王公母妻之上，赢得了人上人的地位。

女人多是先用美色征服男人，然后再掌握男人舍不得的政治权力。武则天虽与唐高宗耳鬓厮磨，但为确保皇后凤位不被撼摇，决心建立一个武氏外戚势力集团，这个集团名义上的首领就是再次被拔高改封荣国夫人的杨氏。母以女贵，作为

图 2 唐顺陵保护标志碑

天下最高命妇，杨氏积极配合女儿，一会儿摆酒设宴招待武氏兄弟，不计前嫌鼓励效忠；一会儿又出谋献计打击不领情的武氏子弟，旧怨新恨一并报复。母女俩配合默契，互相信任，决意要把家族内一切异己分子送入阴曹，武元庆、武元爽、武惟良、武怀运等先后被除掉，就连早年凌辱欺负过她们的武怀亮之妻善氏也在没入掖庭宫作奴婢后，被用束棘鞭死。杨氏依靠女儿权势的无情棒，将她的仇敌打得落花流水、一败涂地，终于解了心头之恨，但也给后人留下了永远不能被岁月卷走的美与丑的记忆，善与恶的哲思。

然而，人有时又是最负情的动物，已进入高龄的荣国夫人杨氏，晚年却和最心疼的女儿武则天关系趋于恶化。起因是杨氏的外孙、武则天的外甥贺兰敏之造成的。贺兰敏之是杨氏大女儿韩国夫人的独生子，相貌风流，才华出众，被杨氏视为掌上明珠，在武家男性成员缺少出类拔萃人物的情况下，他被过继给武家作为继承人，并授予荣衔高位。但得意忘形的"武敏之"撇开姨妈武则天与唐高宗来往密切，成为皇帝的心腹亲信，何况其姐姐魏国夫人貌美容姝备受高宗钟情宠爱，引起武则天的政治敏感与醋海生波。争胜好强的武皇后先毒死魏国夫人，又欲结束这位叛逆毛头小子的政治生命，可杨氏为庇护外孙出面遮挡，龃龉日增，不惜分钗破镜，母女矛盾迅速升温。武则天憾恨难平，翻脸将母亲荣国夫人名号取消，贬杨氏徙、卫二国，迫使杨氏退出裙带政治的圈子。咸亨元年（670）八月，孤独一人的杨氏在离京城较远的麟游九成宫避暑山第溘然长逝，春秋九十有二，九月以王礼被葬于咸阳洪渎原，位于其父杨达墓之左，再不愿回到"地实寒微"的太原文水与夫君合茔同穴。

更为光怪陆离的是，杨氏逝世后武则天立即流放贺兰敏之，使其在流放雷州（今广东海康）道中绝望自杀，公布的首条大罪竟是贺兰敏之与杨氏乱伦通奸，这

图3　唐顺陵石狮　　　　　　　　图4　唐顺陵石羊　　　　　　　　图5　唐顺陵文官石刻

是闻所未闻的外孙与外祖母之间的丑闻。武则天牺牲已故母亲名誉的做法使人费解，从私生活上搞臭母亲的斗争手段也令人吃惊，这绝不是鸡扑鹅斗、亲情枯萎，我们只能解释权力独占欲把母女情深扭曲，把美好人性扭曲，女皇的母亲无疑也是忧愤交加、争宠夺爱供桌上的祭品。

人性中不完美的欲望如果全部释放，必然会成为人生的离恨曲、断肠诗。武则天不顾"天后""二圣"的体面和自珍，公开母亲的丑行，如果母女没有激烈的冲突，她是断然不会这样做的。失意文人骆宾王在《为徐敬业讨武氏檄》中攻击武则天"弑君鸩母"，这种毒死母亲的说法不论是否有根据，起码证明母女失和之事已广为人知，骆宾王才据此演绎成文，笔传舌播。

杨氏死时被追赠为鲁国夫人，谥曰忠烈。她死后14年被追尊为魏王妃，改墓园为顺义陵，又过了5年被追封为忠孝太后。武则天于天授元年（690）登基称帝后再改封杨氏为孝明高皇后，易名顺陵。长寿二年（693），杨氏封号中又加上"无上"二字，改其顺陵为望凤台。陵园也是分两次建成，名义上是不能僭越礼制，实际上是由小到大。可以看出，杨氏的追封和墓名的改换，都与武则天政治地位和心理变化有直接关系。或许武则天在上演一场给政敌看的行孝戏剧，或许她内心忏悔不该让母亲死后还落个"身名俱裂"的下场，也或许她想起母亲顽强执着的精神曾成为自己最初的人生教科书，还或许她真心想悼祭安慰母亲在黑暗地府下的孤傲灵魂……但疑惑的是直到杨氏安葬32年后，武则天才下令为其母亲立了一块高达约10米的大碑，这就是长安二年（702）正月由武三思撰文、相王李旦（即唐睿宗）书写的《大周无上孝明高皇后碑铭》，据说碑石巍然耸立、无与伦比，可惜明代嘉靖三十四年（1555）关中大地震时倒地碎为数节，后又被咸阳县令派人砸碎填筑河堤，现只存9块283字的碎石，藏于咸阳市博物馆，世称"顺陵残碑"。好在这块距今整整1300年的碑石全文收录在《全唐文》卷二三九中，有闲暇时不妨翻翻，功过褒贬任人评说。

归去来兮，别意悠悠。斜阳下就要辞别顺陵了，笔者绕着封丘转了一圈，又走近陵园内那些成双成对的石雕，摸摸石人，看看石马，再把镜头对准造型雄伟、阔步缓行的石走狮，聚焦威武有力、气势非凡的独角兽（又名天禄），按下了一闪而过的快门。时间真是无情的大快门，它不仅可以缩小历史的

图6　唐顺陵天禄石刻

春秋，也可以拍摄人类情感的流云，也记录下了笔者的惆怅与感叹。杨氏僵硬的躯壳虽深埋在这里，但母女情感都不能永恒地存在，何处才是人性灵魂的寄生地呢？人啊人，你是多么神秘而又难以摹写的动物……

第七编

在想象之外的文物遗迹

唐代皇帝离宫——玉华宫建筑素描

　　九成宫、翠微宫、玉华宫等一系列唐初的离宫，都是作为皇家避暑消夏的行宫别殿闻名于世。玉华宫位于子午岭南端余脉桥山，海拔1500多米，现属于陕西铜川印台区，整个玉华川虎踞龙盘，凤凰谷、兰芝谷、珊瑚谷、野火谷各抱其势，古代环境优美，那川北台地上的一层层岩石夯土，似乎以坚硬的筋骨背负着几千年的岁月，凝集着古往今来的厚重历史。

　　一千三百七十年前的八月盛夏，唐朝的开国皇帝高祖李渊拂一路暑气，带着一支金戈铁胄的精骑，飞马扬蹄来到了玉华山。翘首远眺，青松苍柏绵延天际，逶迤环列的簇簇秀峰蔚然壮观，宽敞的川道俨然一只玉盘，一种博大厚丰的心情从他心底油然而生。唐高祖偶然走进这块陌生而又潮润的山野胜地。武德五年（622）六月以后，漠北的突厥军队曾进攻定州（今河北定县），沿长城一线西进，入雁门，扰并州（今山西太原），陷原州（今宁夏固原），攻大震关（今甘肃清水县陇山东坡），大有进兵关中长安之势。刚刚建立没几年的唐王朝，天下还未平定统一，又腹背受敌连遭突厥的侵扰，自然压力很大。唐高祖忧心忡忡，夜不能寐，为了设立防线抵御北夷，他亲自带人到渭河和洛河之间布防巡视，选择防守重点。沿宜州（今铜川、宜君一带）而过时，他独具慧眼地看中了玉华山，暗暗赞许这里秀木森森，黛色朦胧，北望桥山梁嶂历历在目，南边金锁雄关目穷千里，确是阔天流云、沃野清风的卧龙栖凤之地，与京城长安那一片繁华浮嚣、街衢噪聒相比，简直不可同日而语。

　　作为新的一代天子，唐高祖似乎不想让这风景如画之地变为铁蹄厮杀的凄惨战场，更不想成为胡马偷袭关中的边寨，于是他决定在玉华山修建避暑离宫，既可以在这里避暑乘凉游乐赏景，又临近军事咽喉要道分兵把口，随时可以指挥截击突厥军队的战役，实现"奋边防，合内外之心；营行宫，兼自然之趣"的意图。因而踏勘设计离宫周围山川形势的工作，就顺理成章地开始了。武德七年（624）五月十七日，经过近两年的营造，名为"仁智宫"的离宫在玉华山凤凰谷台地上落成。令人惋惜的是官方史书对仁智宫规模大小、征调工匠、建筑形式等均无记载。一个月后即六月廿日，唐高祖带着秦王李世民和齐王李元吉两个皇子，在大队人马护送下首次到仁智宫避暑。但几天后爆发了庆州（今甘肃庆阳）都督杨文干反叛的事变，唐高祖下令将与这个事件有嫌疑的太子李建成召来扣押在帐篷里。从太子被扣押在帐篷里看，离宫仅仅是隋末唐初众多的离宫别馆中一处皇家别墅，房间可能不太多，规模也不大，无法容纳过多的人员住宿。

二十三年后，对玉华山石壁瀑布、山林野趣自然风景有着深刻印象的唐太宗，又心驰神往，留恋不已，贞观二十一年（647）七月十一日，他发出《建玉华宫手诏》[1]。这年唐太宗五十岁，正是"知天命"的年龄。自亲征高句丽回来以后，他病痛并发，刚刚痊愈之后又开始服金石之药，搞得虚火内升，每逢盛夏难熬伏天。就在这年四月，刚在终南山修建好清幽静怡、林泉相依的翠微宫，三个月后再次下令营造开敞旷达、别开生面的玉华宫。

兴建玉华宫的手诏，大概是那些擅长六朝骈文辞赋的文人学士们执笔起草的，唐太宗不过是签字应名而已。七百多字的手诏主要意思是："上古无为而治，不追求琼台玉殿，而节俭砌土茅檐。我继承皇天之后，统一了华夏区宇，功劳虽然巨大，但不敢骄逸奢华。遗憾的是多年以来积劳成疾，忧病顿结，纵有回天之力，也难移疼痛。冬毡夏席更使我增劳添弊，只期望岩廊廓景能延凉荡虚。根据臣下的志愿，在南山营造翠微离宫，本来丹青之工、林泉佳境足以可用，但因山路陡险，百僚居处又狭小，所以才另修玉华离宫。况且我无情于壮丽宏伟，有意于淳朴清淡，建筑尺版夯土全部折换庸工，寸作辛劳不算虚役，在此修建离宫是养性全生，怡神祈寿，不独为己，也是为国为民。我也知道秦汉不顾民不堪命兴修未央宫、甘泉宫的弊政，现在疗养身体是为了国家太平，翦害除凶、怀柔服叛，因此土木频兴、营缮屡动，用一年力役来创建玉华新宫，想来志士哲人也不会有什么不满。"

这篇有板有眼、娓娓动听而又不失冠冕堂皇的诏文，自然使朝廷文武大臣欲谏无言、哑口无声。有关部门看皇帝眼色行事，加快了玉华宫工程建设。

第二年，即贞观二十二年（648）二月十九日，玉华山还是冰雪未化，飞流凝柱，唐太宗就从骊山温汤赶来视察玉华宫的首期工程。在监工大臣陪同看了以后，太宗觉得规模气魄不够恢宏壮观，台阁殿宇也不够铺陈舒展，因而命令监工大臣王孝积在珊瑚谷的显道门内，再添建紫微殿十三间，与凤凰谷玉华河北台地上的正宫遥相呼应，构成一个规模巨大而参差错落的组群建筑布局，显示皇家地造天设、总括宇宙的气概。

三月初九，唐太宗从华原（今甘肃宁县）狩猎回来，为了安抚与补偿因建玉华宫苑而被迫迁走的百姓，特地下发了《玉华宫成曲赦宜君县诏》[2]，对当地年迈老人和病疾百姓赏赐谷物绢帛，对宜君县官以下及工匠犯罪者给予赦免，对曾在宫苑内居住而移往外地者减免三年赋役，参与营造督作的官员、卫士等按级赐物。四月二十四日，唐太宗又感到新造的玉华离宫有些瑰丽豪华，违背了自己"务从卑俭"

---

[1]《全唐文》卷八，北京：中华书局，1983年，第100页。
[2]《全唐文》卷八，第102页。

图1　鸟瞰玉华宫

的初衷,所以又召集大臣说道:"远古圣贤明君唐尧就以俭为德,屋顶无瓦而茅茨不剪,因而玉华宫也应在瓦上覆盖茅草,作为节俭的标志。"[1]他亲自御制《玉华宫铭》,诏令皇太子以下的大臣附和作赋。

唐太宗的贤妃徐惠看穿了他名曰"节俭",实际追求山野趣味的真实心理,就在四月底上书劝谏他要善始善终,不要口是心非。国家连年征战使士马疲倦,百姓土木劳役屡兴不止,不到两年就营造了北阙、翠微、玉华三大工程,即使因山借水,也并非没有建筑工力劳费,口头上以茅茨示约,行动上犹兴木石疲民。喜爱金屋瑶台是骄主与无道之君的所作所为。徐贤妃的批评真是入木三分,严厉至极。太宗看了曾连连点头称赞她说得好,还对这位当时才二十二岁的妃子"优赐甚厚"[2]。

唐太宗在玉华宫住了七个月,这年十月初二日起驾返回长安,第二年五月二十六日病死于翠微宫含风殿。两年之后,玉华宫就被他的儿子唐高宗李治改为佛寺,宫苑内原来百姓的田宅全部归还本主,这究竟是为了在灾荒之年安抚百姓,还是为了否定他父皇晚年贪图安逸的举动,或是为了从反面告诫后人不要抓此"活教材",这为我们读者留下了一个千古之谜。

更可惜的是玉华宫那令人赞叹的建筑,几经战火焚毁和千年沧桑的横变,离宫别苑都荡然无存。要追索玉华宫当年的建筑特征与风貌,还需要将建筑遗痕、考古发掘与文献记载综合联系起来,复原其本来的立体形象,体会其别具一格的独特气势。

一　匠心独运巧设计

玉华宫的总设计师是唐代杰出的建筑大师阎立德,他的父亲阎毗在隋朝担任殿

[1]《唐会要》卷三〇《玉华宫》,北京:中华书局,1955年,第555—556页。
[2]《旧唐书》卷五一《后妃传》,北京:中华书局,1975年,第2168—2169页。

内少监，负责皇宫的建筑设计，以工艺高超而颇有知名度。阎立德继承父业家学，"机巧有思，擅美匠学"，唐初贞观时期，他在二十年中先后主持设计和亲自领导监督过一系列丰碑式的优秀建筑，荟萃了像唐高祖献陵、唐太宗昭陵、襄城宫、翠微宫、玉华宫等大型建筑，还规划修建过长安京城，至于平常筑道架桥、规山移土更不在话下，所以一直担任将作大匠。

阎立德被隋代宇文恺设计督造的两京工程以及仁寿宫所倾倒，经常阅读宇文恺撰述的《东都图记》《明堂图议》等建筑专著，特别是麟游天台山上规模宏伟、金碧辉煌的仁寿宫（唐贞观五年改名九成宫），给他留下了不可磨灭的印象。据魏征撰《九成宫醴泉铭》云："冠山抗殿，绝壑为池，跨水架楹，分岩竦阁。高阁建周，长廊四起，栋宇交葛，台榭参差。仰观则苕滞百寻，下临峥嵘千仞。珠璧交映，金碧相辉，照耀云霞，蔽亏日月。"作为建筑师的阎立德对这样华丽巍峨的离宫不能不详细考察，贞观五年（631）他还按照唐太宗的命令对此离宫进行过相当规模的整修，以后他又五次陪同唐太宗到此避暑休养[1]，仁寿宫更名为九成宫就是言其高峨九重之意。就皇家离宫来说，九成宫那一千八百步（约合2800米）的周垣，那正宫排云殿的磅礴气势和长廊的逶迤交错，以及那山环水绕清凉宜人的自然环境，都使阎立德有着难以忘怀的形象知觉与意境感受，这对他以后规划设计玉华宫无疑有着重大影响。

阎立德于武德五年（622）还拜会过与自己父亲一块共事的隋朝工部尚书何稠，这位大建筑师曾设计建造过"行殿"及"六合城"，就是一夜之间合成一座周八里、高十仞、有四隅阙楼与观楼的大城。当时才二十多岁的阎立德肯定向七十多岁的何稠请教过土木营建的学问，因为何稠入唐后还担任过几年将作少匠。

但人的成就和命运往往并不是按正比例同步发展的。阎立德虽然建筑技艺卓绝，而且是关陇军事贵族婚姻集团的后代，又为李世民秦王府士曹参军，可是官宦生涯一直不顺。唐太宗始终把他当作宫廷供养的匠人看待，而不是将他视作进行建筑艺术创作的建筑大师。因此阎立德一生勤勤恳恳、建筑杰作不断，可只是历任尚衣奉御、将作少匠、将作大匠，临到晚年才熬上工部尚书，远不及他做过宰相的弟弟、唐代著名画家阎立本。贞观十年（636），长孙皇后逝世，阎立德营造的昭陵尽管气势非凡，但由于凿山架栈工程速度不快，竟被免职回家，不久又起用为博州刺史。贞观十四年（640）八月初五，唐太宗到洛阳，诏令阎立德在汝州（今河南临汝）西山，选择高爽清暑之地建立新离宫，阎立德赶快带人勘察施工，前临水波清涟的汝水，傍通浩渺如镜的广成泽，号称"襄城宫"。动用工役一百九十万，杂费消耗无数，仅仅七个月就建设起一座富丽堂皇的离宫。第二年三月初七，唐太宗来

---

[1]《旧唐书·太宗纪》记载唐太宗曾于贞观六年、七年、八年、十年、十八年共五次到九成宫。

到襄城宫，发现这里暑天闷热，山上又多毒蛇野虫，当即大怒，九日下令将阎立德再次免官，废掉这座离宫，拆毁后把材料分赐给当地百姓。

贞观十八年（644），唐太宗为了建筑骊山汤泉宫（之后的华清宫），再次起用阎立德为将作大匠负责设计规划，但派左卫大将军姜行本监督坐镇，战战兢兢的阎立德费尽心思，从温泉沿山而上，修建了许多殿阁亭台，高低错落，层次分明，镶嵌在秀丽苍翠的骊山，装扮得离宫分外妖娆，这才向唐太宗交了一份比较满意的答卷。三年后，阎立德又主持设计建造了翠微宫和玉华宫，唐太宗对这一南一北的两处离宫非常满意，高兴之下终于将快满五十岁的阎立德提升为工部尚书。阎立德对玉华宫的设计自己也很欣赏，认为达到了离宫建筑炉火纯青的地步，为此他根据绘制的建筑设计蓝本，创作了精工富丽、气势雄大的《玉华宫图》。这幅线条勾勒优美而富有节奏感的长卷《玉华宫图》和《文成公主降番图》《斗鸡图》被视为阎立德绘画的三大得意之作，在唐代被誉为上品之作，对后代影响很大，可惜五代以后失传湮没无闻了。

玉华宫作为避暑离宫，平面布局巧妙地借助于地形地貌，沿玉华河谷东西长约4公里、南北宽约200—300米的川道，布置了一座座建筑物，既有单一的独立宫殿，也有相互连接配合的群体院落，设计家很重视序列与组群规划，以平缓、含蓄、流畅、连贯的基调共同构成一个引人入胜的建筑环境空间，给人正面性强、轴线清楚、平面大小合乎逻辑的视觉感，产生一波三折的节奏美。凤凰谷的苍茫寥廓，兰芝谷的珠缀含烟，珊瑚谷的清雅幽静，都有利于建筑物的交错与多层面的立体组合，玉华河作为地势自然分界线把有限的两山之间面积构成幽曲与开朗相结合的风景区，这也许就是唐人所谓"奥如旷如"疏密相间、主次分明的审美手法。玉华宫周围的十几条冈阜并不算高峻，却连绵于群山低谷之间，犹如一条条横卧的游龙，正在腾起飞舞。

如果说唐太宗欣赏"秦川雄帝宅，幽谷壮皇居；绮殿千寻起，离宫百雉余"，那么阎立德等建筑师当然明白"不睹皇居壮，安知天子尊"的设计主题。所以在总体布局中合理使用高低地形，在增大主体空间的同时，按高低错落将离宫各殿排列下来，使本来对玉华宫建筑并不是什么优点的台原地形，反而增添了居高临下、高屋建瓴之势，并且有利于离宫的安全。从现在玉华地区两山对峙、五谷分隔的地貌看，离宫景物有的据原脊，有的负谷坳，有的顺原坡，有的临台地，大的组群建筑占地数亩，小的只有几分，景观角度变化多端，有些"云日隐层阙，风烟出绮疏"的意境。如果沿野火谷北进路线游赏，一出几经曲折的沟底，映入眼帘的是开敞台地上那高大的门阙，嵯峨延宕的宫殿，几个殿堂区划井然，由正门、朝房、主殿、寝宫、配殿、偏房共同构成一个大的序列，使人的心理节奏逐渐趋向于空灵流畅。相反方向的是从寺沟南下路线观览，首先印入脑海的便是遮天蔽日、林木繁茂的沟峪,完全是一片翠峦叠嶂、万籁俱静的林区,地面绿茵如毯,山鸡野兔出没,苍松、巨槐、古榆、老柳顺山依坡不断,人们经过漫长的山路沟道之后,突然转进玉华山麓的离宫区,有着"山重水复疑无路,柳暗花明又一村"的感受。所以,玉华宫虽受自然山势局促条件的限制,但恰当利用这些起伏地带和自然景色变换的节奏,体现出离宫设计的意图,而这正显示了建筑设计家相地构景的智慧与水平。

据说贞观时唐太宗到玉华宫,走的就是野火谷烟云缭绕的那条大道,而他赴华原狩猎,则走的是寺沟那条林带野趣的山路。这两条不同景观的道路纵贯西北、东南方向,两峰夹峙,流泉淙淙,松涛鸟鸣,高旷疏朗,极富飘然欲入仙境之感,这大概也是这位皇帝喜爱玉华宫自然环境的原因之一吧。史书记载,玉华宫建成后,在其西北方向从庆州到宜州的要道咽喉上,夯土筑墙,垒房叠堡,建筑了防备突厥南侵、拱卫离宫的"遮奴障"。看来,阎立德等建筑家不仅设计规划了玉华宫,还考虑到子午岭南端余脉的安全地理环境。

更有趣的是,从空中鸟瞰俯视玉华宫建筑地貌,会惊奇地发现传说的"正宫"区和"东宫"区则像两只伸开腾飞的翅膀,显得是那样舒展活泼,长栖欲起,仿佛在烈火中冉冉诞生。或许玉华山凤凰谷起名的奥秘就在于此,这种象征寓意是中国古典建筑里常用的设计手段,而绝不是清代《宜君县志》那些小秀才们杜撰的因为曾有"五色雀"见于此地而命名。以建筑平面设计的象征手法来观测,珊瑚谷与兰芝谷也与其地貌微缩图案有关,它们的名称也是一种寓意联想,而玉华河宛如一条彩带把它们连成一线,既比喻了建筑布局的审美效果,又幻想了自然环境巧夺天工的艺术魅力。正是从这种意义上理解,我们说唐代的建筑大师匠心独运,水平高超,每每令人叹为观止,也使"天可汗"唐太宗视为梦幻仙境,心悦神驰。

二 古朴淡雅帝王家

武德五年(622)七月,唐高祖李渊为了奖励平定山东后回师长安的秦王李世民,在北苑专门为他建立了弘义宫,三年后改建成山村景胜,高祖对群臣们说:"我的儿子有爱好山庄田园的雅兴。"[1]果然以后成了唐太宗的李世民对淡泊简洁、清新幽静的离宫别苑特别喜好。

玉华宫作为避暑离宫的基本格调就是古朴淡雅。建筑师们一脱九成宫、汤泉宫、金城宫、芳桂宫、琼岳宫等通布关洛离宫行馆那种富丽堂皇、大红大绿的旧特征,按照唐太宗的要求刻意追求与精心设计拙朴典雅的风格,体现"自然天成地就势,不待人力假虚设"的指导思想,用唐太宗自己的话说就是"即涧疏隍,凭岩构

---

[1] [清]徐松《唐两京城坊考》卷一"西京三苑"条,北京:中华书局,1985年。

宇，土无文绘，木不雕锼"[1]。他下令把朱门金铺变为荆扉铁环，把绮丽花窗换成瓮牖直棂，殿堂覆青瓦，木架油本色，整个离宫不搞雕梁画栋、错金镂银，而是松轩、茅殿、草廊，加上郁郁葱葱的树木掩映，充满了农家庭院的乡土气息和田园风光的幽静情趣。

当然，玉华宫毕竟只是模仿山庄乡村格调，依据自然环境略加修饰而尽量少暴露人工整修之痕迹。但它是皇帝京城之外的"家"，从建筑格局看，仍然是庄重封闭、对称严整的宫殿式体制，民居朴素简洁的外观不能代替皇帝离宫的宏伟气魄，别墅谐调无穷的野趣也不能掩盖典雅华贵的壮丽气象。玉华宫正宫区的中轴线上前后排列着南风门、玉华殿、排云殿、庆云殿、肃成殿，在左右两侧与排云殿并列庆福殿、嘉寿殿，这两侧殿前面也有金飚门与另一门，形成一个"品"字形。按照唐代建筑的特点，"门"实际就是两座孤立的阙台，上建歇山顶屋，起标识入口、以壮观瞻的作用，而以凹形封闭前伸的空间，既有防卫性意义，也有礼制性功能，人们抬头仰望高大巍峨的两阙，不由自主顿起尊敬之心。

进入南风门后，位于正中轴线上的是玉华殿。根据在这里出土的覆盆式莲花柱础石、1—2米长方形凿工石料、排列有序的陶水道和方砖、布纹瓦等推断，玉华殿上部采用鸱尾高耸、出檐直展的庑殿顶，磨光的布纹板瓦交错缝隙中夹覆树皮茅草，远远望去只见绿草盈盈，不露瓦色瓦缝。日本京都御所（皇宫）正殿紫宸殿，屋顶就全用松树皮一层层叠起来，檐很厚，修剪得整整齐齐，虽不金碧辉煌，却有质朴幽雅的韵味。日本皇宫多沿袭"唐风"，由此反证玉华殿屋顶构造极有可能也是这种做法，显示清静无为、归园宿家的生活气息。

玉华殿高大宽敞，估计东西九间，长约30米，南北四间，宽20米，这是唐代一般宫殿的标准。前有大庭院，主殿两侧之间皆有茅顶长廊相连，而主殿台基用平削方整长石料作基础，衬托玉华殿的雄厚巍峨。殿中地下或长廊下有水道，上面铺有木板，特意设计成所谓的"响屐走廊"，人走上去随着脚步迈动会发出空洞的响声，而皇帝或武士们只要一听响动，就会警觉起来，发现人进出走动和距离远近。能工巧匠们会处处挖空心思，别出心裁，以令皇帝满意。

如果上述推测大致不走样，那么沿中轴线后进的排云殿、庆云殿、肃成殿也是这种式样，只不过可能略小一些，具有寝宫或书房式的特点。但根据隋唐建筑布局惯例，每个殿堂必定有用回廊连接围成的院子，因此玉华宫中轴线上，布置着一个个层次相递的正方形庭院，并有墙垣分隔。当人们进出活动时，沿着具着廊庑的四合院，步步过渡，逸趣横生。玉华宫两侧的庆福殿和嘉寿殿，是对称式厢房，高低自然比不上中轴线上的主殿，主要起着陪衬作用。这样，我们就不难想象出玉华殿

[1]《全唐文》卷八，第102页。

图 2　玉华宫遗址

图 3　肃成院遗址

及其周围殿堂组群布局的风貌,大屋顶板瓦上覆盖着一层层茅草,上面生长着浅浅的苔藓,呈现着一片深绿色,而茅草剪得齐刷刷的殿檐下,没有彩绘保持原色的木柱衬着白色的莲花石础和基座,形成绿、白两色的鲜明对比。院落中由于玉华山土地潮湿的原因,也生长出五颜六色的苔藓,犹如铺上了一幅巨大的绒毯,在皇帝和臣僚的眼中,必然是不可多得的奇妙之景和自然真趣,也有一种使人幽静与深奥之感的诗情画意。否则关洛两京地区有那么多绚丽多姿的离宫别馆,都不能使"明主圣君"的唐太宗满意,最后竟选中这座淡泊典雅、独具一格的玉华离宫。唐太宗喜欢赞赏玉华宫,在玉华殿上处理政务、安排人事;在排云殿里挥毫练字;在庆云殿里起居养性;在肃成殿里召见玄奘等……他爱慕山峦青翠叠碧和宫前流水潺潺不息,他陶醉于这块风水宝地可以使人灵性顿生……

据调查[1],玉华宫正殿区外以西约100米,也有一处突出台地,在地下1米深处发现砖瓦堆积层和石砌水道遗迹,出土有莲纹方砖、屋顶形石刻构件等物。这里大概是明月殿的遗址,因为它位于兰芝谷和凤凰谷的交汇处,当一泻银光的月亮升起时,身处此殿无论从哪个角度都能对月举杯,酹酒吟诗。这无疑使玉华宫主殿更为锦上添花,阎立德等唐代建筑师们以离宫建筑作史赋诗,必然十分重视搜集、吸收各地离宫别苑的形制风格,博采众家之长,设计制造出与九成宫、翠微宫既可媲美又不同凡响的新宫殿。像玉华宫的排云殿就有可能与九成宫的正殿排云殿风格接近,而肃成殿原为当地县民秦小龙住宅地,太宗下令"小龙出、大龙入",胁迫他搬迁以修此殿,该殿仿造九成宫别殿修好后极为凉爽,宜于避暑,当时人就认为肃成殿清凉胜于九成宫。至于此处的明月殿更容易使人联想起秋月、晚霞、晴岚、暮雪、日出、夜雨、夕照、莹冰,如果现在重新选定"玉华八景",也一定会使无数游览者折腰沉醉、眷恋不已。

三 无穷野趣在山崖

玉华宫正殿区以西1000米处,便是"惊湍瀑布飞霹雳,珠水空帘绝壁中"的珊瑚谷,这里景观奇特,石崖高耸,夏秋季节一道瀑布从巨石上坠落下来,变成缕缕长线,好像白丝挂在空中随风飘拂一样,泻瀑水响轰鸣,古名"飞泉瀑布"。冬春季节,崖顶飞流凝雪,荡入谷底冻结成冰峰,仿佛巨型珊瑚层层环垂,冰清玉洁。

贞观二十二年(648)二月,唐太宗视察完玉华宫主殿区,发现数十丈高的石崖半壁上虽有可容百人左右的三个石室,两端木梯栈道也可攀达上下,但谷内平地开阔,显得有些空旷,于是命令监工臣僚在显道门内再建筑紫微殿十三间,"文甃

---

[1]《陕西铜川唐玉华宫遗址调查》,《考古》1978年第6期。

重基，高敞宏壮，帝见之甚悦"[1]。这个紫微殿很明显是模仿长安太极宫内紫微殿修建的[2]，隋朝建筑家们曾在东都洛阳建过面阔十三间、进深二十九间的乾阳殿，从地面至鸱尾高一百七十尺（大约45米），当时被誉为空间最大、面积最宽的高殿崇堂。唐代除了面阔十一间的大明宫含元殿、麟德殿外，一般宫殿不超过九间，因为依赖夯土高台外包小空间木结构承托解决宫殿大面积、大体量的技术问题很不容易，梁架跨度起码要达到10米左右，相应的抬梁、棱柱、椽檩、斗拱等构件用料都需要很大的工程与材料。如果珊瑚谷显道门内的紫微殿真是面阔十三间，那不知要耗费多少柱、梁、枋、檩、椽，不知要动员多少工匠民夫（襄城宫用工役一百九十万，九成宫也用工役近二百万），更不知要投入多少资金，难怪群臣百僚中有人发出国库钱帛耗空的惊叹，连天文术士都有"人君治宫室过度"的占语，唐太宗故作姿态以节俭省约的诏书来遮掩自己奢侈淫靡生活追求的目的，也不揭自破，一目了然。

唐太宗在此建立宏伟壮丽的紫微殿，自然是以此显示天子四海为家的威风，想以宫殿的壮丽来对比玉华宫正殿区淡雅的风格，有着震撼人心的建筑艺术功用。据说唐太宗在玉华宫期间，经常来此游乐赏玩，后世人把这里的峭崖绝壁叫作"驻銮崖"。从现在遗存的石室、凿洞、窟檐痕迹、栈道支眼等来观察，当时的建筑师设计中绞尽脑汁、挖空心思地把飞瀑泉水引上木构的窟顶长檐，然后让水顺着檐下的石槽中流出，像是一条条缀连的大珠、小珠，飘然溅落于谷底之中。置身其间，令人有水帘洞梦幻之感，或如唐代敦煌石窟那样"升其栏槛，疑绝累于人间；窥其宫阙，似神游乎天上"，"雕檐化出，巍峨不让于龙宫；悬阁重轩，绕万层于日际"。[3]建筑设计者们在珊瑚谷悬崖石窟上修筑云楼、翠阁、层轩、雕檐，一定会使帝王百僚、王公妃嫔产生磴道联绵、盘龙云汉而张翅腾飞的兴奋感。

倘若珊瑚谷石窟建筑与平地紫微殿只是一处别殿奇秀风光，那么兰芝谷"殿阁依山崖，松风洒面清"则是另一处曲尽其妙的佳境。兰芝谷讹传的"正宫"位于玉华宫主殿区北部约1000米，这里面向西南呈半环形的百米黛崖如天然刀削一般，唐宋时崖上泉涌水流，飞洒犹如雨花，遇上下雨更是水天迷蒙，雨扫飞瀑，扬起阵阵轻烟，似烟非烟，似雾非雾，别具一番景色。石崖下有人工开凿的窟室，里面可容纳近百人，窟室外崖壁上至今还遗留有直径约30—50厘米的洞眼七处，还有环拱勾栏遗眼。由此崖壁实质为疏松砂石来看，只能用木构窟檐，上面可能用双抄单斗拱托撑伸出的角柱柱头，故窟檐屋顶应该是垂直悬山式的。地面栏槛遗眼暗洞，

---

[1]《玉海》卷一五九，江苏古籍出版社、上海书店，1987年。
[2] 杨鸿年《隋唐宫廷建筑考》，西安：陕西人民出版社，1992年，第209页。
[3] 转引自萧默《敦煌建筑研究》，北京：文物出版社，1989年，第270页。

也说明曾有栈道挑梁对位，需要栏杆保护安全。

更重要的是石窟前有一片东西长约50米、南北宽约25米的草坪，草坪表面遍布唐代方砖、板瓦、筒瓦和兽面纹瓦当的残片，并施绿、黄色釉的琉璃饰件也不少。在草坪断面表土以下2米深，均为建筑材料堆积。因此推测，这里不仅有石室窟檐建筑，还有豪华艳丽、面坡而立的宫殿建筑。依据实物可以想象那青灰色的殿墙，铺有莲瓣花砖的地面，屋顶漆黑闪光的筒瓦配置着兽面瓦当，屋脊和垂脊檐边色彩耀目的琉璃饰件，这所离宫别殿该是多么庄重和谐，澄碧飘洒。当时又飞泉千尺，银河倾泻，沿石瓮谷冲激而下，建筑工匠巧妙地利用石崖与高台地形的特点，沿谷因地制宜地布置殿堂，使整座别殿建筑同它周围峰峦叠翠的矮岭相互辉映，浑然一体，令人流连忘返，享受到无穷的野趣。

玉华宫主殿区以东1500米处，是嘉礼门，沿台坡而上为唐太子居住的晖和殿。在这里地面下约1米处，发现有莲花纹瓦当、素面和花面长砖，还有刀、矛、斧、匕首等铁器和唐初"开元通宝"钱等。特别是殿址西侧100米处有南北走向的夯土墙，断面呈长方形，宽3米，高2米，一直向北延伸，这充分说明玉华宫和翠微宫、九成宫、华清宫一样，笼山为苑或包山通苑，建有环山墙垣，随地形蜿蜒起伏，老百姓是绝对不许进入这所神秘的离宫的，当然，这也有抵御突厥突然袭击的军事目的。

再往东走，沿沟北拐约2000米，便是当地传说的"东宫"，实际是当时临时办公的官曹、署寺，在这条沟口与玉华河岸交接处，有供皇帝和官吏们使用的"马坊"，附有喂养放牧的马厩建筑。官曹、署寺的所在地，山崖地貌类似珊瑚谷和兰芝谷，绿树成荫中隐藏着呈半环形的悬崖绝壁，半壁中腰有一层石窟，比其他地区的石窟都长，下层有一巨大石穴，可容纳上百人聚会，一经进入其中便会感到形状奇特，别有洞天。据观察这里也是窟檐建筑为主，遗憾的是平面建筑不明。但山崖顶部也有飞泉瀑布，长年垂泻有声，落溪细流，自然景色更加幽雅，林荫更为繁茂郁郁。每当春夏之交，花草盛开有如锦绣编毯，而秋高气爽时，满山红叶又若红霞一片，静听林涛或任凭凉风吹拂，都会使人心旷神怡，气象万千。即使隆冬以后漫天大雪，笼罩在一片银装素裹之中也别有一番滋味在心头。

如此建筑古香古色的房屋或草庵，会引来贵宾游客的欣喜，不光是消暑疗养，更有心灵的净化升华。回想一千三百年前的能工巧匠在这山清水秀、林木苍郁之处点缀建筑，修殿盖房，该是多么不容易啊！从出土的琢磨精致的青石柱础、青石屋顶形构件和滴水来看，它们与玉华山当地石质迥然不同，全由外地翻山越岭运送而来，有多少人付出血汗啊！当然，别具风貌的离宫建筑既然出自劳动人民之手，那些无名的能工巧匠和有名的建筑设计师就会在一定程度上反映自己的审美情感，选择大自然的野趣和领略环境的幽雅，使人人都会感受到的自由和欢悦，只不过是皇帝有着优先享受的特权罢了。正如清代嘉庆年间负责皇家建筑的工部尚书张祥和赋诗吟道：

> 寒入宜君暑不存，地非风穴即风门。往还再宿山城上，江海涛声彻夜翻。
>
> 更无蛇蝎闹昏虫，金锁居然不漏风。避暑唐宗真得地，年年飞白玉华宫。

四　梵宇不凡胜洞天

唐太宗死后二年，他的儿子唐高宗李治于永徽二年（651）九月初三下诏废玉华宫为佛寺。李治做太子时曾陪同父皇在玉华宫住过一段时间，他还写过《玉华宫山铭》[1]，用四字骈文讴歌此处风景"丹溪缭绕，璇树玲珑""流花缛景，清籁嘶风"；赞美这里建筑"峻俾铜柱，祥韬金碧""菌阁流霜，椒台凝霰"；描述在此生活"雾宿重峦，寒生洞壑""申歌秘殿""瑶池肆宴"。由此可知李治对玉华宫环境与建筑非常欣赏，认为如同虚幻的仙界天国。

但值得注意的是，唐高宗没有像当时王公贵族笃信佛教去"舍宫为寺"，而是出于政治目的收揽人心"废宫为寺"，表示要扶贫赐地、厉行节约，这位当时才二十三岁的新皇帝是不是从废离宫的角度否定了他父亲的晚年行动，其中奥妙颇耐人寻味。

玉华宫变为玉华寺后八年，高僧玄奘才来此翻译佛经，居住了五年，直到涅槃魂归西天。在这十多年中，玉华宫不光是主人由世俗活人换成了法门僧徒，在建筑具体布局造型上也可能有所变化，例如添加唐代寺院一般应该有的廊墙壁画、菩萨彩塑、塔幢经轮、俗讲平台、钟楼鼓楼、碑碣香炉以及其他佛教建筑小品，形成一个完整的佛国天堂区域。现在玉华宫遗址出土或残留的遗物、遗迹中，有不少佛寺的东西，如石雕佛足印，据说是玄奘法师从印度拓印回来，请杰出石匠精心仿制后敬奉供养的，时常礼拜。又如龙朔二年（662）玄奘让石匠仿制的上圆下方石雕金刚座，传说是释迦牟尼于菩提树下成佛时所坐的，能"上达地面下据金轮"，被敬为佛门世代虔诚礼拜的圣物。还有传说玄奘从印度带回的娑罗树（菩提树），现在仍在玉华宫旧址前长得青翠丰茂，高达10米。

最引人注目的则是兰芝谷悬崖石窟内有佛龛八处，石穴一段。佛龛面宽约1.8米，高1.7米，进深1.5米，龛内佛祖造像虽然不存在，仅存一块长方形石座，但

---

[1]《全唐文》卷一五，第72页。

图4 肃成院遗址考古发掘现场

是两龛之间的石隔墙上,则雕有牡丹花叶缠枝卷叶、执戟力士、骑士等等,在砂石风化情况下,浮雕轮廓仍然清晰可辨。史书记载玄奘病重垂危前还步履蹒跚地到这里做了最后一次礼佛朝拜,可证明当时窟檐建筑气度恢宏,规模井然。据推测,其他周围山崖石壁上也有佛教石窟艺术,缺憾的是没有完整的实物例证,上千年的风雨剥蚀和人为破坏把这里变成废墟,这种结局同玄奘法师个人所有的社会名望,形成了鲜明的对照,对为弘扬佛教事业献出毕生精力的玄奘,不能不说是历史有负于大师的一笔欠账。

据唐代佛僧实录著作记载,玉华寺内还有云光殿、八桂亭、弘法台等建筑名胜,绝不止宋人张缙《游玉华山记》里说的"九殿五门"。玄奘在此译经时,多次对人赞叹玉华寺是"阎浮之兜率天也",意思是这里如同弥勒佛所居住的兜率天宫,那是西方极乐净土最美好的地方,最吸引人们"往生"的乐园。玄奘翻译的《无量寿庄严精净平等觉经》对极乐世界里的建筑有具体化、世俗化的描写:"城阙宫殿,轩窗罗网;琉璃为地,金绳界道;所居舍宅,称其形色;楼观栏楯,堂宇房阁;广狭方圆,或大或小;或在虚空,或在平地;清净安稳,微妙快乐;随意所需,悉皆如念。"就连寺院也是"讲堂、精舍、宫殿、楼观,皆七宝庄严,自然化成;复以真珠、明月、摩尼众宝,以为交露,覆盖其上"[1],使人举目便是金楼玉宇、仙山琼

[1]《大正藏》卷一二。

图 5　肃成院石窟（局部）

阁，确信自己沉浸在欢乐与幸福的天国境地。

玄奘生活在玉华山这样风景如画的环境中，对比印度那种佛教西方极乐净土，当然眼界博大、胸襟旷达，不是一般中国僧徒所能感受到的，更不是那些混迹于京城的文人学士吟花咏月所能体会到的，玉华山的清绮秀色与玉华寺的宏大建筑，使这位杰出的法师寄托了超逸淡泊，寄托了自己的情操理想。最值得人们注意的是，玄奘并没有青灯黄卷、禅念默照，跑到悬崖石窟里做功译经，像印度僧侣那样遁世苦修钻到精舍石窟里摆脱苦海，而是一直住在殿宇壮丽、气势非凡的原来皇家离宫内，这就说明玉华寺虽然增添了一些宗教气息，但它仍是入世生活的风采，肃成殿与肃成院无非是叫法不同，它的建筑风貌仍是吸引世人的理想场所。由皇家离宫改成的梵宇佛庙肯定要比摩崖山洞强无数倍。

玉华寺依山傍水、架岩跨谷、高低错落、曲折幽美的建筑，伴随着玄奘走完他的人生历程。玄奘之后，玉华寺由于没有皇家的关注和资助，渐渐衰落下去。天宝十五载（756）六月，安史叛军攻占长安，几个月后唐军反攻，双方在关中反复争夺，屡次激战。第二年（757）闰八月，在凤翔行在几乎被唐肃宗杀头的"诗圣"杜甫，被放还回鄜州省家探亲，经过宜州时，专门游览了玉华宫，写下了一首感慨万千、惆怅悲愤的诗歌：

溪回松风长，苍鼠窜古瓦。不知何王殿，遗构绝壁下。
阴房鬼火青，坏道哀湍泻。万籁真笙竽，秋色正萧洒。
美人为黄土，况乃粉黛假。当时侍金舆，故物独石马。
忧来藉草坐，浩歌泪盈把。冉冉征途间，谁是长年者。

从这首诗看，经历了大约一百年的玉华宫这时已沦为一片废墟，只剩下残垣断壁、几间阴房和石马雕刻，无数建筑大师和匠人技工的智慧与心血，统统被付之一炬！所有的史书上都没有记载这纵火犯是谁，也不清楚被焚毁的时间与原因，中国历史上将罕世宫阙、宏丽楼阁连同无数宝藏付之劫灰的事情太多了，代代王朝都是败于贪腐、毁于战火，所以官方的史书册页上哪有这些小事的收录，更不容留下冷森凋败的记忆。

过去的就让它过去吧！缘何让那辛酸苦涩日日盘桓在后人心头呢？昨天辉煌，今日瓦砾。赫赫大唐的盛世繁荣都被抛至九霄云外，况且这不闻百姓苦只见皇帝做神仙的离宫呢？语言凭吊是苍白的，历史终将检验一切。还是让我们亲临实地去想象复原那无数能工巧匠流血淌汗成就的绝代离宫名构吧。绿树翠峰映衬着玉台粉壁，蓝天白云笼罩着茅顶木楹，殿堂亭阁都是能工巧匠聪明才智的结晶，窟檐石刻都是华夏民族融贯中西的大度。愿我们的朋友都来到这林木荫翳、飞泉曲水的一方清凉世界，向往自然解脱身心，淡泊尘世养性化神。

补记：玉华宫1992年被公布为陕西省第三批省级重点文物保护单位，2001年被公布为第五批全国重点文物保护单位。

芳馨之谜：唐代香料建筑考

香料建筑是指由能散发香味的香料材料所构成的建筑物。香料装饰或喷洒的建筑物，能使其内部变得香气流通、芬芳四溢，造成人清脑醒、荡涤胸臆的氛围。

唐代皇家建筑和达官贵人住宅府邸，曾大量使用香料作为建筑材料，或由朝廷颁布规定把香料作为贡品、赋物收纳进入京城。《大唐六典》卷三"户部郎中员外郎"条记载：全国十道贡赋之中有麝香、香漆、绛香、胡桐香、零陵香、沉香、甲香、丁香、詹糖香、蜀椒等。同书卷二〇"太府寺右藏署条"也记载：永州的零陵香，广府的沉香、藿香、薰陆香、鸡舌香[1]，京兆的艾纳香、紫草等，均属必征贡的藏品。海外贡使还经常带来异常名贵、珍花嘉树的南洋龙脑香、康国郁金香、波斯安息香等[2]。

这些香料既有从香獐、香鲸等动物身上搜取来的，主要用于宫廷化妆品和制成香水、香精喷洒于室内，也有从香木、香草等花草树木的植物珍品上伐采而来的，其用途则在建筑上被因材致用于构架、抹墙、涂壁等方面，其匠心巧运往往令人叹为观止。

遗憾的是，正统的官方史书中对这类芳香建筑记载极少，视之为骄奢淫佚、铺张豪华的穷奢极欲生活表现，只在例举反面人物生活中稍有保留，对其工艺方法更没有记录，故我们对唐代香料建筑只能知其大概。

唐代宗时，宰相元载在长安城中大宁里、安仁里建造南北二甲第，"室宇宏丽，冠绝当时。又于近郊起亭榭，所至之处，帷帐什器，皆于宿设，储不改供。城南膏腴别墅，连疆接畛，凡数十所"[3]。其中安仁里府宅内造"芸辉堂"，用于阗（今新疆和田）生产的洁白如玉、入土不烂的芸辉香草舂碎为屑，以泥其壁，使整个厅堂散发出浓郁的香草味道。室宇庭廊全部用沉香木和檀香木做栋梁，"饰金银为户牖，内设悬黎屏风，紫绡帐"[4]。元载还用胡椒入泥涂壁，房屋里充沛着清香气味。他被皇帝下诏赐令自尽后，籍抄其家。"钟乳五百两，诏分赐中书、门下台省官；胡

---

[1]《通典》卷一八八《边防典四》"南蛮下"："杜薄国出鸡舌香，可含以香，不入衣服。鸡舌，其为木也，气辛而性温，禽兽不能至，故未有识其树者。华熟自零，随水而出得之。"北京：中华书局，1988年。

[2] [唐]段成式《酉阳杂俎》卷一八，北京：中华书局，1981年，第172—180页。

[3] 见新、旧《唐书》中《元载传》，《南部新书》和《尚书故实》皆记胡椒为九百石。

[4] [唐]苏鹗《杜阳杂编》卷上，北京：中华书局，1985年，第5页。

图1　玉鹰建筑构件，
陕西西安大明宫遗址出土

图2　玉龙首建筑构件，
陕西西安曲江出土

椒至八百石，宅物称是。"[1]后世一些史家不明白元载家中为何储存八百石胡椒，其实它不是饮食调味品，而是用作建筑用的香料。

用花椒或胡椒和泥涂壁的建筑工艺方法早在汉代时就已使用，汉宫里后妃住的屋殿，全用椒泥抿抹墙壁，取其温暖有香气兼有多子之意，所以"椒房"成为后妃的代称。班固《西都赋》："后宫则有掖庭椒房后妃之室。"杜甫《丽人行》诗歌中也有"就中云幕椒房亲"之句。

西晋时，石崇与王恺比阔夸奢，为了显示他们讲排场、事铺张、斗富豪的生活，石崇"涂屋以椒"，王恺就"用赤石脂"，也是采用香椒入泥抹壁[2]，如果用红花椒或白胡椒分别泥墙、抿缝刮浆，则会产生不同的装修效果。

南朝萧齐皇帝萧宝卷奢靡放纵，永元二年（500）后宫失火后，他下令大兴土木，新建芳乐、玉寿等大殿。"以麝香涂壁，刻画装饰，穷极绮丽。役者自夜达晓，犹不副速。"[3]这种用麝香涂壁的具体方法我们不清楚，假如也是和泥入壁，不知会耗尽多少麝香原料。

唐代皇亲国戚、达官贵人的府邸住宅中更讲究室内装修。皇宫里宏丽殿宇率先营造，高级官员私宅自然竞相仿效，武周以后，"王侯妃主京城第宅，日加崇

[1]　见新、旧《唐书》中《元载传》，《南部新书》和《尚书故实》皆记胡椒为九百石。
[2]　《晋书》卷三三《石苞传》，北京：中华书局，1974年，第1007页。
[3]　《资治通鉴》卷一四三，北京：中华书局，1956年，第4470页。

图3 沉香木山岳贴金残片,法门寺地宫出土

丽"[1]。晨翘暮想仿建天府仙境成为京城一时风气。

武则天晚年,宠臣张易之"初造一大堂甚壮丽,计用数百万。红粉泥壁,文柏贴柱,琉璃沉香为饰"[2]。

唐中宗时,宰相宗楚客"造一新宅成,皆是文柏为梁,沉香和红粉以泥壁,开门则香气蓬勃。磨文石为阶砌及地,着吉莫靴者,行则仰仆"。连骄奢的太平公主看了宗楚客的住宅后,都感叹说:"看他行坐处,我等虚生浪死。"

"红粉"就是用红花椒(蜀椒)磨成粉后作装饰材料,涂墙抹泥或匀渗敷粉,给人以雅致纯净、清香盎然的感受。

唐玄宗晚年奢侈挥霍,杨贵妃姐妹兄弟五家,"构连甲第,土木被绨绣,栋宇之盛,两都莫比","每构一堂,费千万计"。见别人住宅宏丽有超过自己时,他们会将自己的住宅立即拆撤重造,土木之工不舍昼夜。虢国夫人建造的"合欢堂",地面墙壁严无缝隙,连小昆虫都无法钻出,屋顶用陶瓦覆盖木瓦,不怕损坏砸毁[3]。

显赫权贵杨国忠用沉香建造高阁,用檀香木为栏杆,以麝香和乳香"筛土和为泥饰壁",号称"四香阁"。每年春天牡丹盛开之际,他聚集宾友于四香阁赏花,喜爱处处炫弄温雅舒适,据说"禁中沉香之亭远不侔此壮丽也"[4]。

[1] [宋]王谠撰,周勋初校证《唐语林校证》卷五,北京:中华书局,1987年,第498页。
[2] [唐]张鷟《朝野佥载》卷六,北京:中华书局,1979年,第146页。
[3] [五代]王仁裕《开元天宝遗事》卷下,北京:中华书局,1985年,107页。
[4] 《开元天宝遗事》卷下,第105页。

开元、天宝时的长安富豪王元宝，常以金银装饰房屋，"壁上以红泥泥之"。"红泥"与"红粉"一样，都是用花椒磨粉和泥后的颜色。据说他还于宅中建置了一座礼贤堂，以沉香、麝香为轩槛，以似玉美石铺地面，以锦文石为柱础，又以铜钱穿线砌修于后园花径中，贵其泥雨不滑不跌。晚上他还在寝帐床前置七宝博山炉，"自日暮焚香彻晓"，造成静谧亲切、别有洞天的生活环境。这样显富华侈，使四方宾客倾慕不已。所以当时人称呼为"王家富窟"。[1]

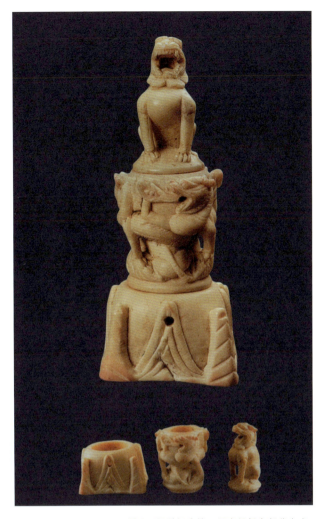

图4 狮形钮香炉，河南偃师李郁墓出土

长安寺院焚香顶礼人多，为宣传佛教艺术盛行壁画，大同坊云华寺圣画堂中，"构大坊为壁"也以"香泥"抹壁作画[2]。有的寺院画观音菩萨时，"令画工持斋洁己，诸彩色悉以乳头香代胶，备极清净"[3]，壁画上透出乳头香温馨气味。

室内家具也用香气扑鼻的木料造作，如隋炀帝观文殿中五方香床、安禄山的白檀木床、元稹的香拂榻，以及宫女用的"沉香履箱"等。

为了追求室内芳香沁人肺腑，隽永有味，唐人不仅使用各种香料喷洒，或点燃麝香熏房衾衾，或以"鹅梨蒸沉香用之帐中香法"，而且在建筑构件上动用带香料

[1]《开元天宝遗事》卷下，第185页。
[2]《酉阳杂俎》续集卷五，第250页。
[3]［宋］李昉等编《太平广记》卷一一一《报应十》，北京：中华书局，1961年，第768页。

图5 家伎演奏壁画，唐怀安王李寿墓出土

的木材。除了长安兴庆宫著名的沉香亭外，皇家权贵们都喜欢采用有香气的沉香木，这种沉香又称"伽南香""奇南香""女儿香""崖香"，生产于现在的东南亚地区，从当时的南海地域运到京城非常不容易，唐玄宗天宝二年（743），水陆转运使韦坚开通长安广运潭，专门将南海的沉香运入京城[1]。

早在唐初，太宗就询问广东高州首领冯盎住宅距离沉香出产地的远近，冯盎回答说："宅左右即出香树，然其生者无香，唯朽者始香矣。"[2]

安史大乱之后，"法度坠弛，内臣戎师，竞务奢豪，亭馆第舍，为穿乃止，时谓木妖"。大将军马璘营建中堂，"费钱二十万贯，他室降等无几"。唐德宗在其死后，诏令拆毁，下令"第舍不得逾制"[3]。

中唐后，唐敬宗沉迷于营建壮观绮丽的宫室，有一个名叫李苏沙的波斯商人，千里迢迢专程献上沉香亭子材料，有的大臣认为以沉香造亭子，即与神仙的瑶台琼家相同[4]，大概觉得太豪华了。但有意思的是，当时波斯、大食（阿拉伯）等国的建筑造园里讲究有龙涎香氤氲环境，传说光明灿烂的天国就是充满芬芳馥郁的气息。印度南方也采伐摩罗耶山盛产的檀香木，构室架园吹拂香风，民俗认为这是人生爱情相思之风。

有樟脑香气的樟木，也是官员们喜欢的建筑材料，唐宪宗时，内侍省内常侍、翰林使吕如全因擅自私取香樟木盖房建宅，想过富足慵懒的典雅生活，结果被朝廷送往东都狱自杀[5]。

皇宫里许多带"香"字的宫殿，可能都与带香气的建筑材料有关，如洛阳飞香

---

[1]《新唐书》卷一三四《韦坚传》，北京：中华书局，1975年，第4560页。
[2]［唐］刘餗《隋唐嘉话》补遗，北京：中华书局，1979年，第58页。
[3]《旧唐书》卷一五二《马璘传》，北京：中华书局，1975年，第4067页。
[4]《旧唐书》卷一七一《李汉传》，第4453页。
[5]《新唐书》卷二〇七《宦者传》上，第5869页。

殿、大明宫水香殿，太极宫承香殿、披香殿等[1]。

东都洛阳皇宫内皇后住处附有椒殿院，唐昭宗被杀于此"椒殿"，又称兰院[2]。在唐朝皇宫众多殿阁中只有此一处称"椒殿"，估计也是以香椒和泥入壁的建筑。

虽然许多唐朝官吏反对峻宇雕墙，提倡土阶茅栋，但贪图享受、建筑豪华是所有统治集团的本性。不光铺张浪费，而且别出心裁，如唐敬宗在大明宫造清思院新殿，用铜镜三千片，黄白金箔十万番[3]，金碧辉煌，罕称人间。晚唐昭宗时东川节度使顾彦晖也在梓州建有镜堂，世称其丽，曾会诸将于堂上[4]。至于一些被史书称颂的唐代人物裴度、白居易、郭子仪、杜佑、杜牧、李晟、李德裕等，也都是竞相建筑有风亭水榭、梯桥架阁、磊山穿池、竹木花萃的府宅别墅，一些厅堂大屋选择杏木、桂木、桐木等为梁柱[5]，溢散出淡雅清香的特殊气味，费煞意匠心血，以寻找享受人生精神的具体寄托。

那么，为什么当时达官贵人对芳香建筑情有独钟、心有所好呢？

首先，建筑里香味环境可使人们清除疲劳、醒脑提神，心情舒畅，批阅公文或起草文书效率提高。据现代医学研究，香味能影响人的心理和情绪，例如丁香能使人产生轻松安静的心情，香樟则会使人性情温和、情绪稳定。唐代每年除夕夜，皇宫寝殿前欢歌起舞，"然蜡炬，燎沉檀，荧煌如昼"[6]。广庭殿阁间飘溢着清灵芳香。杨国忠家冬天取暖，以白檀香木铺于炉底，烧炭时香气扩散厅堂[7]。

其次，芳香空间可以使人保持头脑清醒，减少差错。事实表明，香味能抑制人的情绪，控制激动、焦虑、发怒等产生。如人在困倦时，一旦闻到麝香气味，就会清醒无累，有种缥缈空灵之畅感。而沉香则纳气、温肾，减少气喘、呃逆。宁王李宪每次与宾客交谈，"先含嚼沉麝，方启口发谈，香气喷于席上"[8]。

再次，香味建筑还可调节人的食欲。现代科学查明，强烈的刺激性香味能倒胃口，缓解饥饿，节制饮食或有益减肥。经常嗅闻樟脑香、藿香、紫草等非常有益。相反，食欲不振者会因桂香、鸡舌香等味道增加饮食。唐玄宗曾把交趾（今越南河内）进贡的蝉蚕状五十枚龙脑香赐杨贵妃，这种龙脑香宫中称为"瑞龙脑"，出产于波斯，据说老龙脑树节才能生长出[9]。

[1] 杨鸿年《隋唐宫廷建筑考》，西安：陕西人民出版社，1992年。
[2] 《新唐书》卷二二三《蒋玄晖传》，第6361页。
[3] 《旧唐书》卷一五三《薛存诚传》，第4090页。
[4] 《新唐书》卷一八六《顾彦晖传》，第5432页。
[5] 《唐语林校证》卷八，第722页。
[6] [宋]钱易《南部新书》乙，北京：中华书局，1958年，第18页。
[7] 《开元天宝遗事》卷下，第97页。
[8] 《开元天宝遗事》卷下，第104页。
[9] [宋]乐史《杨太真外传》。

另外，芳香气味具有调节小气候的作用。香味进入鼻腔后会刺激大脑祛痛舒爽，产生镇静作用，治疗失眠、哮喘、感冒、吐泻、肺病等，如亚热带胡椒性热、味辛，功能温中散寒，主治胃寒腹痛、呕吐等症；红花椒也能温中止痛，杀虫消肿。人们进入味道香浓、温润愉悦的空间里，仿佛病体霍然痊愈。所以唐宫内经常悬挂有香囊，人们也随身佩带香囊现在出土实物仍存。据《南部烟花记》载，陈朝宫廷女性"卧履"（类似于拖鞋），"皆以薄玉花为饰，内散以龙脑诸香屑，谓之'尘香'"。而唐代贵妇宫女则在楼阁殿堂内遍撒香粉，风吹四散，谓之"芳尘"。

从文化角度上说，唐人笔记小说里描摹的神仙胜境是"室宇宏丽，香气芬馥""白鹤满庭，异香郁烈"。大批文人着眼于建筑的述写十分在行与真实，只可惜包括香料建筑在内的园宅楼阁设计者与建设者，都没有留名青史。

总之，唐代的香料建筑是有其独特功能的，这才会引诱那些达官权贵和富商大贾争趋附用，绝不是仅用"奢侈豪华"四个字就可简单概括的，人们追求物质精华似乎总是有点道理的，总向往有一个过逍遥日子的天堂，只不过是普通的人达不到罢了。

一个时代建筑文化所创造的最高技术和艺术成就，总是被统治集团上层所垄断和占有。[1]社会生活本身并非建筑文化的全部风貌。但从唐代的香料建筑中，我们既可以了解当时的建筑艺术水平，又可以观察当时人们朝思暮想的追求。如果说建筑是每一个王朝政治、经济、科技、文化的综合标志，除了实用以外，社会的艺术特征，时代的风神格调，人们的情思意念，自然的惠啬予夺，都在建筑上反映，建筑确实是一部唐代文明遗产的史书，一曲凝固旋律的音乐。

---

[1] 关于唐代建筑文化的详细论述，见拙著《唐都建筑风貌》，西安：陕西人民出版社，1987年。

隐匿秘密：唐代"复壁"建筑考

在唐代坊里府宅建筑中，曾较多地建造有"复壁"。它是指在房屋内用一道立壁隔断外端的山墙、檐墙，形成一个附属于主建筑的"夹层""暗室""密道"或叫"蔽室"，深藏于院落内部或住室侧部，具有应急避难、藏匿珍宝、隐庇人物等特殊作用。

"复壁"建筑形式在秦汉时期已广为出现，《史记·儒林列传》记载伏生曾壁藏儒家经典，《汉书·景十三王传》也记载鲁恭王刘余"坏孔子旧宅以广其宫，于此壁中得古文经传"。此后，贵族富豪普遍在第宅建筑中修造这种专门用以匿财藏身的结构。[1]《后汉书·赵岐传》记载赵岐"逃难自匿姓名"，曾被孙嵩迎藏于"复壁"之中。魏晋南北朝的战乱动荡和坞壁构筑，也使"复壁"建筑愈修愈多。《隋书·尔朱敞传》记载其十二岁时，曾在北齐邺城郊外乡村里逃难，被胡妇长孙氏"藏于复壁"三年之久，后投奔北周，说明当时一般民间住宅内也有复壁。

唐代是夯土隔墙向砖石隔墙转变时期[2]，原来"复壁"只能在夯土墙中留置或凿出空腔，并且必须保持夯土墙的基础和强度，往往要在大型建筑中才能实现，否则无法承托梁架屋顶的重力。而这时城市建筑中广泛使用砖石垒砌，或在墙壁柱间距内填土，用木结构柱子加固夯土墙，结构强度与硬度大大超过以前，有利于拓宽"复壁"隔墙之间的距离，穿透的空间展开了。在西安地区唐墓壁画中，经常可见房屋白色墙壁中部，有两柱之间连接横枋两条，枋间垫以小短柱的画法，即历史文献常提到的"壁带"。这种墙一般不开窗，或开窗很小，显得十分实在，应为夯土版筑实墙。壁带作用是与木柱一起拉结加固承重的版筑土墙，这反映唐代较大建筑上仍使用承重土墙。但这一建筑方式的进步，为构筑"复壁"提供了技术保证。

从唐代史书记载来看，皇戚贵族和高官世家往往建有"复壁"。

《新唐书·李林甫传》记载，李林甫由于结怨甚多，忧虑刺客暗杀，为保证安全，"所居重关、复壁、络版、甃石，一夕再徙，家人亦莫知了"。这是指用条石、厚板互相环绕营造"复壁"，完全不像夯土墙那样负担荷载，不仅结实，而且精良，是高标准的"复壁"建筑。这类建筑技术在唐代佛寺石窟和石阙中有许多考古实证。

《旧唐书·宪宗纪下》记载元和十年六月，宰相武元衡被藩镇派遣刺客暗杀后，

---

[1] 王子今《汉代建筑中所见"复壁"》，《文物》1990年第4期。
[2] 陈明达《中国古代木结构建筑技术（战国—北宋）》，北京：文物出版社，1990年，第38页。

朝廷下令"京城大索，公卿节将复壁、重橑者皆搜之"。如果说"复壁"是墙垣夹层，那么"重橑"则是屋顶夹层。这种屋顶夹层必须建在藻井、平棊等天花板式的顶棚之上，才能隐藏人物。按朝廷律令规定，"王公已下，舍屋不得施重栱、藻井"[1]。但宅邸中建置顶棚之类，似不属于违制，故容人隐藏是很普遍的状况。

《旧唐书·王涯传》记载唐文宗时，宰相王涯在永宁里的府宅中有"复壁"。王涯博学好古，"家书数万卷，侔于秘府。前代法书名画，人所保惜者，以厚货致之……厚为垣，窍而藏之复壁"。王涯被杀后，"人破其垣取之，或剔取函奁金宝之饰与其玉轴而弃之"。垣为版筑夯土墙，唐代这种"垣"往往在黄土内掺有石灰、沙子、砂石混合夯筑，可以防裂，多为梯形"接木相连"，并作荷载山墙，但只能凿"窍"（孔洞），否则会使壁体容易崩坍，这种"复壁"也反映汉代以来夯土建筑的余存。

图 1　三彩加彩邸宅模型，陕西西安西郊中堡村唐墓出土

《资治通鉴》卷二五四记载：唐僖宗广明元年（880）黄巢占领长安后，左金吾大将军张直方表面上归降，但"多纳亡命，匿公卿于复壁，（黄）巢杀之"。据《旧唐书·张直方传》，他在宅中庇匿的公卿官僚很多，可见其"复壁"结构非常大，不会采用层叠夯土"垣"穿"窍"的简单技术；或者必须在"复壁"内部增加木柱，分割成井字架增加撑力，改进空间幅度和功能，并在内墙上部留有通风口"透气"，外部则将其完全遮挡住。从唐长安明德门、玄武门等门洞遗址来分析，当时夯土墙墩都采用了柱网排列，铺垫有木板，以均匀地承受重量[2]。

《旧唐书·郑注传》记述其在长安善和里的府第，"通于永巷，长廊复壁，日聚京师轻薄子弟、方镇将史，以招权利"。长廊与复壁相连，说明这种复壁紧贴一些附属建筑，面向院落，能通过长廊联结皇宫永巷，善和里（后改名兴道坊）地处京城中心，与皇城仅一街之隔[3]。从后代发现的建筑侧壁夹层来看，不仅入口通道隐蔽，可以升降"悬门"防御堵截，而且置有"活板"，在复壁之内又有隔层，可以堵塞门洞，或进至夹层向外俯攻。

唐人李绰撰述的《尚书故实》记载"京城佛寺，率非真僧，曲槛回廊，户牖重

---

[1]《唐会要》卷三一《舆服上·杂录》，北京：中华书局，1955年，第575页。
[2] 傅熹年《唐长安大明宫玄武门及重玄门复原研究》，《考古学报》1977年第2期。
[3] 贺梓城《唐长安城历史与唐人生活习俗》（唐代墓志铭札记之二），《文博》1984年第2期。该文据墓志考证善和里不是光禄坊，而是兴道坊。

复。有一僧室，当门有柜，扃锁甚牢，窃知者云：自柜而入，则别有幽房邃阁，诘曲深严，囊橐奸回，何所不有"。这与"复壁"功用相类，以柜设暗门复道，相通于其他夹壁密室。唐代寺院中藏存佛经、金银器皿的木柜，多沿建筑物的墙壁建造，外表常以楼阁式柜架覆盖整堵墙壁，或掘墙凿空，所以也叫"壁藏"。

依据考古资料，则知道皇家宫殿内也有"复壁"。例如长安大明宫麟德宫遗址中，其殿堂版筑的东西山墙占一间厚度，即 5.3 米厚，中殿内部幽暗分隔，后殿耳室东或西外侧也各有 3.3 米厚的版筑墙，特别是夯土墙为中空的，据分析应为"复壁"[1]。因为以唐代建筑结构技术的水平，似乎无必要用如此厚的山墙来加固稳定楼阁，而麟德殿这种空心墙既能储藏物具贡品，又能暗中隐藏宫廷侍卫，完全符合"复壁"的功用。

值得注意的是，"复壁"这种建筑内部结构，在河西、敦煌民间住宅中也建造，敦煌写本《叶净能诗》："内藏复壁内，鬼神难知人不闻。"又云："先拆重棚除覆壁。"可见住宅里普遍考虑设置了防避灾难和临时藏身之所。河西的民间坞壁非常盛行，嘉峪关魏晋诸壁画墓，现已发现有多座"坞壁"壁画，有的还以朱红标写出一"坞"字，坞墙内高墩配合瞭望高楼，显示出很强的防御性[2]。敦煌莫高窟北朝壁画第 257 窟须摩提女出嫁一"豪尊富贵"之家，即为屋居寝楼联结坞墙的坞壁式住宅。这种高大土墙围护的坞院，往往带有"复壁"，并可抵御风沙寒雪的自然侵袭，所以一直到近代仍在河西广泛分布[3]。

由于"复壁"是一种隐蔽式建筑，家有"复壁"的住户不会随意泄露，所以史书上记载很少，例如李林甫、王涯、郑注、张直方等人都是作为被贬谪的对象，或有某些不可告人的活动时，才暴露出其家中有"复壁"建筑。按照《黄帝宅经》《阳宅十书》和敦煌文书 P.3865 号《宅经》的记载来看[4]，古代民间非常讲究建宅造第时的风水阴阳、镇妖符咒、避邪禳灾，而"复壁"属于第宅墙壁中的隔断"狭道"或"空心夹层"，是"以阴抱阳""重阴不实"的"凶屋""剋房"，主家忌讳，常用朱砂涂"复壁"以辟邪除凶。因此，为了长保富贵、家显财旺、通脉聚气，不到万不得已是绝不透露的。史书上记载雕墙、屏墙、茨墙、女墙和版壁、编壁、坏壁等，唯独很少记录障蔽隐匿的"复壁"，其中奥秘不难理解。

从建筑技术角度说，"复壁"繁难费工，在总体位置、平面功能和外观上都需

---

[1] 郭湖生《麟德殿遗址的意义和初步分析》，《考古》1961 年第 11 期。
[2] 嘉峪关市文物清理小组《嘉峪关汉画像砖墓》，《文物》1972 年第 12 期。后经甘肃省博物馆研究，认为是魏晋时文物，不属于汉代。
[3] 萧默《敦煌莫高窟北朝壁画中的建筑》，《考古》1976 年第 2 期。
[4] 李国豪主编《建苑拾英——中国古代土木建筑科技史料选编》，上海：同济大学出版社，1990 年，第 605 页。

经过一番周密考虑，反映了唐人建筑设计的水平。柳宗元《梓人传》记述了一个能"画宫于堵，盈尺而曲尽其制，计其毫厘而构大厦无进退焉"的匠师，说明唐代民间设计施工的建筑师（当时称为都料匠）已不是少数人。

总之，唐代"复壁"建筑作为一种特殊的内部构造，曾被广泛应用于皇家宫殿、官僚府宅和民间房舍之中。其一，它具有隐秘性，能藏闭资财，不到毁屋拆墙不能发现。其二，它具有应急性，猝然灾祸降临，可利用双层夹墙空间躲避逃遁。其三，它具有防御性，大院深宅内部曲复深幽，不了解内情者很难找寻。在目前的唐代建筑壁画和建筑遗址中，证据确凿的"复壁"还比较少见，随着今后考古新发现的深入，完全有可能找到其具体的形制。

图 2　阙楼，唐懿德太子墓出土

第八编

佛教圣心意境下的艺术样式

法门寺唐"捧真身菩萨"艺术原型再探

法门寺地宫出土文物中被定名为"捧真身菩萨"的鎏金银造像,不仅是造型传神的宗教宝物,也是精美绝伦的艺术珍品,学术界一直认为这件文物是佛教宗教仪式中最具典型的代表作,甚至被法门寺考古发掘报告设计为封面。近年来,对其艺术形象的认识和原型研究虽有涉及,但大多只说鎏金银捧真身菩萨专为供奉佛指舍利而制,简单描述"菩萨"高髻,涂深蓝色,头戴花蔓冠,上身袒露,斜披帛巾,臂装饰钏,下身着羊肠裙,双手捧发愿文金匾荷形盘,双腿左屈右跪于莲花台上。[1]

然而,对"捧真身菩萨"艺术形象的原型却很难进一步分析。现有观点主要有几种:

一是认为捧真身菩萨为吉祥天女类的造型[2],依吉祥天经轨法义而造像。吉祥天音译作室利摩诃提毗,亦名摩诃室利,又称吉祥天女、吉祥功德天、宝藏天女等,本为古印度神话中之女神,系那罗延天之妃、爱欲神之母。

二是认为是唐懿宗自身的象征,为唐朝皇帝本人供奉的原型。捧真身菩萨面向后室胡跪,是在朝拜曼荼罗,象征唐皇永远朝拜供奉佛曼荼罗,朝中的唐皇正是地宫捧真身朝拜之菩萨[3]。

三是认为捧真身菩萨满身镶嵌着珍珠和璎珞,这是密宗大供养的形式,它的正名应该是"大供养天女"。此像制作基本上是按密宗经典规定,用"种种璎珞钏耳当天衣宝冠,天女左手持如意珠,右手施咒无畏,宣台上座"[4]。

四是认为"捧真身菩萨"这样胡跪捧物状,实属罕见,从宗教仪轨内部寻求

---

[1] 陕西省考古研究院所等编著《法门寺考古发掘报告》第四章《地宫出土遗物》,北京:文物出版社,2007年,第142—143页。

[2] 吴立民、韩金科《法门寺地宫唐密曼荼罗之研究》,香港:中国佛教文化出版有限公司,1998年,第276页。作者还曾提出"捧真身菩萨"是金胎两部大法、两部曼荼罗之合体,为中国唐密所特有的金胎合曼之造像。见《法门寺文化研究》(佛教卷)之《法门寺地宫唐密文化略论》,法门寺博物馆编辑本,1993年,第8页。韩生继续认为"捧真身菩萨"为吉祥天女类造型,虽是模拟吉祥天女造像,也可称为菩萨。考其形象取法于大吉祥天女的造型。见《法门寺文物图饰》,北京:文物出版社,2009年,第450页。

[3] 唐普式《唐密曼荼罗异彩纷呈彪炳千古——朝拜法门寺地宫出土圣物所得启示》,《法门寺文化研究》(佛教卷),第89页。又见同书氏著《认清法门寺塔地宫的唐密曼荼罗》,第66—67页。

[4] 李克域《法门寺与曼荼罗——略论地宫真身菩萨合单檐精舍》,作者还认为"真身"就是密宗的金刚像,是如来之法报二身,所以像是蓝色面孔,蓝色,在密宗里是恐怖色,此像是密宗护法神之一的吉祥天女,是按密宗大供养的教义铸造的。见《法门寺文化研究》(佛教卷),第441页。

图1 捧真身菩萨，法门寺地宫出土

图2 捧真身菩萨（局部）

根源似乎很不容易。地宫出土捧真身菩萨的造型及其名称的直接来源是唐人瞻礼佛舍利这样的社会生活[1]。

这些对"捧真身菩萨"原型的推测阐发无疑是必不可少的，但是经过长期观察，笔者认为上述观点与说法仍有讨论的空间，有必要进一步深化对这件"菩萨"原型的认识。

众所周知，考古工作者依据地宫出土石刻《衣物账碑》记录："诸头施到银器衣物共九件，银金花菩萨一躯并真珠装共重五十两并银棱函盛，银锁子二具共重一两，僧澄依施。""银金花菩萨一躯"就是指现在发现的"捧真身菩萨"，按照唐代晚期每两折合约40克左右计算，共重五十两应是2000克，现在实测1926.7克，即每两折合38.52克，基本相符，可谓定论。但因为地宫物账与实物相勘对中，误差不符的较多，笔者曾怀疑僧人澄依布施奉献的"银金花菩萨一躯并真珠装"是否为这件"捧真身菩萨"文物。令人费解的疑点是：既然是唐懿宗为自己生日（诞庆日）供奉真身特意打制的，怎么物主又是僧澄依呢？或又说是"内侍诸头于咸通十二年懿宗诞辰延庆节时更造捧真身菩萨一躯"[2]，即由宦官头子制造的？如是皇帝"敬造捧真身菩萨永为供养"用于祈愿的，理应由文思院或者金银作坊院专门制造，怎么没有制作部门的錾刻铭文？或许能解释的就是僧澄依雇请民间高手工匠制作了这件"捧真身菩萨"金银器，最后作为长安寺院的布施物品奉献入藏给法门寺地宫。

---

[1] 梁子《捧真身菩萨三题》，《法门寺文化研究》（佛教卷），第577页。
[2] 韩伟《法门寺地宫唐代随真身衣物账考》，《文物》1991年第5期，后收入《磨砚书稿——韩伟考古文集》，北京：科学出版社，2001年，第244页。

图3　法门寺地宫中室原状

图4　法门寺捧真身菩萨漆函内半臂明衣

笔者认为只有通过佛教典籍深刻地了解唐代佛教道场忏法仪式，才能更准确地认识"捧真身菩萨"的原型。

首先，这个"菩萨"手捧卷边荷叶（不是所谓的莲花），折成方形，内有发愿文（采用了所谓的金匾形式）：

> 奉为睿文英武明德至仁大圣广孝皇帝敬造捧真身菩萨，伏愿：圣寿万春，圣枝万叶；八荒来服，四海无波。咸通十二年辛卯岁十一月十四日皇帝诞庆节记。

如果按照现在一些研究者解释为"菩萨"下跪为皇帝祈愿长寿，实际上这在当时是不可能的，仪礼上也说不通。皇帝也求菩萨保佑，而不是菩萨为皇帝祈愿。笔者认为只能是皇帝拜托菩萨向佛祈求。一般来说，佛像肉髻高耸，菩萨则披挂璎珞。但这个披挂全身璎珞的"菩萨"双手托着方形卷边荷叶，一副听命而动、俯首帖耳的乖顺模样，既不像盛唐风格女相菩萨那样丰腴敦厚、娴静秀美，显出矜持平和气质，又不像男相菩萨那样面容清雅、流转自如，显现冷静镇定神态。

重要的是，发愿文只是说明奉命为皇帝制造真身菩萨，而不是说手捧发愿文荷叶盘的人就是菩萨。如果我们从发愿文来研究，就更可发现佛教发愿文有个人修行时念诵短文、群体共修时所用范本、高僧撰述的礼忏文等三类[1]，简短式的忏悔发愿文多为已故父母夫妻等亲属祈求冥福。而在皇家举行忏仪必设道场，必请名僧主持。所谓忏仪，又称忏法，指南北朝至隋唐时期佛教广为流行忏悔罪过之仪则，

[1] 汪娟《敦煌礼忏文研究》，台湾法鼓文化事业股份有限公司，1998年，第2—3页。

据《广弘明集》卷二八，梁武帝、陈宣帝、陈文帝等多位皇帝均作过忏文，隋唐的帝王延续了这种遵照佛教教派经典忏悔仪法，特别是唐懿宗依据密教经典《方等陀罗尼经》曾敕令两街四寺行方等忏法，戒坛度僧各三七日[1]。另宣僧尼大德二十人进入宫中咸泰殿置坛度尼，雕造真檀佛像一千躯，表示自己的忏意。

发愿一般是誓愿求得菩提心，救拔众生脱离苦厄，而法门寺这件"捧真身菩萨"发愿文则是替皇帝祈愿，这从一个侧面说明名僧大德主持忏法道场，所以这个胡跪的人物原型可能就是高僧大德的缩影或化身，脱离了传统菩萨的本色形象，而不是一般所谓菩萨的天女原型。只有首座、大德或高级僧侣才有资格在盛大顶礼供养场面中捧奉皇帝发愿文，他们在"皇家寺院"的各项宗教活动中都扮演着主导角色，这是我们必须注意的一个内容。

其次，《法苑珠林》卷八六《仪式部第五》曰："此之一门行者欲忏，要对三宝胜缘境前，偏袒露膊，脱去巾履；女人不劳袒髆，具服威仪，合掌恭敬，请一大德耆年宿迈自心敬者，先当奉请十方三宝以为良缘。故人述偈云：归命十方一切佛，顶礼无边净觉海。亦礼妙法不思议，真如自性清净藏。住于极爱一字地，得道得果诸圣人。我以身口清净意，咸各归命稽首礼。然后请忏悔主云。"[2]

由这段礼忏仪式记载来看，忏法之行必设道场，请名僧高僧主持。仪程是要请一个年迈修行极深的大德高僧，他发自内心敬仰佛祖，在佛教徒举行法事活动时，必须进行作为忏悔皈依的仪式，忏悔时面对三宝胜缘境前，袒露上身与胳膊，并脱去巾帛鞋履。这个人就是"忏主"。忏主不仅要在礼忏时首先"讲经"引导众人请佛仪，还要率领众人齐声课诵偈颂，尽管仪式繁简不同，但这是礼忏时共同遵守的程序。因此，根据佛教经典记载，笔者认为法门寺地宫出土唐代"捧真身菩萨"原型很可能是一个举行忏悔仪式时率众礼忏的大德高僧——忏主。

《法华经》云："后五百岁，四众弟子，五浊恶世，烦恼增多，身心间杂，信心薄少，三灾似劫，渐渐增盛。如来告语阿难，未得圣果，比丘实难教化。末法众生，世尊因中愿力劝请十方诸佛，敕普贤菩萨为忏悔主……"这就是说，菩萨也可以成为"忏悔主"。而笃信佛教的人也可被称为"菩萨"，例如密宗高僧不空在遗书中称赞他的宦官弟子李宪诚"不但辅佐国家，亦为护法菩萨"[3]。

传统的佛教誓愿、本愿通常是修行者为了不忍见圣教衰，不忍见众生苦，而发菩提大愿，以利益众生为终极关怀。《敦煌愿文集》就收录了271个卷号的愿文[4]，反映当时敦煌百姓的忧虑感。唐懿宗时期正面临着晚唐的风雨飘摇、社会动荡，险

---

[1] 汤用彤《隋唐佛教史稿》，北京：中华书局，1982年，第51页。
[2]《大正新修大藏经》卷五三，P.0917a。
[3]《代宗朝赠司空大辨正广智三藏和上表制集》卷五，收入《大正新修大藏经》卷五二，P.2120。
[4] 依空《敦煌佛教愿文探微》，见《转型期的敦煌学》，上海：上海古籍出版社，2007年，第211页。

恶的社会环境，生命的无常飘忽，加深了统治集团强烈的危机感。法门寺这篇愿文，第一，祈求的对象是真身菩萨，保佑皇帝本人"圣寿万春，圣枝万叶"，充满功利性、世俗性；第二，祈求的内容是国泰民安，四海清平，政治的考量颇为浓厚；第三，祈求的时间是唐懿宗诞生日，充满祈求现世福报、消灾免难的意味。值得思考的是，发愿人委托高僧大德作为忏主向诸佛菩萨许下愿言，礼请的对象是菩萨，不会是菩萨本人下跪（胡跪）反过来礼请皇帝，而这个忏主艺术造型恰恰是发愿与忏悔关系的充分体现，是忏法仪轨化的表现。其原型可能是一位高僧大德替皇帝祈愿求福的礼佛形象，唐懿宗组织一个庞大的长安佛教护法教团举行盛大迎佛骨仪式，正是他念兹在兹的忧虑。参与的除了有皇宫内殿首座、内讲等最高等级僧侣，还有重真寺、兴善寺等名刹大院一流的领衔人物，基本都是高僧大德，镌刻在《衣物账碑》上的有长安左右街僧录清澜、彦楚，首座僧澈、惟应，大师清简、云颢、惠晖、可孚、怀敬、从建、文楚、文会、师益、令真、志柔及监寺高品张敬全，当寺三纲义方、敬能、从谌，主持真身院及隧道宗奭、清本、敬舒等，以及中天竺沙门僧伽提和。特别是《大唐咸通启送岐阳真身志文碑》是由"内殿首座左右街净光大师赐紫沙门臣僧澈撰，内讲赐紫沙门臣令真书"，记载了他们"自京都护送真身来本寺"的过程[1]。唐苏鹗《杜阳杂编》记载，"咸通十四年春，诏大德僧数十辈于凤翔法门寺迎佛骨。……上御安福寺亲自顶礼，泣下沾臆，即召两街供奉僧，赐金帛各有差"。当时"宣讲持戒、忏悔功德"的高僧大德甚至密教"国师"都肯定不少。

法门寺素面壶门座盝顶银宝函錾文曰："上都大兴善寺传最上乘佛祖大教灌顶阿阇梨三藏比丘智慧轮，敬造银函一，重五十两献上，盛佛真身舍利，永为供奉。殊胜功德福资，皇帝千秋万岁。咸通拾贰年闰捌月拾伍日造。勾当僧教原、匠刘再荣、邓行集。"

另有金函錾文："敬造金函，盛佛真身，上资皇帝圣祚无疆，国安人泰，雨顺风调，法界有情，同沾利乐，咸通十二年闰八月十日传大教三藏僧智慧轮记。"

这些题记都说明长安佛教寺院高僧大德积极为皇帝祈福祝愿，愿意充当"法界有情，同霑利乐"的忏主，配合高品宦官担任的两街功德使，替皇帝分忧解愁。长安僧团领袖人物中三教首座、赐紫大德、内讲大德、内供奉大德、临坛讲论大德等高级僧侣非常活跃，不管是密宗还是其他教派，大多数参与了咸通十四年迎送法门寺佛骨真身活动。

再次，从艺术造型上观察，原说捧奉的"菩萨"头戴宝冠，实际上应是高职僧人

---

[1]《法门寺考古发掘报告》，第229—231页。

使用的发冠，《妙法莲华经》卷二云："若以顶戴，两肩荷负"[1]，高冠后有两根飘带，大概寓意着顶带两肩荷负佛像戒愿功德，因而这种高冠上有坐姿佛像图形，如果说菩萨戴宝冠上又有佛像，那么原型应是来自高僧大德头上镂刻有菩萨图像的高冠，不会是皇帝的皇冠。尽管《涅槃经》云："三教之中，天子如同菩萨，行化有仁义礼智信。"似乎只有天子才能头戴如此高耸的皇冠，实际上不可能是皇帝本人形象。

有学者提出敦煌莫高窟也有胡跪菩萨，可与法门寺捧真身菩萨相比。我们仔细观察了敦煌莫高窟第285窟西魏捧花菩萨，第220窟初唐捧莲菩萨，第334窟初唐供养菩萨，第25、27窟盛唐供养菩萨（悬塑），第159窟中唐供养菩萨等[2]，这些胡跪姿态的菩萨头戴花冠，面貌端庄，均为女性脸庞和女性披帛装扮，一望便知是传统的菩萨形象，与法门寺所谓"捧真身菩萨"并不一样。从各地石窟考察，佛菩萨像绝大多数为立像、坐莲、骑象、骑狮等造型，还有思惟菩萨沉思像、观音垂手垂脚像，即使右腿跪下左腿弯屈"胡跪"捧物菩萨形象，也都是供奉菩萨，胡跪的供养菩萨一般都比其他菩萨身材娇小，侧跪不居正面，位于菩萨下方或侧面。但是"捧真身菩萨"人物高髻造型又头戴发冠（宝冠），胡跪屈腿造型其为罕见，或许是高僧大德举行仪式时专门姿势，显示威严的花蔓冠应是长安高僧大德最高等级的标志。

如果说瞻礼真身菩萨比较稀罕，那么看佛牙舍利则比较容易，日僧圆仁《入唐求法巡礼行记》记录长安大庄严寺、荐福寺、兴福寺、崇圣寺等四个寺院分别举办"佛牙供养会"供人瞻礼，而从《唐摭言》卷三"宴名"条可知：长安士子中举后除要设宴邀请主司等，还要"看佛牙"，进士每人二千钱以上才能登佛牙楼、宝寿亭，定水寺、大庄严寺等皆有佛牙楼，这对新中进士来说是一种礼遇，佛牙装在水晶宝函里，"盛银菩萨捧之，然得一僧跪捧，菩萨多是僧录或首座方得捧之矣"。由此可见，进士观瞻时，由一名衔头较高的僧人跪捧，而有资格捧奉的高级僧侣就是长安左右街的僧录或首座等。这就再次作为旁证启示我们，"捧真身菩萨"原型极有可能就是高僧大德。

需要指出的是，"捧真身菩萨"这件文物发现时位于法门寺地宫中室汉白玉双檐彩绘灵帐后，根据遗物放置位置看，其"捧真身菩萨"莲花座底下原有盝顶黑漆木箱装置，摆放在宦官杨复恭供奉的素面壶门高圈足座银香炉旁边，完全不像恭奉菩萨的重要显赫位置，倒与守护后室门前两个石雕天王像毗邻[3]，这就使人愈发怀疑这是尊奉菩萨吗？木箱内有五件丝绸蹙金绣织品铺垫，菩萨需要穿半臂、案裙、袈裟吗？需要紫红罗地蹙金绣拜垫吗？笔者怀疑这不是所谓的微型"佛

---

[1]《大正新修大藏经》卷九，P.0018c。
[2]《敦煌壁画线描集》，上海：上海书店出版社，1995年，第70、72、114、175页。
[3] 现场摆放位置图片见《法门寺考古发掘报告》（下）彩版二五（XXV）。又见《法门寺地宫唐密曼荼罗之研究》地宫发现原貌细部图片，第271页。

衣""冥衣",很可能是高僧大德最高等级的法衣用品,在最隆重的法事仪式中披戴使用。作为缩微织品摆放在这里具有高僧大德的服饰等级和权威的象征意义。这从另一个角度证明"捧真身菩萨"原型有可能是一个上座大德。

尊重文物的本来原貌,是历史考古的命根,不可掺兑任何过分虚构的想象,艺术形象也要依照一般规律来分析典型化的标本,要有合格的参照物。对"捧真身菩萨"的研究不能脱离晚唐长安僧侣高层集团迎送佛骨活动的本身,它有生活原型,否则就是佛教传奇神话了。本文作为一家之言抛砖引玉,目的就是进一步探讨"捧真身菩萨"真正的艺术原型。

唐密造像艺术中的"长安样式"

——以长安出土安国寺密宗佛像分析为例

佛教造像艺术是中国文化中一种重要的艺术形式,其中唐代密宗造像只是一支短暂的插曲,尤其是京城"长安样式"创造谱写了辉煌的艺术巅峰,为人们理解唐代密宗的传播及其融入中国文化的过程提供了极为重要的线索。但由于唐代长安的密宗造像一直少见,所以论述较乏,幸得长安安国寺造像出土并展出面世,为我们提供了诠释解读的范本。

一 唐代密宗造像源流

早在北周时高僧耶舍崛多就翻译过《佛说十一面观音神咒经》,描述十一面样式构成方式[1],但这只是佛经文字偶记,作为造像艺术还很少见,反映当时早期密宗并未"露珠覆像,妙响天宫"并吸引人们"敬勒尊容,昭昭大觉"。

7世纪前后,长安逐渐开始成为佛教密宗的信仰中心,唐太宗时敕大总持寺沙门智通译《千手千臂观世音陀罗尼神咒经》,乌仗那国僧人达摩战陀向唐朝皇帝献上千手千臂菩萨像壁毯,皇家匠人画出后令宫女绣出,从而流布天下[2]。永徽三年(652),中印度僧人阿地瞿多为弘扬佛教造像艺术,在长安慧日寺设坛灌顶传法[3],尽管他的密法是所谓"杂密",但是他在传译《陀罗尼集经》中已经包括了十一面观音诸法,又一次使密宗画像随着密教信仰而传播兴盛。《历代名画记》卷三《两京寺观壁画》记载尉迟乙僧在长安慈恩寺塔下南门画千手千钵文殊[4],大概画千手千眼菩萨已经出现。虽然这时还没有形成密宗观音经变,可是武则天时期密宗造像艺术越来越独树一帜。

武则天时期特别流行十一面观音石刻造像,这是早期杂密的典型图像。华严

---

[1] 笔者曾怀疑北周耶舍崛多《佛说十一面观音神咒经》是后人托名之作,与唐玄奘另一译本《十一面神咒心经》类似,其中对十一面观音造像样式描述是后人加工补充的。《大正大藏经》第20册,第1070页。

[2] 智通本《千手千臂观世音陀罗尼神咒经》序,《大正大藏经》第20册,第83页下。

[3] 西安碑林博物馆藏有唐开元四年(716)唐慧日寺《石壁真言》碑,慧日寺位于怀德坊东门之北。

[4] 《历代名画记》卷三《两京寺观壁画》,北京:人民美术出版社,1963年,第50页。

宗的高僧法藏（643—712）曾经受托于武则天，在对契丹战事失利时，入内廷设十一面观音道场，为国祈福，结果突厥出兵败契丹，武则天大喜，改年号为神功元年（679）。十一面观音造像大约在7世纪末叶开始流行，毫无疑问与礼忏及杂密的仪轨有关。日本东京博物馆收藏西安出土的武则天长安三年（703）七宝台寺8件十一面观音像，据认为是足以代表日本奈良、天平时代佛都雕刻风格的来源[1]。

汤用彤指出："密教之传实起自唐玄宗时，虽密咒翻译自汉以来即有之，然至此有完全之密教传入。因咒为佛经所常有，而密教则外重仪轨，内附教理，自成一系统宗派也。玄奘、义净详记印土流行之宗派，玄奘虽称有咒藏，义净虽称有道琳在印求明咒，且净译咒亦多，然均未列密教为一派，实可知密教之完成，盖在唐时也。"[2]周一良也认为，义净"在他所译经中，《大孔雀咒王经》及其有关制造坛场和绘制佛像的方法的附录，就是一部较为发展的密宗经典。就是在这部经中，陀罗尼首次被神化并被称为明王"[3]。

8世纪初，印度高僧善无畏、金刚智传来了胎藏界和金刚界两派密法，系统地翻译了密教经典，包括大量念诵仪轨、尊形和坛场等内容。又经过一行的弘扬，在中土形成密宗一派。唐玄宗天宝年间到德宗贞元年间（742—805）是密宗发展昌盛时期，也是密宗造像艺术风格样式形成的关键时期。大历七年（772），唐代宗慷慨支持不空，下诏出资正库财赋三千万，在大兴善寺内建"大圣文殊镇国之阁"，以为国家护佑。密宗可以起到"镇国"作用，强调帝王是持密印佛陀的代言人，这种护国护法观念在代宗崇佛时达到顶峰。

善无畏、金刚智和不空在游说统治者传播真言密教时，建构出一套完整的密法体系，但是，这些外来僧人如何将密宗造像传入中原，史书记载模糊。我们知道义净译经《大孔雀咒王经》及其有关制造坛场和绘制佛像的方法的附录，这是一部较为发展的密宗经典，将陀罗尼首次神化并称为明王，但当时只记佛学典籍不记佛像艺术，我们只知道善无畏绘有《起圣众极图》一卷、《地契及手印图》一卷、《都集曼荼罗图》一铺。相比文字性的密宗真言胎藏法，绘图性的密宗胎藏、金刚两者更具转换的曼荼罗艺术性。

在长安的佛教界里，以善无畏、金刚智和不空"开元三大士"形成的密宗僧团中，有一批依据"梵本""胡本"翻译成唐言的胡人，他们集聚密宗寺院念诵真言，其中可能有技艺高超的雕塑家和宗教画家，或是印度人或是西域人，例如代宗、德

---

[1] 颜娟英《武则天与唐长安七宝石雕佛像》，《艺术学》1987年第1期；杨效俊《长安光宅寺七宝台浮雕石群像的风格、图像及复原探讨》，《考古与文物》2008年第5期。
[2] 汤用彤《隋唐佛教史稿》，北京：中华书局，1982年，第195页。
[3] 周一良《唐代密宗》，上海：上海远东出版社，1996年，第7页。

宗时期译经施主中心人物就是印度人罗好心。佛教图像一直重于经书教义，形象先于经卷，印度高僧来中土都是经、像并携[1]，但密宗认为佛祖圣容不能随便图画，以免传达神韵不足而有玷污佛陀形象。所以寺院更喜欢梵僧"经""像"并举，佛教僧团中擅长造像的艺术家或雕刻工匠，兴趣也不在于表现宗教深奥教理，而在于佛陀传教事实本身的形象说明。

吕建福《中国密教史》总结密教造像特征时指出：第一，佛像着菩萨装，尤其戴宝冠，璎珞庄严；第二，菩萨像具足多首多臂形象，慈善相、利牙相、欢喜相、威怒相等，佛冠中多有化佛，并常见千臂千眼观世音菩萨；第三，造像多执持器杖、珠宝、花卉，多结种类复杂的手印；第四，密教造像大多与曼荼罗组合，座次、地位列置有严格固定程式；第五，造像背景一般定式有菩提树或双树，配合诸天散花、好鸟盘旋（迦陵频伽、孔雀、鹦鹉等），菩萨背倚七宝绣枕而带背光；第六，金刚杵纹饰图案多用独股、三股、五股杵以及羯摩杵组成。[2]实际上，后来密教主尊又有新的发展，释迦牟尼佛顶化佛、十一面观世音、马头观音等创新层出不穷。十一面观音就从最早两臂、四臂、六臂演变到威力巨大的千臂。

古代北印度人有着善于夸张、喜好幻想的天性，迷信好相貌、好身材会使人大有作为，被神化的密教佛陀更是"相好允备，威肃嶷然"，不仅注重在乐舞嘹亮、散花歌颂的场景里花样翻新，而且形象集中了人类最美的"三十二相""八十种好"特征[3]。佛像雕塑追求"额广平正""眉间毫相""白如珂雪""两肩圆满""肤体柔

图1　唐十一面观音菩萨像，
西安西郊空军通讯学院出土

---

[1] 吴焯《佛教东传与中国佛教艺术》中指出后世人误以为外来僧人只带经、不带像，这完全是一种错觉。台湾淑馨出版社，1994年，第176页。
[2] 吕建福《中国密教史》，"密教像法及其造像特征"，北京：中国社会科学出版社，1995年，第188—192页。
[3] 《大正大藏经》第16册，第793页中—下。

细"等,以便僧徒"观佛"崇拜,尤其是通过佛貌圆满之相达到"善法",消除世间愚昧灾祸。这在印度孟买5—6世纪坎黑利(Kanheri)石窟第41窟十一面观音像就已体现,据说是最早样式的源头[1]。

如果说北朝隋唐之际佛像雕刻技法已经纯熟,到了盛唐密宗发展鼎盛时期,菩萨雕像就更加技艺精湛,尤其是密宗汲取了外来因素后再度创新,将禅宗集中于个人修禅转移到密宗怜悯一切众生,使得宗教图像、雕塑象征、文化符号发生了变化,从而使唐代长安寺院整体艺术发生了重大转变,密宗寺院也相应出现了庄重典雅、雍容华贵的造像,写实更加生动,按照密宗造像仪轨进行雕刻,终于形成一种"长安样式"。

二 密宗寺院代表之一安国寺

长安是唐代造像首创的发祥地,也是向四方传播样式的首创地区,一些代表国家敬造佛像的寺院纷纷突出自己的特色,它们形成了当时的主流样式。天宝以后密宗发展得到唐王朝官方的支持,密宗信仰从长安向全国各地传播流布,遍及各个社会阶层和各地寺院,完备成熟的密宗造像也显出独特的艺术。

密宗在长安的代表性寺院,在唐前期有大兴善寺、青龙寺、西明寺等,后期一跃而起的则是安国寺等。安国寺位于大明宫南长乐坊,原为皇族居住中心地唐睿宗在藩旧宅,景云元年(710)改建为安国寺后,不断扩展占有一坊多半之地;

[1] 转引自李翎《佛教与图像论稿》第13页图1,北京:文物出版社,2011年。原图见Susan L. Huntington *The Art of Ancient India: Buddist Hindu Jain*, 1985, New York.

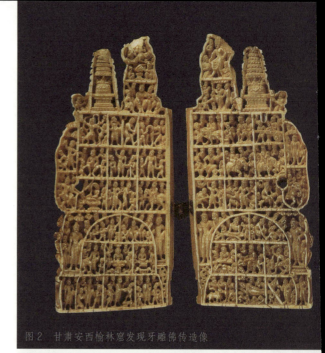

图2 甘肃安西榆林窟发现牙雕佛传造像

图3 榆林窟象牙雕刻佛传侧面

会昌五年唐武宗铲除佛教寺院时，安国寺与章敬寺、青龙寺一起被保留为皇家内园，不过仍遭受过沉重打击。随着法难之后佛教的复兴和新的发展，唐懿宗咸通七年（866），安国寺重建时合并了与此毗邻的清禅寺，成为晚唐长安城中最大的密宗寺院之一。

安国寺原立有唐会昌元年（841）《玄秘塔碑》，记述安国寺上座大达法师在德宗、顺宗和宪宗三朝备受宠遇的事迹，这座碑宋代就已移存西安碑林收藏，说明安国寺密宗信仰的地位不低。密宗由于京城皇室成员的推崇，造像也成为寺院里最为壮观的造型艺术。

按照段成式《寺塔记》所记朱雀街东17所寺院中，安国寺九级塔刹凌空而起，殿堂院宇雄阔，重廊曲回联结，佛教壁画众多，造像惟妙惟肖，供奉有多尊大型石佛像，而不是一般的塑像。但是唐密的具体造像究竟在什么位置一直不清楚。1959年西安东郊电厂路龙华村北侧发现的十一尊密教造像，当时这批造像深埋于地下10米的圆形窖穴中，它们相互叠压，残损非常严重，有人推测很可能是唐武宗灭佛"会昌法难"时破坏后埋入地下的，但是，这批密教佛像造型别致，属于上乘艺术佳品，不是一般人率性随意休闲之作，非常典型地代表了当时成熟的"长安样式"[1]。

随着西安碑林博物馆新建石刻艺术馆的展示，使得我们可以亲临依次观摩，对出土的安国寺密宗造像进行分析，笔者认为这是典型"长安样式"的特征[2]，现依据展出的密宗造像依次分析。

1. 白石菩萨头像。这座头像符合密宗"威严相好、灿然圆满"的教规，菩萨面相非常圆满丰润，眉如新月，秀眼细眯，颈部有弦纹，尽管密教菩萨造像手姿、服饰装扮有些差别，强调手印、咒语的开悟，但是艺术上肌肤形象和盛唐风格方面仍是一脉相承的。

2. 文殊菩萨坐姿像，又命名为虚空藏菩萨像。菩萨坐在束腰大仰面莲座上，发髻高束，大耳垂肩，眼睛微闭，面部相貌丰腴秀丽，表情安详传神。全身披挂装饰的项圈、璎珞吊在胸前，披帛自然搭垂于莲座之上，精雕细琢体现出典雅雍容的风度，所有的弧线都表现出双肩的浑圆与女性的丰满优美，与印度密教崇尚肉感女神审美相似。

[1]《西安碑林佛教造像艺术》，西安：陕西师范大学出版社，2010年，第141—156页。又见《西安碑林博物馆》，西安：陕西人民出版社，2000年，第124页，第126—131页。美国华美协进社、中国美术馆举办"西安碑林博物馆藏佛教造像展"，将安国寺位置标识有误，*Buddhist Sculpture from China: Selections from the Xi'an Beilin Museum Fifth through Ninth Centuries*, P11, New York, 2007。

[2] 2011年6月笔者在西安碑林博物馆举办讲座时，赵力光馆长、韩钊副馆长、樊波主任、景亚鹂主任以及陕西历史博物馆科研处文军处长等亲自带领笔者考察研讨佛教石刻，并给予讲解，特致以感谢。

图 4　贴金汉白玉菩萨，西安安国寺旧址出土

3. 降三世明王像。明王主像三头八臂，眼睛凸出显露愤怒状，发髻上顶立小化佛坐像方冠，游戏坐姿下筊多式薄衣束裙贴体自腰间下垂，披帛从背上倾泻而落于岩石层上。明王主臂胸前相交施四明印，两侧左右手各持金刚杵、三叉戟、宝弓、宝剑等。造像手法独特，充分表现出天界降三世明王能依靠身密、言密与意密的"三密"强大法力降伏妖魔，祛除从过去、现在到未来三世的贪、嗔、痴三毒。

4. 盘腿金刚造像。金刚袒露上身，头发飘立竖起，披帛贴体自肩头两边缠绕曲线落下，右手威风凛凛地举起法器，似乎要密咒"镇国"扫除一切害人虫。腿部飘带非常自然流畅。

5. 马头明王像。马头明王又称马头观音，以观音为自性身。主像圆瞪眼睛，獠牙上翘，虽然头光上方马头已残，但背光火焰熊熊直往上蹿，烘托出明王的愤怒相。特别是明王主手当胸结契印，左右侧上手分别举斧与棒，中手分别持念珠与净瓶，下手则作与愿印和莲蕾。三头八臂形象特征完全符合密宗造像仪轨。

6. 宝生佛造像。佛像右臂袒露，左手持物，披帛搭至后背垂下，线条流畅，特别是束腰莲台宝座，异常精美，莲台下部一圈似骏马长飞翼的神物，由于残破分不清跪卧状动物何种原形，但是"双翼"神马显然不是一般"天竺遗法"，而是带有强烈犍陀罗希腊艺术特征，西方外来风格非常直观。

7. 不动明王像。不动明王是五大明王和八大明王的主尊，密宗称为大日如来的教令轮身，地位尊崇，这两尊不动明王像，都特别强调圆浑凸起的立体感，高顶束发下披至左肩，面容严峻，双目下视，嘴唇缩抿，端庄神态中带有一种威严之气。

尤其是残损的一尊明王像，右手竖持慧刃，左手展举挽索，愈给人以凝重沉郁、神秘压抑之感。

8. 不动明王残像。这些残像虽然没有完整造型，但是雕刻精美令人赞叹，无论是莲台座还是岩石座，都选择了石质光洁细润的汉白玉雕凿，加之雕刻技法纯熟，即使造像残断也给人以无尽的想象，与犍陀罗的罗马式佛教艺术相比，具有类似的艺术魅力。

唐代密宗不动明王像存留至今者极少，因而作为一种实物记忆非常珍贵。目前发现精刻细雕的唐密特征造像较为少见。1983年西安西郊空军通讯学校出土的十一面观音菩萨头像，也是典型的密宗造像。[1] 这座观音菩萨头像为白石雕成，首先，观音面相丰润，闭目抿唇静思；其次，观音束波纹高发髻，波纹发髻圆周残存六尊小观音头像和一尊化佛，每一尊小观音宝冠中又有小化佛，似有无穷之意。整个观音造型雕刻得细致入微，韵味悠长。应该说这尊十一面观音头像与安国寺出土的观音形象属于同一造型体系。密宗认为为了教化众生，观世音现众多化身，十一面千手观音就是化身之一，使信徒接近曼荼罗时内心产生激动，确立了其为本尊的信仰特征。

安国寺这批密宗造像的特点：菩萨脸庞圆润，以坐姿为主，头顶无厚重花冠，涂绘金边线条，更显得尊贵无比。虽然这批窖藏造像无法复原其曼荼罗的构成布局，造像大小不一，也不是同一坛场作品，但与其他教派佛像粗犷朴素相比，安国寺密宗造像细腻柔润，更富艺术哲理性。这也说明当时工匠在坚持传承手艺中保持着盛唐风骨，密宗雕塑画艺并没有因为中唐以后战乱而衰退。应该说，长安当时有着最好的雕塑工匠和密宗画本，他们积极参与各个密宗寺院的造像，引领着长安寺院的风气，安国寺只是其中一座典型寺院而已。

三 唐密造像艺术流布

从上述展现的安国寺密宗造像来考察，我们可以看到唐代艺术工匠依靠精湛的手艺，大大丰富了佛教艺术的外来风格，帮助密宗这一信仰渗透进入庞大国家的群体意识之中。

一是精神风貌上，密宗佛像造型别致，神态生动，菩萨庄严中面容带有灵性，额头圆平，波纹式卷曲发髻不同头顶右螺旋发髻，菩萨多为束腰，衣纹流畅为弦纹，全身纹饰流动感强，带有古希腊、罗马斜披外衣的效果，不仅保持着盛唐以来体态丰盈的特征，而且远较其他造像更富于人情味。

---

[1]《唐大安国寺石像》，程学华《唐贴金画彩石刻造像》，《文物》1961年第7期。

图 5　唐文殊菩萨像，
西安安国寺旧址出土

图 6　唐降三世明王像，
西安安国寺旧址出土

二是工艺技巧上，菩萨佛像和金刚造型的雕工处理手法都非常独特，装饰复杂，疏密有致，包括莲花座雕饰饱满华丽，岩石座刻凿细致，超出了同时代的泥塑、彩塑、木雕、铸造等"塑容绘质"造像工艺，与希腊式、罗马式佛像细腻雕刻有异曲同工之处。

三是造型艺术上，对身体曲线的雕塑非常生动而不显僵化，比例适中，丰硕健美，情态动作上符合雕塑本身性格的人性化，以形传意。没有早期佛像那种不合比例、造型呆板、形象臃肿等缺点。说明汉地审美中来自外来艺术的特点非常鲜明。

令人思忖的是，安国寺这个窖藏里出土明王造像占据了多数，从艺术上说，愤怒尊身后燃烧着智慧的火焰，肢体强健粗壮，肌理清晰，确属雕刻生动传神艺术之上品。那么为何安国寺这批密宗造像中明王像居多呢？笔者认为这与中唐以后社会动荡有关，因为密教观音信仰中突出了护国思想，菩提流志译《千手经》中宣说观音神咒"能摧坏阿修罗军护诸国邑"。"若有他国侵扰盗贼逆乱而起来者，作前第一总摄身印咒一百八遍，令盗贼自然殄灭。""若人急难他国相侵盗贼逆乱，当取五色缕以此咒，一咒一结满二十一结系于左臂，又以左手无名指中指头指，把拳大拇指

图7　唐金刚造像，西安安国寺旧址出土

图8　唐马头明王像，西安安国寺旧址出土

押上，展小指指所贼坊，诵咒一百八遍，悉皆退散不能为害。"[1]利用这种印法，具有护国抗敌的作用，而且做法事时简便易行，依法念诵咒语，施展心灵之术和配合适当动作，既可以"除敌护国"又可"国泰人安"，既可"兴运慈悲"又可"保家卫军"，与密宗发愿文之类文书记载表达的相似。法门寺发愿文也清晰地表达了国泰民安、风调雨顺的祈祷，法门寺塔也叫"护国"真身塔，反映了盛唐以后从皇室贵族到百姓众生普遍祈祷的共同愿望。但是，也有人指出晚唐受国难、法难双重影响，佛教密宗造像体态走样、气韵下降、手法略显呆滞、工艺粗糙等特点，法门寺"捧真身菩萨"造像虽系皇家工匠所为，只是衰颓气象明显，完全看不到盛唐造像那种生动自然的艺术气韵了[2]。

密教菩萨经变造像经常被运用到自己的信仰仪式当中，密宗流行"即身成佛"的说法。在教法上，"密"作为修持传播的仪轨，特别是其传播仪式烦琐、规则严苛，法脉因替往往需要恪守程序、秘密执行，有的仪轨坛法过于复杂，甚至需要专门的场地置放尊像，由咒师诵咒供养修行，一名僧徒从初受灌顶到金刚上师的成长

---

[1]《大正大藏经》第20册，第101页上。
[2] 黄春和《汉传佛像时代与风格》，北京：文物出版社，2010年，第105—106页。

图9 唐宝生佛造像，
西安安国寺旧址出土

图10 唐不动明王像，
西安安国寺旧址出土

过程，必将经历层层考验和磨砺。根据李无谄《不空羂索陀罗尼经》讲法，每座造像完成后都需要举行法事，"其像作成时，其画匠及咒师恐多补如法，对像忏悔罪过。即安置坛中，即须作设法广供养满足三七日。千臂千眼观世音像，必放大光明过于日月"[1]。

盛唐以后佛教寺院在以皇室为首统治阶级优厚的经济支持下，客观上成为具有政治意味的场所，经常举行"道场""俗讲"吸引各个阶层参拜礼佛。密宗高僧在与各个教派竞争中自然注重将自己的寺观建设成为独特艺术长廊，所以经过"会昌灭法"（845）残存的安国寺密宗造像不仅显现出当时的佛像雕塑的较高水平，而且成为"长安样式"的代表。菩萨形象姣好美丽犹如端庄丰腴的女性，金刚形象则肌肉贲张巨壮威武恰似勇士，惟妙惟肖，情态毕具，具有一呼即出的真实感。虽然我们不知雕塑工匠的姓名来源，但是捕捉形象、刻画细节的意匠确实令人感到艺术的魅力。

"长安样式"作为唐密艺术的经典之作，不仅为两京地区盛行的密教造像提供了直接的参考，而且影响到河西走廊西陲造像圣地敦煌莫高窟，初唐洞窟出现的密

[1]《大正大藏经》第20册，第87页中。

图11 唐明王像,西安安国寺旧址出土

教观音菩萨图像,第321窟、334窟、340窟东壁上所绘画十一面观音像都是单龛造像的样式,与洛阳龙门遗存的密宗菩萨单龛造像相似。盛唐末期第148窟首次出现如意轮观音和不空羂索观音造像龛以及千手千眼观音变。吐蕃占领敦煌后,唐密菩萨造像继续流行,千手观音经变精美风格愈发成熟。例如敦煌吐蕃窟中不同名号的密教菩萨有着各自易于识别的特征,不空羂索观音肩披鹿皮,多臂如意轮观音有一手上举宝轮、一手托腮做思维状,千钵文殊的圆形背光则由托钵的千手环绕组成,等等[1]。正如刘颖指出的:盛唐以来由中原佛教信仰中心传播而来的汉传密教观音图像,依旧是敦煌吐蕃窟中的主流样式。[2]即使画工、塑匠不是同一批人,也应有绘画雕刻的样本流传。

"长安样式"也在四川唐代佛教造像艺术中产生很大影响,罗世平曾指出:广元和巴中同为进入四川的门户,二地石窟中所见朝廷外放诸官,来自京师,塑造佛像得风气之先,对于传播长安样式起着直接或间接的作用。而追随玄宗、僖宗二帝

---

[1] 宿白《敦煌莫高窟密教遗迹札记》,《中国石窟寺研究》,北京:文物出版社,1996年,第282页。又见《中国石窟·敦煌莫高窟》(三)图版55、82,北京:文物出版社,1987年。
[2] 刘颖《敦煌莫高窟吐蕃后期密教菩萨经变研究》,《美术研究》2011年第3期。

图 12　唐菩萨头像，西安安国寺旧址出土

图 13　唐菩萨头像，西安西郊空军通讯学院出土

图 14　唐断臂菩萨像，西安北郊唐大明宫遗址附近出土

入蜀的扈从官员有雕造装修佛像之举，随侍的京都画工塑匠参与四川佛教寺院石窟的造像绘壁，则更是传播长安佛像图本样式的主要力量[1]。

在长安京城佛画艺术创作中，吴道子创造的"吴家样"、周昉创制的"周家样"等常常成为百工的范本，流风遍布各地，而雕塑匠师杨惠之等更是各个寺观直接参与者，但是遗留至今的例迹很少，安国寺设仪存轨的密宗造像无疑是"长安样式"的典型代表，它不仅是艺术匠师按照仪轨雕造的纯正密教艺术，而且与"国泰人安""护国救人"等密教思想相一致，并有着护国尊王、退却敌寇的密咒功用。

雕塑工匠要使造像令信徒产生宗教崇拜，必然要集中精力雕刻出称奇叫绝的菩萨真形，重现密咒的实用性功能，进入想象的佛祖殿堂和经坛，并绘制大量的变相壁画进行周边配合，使信徒和观者的目光与思绪被造像所吸引。无论是发自心灵的叩问，还是面对环境生命本能的记忆，都要露出典雅端庄、生动细腻的艺术原型。正是这个原因，密宗造像在盛唐达到了登峰造极的地步，"长安样式"不管是粉本、画本还是雕刻造像模本，都使得中国艺术语汇不断丰富和变化，盛行了约180年，为后代佛教造像播下了巨大成就的种子。

[1]　罗世平《四川唐代佛教造像与长安样式》，《文物》2000年第4期。

大足千手观音佛教样式化艺术遗产再认识

唐宋之际的中古宗教艺术处于一个重大转折时期,为了躲避晚唐战乱,密宗从两京地区转移到四川地区,北方石窟朝圣艺术已走向晚霞时期,南方却犹如朝霞崛起庞大的石窟造像群,不仅技艺趋于精湛,而且世俗化愈发浓郁,大足千手千眼观音的雕塑正是在这种背景下出现,揭示了当时人们精神世界的传承性、广泛性和艺术性。

有的著述提出关于中国密宗自9世纪后就在北方汉地衰落的说法,[1]恐不符合历史实际。从西安出土密宗佛像来看,其时仍处于兴盛时期,即使唐武宗"会昌灭佛"之后,密宗又迅速复兴走盛,法门寺出土的密宗特色文物和曼荼罗仪轨道场充分做了证明[2]。长安青龙寺慧果弟子惟上返川弘教,成都陀罗尼经咒印本反映出晚唐五代时期剑南西川与长安、敦煌等地的紧密联系。

罗世平《四川唐代佛教造像与长安样式》一文指出四川巴中、广元、成都等地的唐代造像深受"长安样式"的影响[3],我们进一步观察发现,武则天时代十一面观世音菩萨像作为独立的礼拜供养已经具有密宗念诵神咒的灵威。垂拱二年(686),武则天为高宗追善在大明宫内敬造一千铺十一面观音绣佛像[4]。7世纪后这种佛教视觉文化越来越兴盛,唐代京城长安佛像图本样式作为粉本在四川地区被翻刻与流传,密宗风格的背屏式千手观音菩萨像究竟在何时传入巴蜀,因密坛通顶式大背屏制像参照样本难觅,还需要继续追踪探讨。

随着晚唐五代和两宋社会经济的交替嬗变,以成都为中心的佛教发达地区开始向川渝方向发展,川东山地原先传统道教信仰被佛教逐渐替代,川东比较艰苦的物质生活与追求愉悦精神生活形成强烈对比,使得以大足宝顶山千手观音雕刻为代表的中古艺术作品呈现出二元对立的观念:享乐与苦行、天堂与地狱、避乱与祈福,造型风格从"方正平实"向"圆润幽雅"的方向发展,晚唐五代的四川密教祖师爷柳本尊和南宋赵智凤前后活动四百余年,完成了自"唐密"向"川密"的重要转换,从而为宗教心态史、艺术想象史、神学文化史等提供了实物。

大足石刻佛教艺术中密宗题材占据三分之二,从北山五代两宋时期造像来

---

[1] 童登金《大足石刻保护与研究文集》,北京:文物出版社,2003年,第48页。
[2] 韩生《法门寺文物图饰》,北京:文物出版社,2009年,第413—416页。
[3] 罗世平《四川唐代佛教造像与长安样式》,《文物》2000年第4期。
[4] 见日本正仓院写经题记,奈良国立博物馆《古密教:日本密教的胎动》,2005年,第140页。

图1 大足北山摩崖石刻

图 2 千手观音（局部）

看，当时密宗道场十分兴旺，在宝顶山有"六代祖师传密印"的铭文，表明密宗的传播与传承是别具特色的。北山的"祈福"造像和宝顶山"道场"造像，虽各有侧重，但都反映了弘扬佛法、普度众生的期盼，与长安现存密宗石雕造像相比[1]，证明粉本样式被不断翻刻，唐宋之间艺术的过渡风格也非常明显，宋代造像人性化的审美观亦体现充分。但是要注意的是，川渝地区包括大足在内的千手观音造像的粉本，或直接或间接都可能出自成都。文献表明千手观音造像在盛唐后成都就已形成绘作传统，川渝地区千手观音造像最早出现也是成都大悲院，姚崇新认为粉本流传自川而渝的传播途径，即由成都而资中而大足，结论是可以成立的[2]。

宋代大足密宗佛像更注重吸收中唐以后人物体态优美、比例匀称、着装繁丽、神情潇洒的特点，艺术创作完全为宗教慑服人心而服务，从而引导信众虔诚拜佛求法。我们虽然不知道唐代长安样式的粉本是否流传到大足，但是作为正统版本应该是一脉，至少川密流行与两京地区联系密切。大佛湾观音堂的千手观音将一千零七

[1] 葛承雍《唐密造像艺术中的"长安样式"——以长安出土安国寺密宗佛像分析为例》，《首届唐密国际学术研讨会论文集》，西安：陕西师范大学出版社，2012年。
[2] 姚崇新《巴蜀腹地的纵深观察：以大足石刻造像为中心》，载《巴蜀佛教石窟造像初步研究》，北京：中华书局，2011年，第370页。

图3 千手观音（局部）

只手如同孔雀开屏一般展现在 88 平方米的崖面上，手执法器不可胜数[1]，重点突出部位多次贴金，金光闪闪，炫人眼目，既增加了密宗的神秘感和威仪感，又用金色象征着佛法的光辉和超凡的境界，因此使这座千手观音造像蜚声海内外，可谓在佛教"圣地"和"朝圣"传播世界里能保存至今实为罕见、堪称独步。

大足千手观音造像的工匠们的创造性不容忽视，他们在制底过程中注意壁质的坚实细腻，对装饰、布局、采光、支撑等艺术创作无疑是精雕细琢的，工匠雕刻技法也是各种兼用，高浮雕、浅浮雕、平雕、圆雕、镂空、透雕等巧夺天工，至奇至胜。"通幅式"大背屏的构图展现出宏大气象，至少我们今天仍能感到画面视觉上穿插的灵活感、大器的力量感。

但历经千载风雨侵蚀，加之本身石灰岩质地较差，现在千手观音造像有几百处残损，有的地方还残损严重，弱化了原貌的时空感，直接影响艺术形象和民众朝圣心理。科学而完美的保护修复方案无疑是大家翘首期盼的。

艺术视觉上的审美，必须追求艺术的完整性，所以复原千手观音原貌应是合理的。如果按照保存艺术空间来说，艺术造型是不允许添加任何新增部分的，因而不

---

[1] 北山宝顶大佛湾千手观音正大手所执法器宝物，由于残损较多，能辨识的一小部分有宝瓶、宝珠、宝塔、宝铎、宝镜、宝经、宝钵、傍牌、数珠、玉环、杨柳枝、化佛、莲蕾等等，按照《大正藏》卷二〇记载善无畏译作《千手观音造次第法仪轨》，都没有越过 40 或 42 只正大手密宗经规。

图4　大足石刻北三第五龛　　　　图5　大足石刻北三唐景福元年千手观音　　　　图6　大足石刻第136号藏金库菩萨像
　　　唐景福元年天王像

赞成恢复破损前的原貌。这两条基本分歧，造成了目前对佛像原状修复保护有两种意见，一是坚持原真性，但是保存原状就是保存残状；二是发展创造性，按照修复编年史做出标记，复原原貌。我们认为，任何艺术造型都应是完整的、完美的，只是在无法追踪原有风貌下，保持残破的美才是另一种审美。千手观音的艺术震撼力恰恰在于其千手场面完整与衔接宏大，异彩纷呈。法器相接，密教轨范严谨，多种雕刻技艺互为补充，应该完整复原保护，审美观赏价值不容残缺，画面金碧灿烂持久不褪，从而使唐代以来密宗"样式化"粉本得以呈现，对整个重庆和四川区域的佛教艺术文物保护都有示范作用[1]。

　　需要分辨的是，我们赞同全面完整地修复大足千手观音佛教艺术遗产，与现在那些各地兴建的粗制滥造寺庙佛像绝不一样。首先应保护的是古代雕塑艺术，属于文化遗产，不是为了造佛吸引信徒群众搞神灵崇拜。许多地方政府对信教群众现代造佛睁一眼闭一眼，对真正历史宗教艺术遗产漠不关心，从而使"活态的宗教遗产"被引向了偏路，原来朝圣艺术之路变成了求神拜佛之路。

---

[1] 对巴蜀区域密宗艺术需要整体观察，可参考丁明夷《公元七至十二世纪的四川密教遗址》、太史文《地方式与经典式：甘肃和四川生死轮回图》、程崇勋《巴中石窟分期初探》等论文。见胡素馨主编《佛教物质文化：寺院财富与世俗供养国际学术研讨会论文集》，上海：上海书画出版社，2003年。

图 7　释迦涅槃圣迹图（卧佛）

在中国 45 处世界文化遗产中，宗教遗产占了很大比例。大足千手观音虽属于宗教遗产，但更重要的是艺术价值，现已修复的 38 只手做了有益的试验，再修 50 只手做进一步试验观察。我们认为从通幅式视觉上表现千手千眼观音无疑具有摄人心魄的冲击力，本身修复也是采用传统技艺和传统材料，体现了非物质文化传承的特点。我们要站在更高基点上推进文化遗产的保护，特别是对宗教类遗产的保护既要慎重精细，又要大胆探索、完美升华，走出一条有艺术特色的保护道路。

一

1. 唐代综合国力散论｜《周秦汉唐研究》，西安：三秦出版社，1998年
2. "天下国家"与盛唐气象｜《今日中国》2000年第1期
3. 唐代多元思想文化的精神地图｜教育部全国研究生国学与西学暑期学校讲座稿，2008年
4. 汉唐长安与外来文明｜陕西师范大学西北地理中心演讲稿，2008年

二

5. 千年之后重评高力士｜《人文杂志》1984年第1期
6. 大周红颜女皇武则天——纪念武周政权建立一千三百周年
   美国《世界日报》(中文版)｜1990年9月13日—14日
7. 从归国到圆寂：唐玄奘晚年活动散论｜《人文杂志》1994年第2期
8. 唐代知识分子观念的变革之光｜《人文杂志》1988年第6期
9. 失去本真的唐遂安王李世寿墓志｜《唐研究》第三卷（1997年）
10. 裴仙先：新出土的唐传奇墓志｜《唐研究》第五卷（1999年）
11. 墓志发现的唐秦王李世民女侍卫形象｜《故宫博物院院刊》2002年第5期

三

12. 唐代京都太仓试探｜《人文杂志》1985年第4期
13. 唐代皇家的左藏、右藏与内藏｜《人文杂志》1990年第5期
14. 唐代国库制度对日本的影响｜《中国史研究》1993年第3期
    （1995年日本香川县埋藏文化调查研究纪要第三卷全文翻译）
15. 法门寺地宫珍宝与唐代内库｜《首届法门寺国际文化讨论会论文集》，1992年
16. 天下之财赋，邦国之宝货——何家村出土珍宝与唐代国库之关系｜
    《陕西历史博物馆二十年文集》，西安：三秦出版社，2011年

四

17. 袒露隋代地方风俗中的社会心理｜《西北大学学报》1986年第4期
18. 云缕心衣：唐代服装与长安气象｜《文博》1988年4期
19. 消泯的风俗：唐代金鸡考｜台湾《历史》月刊1993年第11期
20. 幻想斑斓：唐人梦境文化｜《云南社会科学》1991年第1期

本书文章出处

五

21. 飘零四方：唐代移民与社会变迁特征｜《中国经济史研究》2000年第6期
    （又见《中国社会史学会第七届年会论文集》，1998年）
22. 唐代民谣俗语与唐人社会心理｜《传统文化》1990年第4期
23. 狂欢漩涡：唐代社会中的赌博浊流｜《社会科学战线》1991年第4期
24. 慈善救济：唐代乞丐与病坊探讨｜《人文杂志》1992年第6期
25. 唐京的恶少流氓与豪侠武雄｜《地域社会与传统中国》论文集，
    收入《唐史论丛》第7辑，1998年
26. 官府档案贮存地：唐代甲库考察｜《人文杂志》1987年第1期
27. 零乱的酒魂：唐代黄酒考释｜《中国红曲酒文集》，郑州：河南人民出版社，2011年

六

28. 千年宝藏：法门寺出土的珍宝｜台湾《大地》国家地理杂志，1993年第7期
29. 寻访被岁月暗淡的大秦宝塔｜《中国文物报》2001年12月21日
30. 走近女皇母亲的陵墓｜《文物天地》2002年第8期

七

31. 唐代皇帝离宫——玉华宫建筑素描｜香港天马图书有限公司，1993年
32. 芳馨之谜：唐代香料建筑考｜《国际汉学论坛》1994年第1期
    （收入上海人民出版社《唐文化研究集》）
33. 隐匿秘密：唐代"复壁"建筑考｜《文博》1997年第5期

八

34. 法门寺唐"捧真身菩萨"艺术原型再探｜《考古与文物》2010年第1期
    收录《长安首届佛教国际学术讨论会文集》，｜西安：陕西师范大学出版社，2011年
35. 唐密造像艺术中的"长安样式"——以长安出土安国寺密宗佛像分析为例
    《首届唐密国际学术研讨会论文集》，｜西安：陕西师范大学出版社，2012年
36. 大足千手观音佛教样式化艺术遗产再认识｜《大足文物保护国际学术讨论会论文集》，2013年

后　记

　　唐代历史的课题已经被学界反复耕耘，但是大的历史不会萎缩，好的课题也不怕重复，因为呈现那个时代的真实世界已经不再可能，每个人的独立思考、独特感受均不一样，解读诠释历史的视角也不相同，越比较越有意义。至于史书上有失公允、存疑待考的人事很多，唐朝历史已经过去一千多年了，史书上的事实并非历史的真实，谁也不可能知道当时历史真实的全貌。我们不指望几十篇论文就能带领读者进入历史时空，置身历史场景，感受真实历史，触摸历史遗存。然而，我们希望能写下留得住的文字，能更真切了解唐代的政治与社会，大国的文化与魅力。

　　同样的历史，角度不同往往会有新鲜的阅读。去年我在台湾诚品书店看到许多关于唐代历史的作品，《唐代穿越指南》《一口气读完大唐史》《黑暗血腥的盛唐》《唐朝绝对很邪乎》等，说明关心唐史的读者还很多。唐史研究大众化是我们提倡的，生动有趣的语言会引人入胜，可以换种角度读历史。但是大众化、普及化不等于胡编乱说的"庸俗化"，一千多年了，我们还停留在肤浅的媚俗层面，甚至是娱乐化、山寨版的消费，这不仅是对历史的亵渎也是对读者的极端不负责。历史并未走远，一个静不下心来思考的民族根本不懂得如何面对历史、反思文明。

　　在一个娱乐至死的浮华时代，有效避开偏向后宫、野史的陷阱，无疑是一个对历史尊重的人应该强化的意识，史实记忆、史鉴意义、史诗再忆，既不要考证书的深奥艰涩，又不要教科书的枯燥呆板，学术要求我们打开一个全新的局面。史学创新不是刷新，它是人的灵魂内部呼出的新气息，是一种清新峻拔的精神脉络。

　　1982年我准备报考隋唐史研究生后，恰巧高力士神道碑在陕西蒲城县一个土窑洞坍塌时被发现，我骑自行车从西安直奔渭北蒲城县考察碑文。凭着年轻人的一股冲劲，不顾霖雨绵绵，我沿着泥泞土路上塬到了陵前，在高力士墓前踏勘拍照。县文化馆收藏的高力士碑刻不让拍照，我竟闯入县长办公室请求，获得特批后笔者喜出望外，在文化馆院内一字一字全部录完。我依据新发现的碑文写了《重评高力士》这篇论文，被《人文杂志》老编辑破例于1984年第1期刊发，并被众多报刊转载，这是我写的第一篇有关唐史的论文，从此走上了研究中古汉唐史的学术路程，至今已经三十多年过去了。

　　岁月如风，记忆绵延，再回首过往的三十年，研究隋唐史的人已经成千上万，涉及各个学科领域，分工细、目光深，人们渴望了解那个盛世的时代，也渴望揭示曾被历史湮没的史实。文学界曾说起中国历史上最值得返回的朝代，很多文人选择了大唐。人们能在民族记忆华贵的典藏中青睐大唐，确实值得深思。

重审这些手抄旧作，记忆的闸门亦随之打开。书稿精编细校后，我发现很多内容并不丰满细腻，当时诉诸纸笔的论文也不清新流畅，但这毕竟是三十年来逐步写成的，有的以事系人，有的以人论世，不求遍览唐代全景，但求要览王朝命脉。如果说"窥一斑而见全豹，观滴水可知沧海"，那么我的这些文章结集起来，就是对唐代世态万象的另一种勾勒。

我曾经就读和工作的西北大学关于历史、考古、文物的图书资料并不丰富，不说完全匮乏，至少捉襟见肘，至于日、英、法、德甚至港台图书都很少见，我曾殚精竭虑收集资料无奈许多图书只见书名不见文本，我个人积攒的隋唐史著作比学校图书馆的还多，所以曾立志要写一部阐释自己历史观的《新唐史》，最终因图书缺乏不得不打消了念头。

我在北京工作的单位专业资料更是匮乏，一些单位不但解散了图书资料室，更不允许在北京天价房子里置放图书，因此想要查找中古文献非常不易，许多图书只见书名但无法阅读，这也是无奈中的深深遗憾。我这么说，绝不是推脱自己做学问不读书的责任，而是说条件所限，达不到精心之作的水平，有负老师与大家的厚望，惭愧万分。

浅阅读中用深写作出版图书，肯定是出力不讨好的事情，但是浮躁的生活总需要停下来思考，总需要思想的启迪，不仅为社会提供历史知识，而且要为社会贡献思想资源。我们不能曲意逢迎误人子弟，不能制造虚假历史坑蒙哄骗。至少我们不是堆砌文字的匠人，而应做一个不同思想资源的发现者和研究者，"学以致世"为大众讲述自己思考的隋唐历史。1985年我发表的《唐代太仓试探》，时隔27年后，2012年被中国社科院考古所徐龙国研究员首次发掘的西安大白杨唐代太仓所证实，说明学术探讨的贡献并不因为时间而流失。

值得注意的是，唐朝自称"唐人"的远远多于自称为"汉人"的，墓志盖上镌刻"大唐"成为模式，常常署名"大唐某某"，《大唐故顺妃墓志铭》《大唐故太子少师赠扬州大都督昌黎韩府君墓志铭》等，即使外来民族的墓志也是如此，如《大唐波斯国大酋长阿罗憾墓志铭》《大唐故右屯卫郎将阿史那婆罗门墓志铭》等。触摸历史肌肤的烙印，维护最简单的人类底座基石，通过别样的视角跨过时间的距离，将历史与现实熔为一炉，诠释人性的光辉，这是体悟历史的一条文明之道。

我已经过花甲之年三载，重新汇集这些原来手写的论文，虽分为八个篇章，但基本属于唐代大历史范畴，并不斤斤计较人物的贤愚得失，也不是借一句话发挥无限，而是要勾画出唐代社会的整体面貌，需要从方方面面观察历史的动脉。尤其是时隔千年之后，不仅有许多当时的史实被朝廷国史馆隐蔽了真相，而且有许多史迹已经屡遭战火、灰飞烟灭，需要人们冲破遮蔽的真相重现历史的景观。

最后，感谢三十多年来曾经在我不同学术研究时期，对我进行过种种教导提携的各位前辈学者，以及与我讨论商榷的年轻学人，治学之路历来都是永无止境的探讨，正是思想的交锋与观点的碰撞，才给了我们不断研究的灵感和途径。

本书文物插图由中国国家博物馆图书馆、文物出版社资料中心等襄助提供，许多亲朋好友也慷慨惠赠，本人也在各地走访考察时收集拍摄，对大家的帮助谨致以深深的谢意。

2017 年 11 月 25 日于北京